GUILLAUME
D'AUVERGNE

ÉVÊQUE DE PARIS

(1228-1249)

SA VIE ET SES OUVRAGES

Thèse présentée à la Faculté des Lettres de Paris

PAR

Noël VALOIS

LICENCIÉ ÈS LETTRES ET EN DROIT

ARCHIVISTE-PALÉOGRAPHE

PARIS

LIBRAIRIE D'ALPHONSE PICARD

RUE BONAPARTE, 82

1880

GUILLAUME
D'AUVERGNE

PARIS. — IMPRIMERIE A. LAHURE, 9, RUE DE FLEURUS.

GUILLAUME
D'AUVERGNE

ÉVÊQUE DE PARIS

(1228-1249)

SA VIE ET SES OUVRAGES

Thèse présentée à la Faculté des Lettres de Paris

PAR

Noël VALOIS

LICENCIÉ ÈS LETTRES ET EN DROIT

ARCHIVISTE-PALÉOGRAPHE

PARIS

LIBRAIRIE D'ALPHONSE PICARD

RUE BONAPARTE, 82

1880

A LA MÉMOIRE

DE

MON GRAND-PÈRE

M. PHILIBERT GUENEAU DE MUSSY

MEMBRE DU CONSEIL ROYAL DE L'INSTRUCTION PUBLIQUE

PREMIÈRE PARTIE

VIE
DE GUILLAUME D'AUVERGNE

CHAPITRE PREMIER

NOMINATION DE GUILLAUME A L'ÉVÊCHÉ DE PARIS

Un prélat, fort oublié de nos jours, Guillaume d'Auvergne, appelé aussi Guillaume de Paris, occupait, au treizième siècle, une place importante parmi les conseillers du roi de France : rang, faveur, mérite scientifique, renommée d'orateur et d'écrivain, sainteté même, tout contribuait à fixer sur lui les regards de ses contemporains; aucun des événements de sa vie ne semblait devoir échapper à l'histoire. Soit cependant que le prudent évêque eût gardé le silence sur lui-même, soit que l'indifférence du public, ou que le caprice du hasard en fût la cause, la naissance et la famille de Guillaume sont demeurées inconnues. Un nuage enveloppe ses premières années, dérobe à nos yeux les faits les plus propres à déterminer son caractère, à rendre raison de ses habitudes et de ses goûts. Les historiens se livrent à des conjectures, malheureusement contradictoires, tantôt ravalant Guillaume au rang de mendiant, tantôt vantant sa noblesse et décrivant son blason.

A la vérité, le surnom d' « Auvergnat » qu'on lui

appliquait généralement [1], ne donne pas l'idée d'une naissance aristocratique. Il conviendrait mieux au pauvre enfant affamé dont les *Anecdotes* d'Étienne de Bourbon nous ont conservé le souvenir [2]. Guillaume d'Auvergne mendiait, raconte ce dominicain : une femme du peuple lui fit l'aumône, en lui disant : « C'est à condition que tu ne deviendras point évêque. » A ces mots, l'enfant eut comme un pressentiment de sa destinée future : il refusa.

Ce récit légendaire ne mérite pas grande créance ; ramassé dans la rue, colporté de bouche en bouche, accueilli avec faveur par les pauvres clercs, dont il flattait les ambitieuses visées, il peut bien, chemin faisant, avoir subi quelque altération ; suivant une autre version, accréditée par Vincent de Beauvais [3], l'évêque Maurice de Sully en serait le héros véritable.

Faut-il donc ajouter foi aux renseignements d'une tout autre nature fournis par un auteur du dix-septième siècle, le P. Dominique de Jésus [4] ? Doit-on, sur la foi de cet historien, dont l'autorité est contestable, croire à l'existence

---

1. « Magister Guillelmus l'Auvernatz », dit Honorius III, dans une bulle du 22 nov. 1224. *Bibl. Nat.; collect. Moreau, ms.* n° 1183, f° 45.
Les prélats de race noble, tels qu'Étienne de Nemours, Gilles Cornut, Guillaume de Beaumont, conservaient d'ordinaire leur nom patronymique.
2. *Ms. de Tours*, n° 468, f° 73. V. un article de M. Lecoy de la Marche dans la *Revue des Questions historiques*, année 1877, p. 478.
3. *Speculum historiale*, XXIX, 21.
4. *Histoire parœnétique des trois saints protecteurs du Haut Auvergne*, Paris, 1635, p. 781. « A celui-ci nous pouvons ajouster Guillaume, 75° évêque de Paris, qu'on appelle ordinairement *Guilelmus de Alvernia* ou *Alvernensis*, non pas pour en avoir esté évêque, mais pour estre né de la maison des barons d'Aurillac comme lui-mesme la laissé par écrit dans un tiltre, par lequel il a fondé un hospital dédié à la Sainte-Trinité aux faux bourgs d'Aurillac. »

d'une charte, dans laquelle Guillaume d'Auvergne affirmait sa parenté avec les Barons d'Aurillac? Ce document, s'il a jamais existé, est aujourd'hui détruit ou perdu [1]. Faut-il néanmoins, comme le fait le Baron Delzons [2], fonder une généalogie sur ce titre de noblesse, et dire que Guillaume d'Auvergne, fils de Durand de Montal et de Dia de Carbonnières, frère d'Astorg II et de l'archidiacre Géraud, était un illustre rejeton de l'antique souche des Astorg?

Laissant à de plus habiles le soin de résoudre cette difficulté, nous préférons n'avancer que des faits dont les preuves seront manifestes. Noble ou manant, riche ou pauvre, Guillaume d'Auvergne quitta bientôt les montagnes voisines d'Aurillac, près desquelles il avait vu le jour [3], et s'achemina vers Paris.

Les places, les prébendes, les dignités ecclésiastiques n'étaient point ce qui le tentait le plus : il avait soif de science. A cet égard, son ambition dépassait la mesure ordinaire et s'élevait jusqu'à la folle espérance de connaître la vérité, la vérité tout entière. « Au temps de ma « jeunesse, écrivait-il plus tard, je me persuadais qu'il était « facile d'acquérir l'esprit prophétique, et de recevoir, en

---

1. M. Aubépin, archiviste du Cantal, et M. Fortet, bibliothécaire d'Aurillac, nous ont fait savoir qu'il n'existait plus, sur l'hôpital de la Sainte-Trinité, que des documents relativement récents.

2. *Dictionnaire de statistique du Cantal*, par Deribier du Châtelet, I, p. 100.

3. « Magister Guillelmus de Arvernia, oriundus de Auriliaco » dit une note écrite, au XIIIe siècle, à la fin du *ms. latin* n° 15756 de la *Bibl. Nat.*

Guillaume étant mort en 1249, sa naissance ne peut être placée que dans la seconde moitié du XIIe siècle. Elle fut probablement antérieure à 1180, car en 1225, il occupait une chaire de théologie dans l'Université de Paris, et pour être admis à cet honneur, il fallait avoir au moins 35 ans. (Du Boulay, III, 82.)

« abondance, les rayons de la splendeur divine. Il me
« semblait que je pouvais facilement purger mon âme
« de ses souillures, la dégager peu à peu par les priva-
« tions, des soucis et des jouissances qui la captivent,
« et qu'alors, libre et forte, elle s'élancerait d'elle-même
« dans les hautes régions de la lumière. Hélas! j'ai
« reconnu depuis longtemps, par expérience, que la
« vertu et la grâce pouvaient seules purifier nos âmes
« de la souillure du péché [1]! »

Si les lumières prophétiques furent refusées à Guillaume, il n'en acquit pas moins ce dont se serait contentée une âme plus vulgaire, des talents, des connaissances variées, une prébende et une chaire. Il apparaît dans le chœur de Notre-Dame, dès 1223, coiffé de l'aumusse du chanoine [2], voit les écoliers accourir en foule à ses leçons de théologie [3], et, en même temps, jouit d'une telle réputation de sagesse, qu'à plusieurs reprises, Honorius III lui confie d'importantes missions [4].

Ses succès cependant ne lui font pas négliger l'étude. Retiré dans sa demeure, il s'entoure de volumineux manuscrits : œuvres des Pères, livres d'astronomie, traités de mathématiques ou de philosophie. S'il est seul, s'il n'a point lieu de craindre une visite importune, il se hasarde furtivement à jeter un coup d'œil sur la Physique et la Métaphysique d'Aristote, livres mal famés, dont le légat Robert de Courçon a interdit la lecture en 1215, mais que déjà l'Église commence à

---

1. *Opp. Guil. Alv.* ; édit. de 1674, in-fol°, t. I, p. 1056.
2. Charte de fév. 1223. *Cartul. de Sainte-Opportune. Arch. Nat.* LL, 93, f° 11.
3. Albéric (Pertz, XXIII, p. 917).
4. Pièces justificatives n°s II et III.

traiter moins rigoureusement[1]. Après avoir fait dans les auteurs une ample moisson d'idées et d'arguments, il donne lui-même carrière à son esprit inventif : la plupart de ses ouvrages paraissent remonter à cette période studieuse de sa vie[2].

S'attendrait-on à voir un docteur aussi versé dans la langue de Cicéron et de Boèce, condescendre à prêcher devant le plus humble des auditoires? Certes, les syllogismes, les enthymèmes dont sa mémoire était armée, ne pouvaient que lui être d'une faible utilité, quand il s'adressait à des *folles femmes*. Tel était cependant l'ascendant de sa parole que, de ce milieu vulgaire et corrompu, il faisait surgir des saintes. Celles que son éloquence avait touchées échangeaient le nom de filles de joie contre celui de Filles-Dieu, et, dans le nouvel asile qu'il leur faisait bâtir, au milieu de la paroisse de Saint-Laurent, donnaient l'exemple d'une vertu, aussi profitable à leur ordre, que glorieuse pour leur fondateur[3].

Ces pieux travaux occupèrent la vie de Guillaume jusqu'en 1227, époque à laquelle un événement imprévu vint tout à coup, en modifiant sa condition, ouvrir un champ plus vaste à son activité.

1. On trouvera plus loin la liste complète des auteurs consultés par Guillaume d'Auvergne.
2. L'un d'eux, la *Somme des vertus et des vices*, fut certainement postérieur à 1217 ; car Guillaume y parle de Jean de Montmirail comme d'un homme qui n'était plus de ce monde. (*Opp*. I, p. 245.) Un ms. d'Oxford (*Lincoln College*, ms. n° 11, f° 147 v°) place en 1234 la rédaction du *De Sacramentis*; mais ce renseignement, donné par un copiste du xv° siècle, ne repose évidemment sur aucun fondement. Tout porte à croire qu'après son élévation à l'épiscopat, Guillaume n'eut plus le loisir de composer des ouvrages.
3. Albéric. (Pertz. XXIII, p. 97.) Cf. une lettre du prieur de Saint-Martin des Champs, d'avr. 1226. (D. Félibien, *Hist. de Paris*, Pr. part. III, p. 602.)

Le 20 octobre, Barthélemy, évêque de Paris, mourut[1]. C'était au chapitre qu'il appartenait de lui désigner un successeur, et il pouvait user de l'un ou de l'autre des trois modes canoniques : scrutin, inspiration, compromis. Ce dernier procédé consistait à élire un certain nombre d'ecclésiastiques qui désignaient le nouveau pasteur. Le chapitre y recourut d'abord, mais échoua contre l'obstination d'arbitres qui refusèrent de s'accorder. Il fallut essayer de l'inspiration. « Nommons le chantre ! », s'écria un chanoine, dont la voix fut aussitôt couverte par des acclamations tumultueuses. On réclama, le silence se rétablit, et le doyen put aller de l'un à l'autre pour recueillir publiquement les voix. L'opération terminée, on reconnut que le candidat n'avait point réuni la totalité des suffrages, circonstance suffisante pour entacher de nullité une semblable élection[2]. Le doyen ne s'en hâta pas moins de proclamer le chantre élu, l'entraîna à Notre-Dame, y fit entonner le *Te Deum*, puis le ramena triomphalement au chapitre, où l'attendait un adversaire redoutable[3].

Guillaume d'Auvergne, qui n'avait voulu prendre

---

1. *Cartul. de Notre-Dame de Paris*, IV, p. 170. C'est peut-être durant cette vacance, que le chancelier, Philippe de Grève prononça le sermon qu'on lit au fol. 11 r° du *ms. latin* 12416 de la *Bibl. Nat.* Il porte cette rubrique : « *In Adventu Domini, vacante Sede.* » « L'église de Paris est veuve de son pasteur, dit le chancelier, mais qui songe à la consoler? On blâme les veuves qui se remarient trop tôt, et qui, se hâtant d'oublier l'époux défunt, mêlent la joie des noces à la douleur des funérailles. Le même reproche ne peut être fait à une église qui cherche à renouer les liens brisés par la mort. »

2. *Cartul. de Notre-Dame de Paris*, III, p. 379.

3. Bulle du 10 avril 1228. (*Notices et extraits*, xxi, p. 206.) Le chantre s'appelait Nicolas. (V. *Cartul. de Notre-Dame de Paris.* II, p. 71, 73, 90, 91).

part ni à la procession, ni à l'action de grâces, fit valoir, dans un discours savant et adroit, que, plusieurs chanoines ayant protesté contre l'élection du chantre, elle se trouvait, par là même irrévocablement annulée ; il soutint, en s'appuyant sur un canon du quatrième Concile de Latran, que le chapitre qui avait violé les règles de l'élection, perdait pour une fois son droit d'élire, et, laissant entendre que le Pape seul pouvait désormais pourvoir au siège vacant, il en appela au Souverain-Pontife.

Parmi les membres du chapitre, le plus intéressé à repousser les arguments de Guillaume fut celui-là même qui écouta ses avis avec le plus de docilité. Le chantre, élu bien involontaire, s'inclina devant un raisonnement qui lui semblait rigoureux, et déclara renoncer à tous ses droits. Son exemple ne put malheureusement empêcher vingt et un de ses partisans les plus obstinés de procéder à une élection nouvelle, et d'élire à sa place le doyen.

Quand, du fond de quelque diocèse français, une voix, même inconnue, s'élevait pour réclamer l'intervention du Saint-Siège, son appel, fût-il timide, et sans éclat, ne manquait point d'être entendu. Il avait suffi que Guillaume prononçât dans le chapitre de Paris le nom du Pape, pour que Rome s'emparât aussitôt de cette affaire : le cardinal de Sainte-Sabine avait été chargé de l'enquête ; les rapports succédaient aux interrogatoires, et bientôt, conformément aux prévisions de notre chanoine, l'élection du doyen fut cassée [1].

---

1. Bulle du 10 avril 1228, *loco cit.*

Conséquence inévitable, Grégoire IX entendait se réserver la nomination de l'évêque de Paris ; tel était en effet son droit, en vertu du 24ᵉ canon du concile déjà cité. Le chapitre ne se faisait point d'illusion à cet égard ; il suffit de lire, pour s'en convaincre, un sermon prononcé, vers ce moment par le chancelier Philippe de Grève, sermon, dont le goût douteux n'a rien qui puisse surprendre à cette époque [1]. Afin de mieux caractériser la retraite du chantre et l'élection du doyen, l'orateur imaginait de rappeler les circonstances étranges de l'enfantement des fils de Thamar : « Comme elle fut sur le point d'accoucher, dit la Genèse (XXXVIII, 27), il parut qu'il y avait deux jumeaux dans son sein ; et lorsque ces enfants étaient près de sortir, l'un des deux passa la main, à laquelle la sage-femme lia un ruban d'écarlate, en disant : « Celui-ci sortira le premier ». Mais cet enfant ayant retiré sa main, l'autre sortit. » Zara figurait le chantre, et Pharès, le doyen. La conclusion de ce discours alambiqué était qu'un évêque institué par une autorité supérieure devait occuper la place laissée vide par deux candidats irrégulièrement élus [2].

En effet, on reçut bientôt à Paris une bulle expédiée du Vatican, le 10 avril 1228. Après le récit détaillé de

1. « Sermo in electione prelati, quomodo electio prelati partui B. Virginis debeat comparari, et de impedimentis electionum. » *Bibl. Nat.*, *ms. latin* nᵒ 124 16, f. 60 vᵒ.
2. « Ad hoc clamat (ecclesia Parisiensis) non ut iterum eligatur, sed ut provideatur, ut quod perfectum est in ipsa, per manum plenitudinis compleatur. Partus enim incompletus qui nascuntur informes, non iterum intrant in uterum, ut formam accipiant, sed extra formantur. In utero formatio canonica et perfecta electio est; extra uterum formatio provisio est. Beneficio enim provisionis suppleri debent electionis defectus. »

ce qui s'était passé dans le chapitre, les chanoines lurent ces lignes, qui réglaient le sort du diocèse :

« Ne voulant pas que votre Église souffre de l'ab-
« sence d'un pasteur, nous vous avons nommé comme
« évêque, de notre propre autorité, avec le conseil
« de nos frères, un homme d'une science éminente et
« d'une vertu sans tache, maître Guillaume ; après
« l'avoir ordonné prêtre et consacré évêque, nous vous
« le renvoyons. Comme notre unique but est d'aug-
« menter la prospérité et la gloire de votre diocèse,
« que ce prélat réunit les qualités nécessaires au pas-
« teur d'une si grande Église, et qu'elle ne saurait que
« se fortifier au spirituel et au temporel sous son sage
« gouvernement, nous vous ordonnons par ces lettres
« apostoliques de lui obéir humblement, comme à
« votre évêque, à votre père et au pasteur de vos âmes,
« de recevoir avec respect, d'accomplir fidèlement ses
« ordres, et de lui rendre tous les égards qui lui sont
« dus. Sinon, nous ratifierons la sentence qu'il pro-
« noncera contre les coupables, et, avec l'aide de Dieu,
« nous la ferons strictement observer [1]. »

Ce prélat n'était autre que Guillaume d'Auvergne. Venu à Rome, simple diacre, afin de poursuivre son appel, il en repartit évêque de Paris non sans avoir reçu de Grégoire IX les meilleures marques d'estime : le Pape n'avait voulu laisser à aucun autre le soin de répandre l'huile sainte sur son front [2].

L'intervention du Souverain-Pontife dans une élec-

---

1. *Not. et Extr.* XXI, p. 206.
2. Grégoire IX rappellera encore cette circonstance en 1229 (23 nov.) : « Super caput tuum sacre unctionis effudimus oleum. »

tion n'a point lieu de nous étonner; elle était, au commencement du treizième siècle, un fait bien plus commun qu'on ne le croit d'ordinaire. Non seulement en effet le Pape jugeait, avant de la confirmer, l'élection de tous les métropolitains [1], et cela conformément au quatrième Concile de Latran. Mais il avait à examiner l'élection d'un grand nombre d'évêques, dont la cause était portée devant lui par voie d'appel, soit que le métropolitain eût refusé sa confirmation [2], soit que l'élu eût besoin de quelque dispense pour être promu à l'épiscopat [3], soit enfin que le chapitre se fût divisé de manière à rendre nécessaire l'intervention du Souve-

---

1. BESANÇON. Bulle du 23 mars 1228, Bibl. Nat. collect. Moreau, ms. n° 1184. f° 67 r°.
LYON. B. du 15 févr. 1236, ibid., ms. n° 1191, f° 214 r°.
EMBRUN. B. du 27 juin 1244, ibid., ms. n° 1194, f° 488 r°.
BOURGES. B. du 10 mars 1235, ibid., ms. n° 1190, f° 239 r°; b. du 10 juin 1234. ibid., ms. n° 1189, f° 74 r°.
SENS. B. du 17 avril et du 20 oct. 1243, ibid., ms. n° 1194, f°s 86 r° et 247 r°.
ROUEN. B. du 1er oct. 1235, ibid., ms. n° 1190, f° 141 r°, et b. du 12 août 1236, ibid., ms. n° 1191, f° 104 r°.
TOURS. B. du 13 mai 1244, ibid., ms. n° 1194, f° 395 r°; b. du 17 mai, ibid., 247.
LYON. B. du 15 juill. 1234, ibid., ms. n° 1189, f° 114 r°, et b. du 9 août 1235, ibid., ms. n° 1190, f° 102 r°.
REIMS. B. du 20 avr, 1244, ibid., ms. n° 1194, f° 440 r°.
2. MAGUELONNE. Bulle du 21 mai 1231. Bibl. Nat. collect. Moreau, ms. n° 1187, f°s 62 r° et 306 r°.
RODEZ. B. du 12 décembre 1246, ibid., ms. n° 1196, f° 75 r°.
3. BELLAY. Élection d'un fils du comte de Savoie, clerc minoré qui n'avait pas 26 ans révolus, bulle du 6 juillet 1232, ibid., ms. n° 1187, f° 302 r°.
OLORON. Élection d'un enfant naturel. Bulle du 14 juin 1246, ibid., ms. n° 1195, f° 137 r°.
NOYON. Election d'un fils naturel de Philippe Auguste. Bulle du 9 juill. 1240. Raynaldi, an. 1240, p. 545.

rain-Pontife : cette dernière cause était la plus fréquente. Il suffisait souvent qu'une minorité s'obstinât à faire triompher son candidat, pour que le jugement de l'élection fût porté en cour de Rome. Les termes vagues et élastiques du quatrième Concile de Latran, qui exigeait le consentement de la *major vel sanior pars capituli*, multipliaient les cas d'appel, car le parti le moins nombreux prétendait être le plus sain [1].

D'autres fois, le Pape obligeait les chapitres à consulter un prélat de son choix. On verra plus tard que Guillaume fut désigné par Grégoire IX, avec les évêques de Cam-

---

1. CLERMONT. Bulles du 30 avril 1227. *Bibl. Nat. collect. Moreau*, ms. n° 1184. f°s 18, 25 et 26.
CHALONS-SUR-MARNE. Bulles du 21 juillet 1227, du 22 mars 1228 et du 19 février 1248. *Ibid.*, ms. n° 1184, f° 67 r° et 147 r°, ms. n° 1197, f° 84. — Pour l'élection de Geoffroy de Grandpré, vers 1240, v. plus loin.
SAINTES. B. du 16 juin 1234, ms. n° 1189, f° 70 r°.
NEVERS. B. du 17 mai 1230; *ibid.*, ms. n° 1186, f° 166 r°.
BAYEUX. B. du 10 novembre 1231; *ibid.*, ms. n° 1187, f° 136 r°.
NANTES. B. du 20 juin 1235; *ibid.*, ms. n° 1190, f° 64 r°.
LIMOGES. B. du 18 janvier 1238 et du 26 septembre 1240, *ibid.*, ms. n° 1191, f° 444 r° et ms. n° 1193, f° 108 r°.
BEAUVAIS. B. du 21 avril 1237, du 9 février 1238 et du 17 août 1239. *ibid.*, ms. n° 1191, f°s 251 et 470 r° et ms. n° 1192, f° 362 r°.
CAHORS. B. du 13 février 1237, *Gallia Christ.*, tome I, Instr. p. 31.
ORLÉANS. B. du 18 juillet 1237 et du 9 juin 1238, *ibid.*, ms. n° 1191, f° 332 r°, et ms. n° 1192, f° 111 r°.
LIÈGE. B. du 18 nov. 1238, *ibid.*, ms. n° 1192 f° 203. Cf. *ibid.*, f°s 226, 258, 343.
LANGRES. B. du 7 juill. 1243, et du 20 février 1245, *ibid.*, ms. n° 1194, f°s 6 et 401. Cf. *ibid.*, f° 280 r°.
ÉVREUX. B. du 26 février 1244, *ibid.*, ms. n° 1194, f° 211.
BÉZIERS. B. du 21 juill. 1243, *ibid.*, f° 24.
CHARTRES. B. du 20 mai 1244, *ibid.* f° 293.
VERDUN. B. du 21 août 1245, *ibid.* ms. n° 1195, f° 24.
GLANDÈVE. B. du 20 sept. 1246, *ibid.* ms. n° 1196, f° 28.
AUXERRE. B. du 9 février 1247, *ibid.*, ms. n° 1196, f° 103.
CAMBRAI. *Gallia Christiana*, t. III, col. 37.

brai et de Senlis, pour conseiller le chapitre de Reims, après la mort de l'archevêque Henri de Dreux. En 1240, Grégoire IX ordonna au chapitre de Lausanne de consulter, pour le choix d'un évêque, l'archevêque de Besançon et l'évêque de Langres[1]. En 1228, il avait enjoint aux deux chapitres de Besançon de prendre l'avis de trois religieux choisis par lui[2], et il avait défendu à tous les chapitres de Provence d'élire des prélats, sans consulter le cardinal de Saint-Ange[3]. Il appliqua la même mesure, en 1238, aux provinces du Languedoc et de l'Albigeois, dont les chapitres durent se conformer aux avis du légat, Jacques de Préneste[4].

Désireux quelquefois de mettre un terme à la vacance prolongée d'une Église, le Pape menaçait le chapitre, s'il tardait davantage, de faire nommer un évêque par ses délégués. Bellay[5], Besançon, Lausanne[6], reçurent, sous Grégoire IX et Innocent IV, de semblables avertissements, d'autant plus remarquables, qu'aux termes des Canons, lorsqu'un évêché vaquait depuis plus de trois mois, le droit d'élire était dévolu, non pas au Pape, mais à l'archevêque[7].

Souvent enfin, on ne saurait trop le répéter, le Pape remplissait le siège vacant, de sa propre autorité, *de*

---

1. Bulle du 10 juill. 1240. *Bibl. Nat. collect. Moreau*, ms. n° 1193, f° 73 r°.
2. Les abbés de Saint-Bénigne de Dijon et de Morimond et le prieur des frères prêcheurs de Besançon. Bulle du 23 avril 1228. *Ibid.*, ms. n° 1184, f° 139 r°.
3. *Ibid.*, ms. n° 1184, f° 193 r°.
4. Bulle du 18 mai 1238. *Ibid.*, ms. n° 1192, f° 62.
5 Bulle du 25 mars 1244. *Ibid.*, ms. n° 1194, f° 237.
6. Bulle du 23 avril 1228 et du 10 juill. 1240. *Ibid.*, ms. n° 1184, f° 139 r° et *ms.* n° 1193, f° 73 r°.
7. Conc III et IV de Latran. V. Thomassin, t. III, p. 60 et suiv.

plenitudine apostolicæ potestatis. Ce fait, parfois contesté, mais qui n'a rien de contraire aux règles du droit canon [1], ne saurait plus être révoqué en doute [2]. L'histoire de l'Église de Paris, à elle seule, en fournit plusieurs exemples : Guillaume de Seignelay, désigné par Honorius III [3], Guillaume d'Auvergne nommé par Grégoire IX, Regnault de Corbeil, probablement choisi par Innocent IV [4]. Dans un assez court laps de temps, ces deux derniers papes nommèrent Maurice [5], Philippe Berruyer [6] et Guillaume de la Tour [7] aux archevêchés de Rouen, Bourges et Besançon, Odilon de Mercœur [8] et Jacques de Dinant [9] aux évêchés de Mende et d'Arras. Sans alléguer d'autre motif, que le désir de placer sur le siège d'Agen « une étoile fixe, qui pût éclairer par ses mérites le firmament de l'Église, » Grégoire IX cassa, en 1231, l'élection célébrée dans cette ville, et nomma, comme pasteur du diocèse, le doyen de Paris, Giraud [10]. Si ces nominations étaient fréquentes, on voit, par l'exemple

---

1. V. M. Ch. Gérin. (*Les deux Pragmatiques sanctions attribuées à saint Louis*. Lecoffre, 1869, in-18, p. 49, et *La Pragmatique sanction de saint Louis, réponse, etc.*, 1870, p. 7.)
2. *Biblioth. de l'École des Chartes*, t. XXI, an. 1870, p. 167.
3. V. *Gallia christ.*, VII, col. 90.
4. V. *Gallia*, VII, col. 101, et *Cartulaire de N. D. de Paris*, II, p. 311.
5. Mai 1231. Chronicon Rothomag. (*Rec. des histor. des Gaules*, XXIII, p. 33) et Albéric (Pertz, XXIII, p. 928.)
6. Vers 1235. *Gallia*, II, p. 68.
7. Bulle du 21 mars 1245 (*Gallia*, XVI, instr., col. 82).
8. Bulle du 23 décembre 1246. *Bibl. Nat., collect. Moreau*, ms. n° 1196, f° 85 r°. Les auteurs du *Gallia* n'ont point connu cette bulle (V. t. I, col. 92).
9. Bulle du 4 octobre 1247. *Bibl. Nat., collect. Moreau*, ms. n° 1197, f° 21 r°. Cf. *Gallia*, III, col. 332.
10. Bulle du 26 février 1231. *Bibl. Nat., collect. Moreau*, ms. n° 1186, f° 240 r°. Les auteurs du *Gallia*, qui n'ont point connu cette bulle, ont cru que Giraud avait été élu en 1228 (tome II, col. 916).

de Guillaume d'Auvergne qu'elles ne provoquaient pas dans le clergé la plus légère protestation.

Il nous tarde de retrouver notre nouvel évêque, que nous avons laissé voyageant lentement et péniblement, comme on le faisait alors, à travers l'Italie et la France. L'accueil qui l'attendait dans sa province eût été partout sympathique, sans une misérable querelle, que soulevèrent les chanoines et les marguillers de Sens. Guillaume avait, à leurs yeux, un tort impardonnable : consacré à Rome par le Pape, il n'avait point payé la somme qu'ils exigeaient indûment[1] de tous les suffragants de l'Archevêque, au moment de leur consécration[2]. Cité devant le métropolitain, il n'eut garde de comparaître, mais s'adressa au Pape, dont une lettre menaçante fit taire aussitôt ces réclamations[3].

Voici venir enfin le jour glorieux, où le nouveau pasteur prendra place sur le siège jadis illustré par saint Denis[4] : fête populaire, autant que religieuse, drame d'un intérêt varié, dont les rôles seront heureusement répartis entre les laïques et les clercs. La scène s'ouvre au

---

1. Cette coutume était contraire au Concile IV de Latran. (V. Labbe, XI, col. 218.)

2. Déjà, l'évêque de Paris, Barthélemy, s'était soustrait à cette loi. (Bulle du 28 janvier 1225. *Bibl. Nat.*; collect. *Moreau*, ms. n° 1183, f° 163.)

3. Bulle du 3 janv. 1234 (*Notices et Extraits*, XXI, p. 209).

4. Guillaume fut obligé, pour mettre sa maison sur un bon pied, de procéder à quelques achats. Il s'adressa, dans ce dessein, à l'un des plus riches bourgeois de Paris, vassal de l'évêché, Guillaume Barbète. Vingt-quatre assiettes, cinq cuillères et un pot d'argent, huit coupes du même métal, dont trois dorées, treize anneaux d'or et un bréviaire furent acquis par son entremise; trois assiettes, vingt-cinq cuillères, qu'exécuta l'orfèvre de l'évêché, une quatrième coupe d'argent doré, que Guillaume avait rapportée de Rome, complétèrent son argenterie, et le total des dépenses ne monta pas à moins de 118 livres. (*Cartul. de N. D. de Paris*, I, p. LXIX et 156.)

lever du soleil, dans le silence d'un cloître. Le nouveau pasteur, auquel l'usage interdisait, pour la nuit, le séjour dans sa ville épiscopale, a couché en dehors des remparts, et se présente, seul, sans pompe, sans ornements, devant la porte de l'abbaye de Sainte-Geneviève. Sous ce modeste vêtement de voyageur, les chanoines réguliers ne tardent pas à reconnaître l'évêque dont ils attendaient la venue; leur abbé, leur prieur s'avancent, entourent le prélat, l'introduisent dans le sanctuaire. Après s'être prosterné au bas des marches, son premier soin est de déposer sur le maître-autel un riche *pallium*, dont il fait hommage à la patronne de Paris. Puis, revêtu de l'aube aux somptueux parements, de la dalmatique aux longues manches, de la chasuble aux formes ondulées, coiffé de la mitre basse, il s'assied, pour la première fois sur le siège réservé à l'évêque diocésain. A l'issue d'un office psalmodié par les voix graves des chanoines, et lorsque le *Te Deum* a mêlé l'accent de la joie aux chants plaintifs de la prière, quatre religieux élèvent sur leurs épaules la chaire où trône le prélat, et la conduisent lentement, majestueusement, à travers les travées et les cloîtres, jusqu'à la porte du monastère [1].

Là, soudain, le spectacle change. Un évêque n'est pas un moine : il doit connaître non seulement la paix du couvent, mais le bruit du monde, le tumulte de la rue. La foule regorge de tous côtés, se pend en grappes aux fenêtres, fait entendre ce murmure joyeux de toute multitude qui jouit d'un plaisir longtemps attendu. Tandis

---

1. *Ibid.*, I, p. LXXVI, et II, p. 462.

qu'au caquet des badauds répondent les gais propos des écoliers, sept chevaliers richement vêtus accourent au devant du cortège; leurs noms volent aussitôt de bouche en bouche. C'est Mgr Anseau de Garlande, seigneur de Tournan, Ferry de Brunoy, Jean de Soisy, ce dernier venu pour remplacer Guy de Chevreuse, qu'on dit malade. Le puissant comte de Bar a envoyé Adam de Boissy; Pierre, son parent, qui montre à l'évêque un parchemin scellé, est député par le seigneur de Montjay. Quant à Baudoin de Corbeil et à Thibaut le Maigre, ils représentent le Roi lui-même, qui se reconnaît vassal de Guillaume pour les trois fiefs de Corbeil, de Montlhéry, de la Ferté-Aleps [1].

Des épaules de ses chanoines, la chaire de l'évêque a passé sur celles des barons ses feudataires, et, aux acclamations de la foule, la procession s'est remise en marche. Les religieux font cependant suite au cortège jusqu'à la rencontre du doyen, du chantre et de tout le clergé de la cathédrale, dans la rue Neuve-Notre-Dame. Quelques pas encore, et l'on débouchera sur le Parvis; mais les chanoines, jaloux de leurs privilèges, craignant surtout que leur déférence ne passe pour servilité, sauront interdire à l'évêque l'accès de leur cathédrale, s'il ne jure, en présence du peuple, de maintenir les droits du chapitre.

Guillaume est désormais en pleine possession de tous les droits féodaux attachés à la dignité d'évêque. Ses vassaux se pressent à sa cour, afin de lui rendre hommage. Ceux-ci, hommes liges, lui promettent de le servir à leurs

---

1. *Cartul. de N.-D. de Paris*, I, p. 158.

frais; ceux-là reçoivent un anneau d'or en récompense de leur soumission. Il n'est point jusqu'aux Guy de Chevreuse, aux Thibaut de Beaumont, aux Anseau de Garlande, aux Raoul de Senlis, aux Mathieu de Montmorency, qui ne viennent fléchir le genou devant lui, poser leurs mains dans les siennes, et lui jurer fidélité [1].

1. *Cartul. de N.-D. de Paris*, I, p. 146 et 148.

CHAPITRE II

JURIDICTION.

L'une des plus importantes prérogatives dont jouissaient les Évêques au moyen âge, était la juridiction dont ils se trouvaient alors investis : juridiction si considérable, à la fin du douzième siècle, qu'ils en confièrent l'exercice à un mandataire appelé *Official*. Dans les pays de droit coutumier, l'apposition du sceau conférait aux actes l'authenticité que leur donnait ailleurs l'emploi de la forme notariée; il en résultait que la cour épiscopale était le rendez-vous, non seulement des plaideurs, mais de ceux qui avaient un contrat ou un marché à conclure. La juridiction gracieuse acquérait une importance égale, sinon supérieure, à celle de la juridiction contentieuse.

Parmi les actes passés dans la cour de Guillaume, le plus grand nombre assurément portaient le nom de l'Official[1]; mais l'Évêque daignait aussi quelquefois expédier les affaires lui-même.

1. V un très grand nombre de ces actes dans le Cartulaire de Saint-Denis, en France. (*Bibl. Nat. ms. latin* n° 5415, p. 289, 290, 293, 340, 368, 371, 464, 466, 485, 490, 502, etc.) et dans le Cartulaire de Saint-Maur-des-Fossés. (*Arch. nat.* LL, 114, f° 28, p. 45, 47, 48, etc.)

On peut, avec Beaumanoir[1], distinguer ces actes en deux classes; les uns faits par l'Évêque, en tant que suzerain, en vertu du droit de justice qu'avait tout seigneur féodal, les autres, faits par l'Évêque en tant qu'*ordinaire de crestienté*. Ces derniers, incomparablement plus nombreux, au moins à la cour de Guillaume, intéressaient toujours quelque personne ecclésiastique. Le fait pourrait paraître étrange, si l'on prenait à la lettre, le principe, posé par les jurisconsultes contemporains, en vertu duquel tout laïque pouvait faire sceller ses actes à l'évêque de son diocèse, mais il ne faut point oublier que les actes passés en cour ecclésiastique n'avaient devant les tribunaux civils que la valeur d'un simple témoignage[2], et qu'en fait les laïques s'adressaient de préférence, pour l'authentication de leurs contrats, aux tribunaux laïs, devant lesquels ils étaient habitués à comparaître.

L'une des conséquences de la juridiction gracieuse des évêques était un droit de tutelle qu'ils exerçaient sur les églises et sur les couvents de leur diocèse. Guillaume avait ainsi à donner son approbation aux acquisitions faites par les abbayes de Saint-Denis, des Vaux-de-Cernay, de Sainte-Geneviève[3]. Il confirmait les échanges ou contrats de louage[4], les amortissements ou transactions consentis par les curés ou les prieurs[5]. Chose plus re-

---

1. *Cout. de Beauv.*, c. XXXV, § 18.
2. *Cout. de Beauv.*, c. XXXV, § 18.
3. Duchesne, *Histoire générale de la maison de Montmorency.*, Pr. p. 410 ; *Bibl. Sainte-Geneviève* ; Cartul. ms. de Sainte-Geneviève, p. 111, et *Cartul. des Vaux-de-Cernay.* t. I, 1ʳᵉ partie, p. 282.
4. *Ibid.* p. 309, 410, et *Cartul. de Notre-Dame de Paris*, p. 10.
5. Cartul. de Saint-Martin-des-Champs, f⁰ 144 et Cartul. de Saint-Maur-des-Fossés, f⁰ 109, *Arch. Nat.* LL. 1354 et 114.

marquable : il approuvait, en vertu de son autorité diocésaine, une sentence arbitrale qu'il avait prononcée lui-même dans un procès entre ecclésiastiques [1].

On eût dit que sa mission toute pacifique lui interdisait de juger les causes qu'il ne pouvait terminer à l'amiable ; tant il paraissait désireux d'abandonner à son official l'exercice de la juridiction contentieuse. Était-il appelé à juger un procès entre l'abbaye de Saint-Victor et le curé de Grégy, il déléguait ses pouvoirs à un étranger [2] ; il n'avait de cesse qu'il n'eût ménagé un accord entre l'abbaye de Saint-Maur-des-Fossés, les curés de Vigneux et d'Ozouër-la-Ferrière [3], et, parmi les nombreuses sentences judiciaires qui remplissent les cartulaires du diocèse, il n'en est pas une qui porte en suscription le nom de l'évêque Guillaume.

Quoi qu'il fît cependant pour échapper au tumulte de la chicane, il ne pouvait empêcher les parties, recourant à son équité bien connue, de le prendre, non plus comme juge, mais comme arbitre de leurs ennuyeuses querelles. Soit que les chanoines et clercs de chœur de Saint-Germain-l'Auxerrois fussent en guerre avec le curé et les chapelains de leur église [4], soit que l'abbaye du Val disputât au prieuré du Menel la dépouille mortelle du sire de Montmorency [5], soit enfin qu'un conflit s'élevât entre l'abbaye de Saint-Magloire et l'église de Saint-Barthé-

---

1. Pièce justificative, n° 56.
2. Annales de Saint-Victor, *Bibl. Nat. ms. latin* 14370, f° 300.
3. Cartul. de Saint-Maur-des-Fossés. *Arch. Nat.* LL, 112 f° 36, et 114 f° 110.
4. Pièce justificat. n° 15.
5. Duchesne, *Histoire généal. de la maison de Montmorency et de Laval*, Pr. p. 99.

lemy[1], Guillaume n'avait point si tôt prononcé sa sentence, que la réconciliation des parties récompensait ses patients efforts.

Les prévôts Prémontrés de la province de Saxe avaient secoué le joug de l'abbaye mère, et mis à leur tête le prévôt de Magdebourg; sans se soucier des injonctions du Chapitre général, ils réformaient leur nourriture et la coupe de leurs vêtements, quand, en 1239, les religieux, qu'une telle insubordination menaçait du schisme, implorèrent la médiation de Guillaume. Retenu dans son diocèse par des affaires importantes et par les délibérations du concile de la province, l'évêque ne put d'abord qu'adresser à l'abbé de Prémontré de pacifiques exhortations : « Je vous supplie, lui écrivait-il, avec
« toute la tendresse dont je suis capable, de travailler à
« conclure cet accord. Donnez-moi cette preuve de votre
« amour pour Dieu, de votre attachement à vos églises,
« de votre affection pour moi-même ». Aussitôt qu'il fut libre, il courut à Prémontré, et y scella, au mois d'octobre, la réconciliation des chefs de l'ordre avec les prévôts révoltés[2].

En 1245, il fut pris pour arbitre par les religieux bénédictins et par les consuls de Figeac. Ce n'était point une de ces insignifiantes querelles qui occupent souvent les loisirs de deux établissements voisins. Le conflit portait, à la fois, sur l'exercice de la juridiction et sur la répar-

1. Pièce justificat. n° 56.
2. Hugues, abbé d'Esteval : *Sacri et canonici ordinis Præmonstrat. annales.* Nancy 1734, in-fol. II, col. 19 et Pr. col. 28. Guillaume faisait grand cas du prévôt de Magdebourg. Il lui inspirait, de son côté, une telle confiance, que celui-ci consentait à venir à Prémontré, pourvu que l'évêque de Paris l'y accompagnât.

tition des redevances : il ne s'agissait de rien moins que d'attribuer la suzeraineté de la ville à l'abbaye ou aux consuls [1]. En rendant sa sentence [2], Guillaume paraît avoir été partagé entre le désir d'assurer le triomphe du monastère, dont les droits étaient incontestables, et l'espoir de mettre un terme à des abus fondés sur de vieilles coutumes féodales. La jouissance des droits seigneuriaux, l'administration de la justice restèrent acquis aux moines. Mais il n'admit pas sans répugnance le droit de saisir le lit et les vêtements des morts, et ménagea aux consuls un moyen de racheter cette servitude [3]. Il se flattait vainement de ramener la paix dans Figeac, en imposant des serments aux consuls et à l'abbé ; cette ville devait longtemps encore offrir le spectacle du plus affreux désordre [4].

Ces exemples suffisent pour prouver que la voix de Guillaume se faisait entendre au loin, en même temps que la renommée de son savoir se répandait dans toute la France, et au delà. Plus circonscrite, mais non moins importante, était la juridiction spirituelle qu'il exerçait sur les âmes.

A partir de 1234, les Dominicains ayant cessé de remplir, dans la province de Sens, les fonctions d'inquisiteurs [5], tout le poids de la juridiction spirituelle retomba

---

1. Teulet, II, p. 580.
2. 15 sept. 1245 (Teulet, II, p. 580).
3. V. une quittance de l'abbé de Figeac, Adhémar. (27 nov. 1251.) *Bibl. Nat. coll. Doat*, ms. n° 126, f° 68.
4. On peut trouver de plus amples détails, sur toute cette affaire, dans l'art. intitulé : *Établissement et organisation du régime municipal à Figeac* (*Biblioth. de l'École des Chartes*, an. 1879, t. XL, p. 397-423).
5. Ripoli, *Bullarium Prædic.*, I, p. 66.

sur les évêques. Guillaume, loin d'en être accablé, défendit heureusement son diocèse contre l'envahissement des hérésies, sans même avoir besoin, semble-t-il, de recourir au bras séculier. L'occasion seule lui en manqua peut-être; car, si l'on consulte ses ouvrages, on y trouve exprimées, avec force, les idées qu'admettaient sans conteste tous les contemporains d'Innocent III. Guerre à mort aux hérétiques, l'épée du chrétien mise au service de la foi, aussi bien que sa parole ; l'ennemi de l'Église traqué comme un animal dangereux, sacrifié, comme une brebis galeuse, brûlé, comme un membre atteint de cancer, le tout pour la plus grande gloire de Dieu et le salut de la société chrétienne, tels sont les principes que Guillaume eût mis en pratique au besoin. Il envisage la mort comme profitable à l'hérétique lui-même, dont elle arrête les débordements, et soutient que les Manichéens, s'ils attribuent à Satan la création du corps de l'homme, doivent rendre grâces aux bourreaux, qui les délivrent de cet objet maudit [1].

Deux fois seulement, à en juger par les pièces qui sont parvenues jusqu'à nous, Guillaume appliqua la peine de l'emprisonnement temporaire : en 1228, à un franciscain [2]; plus tard, à maître Raymond, dont il avait condamné les erreurs, avec l'aide des théologiens de l'Université [3].

Il se contentait d'ordinaire d'exiger une rétractation. C'est le châtiment qu'il infligea, en 1240, au franciscain

---

1. *Opp.* I, p. 28.
2. Albéric (Pertz, XXIII, p. 922).
3. Il fut condamné de nouveau, en 1247, par le Légat (Du Plessis d'Argenré, *Collet. judic. de novis erroribus*, Paris, 1734, in-fol. p. 158).

Guillaume, coupable d'avoir avancé, dans son couvent de Paris, des maximes erronées sur la grâce. Il profita plus tard d'une réunion des maîtres de l'Université, pour donner à ce désaveu toute la publicité désirable [1].

Le 13 janvier 1241 [2], tout ce que l'Université comptait de théologiens diserts était accouru à la voix de l'évêque, pour entendre discuter et anathématiser dix propositions, dont la moins ardue était fort au-dessus de l'intelligence du vulgaire. La divine essence n'est et ne sera vue en elle-même, ni par les anges, ni par les élus. Le Saint-Esprit, en tant qu'amour et lien, ne procède que du Père. Les âmes et les corps des bienheureux ne seront pas dans le ciel empyrée avec les anges, mais dans le ciel aqueux ou cristallin, qui est au-dessus du firmament, avec la Bienheureuse Vierge Marie. Parmi ces propositions, propres, tout au plus, à exercer la patience de quelque « maître en divinité », une seule, la quatrième, intéressait directement les philosophes; elle consistait à soutenir qu'il y a, en dehors de Dieu, des vérités éternelles, et Guillaume, dont nous aurons lieu plus tard d'exposer la doctrine sur ce point, lui opposait cette maxime contraire : Une seule vérité est éternelle ; c'est Dieu lui-même [3].

---

1. *Bibl. Patrum*, XXV, p. 329. Suivant le *Gallia*, ce franciscain serait Gilain de Caen, qui occupa plus tard le siège épiscopal de Coutances (XI, col. 880).

2. C'est la date que donne le *ms. latin* de la *Bibl. Nat*, n° 15661, f° 100, qui fut écrit vers l'année 1300. Mathieu Paris place ces faits vers 1243, mais non sans quelque hésitation. Quant à la date de 1270, qui se trouve dans un ms. du XVe siècle, elle est évidemment erronée (*Bibl. Nat.; ms. latin*, n° 15820).

3. *Bibl. Nat ; mss. latins*; n°s 15661, 15820 et 16360. *Biblioth. Patrum*. XXV.

A son tour, Jean de Brescia, un religieux défroqué, attira l'attention de l'évêque, dont il avait blessé les oreilles délicates par quelques propositions malsonnantes. La rétractation qu'il consentit à faire ne l'empêcha pas de propager ses erreurs, tant que l'évêque ne lui eut pas interdit le droit d'enseigner dans les écoles. Interrogé peu après par le légat, il prétendit, au grand scandale de ses juges, que la lumière n'était point créée, en tant que substance, mais qu'elle possédait l'infinité, l'essence et l'immensité [1].

En s'entourant des maîtres de l'Université, chaque fois qu'il avait à se prononcer sur l'orthodoxie d'un clerc, Guillaume préparait insensiblement le changement qui s'accomplit plus tard, quand l'Université, s'érigeant en tribunal spirituel, s'enhardit jusqu'à censurer les erreurs sans l'assentiment de l'évêque. Toutes les prétentions qu'afficha la Sorbonne, dans les derniers siècles de la monarchie, ont leur source première dans cette habitude des docteurs du treizième siècle de faire cortège à l'évêque Guillaume.

---

p. 329. Ces propositions, que l'Université fut unanime à juger monstrueuses, avaient été avancées par un frère du nom d'Étienne et soutenues, au dire de Mathieu Paris, par toute l'école dominicaine. « Les frères prêcheurs, disait-il, ont quitté le droit chemin, exemples frappants de la vengeance de Dieu, qui préfère la foi des ignorants à la philosophie des orgueilleux. » Cette indignation et cet empressement à montrer le doigt de Dieu dans la condamnation d'un frère prêcheur, s'expliquent peut-être par la jalousie que les progrès des ordres mendiants ne manquaient point d'inspirer aux Bénédictins.

1. 20 déc. 1247 (D'Argentré, *Collectio judic. de novis erroribus*, p. 158).

CHAPITRE III.

CONDAMNATION DE LA PLURALITÉ DES BÉNÉFICES.

Le cumul des bénéfices était depuis longtemps une des plaies de la société religieuse. Durant tout le cours du onzième et du douzième siècles, les Conciles n'avaient cessé d'élever la voix contre cet abus : Poitiers, en 1078 et 1100[1], Plaisance et Clermont, en 1095[2], Londres en 1125 et 1127[3], le palais de Latran, en 1179[4], avaient vu lancer l'anathème contre les détenteurs de plusieurs prébendes. Mais, au commencement du treizième siècle, un changement se produisit dans la discipline. Les canons, au lieu de condamner toute pluralité, commencèrent à distinguer les bénéfices curés de ceux qui n'avaient point charge d'âmes : ce fut le langage tenu à Paris, en 1212, et à Rouen, en 1214[5]. Plus tard, on ne parla plus que des bénéfices obligeant à la résidence[6], et,

---

1. Labbe, X, col. 368 et 726.
2. *Ibid.*, col. 504 et 507.
3. *Ibid.*, col. 916 et 921.
4. *Ibid.*, col. 1516.
5. Labbe, XI, col. 62 et 68, Bessin, p. 114. Cf. Conc. IV de Latran, Labbe, XI, col. 180.
6. *Ibid.*, col. 456.

en 1237, un légat, qui s'était proposé de renouveler à Londres les anciennes condamnations du cumul, dut céder à la menace d'un schisme et à la répugnance du clergé anglais. L'Église reculait évidemment devant les progrès de l'avarice.

Un clerc de Bayeux, qui possédait, vers cette époque, deux prébendes dans la cathédrale et deux sous-chantreries dans d'autres églises, s'aperçut, en lisant les Conciles du douzième siècle, qu'il tombait sous le coup de leurs anathèmes. Innocent IV, auquel il écrivit pour lui expliquer ses scrupules, le rassura, en lui faisant comprendre que, sous le régime nouveau, il n'avait point besoin de dispense [1]. C'était avouer que la discipline s'était singulièrement affaiblie.

Ce relâchement était encore plus sensible, par suite du grand nombre de dispenses qu'accordaient les Souverains-Pontifes. C'était Odilon de Mercœur, prévôt et doyen de Brioude, qui tenait, en vertu d'une dispense, les prieurés du Gévaudan[2]; c'étaient les évêques de Trèves et de Verdun, qui conservaient sur le siège épiscopal [3] tous leurs anciens bénéfices. Bernard Travery cumulait deux cures au diocèse d'Agen [4], et un chanoine de Saintes possédait le titre et les revenus de plusieurs bénéfices anglais [5]. Ces dispenses étaient presque toujours

---

1. Décembre 1243. *Bibl. Nat.; collect. Moreau*, ms. n° 1194, f° 119 r°.
2. *Gallia*, I. col. 92.
3. Bulles du 19 avril et du 10 mai 1245. *Bibl. Nat.; collect. Moreau*, ms. n° 1194, f°s 117 r° et 473 r°.
4. Bulle du 11 oct. 1245. *Ibid.*, ms. n° 1195 f° 67 r°.
5. Bulle du 17 avril 1247. *Ibid.*, ms. n° 1196, f° 137 r°. Cf. Math. Paris, *ad an.* 1247.

On peut encore citer de semblables dispenses accordées par Honorius III.

accordées à la science et à la vertu [1], mais quelquefois aussi à la noblesse [2], ou à de hautes recommandations [3].

Les papes firent plus ; ils permirent à certains évêques de donner des dispenses à leurs clercs, faveur singulièrement dangereuse, qui fut obtenue, du temps de Guillaume, par les archevêques de Bourges et de Reims, par les évêques d'Albi, de Châlons, de Beauvais et de Saint-Malo [4].

Tel était donc, sur un point capital, l'état de la discipline ecclésiastique, au moment où Guillaume fit apparition parmi les évêques de France : dans les Conciles, indulgence de plus en plus marquée, distinctions subtiles entre les diverses pluralités, crainte de rompre avec une

---

à l'écolâtre de Metz (Ier déc. 1220. *Ms. de la collect. Moreau* n° 1181, f° 253), par Grégoire IX au trésorier de Tours (25 avril 1239. *Ibid. ms.* n° 1192, f° 314) et au chanoine de Rouen, Dreux de Trubleville ; par Innocent IV, à maître Remi, chanoine de Châlons (26 févr. 1248. *Ibid. ms.* n° 1197, f° 102 v°) ; à Thomas, prévôt de Reims (24 déc. 1244. *Ibid. ms.* n° 1194, ff. 329 et 340 r°), à Hugues, chanoine du diocèse de Constance (19 nov. 1248. *Ibid, ms.* n° 1198, f° 102 r°), à m[e] Jean de Saint-Cirice, curé du diocèse d'Amiens (8 févr. 1245. *Ibid. ms.* n° 1194, f° 392 r°) au doyen de Saint-Georges de Cologne (5 janv. 1249. *Ibid. ms.* n° 1198, f° 184 r°) et à Bérenger, archidiacre de Lodève (16 janv. 1245. *Ibid. ms.* n° 1194, f° 353 r°).

1. « Illos nonnunquam consuevit apostolice sedis benignitas gratia prosequi ampliori, qui moribus ornant scientiam et conversationem muniunt honestate. » (Bulle du 18 déc. 1243, *ibid. ms.* n° 1194, f° 141). Telle est la formule de la plupart de ces dispenses. Le 6 avril 1227, Grégoire IX accorda une faveur semblable à un clerc de Toulouse versé dans les arts et le droit canon (*Ibid. ms.* n° 1184, f° 40 r°.)

2. Dispense accordée à Jean d'Apremont (11 janv. 1244, *ibid., ms.* n° 1194, f° 172 r°).

3. Dispenses accordées à un neveu de l'archevêque de Besançon (9 janv. 1245, *ibid., ms.* n° 1194, f° 350 r°), à un parent de l'archevêque de Bordeaux (5 févr. 1246, *ibid., ms.* n° 1195, f° 96 r°) à un neveu de l'évêque de Limoges (7 mars 1246, *ibid.,* f° 103 r°.)

4. *Ibid., Mss.* n°s 1191, f° 177, 1192, f° 169 et 1194, ff. 141, 347, 446 et 459.

portion du clergé, trop habituée au cumul pour reculer devant un schisme, complaisance également regrettable de la part du Souverain-Pontife, si puissants que fussent les motifs qui l'obligeaient à recourir aux dispenses.

Si jamais lutte fut entreprise avec ardeur, soutenue avec adresse et poursuivie avec ténacité, ce fut celle qu'engagea Guillaume, dès le début de sa carrière, contre cet abus invétéré. Son caractère, il est vrai, donnait à sa parole une autorité que ne possédaient pas à beaucoup près tous ses collègues. Il avait jadis recueilli la succession d'un chanoine, mort intestat, dont il supposait l'argent mal acquis, mais, le même jour, la somme considérable de 3000 marcs, à laquelle s'élevait la fortune du défunt, avait été distribuée, par son ordre, aux pauvres [1]. Plus anciennement, il avait repoussé, avec désintéressement et modestie, les offres d'un ami, qui voulait lui faire accepter une seconde prébende. « Non, avait-il répondu. L'évêque « vous a chargé de conférer ce canonicat à une personne « sage et vertueuse. Cessez de me l'offrir. Vous outre- « passeriez vos pouvoirs [2]. »

Fort de son désintéressement, il se mit courageusement à l'œuvre, et chercha, tant par ses écrits que par ses discours, à inculquer ses austères principes dans l'esprit quelque peu récalcitrant de ses clercs. Le dernier chapitre de son traité *De collatione beneficiorum* contient, contre le cumul des bénéfices, un réquisitoire, dont la véhémence ne laisserait rien à désirer aux plus rigides

---

1. Thomas de Cantimpré, *De Apibus*, lib II, c. LV, art. 4.
2. Guillaume d'Auvergne raconte lui-même ce trait de sa jeunesse. *Opp.*, II, suppl. p. 252.

réformateurs. On y voit flétris du même coup chanoines, prieurs, dignitaires, chapelains, à quelque catégorie de bénéficiers qu'ils appartiennent, quelques prétextes qu'ils mettent en avant, pour justifier leur cumul. Dans son indignation, il ne distingue point. La différence, très réelle, qui existe entre un bénéfice curé et un simple canonicat, il n'en veut point entendre parler : il feint de ne pas l'apercevoir. Il va jusqu'à repousser tout argument fondé sur les dispenses des papes. « Examinées de
« près, s'écrie-t-il, de pareilles dispenses ne valent rien,
« quoique nous n'ayons pas l'audace de vouloir les
« interpréter. Quelque faveur qu'un Souverain-Pontife
« accorde à un prélat de mérite, il ne prétend justifier
« ni l'ambition, ni la sensualité, ni l'avarice. » On ne peut, du reste, qu'applaudir aux enseignements qu'il donne au sujet des devoirs d'un bénéficier. « Lorsque,
« dit-il, la collation d'un titre n'emporte point charge
« d'âmes, elle oblige du moins à la résidence et à la
« prière. Le même clerc ne peut chanter les louanges
« du Seigneur à Paris, à Tours et à Chartres. Qu'est-ce
« donc que confier à un ecclésiastique des fonctions
« incompatibles, sinon violer les engagements pris en-
« vers les fondateurs des prébendes, frustrer Dieu du
« culte qui lui est dû? De là, le triste spectacle qu'offre
« l'Église, de nos jours, sorte de corps mutilé, mons-
« trueux, réduit à une honteuse impuissance. » Il met alors le doigt sur la plaie; il montre, par des arguments d'une impitoyable rigueur, que l'avarice seule est en jeu; avec cette bonne humeur qui est de mise, à cette époque, même en matière de discipline ecclésiastique, il poursuit les clercs cupides des sobriquets les plus inju-

rieux : cuisiniers, celleriers, et d'autres semblables : ânes continuellement attachés à un râtelier bien garni.

Combien ces invectives devaient perdre de leur force, quand, péniblement consignées sur le parchemin, elles se présentaient au lecteur au milieu d'un long traité didactique! Un discours si chaleureux méritait mieux que d'être lu : il demandait à être débité, et il le fut en effet.

Les maîtres en théologie de l'Université de Paris, convoqués en assemblée générale, en 1235, se virent soumettre par Guillaume d'Auvergne la question de la pluralité[1]. Aux arguments élevés développés par l'évêque, avec la chaleur que nous lui connaissons, deux membres de cette docte assemblée osèrent répondre : l'un se nommait maître Arnoul, l'autre était le chancelier, Philippe de Grève. Quant à ce dernier, le détachement des richesses était la moindre de ses vertus, et Guillaume, dans la discussion, put rappeler qu'avec la chancellerie de Paris, il ne craignait point de cumuler l'archidiaconat de Noyon[2]. Le reste de l'assemblée se rangea au parti de l'évêque.

Ses deux adversaires (on peut ainsi les nommer, car leur résistance avait été opiniâtre,) ne tardèrent pas à lui laisser le champ libre. Arnoul devint évêque d'Amiens,

---

1. Thomas de Cantimpré, *op. cit.*, lib. I. c. 19, § 5.
2. Ce fait, inconnu jusqu'ici, est établi par une bulle inédite du 7 mars 1230. « Dilecto filio..., cancellario Parisiensi accepimus intimante, quod, cum nos sibi, ut eidem Parisius in theologica facultate regenti liceat in archidiaconatu Noviomensi, quem canonice optinet, per aliquem probum virum de Fratribus Predicatoribus vel Minoribus exercere visitationis officium, et recipere procurationes ratione visitationis ei debitas, duxerimus concedendum, etc. » *Bibl. Nat.; collect. Moreau, ms.* n° 1187, f° 459.

dès 1236 [1]. Philippe de Grève mourut, vers le 23 décembre de la même année [2].

Les historiens auraient grand tort de négliger les légendes. Si le fond en est souvent complètement fictif, elles n'en attestent pas moins l'existence de sentiments vivaces, de croyances populaires, qu'il peut être intéressant de signaler. La mort de Philippe de Grève, événement qui, en d'autres circonstances, eût passé peut-être inaperçu, devint, grâce à la récente discussion à laquelle il avait pris part, le sujet d'un récit fabuleux, que nous a rapporté Thomas de Cantimpré. L'évêque y joue le rôle d'un saint. Accouru au chevet du malade, pour veiller au salut de son âme, il l'exhorte à résigner ses bénéfices, et va jusqu'à lui promettre, en cas de guérison, de lui rendre, sur son propre bien, le prix des prébendes qu'il aurait perdues. En revanche, l'avarice du moribond

1. *Gallia*, X, col. 1184.
2. Tous les documents sont unanimes à placer la mort du chancelier en l'année 1236. Quant au jour, il y a désaccord. Albéric de Trois-Fontaines la fixe au 25 décembre (Pertz, XXIII, p. 940.) ; le *Dit du chancelier Philippe*, intéressante pièce de vers retrouvée et publiée par M. P. Meyer (*Romania*, an. 1872, p. 195.), au 26 décembre; l'obituaire de Paris, au 23 (*Cartul. de Notre-Dame de Paris*, IV, p. 202). Ce dernier document est celui qui paraît mériter le plus de confiance. Mais combien l'*Histoire Littéraire* (XVIII, p. 188) était loin de la vérité, quand elle rapportait la mort de Philippe au 25 décembre 1237!

Aucun des historiens qui ont parlé de ce personnage, n'a su qu'il était fils naturel de Philippe, archidiacre de Paris. Rien n'est cependant plus certain. Nous avons vu que vers la fin de sa carrière, il cumulait la chancellerie de Paris et l'archidiaconat de Noyon : or, une bulle d'Honorius, du 15 févr. 1217, accorde à l'archidiacre de Noyon, Philippe, une dispense *pro defectu natalium*, parce qu'il est fils de feu Philippe, archidiacre de Paris. Pour mieux établir l'identité de ce Philippe, il est bon d'ajouter que la même bulle autorise l'évêque de Paris à la faire venir dans son diocèse, et que Philippe de Grève devint en effet chancelier de Paris en 1218 (*Bibl Nat.*; collect. *Moreau*, ms. n° 1178, f° 265 r. Cf. *Hist. Littér.*, XVIII, p. 184.)

n'a d'égal que son entêtement. « Je saurai par expérience
« si l'on est damné pour avoir tenu plusieurs béné-
« fices. » Ce sont là ses dernières paroles.

La légende nous transporte alors sur une autre scène.
Elle nous introduit, à une heure matinale, dans l'oratoire
de l'évêque, tandis qu'il prie. Tout d'un coup, la lampe
du sanctuaire s'obscurcit, et une forme noire se des-
sine à quelques pas du prélat. « Viens-tu de la part de
Dieu? » s'écrie-t-il épouvanté, en cherchant par un signe
de croix à dissiper la vision. « Non! répond une voix
« lamentable; bien que créé par Dieu, je suis séparé de
« lui. — Qui es-tu donc? — Votre chancelier. — Com-
« ment? reprend Guillaume attendri. Es-tu donc si mal-
« heureux? — Oui, condamné à la mort éternelle. —
« Hélas! très cher ami, dis-moi la cause de ta dam-
« nation. » Philippe alors répond : « Je suis damné
« pour trois causes : je n'ai point donné le superflu de
« mes revenus; j'ai soutenu, contre l'opinion commune
« qu'il était permis de tenir plusieurs bénéfices; j'ai été
« par le dérèglement abominable de ma conduite, un
« sujet de scandale et une pierre d'achoppement. » La
conversation continue encore quelque temps entre le fantôme, désireux de savoir si le monde est déjà fini, et
l'évêque qu'une telle ignorance plonge dans la stupéfac-
tion. Nous en avons assez entendu, pour conclure
qu'aux yeux du public, Guillaume d'Auvergne avait gain
de cause, tandis que les défenseurs du cumul méritaient
les peines éternelles [1].

1. M. P. Meyer, dans un article de la *Romania* (*Henri d'Andeli et le chancelier Philippe*, ann. 1872, p. 195.), juge ainsi le récit que l'on vient de lire :
« Ce n'est pas sur un témoignage de cette nature, en présence du silence

Philippe de Grève fut remplacé, comme chancelier de Paris, par un homme entièrement dévoué aux principes de l'évêque, maître Guiard de Laon, qui disait, suivant Cantimpré : « Je ne voudrais pas, pour tout l'or de « l'Arabie, passer une seule nuit chargé de deux béné-« fices, quand même je saurais que, le lendemain matin, « l'un des deux serait donné à un prélat capable, et cela « à cause de l'incertitude de la vie, car je craindrais « de mourir en état de péché mortel [1]. »

absolu des autres documents qui nous sont parvenus sur le chancelier, qu'il est permis d'admettre les trois imputations mentionnées par Thomas de Cantimpré. Elles sont d'ailleurs infirmées par certains faits : d'abord, précisément avant le passage qui vient d'être rapporté, le compilateur du *Bonum universale* fait mention d'une conférence tenue à Paris, en 1238, dans laquelle le chancelier aurait énergiquement soutenu son opinion sur la pluralité des bénéfices. Philippe étant mort le 26 déc. 1236, on voit que les souvenirs ou les renseignements de Thomas étaient assez peu exacts. » M. Meyer nous pardonnera certainement de ne pas partager son avis. Ce Philippe de Grève, dont il veut faire un saint, cumulait plusieurs bénéfices : nous l'avons démontré plus haut. De là à défendre la pluralité, il n'y a qu'un pas. A cet égard, le reproche de Cantimpré nous paraît suffisamment fondé. D'ailleurs, où est la contradiction, que relève M. Meyer ? Si nous avons bien compris Cantimpré, ce n'est pas en 1238, c'est trois ans plus tôt, que Philippe aurait défendu sa thèse en faveur de la pluralité : « Fuerat autem habita disputatio longa valde, et multo solemnior, *ante annos tres* : in qua etiam omnes magistri theologiæ, exceptis duobus determinasse probantur idem per omnia quod et supra; quorum unus fuit magister Philippus cancellarius Parisiensis. » (Lib. I, c. XIX, § 5.)

Daunou essayait déjà de réhabiliter le chancelier : « Ces contes, dit-il, sont démentis par le soin que prit l'évêque Guillaume de faire inscrire une épitaphe sur le tombeau de Philippe de Grève. » (*Hist. Littér.*, XVIII, p. 188.) Mais rien ne prouve que cette épitaphe ait été rédigée par Guillaume, et d'ailleurs, si elle rappelait la science et l'opulence du défunt, elle ne parlait point de ses vertus. (V. Albéric, Pertz, XXIII, p. 940.)

1. *Bonum universale de Apibus*, lib. I, c. 19, § 8. — M. Hauréau a récemment soutenu la thèse que Guiard de Laon n'avait jamais été chancelier de Paris. « Guiard de Laon, dit-il (*Notices et extraits*, XXIV, p. 206), est faussement compté par Albéric au nombre des chanceliers de Paris; Eudes de Châteauroux fut précédé, non par Guiard, mais par Philippe, qui

Se sentant mieux secondé, Guillaume voulut-il compléter sa victoire? Dans la nouvelle assemblée qu'il réunit en 1238, il renouvela son réquisitoire, prolongea la discussion : le succès récompensa ses efforts. Au dire de Cantimpré, qui assistait aux débats, on décida qu'il ne pouvait y avoir de salut pour le possesseur de deux bénéfices, dont l'un rapportait au moins 15 livres parisis [1].

L'effet produit par cette sentence fut considérable. Animés d'une heureuse émulation, les docteurs parisiens s'élevèrent à leur tour contre l'abus de la pluralité, et les écoliers de l'Université entendirent débattre la question. On signale Jean de la Rochelle, Hugues de Saint-Cher, Guerry de Saint-Quentin, Geoffroy de Blèves, parmi les maîtres les plus ardents à propager la bonne doctrine [2]. Saint Louis lui-même profita peut-être de la leçon donnée sous ses yeux. « Il observa cette coutume, dit Geoffroy de Beaulieu, de ne jamais accorder un second bénéfice, sans exiger la résignation du premier, lors même qu'il s'agissait d'un clerc lettré [3]. »

d'après le *Cartulaire de N. D. de Paris* (tome II, p. 237), tenait encore la chancellerie en octobre 1236. » Il est vrai, et même il ne mourut, comme nous l'avons vu, que l'avant-veille de Noël. S'ensuit-il que Guiard de Laon n'ait point été chancelier de 1236 à 1238, comme le dit positivement Albéric (Pertz, XXIII, p. 940) ? En aucune façon. D'ailleurs, Étienne de Bourbon parle de maître Guiard, chancelier de Paris (*Anecdotes historiques*, publ. par M. Lecoy de la Marche, Paris 1877, in-8°, p. 331), et une bulle de Grégoire IX, du 30 mai 1237, est adressée à « maître G. de Laon, chancelier de Paris. » (*Bibl. Nat.*; collect. Moreau, ms. n° 1191. f° 304 v°.)

1. Thomas de Cantimpré, *op. cit. lib.* I, cap. 19. § 5.
2. Du Boulay (*Hist. Univ.*, III, p. 164) raconte qu'on eut lieu de craindre une sédition dans l'École ; mais cette assertion ne s'appuie sur aucun fondement.
3. *Rec. des Hist. des Gaules*, XX, p. 12.

L'Église ne modifia point sa ligne de conduite; la crainte d'exciter des révoltes oblige quelquefois les chefs à une prudence, dont tel ou tel de leurs sujets peut se départir. Un concile était tenu à des ménagements infinis, tandis que Guillaume, au milieu de ses docteurs, avait toute liberté pour frapper les abus, par cela même que ses arrêts n'avaient point force de loi. L'Église ne pouvait qu'applaudir à de semblables entreprises, qui, en jetant un trouble salutaire dans les consciences, préparaient peut-être des jours meilleurs.

Dans les siècles suivants, on agita de nouveau la question de la pluralité, non sans rappeler l'opinion de Guillaume. En 1311, au concile de Vienne, Guillaume Durant raconta la mort et la damnation de Philippe de Grève. Denis le Chartreux composa un traité contre la pluralité [1], où il reproduisit surtout les arguments de Guillaume d'Auvergne : « ce docteur que beaucoup ne « craignent pas d'égaler à saint Thomas ou à saint « Bonaventure. » Au quinzième siècle, on extrayait de Cantimpré les passages relatifs à la pluralité, aux assemblées de 1235 et 1238, à la damnation de Philippe de Grève, et on en formait un recueil, intitulé : « *Determinatio Parisiensis de pluralitate beneficiorum* [2]. » Au dix-huitième siècle enfin, un partisan de la pluralité, l'abbé de Sitichenbach, pensait qu'il ne pouvait sans péril braver l'autorité d'un aussi sage évêque. Plutôt que de contredire Guillaume, il aimait mieux soutenir que

---

1. *Tractatus de Modo generalis consilii celebrandi, per Guillmum Durandum episcopum mimatensem* (le jeune). Paris, chez François Clousier, 1671, in-8°, p. 110. — Pars II, tit. 21.

2. Nous en avons vu un exemplaire ms. au *British museum*; *King's library*, 6 E, III f° 76, col. 2.

sa doctrine était obscure, et le récit de Cantimpré, mensonger. Mais aussitôt, il rencontrait un contradicteur : François Vivant, l'un des derniers successeurs de Philippe de Grève, imprimait, en 1710, un traité *De Re beneficiaria*, où il rétablissait victorieusement la doctrine de Guillaume d'Auvergne [1].

Ainsi, le diocèse de Paris n'était point seulement défendu, grâce à la sollicitude de son pasteur, contre tout envahissement de l'hérésie : il se distinguait encore par la fermeté avec laquelle ses docteurs maintenaient l'antique discipline.

1. *De Re beneficiaria, sive de non possidendis simul pluribus beneficiis*, par François Vivant. Paris, 1710, chez Osmont.

CHAPITRE IV.

FONDATIONS.

Sous l'épiscopat de Guillaume, les constructeurs d'églises n'eurent point de relâche. Tandis que la cathédrale se complétait par l'annexion de chapelles latérales, tandis que les tours de la façade commençaient à dominer le Parvis, on voyait des chantiers s'établir dans la Couture-Sainte-Catherine, au Chardonnet, dans la censive de Saint-Magloire, des chapelles sortir de terre, et des religieux, appelés du dehors, grossir les rangs du clergé parisien. Le culte gagnait en magnificence et en étendue, comme l'architecture des églises, en richesse et en élégance.

Il n'est pas rare de trouver, dans une miniature, ou dans un tableau de vieux maître, une représentation exacte de ce qu'était une ville au moyen âge : la multitude des clochers qui montent dans les airs, lui donne l'apparence d'une châsse, plus que d'une cité : on comprend à peine comment la population trouvait à se loger à l'ombre des saintes demeures, et l'on est bien loin de penser que les églises fussent trop peu nombreuses pour satisfaire aux besoins des fidèles. Cependant, non seulement Guillaume d'Auvergne multipliait les paroisses rurales de son diocèse, et érigeait à Crosne, par exemple, une église indépendante de Villeneuve-Saint-Georges [1], non seulement il obtenait du Pape un privilège, qui lui permettait de scinder les paroisses trop étendues [2]; mais, à Paris même, dans cette ville hérissée d'églises, il se voyait obligé de fonder de nouveaux sanctuaires. Le Chardonnet, terrain situé au bas de la montagne Sainte-Geneviève attira son attention, en 1230 [3]; il y acheta à l'abbaye de Saint-Victor une pièce de terre, où s'éleva, par la suite, la petite chapelle de Saint-Bernard [4]. En 1243, il acquit, dans le même lieu, une pièce, longue de 24 toises, afin d'y bâtir l'église de Saint-Nicolas-du-Chardonnet [5]. En 1234 enfin, le fait a échappé à tous les historiens du diocèse, il fonda, sur la rive droite de la Seine [6], la chapelle de Saint-Gilles-et-Saint-Loup. On a peine à croire que les habitants les plus reculés du faubourg, ceux qui logeaient dans le voisinage des rues du Bourg-l'Abbé ou Aubry-le-Boucher, fussent paroissiens de Saint-Barthélemy, petite église de la Cité; ils devaient, pour entendre la messe, traverser le faubourg, contour-

1. *Arch. Nat.* Cartul. de Saint-Germain-des-Prés, LL, 1026, f⁰ 151. — Dubois, *Hist. eccl. Paris.* II, p. 335.
2. Bulle du 18 décembre 1234. Pièce justific. n° 45.
3. Dubois, *Hist. eccl. Paris.* II, p. 327. — Du Boulay, *Hist. univ. Paris*, III, p. 139.
4. Elle devint par la suite une dépendance du collège des Bernardins, V. *Cartul. de Notre-Dame de Paris*, III, p. 187. Cf. abbé Lebeuf, édit. Cocheris, III, 582, 586 et 622.
5. *Cartul. de Notre Dame de Paris*, III, p. 292. Cf. abbé Lebeuf, III, 582, 584 et 615.
6. Cf. abbé Lebeuf, II, 272.

ner l'enceinte de Saint-Magloire, et passer le Grand-Pont, à moins qu'ils ne préférassent s'entasser dans l'église du couvent, dont quelques travées à peine étaient réservées aux fidèles. Grâce aux soins de Guillaume, la succursale s'éleva bientôt, à peu de distance de l'abbaye, et fut dotée de deux cloches de 200 livres chacune. Rebâtie plusieurs fois, au moyen âge, érigée en paroisse en 1617, elle dessert aujourd'hui encore, sous le nom de Saint-Leu, une partie du quartier de Saint-Denis.

Non moins ami des couvents que des églises, Guillaume protégeait tout établissement religieux destiné à la prière, à l'étude ou à l'exercice de la charité. A Paris, il avait fondé les Filles-Dieu; à Aurillac, dans son pays natal, il construisit, dit-on, de ses deniers, l'hôpital de la Sainte-Trinité [1]. Guy le Bouteiller le chargea, en 1248, de fonder une abbaye de Saint-Victor à Bray-sur-Seine, près de Provins; mais, les ressources étant insuffisantes, il ne réussit à établir qu'un prieuré [2].

Ce devait être un curieux spectacle, que les rues de la capitale sillonnées et comme encombrées par des religieux de toute couleur. Il était peu d'ordres qui n'eussent alors au moins une maison à Paris. Clunistes, Cisterciens, Chanoines réguliers, frères Prêcheurs, Templiers se côtoyaient sans cesse. Cependant l'épiscopat de Guillaume d'Auvergne vit encore s'augmenter le nombre des couvents, et plusieurs ordres firent, grâce à sa protection, leur entrée dans la capitale.

1. Le Père Dominique de Jésus dit avoir vu le titre de cette fondation. (*Histoire parénétique des trois saints protecteurs du Haut-Auvergne*, Paris, 1635, p. 781.) Il n'a pu être retrouvé par M. Aubépin, archiviste du Cantal, qui a eu l'obligeance de faire pour nous des recherches dans son dépôt.
2. *Gallia* VII, col. 106, et X, col. 1416

Nous ne parlons ni des Franciscains, qui achetèrent alors un terrain à l'abbé de Saint-Germain des Prés, ni des Cisterciens de Barbeaux, auxquels Guillaume permit d'avoir un oratoire dans leur maison de la paroisse Saint-Gervais [1] ; mais les frères du Val des Écoliers et les religieux de la Sainte-Trinité obtinrent de lui la permission de se fixer dans la ville.

L'ordre récent du Val des Écoliers appartenait à Paris par ses fondateurs. Quatre docteurs parisiens, rompus aux exercices de la dialectique, et vieillis dans les combats d'école, avaient conçu le projet de fonder un ordre nouveau; ils avaient aperçu tous en même temps un arbre lumineux, qui semblait couvrir toute la terre de son feuillage, et aussitôt, disant adieu au monde, ils s'étaient éloignés de Paris, sans savoir où ils s'arrêteraient. La fatigue les obligea de s'asseoir au milieu d'une forêt de la Champagne, lieu désert, sablonneux, hérissé de rochers, où ils cherchaient vainement un moyen d'apaiser leur soif, quand, tout à coup, une source jaillit à leurs pieds : c'était le lieu indiqué par la Providence pour devenir le berceau de leur ordre. En 1229, les solitaires désiraient rentrer dans la foule. Aussitôt le Pape intervient, expédie à Guillaume lettre sur lettre [2]. Les frères ne demandaient qu'une chapelle : on leur construit une église. Les sergents d'armes du roi, se souvenant d'un vœu, fait jadis au plus fort de l'action de Bouvines, fournissent les fonds nécessaires, à condition que les religieux prieront pour les âmes des rois défunts, Philippe-Auguste et Louis VIII. L'église de Sainte-Cathe-

---

1. Juin 1243 (D. Martène. *Thesaurus Anecdot.* I. col. 1022.)
2. V. la bulle du 17 août 1229. Pièce justific. n° 14.

rine de la Couture ou du Val des Écoliers s'élève, sans retard, dans la paroisse Saint-Paul [1].

Qui ne saurait point gré à l'évêque d'une aussi généreuse hospitalité méconnaîtrait les difficultés de toute sorte que rencontrait l'établissement d'un nouveau monastère. Concilier les droits du couvent avec les intérêts de la paroisse n'était point chose facile. A ce point de vue, rien de plus instructif que la lecture du règlement fait par Guillaume, en 1229, pour le nouveau prieuré [2].

Les frères n'auront point d'autel en dehors du chœur, et le mur du chancel dérobera aux fidèles la vue des exercices du culte; on ne pourra franchir cette enceinte, que pour apporter le corps d'un défunt, qui aurait élu sépulture en ce lieu. Les religieux doivent éviter surtout de se substituer au clergé de la paroisse dans la distribution du pain bénit, dans la bénédiction des relevailles ou la visite des malades; tout au plus peuvent-ils avoir de l'eau bénite à la porte de leur église, et administrer les sacrements à l'article de la mort. Leur cimetière ne pourra recevoir aucun paroissien de Saint-Paul. Les dimanches et jours de fête, la porte de leur église ne s'ouvrira qu'au son de la cloche de Notre-Dame, et quand les fidèles seront déjà réunis dans leurs paroisses. Comme l'église Saint-Paul est en construction, les frères se garderont de mettre dans leur église des troncs ou des images destinées à solliciter les offrandes. Ils ne prêche-

---

1. Charte de Guillaume, d'octobre 1229. Pièce justific. n° 16. — Dubois, *Hist. eccl. Paris*, II, p. 325. — *Gallia*, VII, col. 852. — Nécrologe de Sainte-Catherine du Val des Écoliers, dans le *Rec. des Histor. des Gaules*, XXIII, p. 147.

2. Charte de Guillaume, de septembre 1229. Pièce justific. n° 15.

ront, comme les Dominicains de la rue Saint-Jacques, que devant les religieux ou les clercs, à moins d'obtenir, soit du curé, soit de l'évêque, la permission de se faire entendre aux laïques. Enfin, ils paieront au curé 2 sous par an, pour chaque maison qu'ils possèderont dans la paroisse Saint-Paul, et remettront à Guillaume d'Auvergne 140 livres parisis, pour être converties en rente au profit de la cure. A ce prix, les deux cloches du nouveau couvent pourront mêler leur voix au joyeux concert des carillons de Paris.

Il était plus aisé de concéder à des religieux une église déjà construite, dont les droits étaient consacrés par l'usage. Vers 1230, Guillaume appela à Paris l'ordre admirable que Jean de Matha et Félix de Valois avaient fondé, à la fin du siècle précédent, pour la rédemption des captifs; il lui donna la maison et l'église de Saint-Mathurin, sur la rive gauche, à la seule condition de lui rester soumis [1]. Les Trinitaires s'appelèrent désormais du nom plus populaire de Mathurins.

Il n'était pas jusqu'aux manoirs et aux maisons bourgeoises, qui n'eussent, au haut de quelque tourelle, une chapelle ou un oratoire. Le chevalier Pierre de Braye obtint, en 1235, de Guillaume d'Auvergne la permission d'installer un chapelain dans son manoir du Breuil [2], et Adam le Queux, sergent du roi, put construire une chapelle dans sa demeure de Clamard [3].

---

1. C'est ce qui résulte d'une lettre du chapitre général de l'ordre, datée de Cerfroid, 4 juin 1230. *Cartul. de Notre-Dame de Paris*, I, p. 371.
2. Commune de Bazainville, canton de Houdan en Seine-et-Oise. — *Cartul. de Notre-Dame de Paris*, III, p. 294.
3. Cartul. de Saint-Martin des Champs, *Arch. Nat.* LL, 1354, f° 109.

Nulle part, cependant, le service divin ne se faisait avec plus de régularité, que dans les deux chapelles superposées l'une à l'autre, dont Maurice de Sully avait doté la maison épiscopale. Sept chanoines-prêtres y furent institués par Guillaume : exempts de la juridiction du doyen, soumis directement à l'évêque, ils célébraient la messe le matin, et chantaient, avec solennité, dans cette étroite enceinte, l'office du jour et de la nuit [1]. De pieuses personnes embellissaient encore le service de la chapelle, en y fondant de nouvelles prébendes, que Guillaume s'empressait de confirmer.

Églises, chapelles, hôpitaux, couvents, tout a disparu, et cédé la place, depuis longtemps, à de bien moins curieux édifices. C'est à peine si, dans Notre-Dame, on reconnaît encore quelques morceaux d'architecture, dont la construction puisse remonter au pontificat de Guillaume. En renversant les monuments dus à sa pieuse initiative, Paris s'est peut-être dépouillé de quelque chef-d'œuvre gothique, semblable à ceux que produisait, en si grand nombre, la génération de Pierre de Montereau.

1. *Cartul. de Notre-Dame de Paris*, I, p. 151 et 152.

CHAPITRE V.

L'UNIVERSITÉ DE PARIS.

Ce n'était point sans orgueil que l'Université de Paris voyait un de ses membres élevé à la dignité d'évêque ; elle pouvait le montrer aux jeunes gens qui débutaient dans ses écoles, comme un exemple des hautes faveurs auxquelles conduisait la science ; et, mêlant à cette satisfaction une secrète espérance, elle pouvait se flatter de compléter ses franchises, grâce à la bienveillance du nouveau prélat. Assez longtemps, l'école de Paris, soumise aux ordres de l'évêché, s'était tenue à l'ombre de la cathédrale ; son affranchissement n'était point encore complet ; mais sans doute le moment allait venir où elle ne relèverait plus que du Souverain-Pontife, et d'elle-même.

On se représente parfois l'Université, comme un sanctuaire voué à l'étude, d'où toute pensée profane était bannie. Il n'en était rien. La turbulente jeunesse qui peuplait ses écoles, ne vivait point, tant s'en faut, dans la contemplation perpétuelle des Catégories d'Aristote, et, s'il fallait donner des preuves de son indiscipline, souvent intolérable, les « *pauvres écoliers* » de Saint-Thomas du Louvre nous en fourniraient d'abondantes. A en juger par un document authentique, un de leurs divertissements préférés consistait à enfoncer de nuit les portes des chanoines. Ils firent tant et si bien, qu'un des premiers soins de Guillaume, après son installation sur le siège de Paris, fut de leur rendre visite : honneur, dont à coup sûr, ils se seraient aisément passés. Fondée dans la pensée charitable de fournir à de pauvres élèves les moyens de vivre dans Paris, la pension de Saint-Thomas du Louvre était devenue un asile de vagabonds. Guillaume, jugeant à propos d'y faire maison nette, décida que les écoliers n'y seraient plus admis dorénavant que pour un an, et qu'ils n'y pourraient rentrer qu'après un examen sérieux [1].

Au mois de février de l'année suivante, le carnaval fut joyeux. Les lundi et mardi gras, plusieurs écoliers se dirigèrent vers le faubourg Saint-Marcel, avec l'intention de se divertir, puis, entrèrent dans une taverne. Le vin était bon; ils en burent trop peut-être. Quand il fallut payer l'écot, une rixe éclata. Soufflets donnés et rendus, cheveux arrachés à poignée, ces incidents vulgaires, dont tous les cabarets sont le théâtre, égayent le récit du chroniqueur Mathieu Paris. Cependant, les buveurs avaient l'avantage; ils allaient faire à leurs hôtes un mauvais parti, quand un renfort de bourgeois vint changer la face du combat. L'armée de l'Université battit en retraite, non sans emporter sur elle de cuisantes marques de sa défaite.

---

1. *Cartul. de Notre-Dame de Paris*, I, p. 350.

Le lendemain, un esprit de vengeance s'était emparé de toute l'école : une troupe, armée de bâtons et d'épées, se précipita vers le faubourg, fondit sur l'une des tavernes, répandit le vin à flots, renversa dans les rues tout ce qui s'opposait à son passage, assomma les passants et blessa même plusieurs femmes. C'est un ami de l'Université qui nous a transmis ces détails [1].

Cela s'était passé en pays ecclésiastique, sur la terre du chapitre de Saint-Marcel. Aussitôt que le doyen put se hasarder dans les rues, il courut sonner l'alarme à l'évêché, et le légat, ayant été averti, tous se rendirent chez la régente. Certes, si Guillaume eût voulu ménager les élèves, il eût retenu par devers lui la cause qu'il allait déférer à la justice royale [2]. Un diplôme de Philippe-Auguste, confirmé l'année précédente par saint Louis, lui permettait d'agir seul; mais on a déjà vu qu'il était sans pitié pour les méfaits des élèves. A la première nouvelle de ces excès, Blanche de Castille, outrée de colère, appela le prévôt de Paris, lui ordonna de faire prendre les armes à ses routiers, de les conduire en toute hâte hors de la ville, et de châtier les coupables, sans en épargner un seul.

Ici des divergences se produisent dans le récit des chroniqueurs. Suivant l'un d'eux, les routiers se précipitèrent sur une troupe d'écoliers, qui jouaient innocemment hors des remparts; à leur grand étonnement, ces malheureux se virent attaqués, roués de coups, dépouillés de leurs vêtements, blessés grièvement, plu-

---

1. Mathieu Paris, qui tenait sans doute ces détails des écoliers ou des maîtres venus en Angleterre. (Edit. Luard, III, p. 166.)
2. Du Boulay, III, p. 2 et 131.

sieurs, jetés à l'eau [1], plusieurs, tués; et, parmi les cadavres on reconnut bientôt deux jeunes gens qui appartenaient à de riches familles de Flandre et de Normandie, sur lesquels l'Université fondait ses plus hautes espérances. Le reste des écoliers s'étaient sauvés, ou blottis, tremblant de peur, dans les fossés ou dans les vignes. Tel est le récit de Mathieu Paris. A Rome, deux années plus tard, c'était le doyen et les bourgeois de Saint-Marcel qu'on accusait d'avoir répandu le sang [2], version qui se trouve confirmée par la grande Chronique de Limoges [3]. Si l'on consulte enfin Albéric, les Annales de Stade [4] et Guillaume de Nangis [5], on incline à penser que la répression prit la forme d'un mouvement populaire. Quoi qu'il en soit, le deuil et l'indignation régnaient dans le quartier de Notre-Dame, au lendemain de ce carnaval. Les maîtres ne se rendaient point à leurs chaires; les écoles ne retentissaient que de cris de révolte; une députation de docteurs s'acheminait vers le Palais, afin de porter ses plaintes à la reine [6].

En 1200, après une semblable échauffourée, le prévôt de Paris s'était vu condamné à un emprisonnement perpétuel [7]. Cette fois, un accueil glacial répondit seul aux doléances des maîtres; ni la reine, ni le légat, ni même Guillaume d'Auvergne ne trouvèrent un mot de conso-

---

1. Continuat, de la chron. de Fécamp (*Rec. des hist. des Gaules*, XXIII, p. 429.)
2. Bulle 19 du avril 1231. (Du Boulay, III, p. 144.)
3. *Rec. des hist. des Gaules* XXI, p. 764.
4. Pertz. XXIII. 923, et XVI, 360.
5. *Rec des hist. des Gaules*, XX, p. 318.
6. Mathieu Paris, *loco cit.*
7. Du Boulay, III, p. 2.

lation à donner aux malheureux députés. « Ceux qui
« étaient tenus d'apaiser la querelle, dit Albéric [1], ne
« firent que l'envenimer, en haine de l'Université. On
« s'est beaucoup plaint de la reine et de monseigneur le
« cardinal ; mais, ajoute-t-il prudemment, autant de per-
« sonnes, autant d'avis différents. »

Parmi cette multitude de voix contradictoires, qui commentaient à leur façon les événements du jour, plus d'une s'élevait avec véhémence contre la conduite de l'évêque [2]. On prétendait qu'il avait fomenté cette dispute, pour se débarrasser de l'Université, qu'il avait tout mis en œuvre, pour faire échouer les négociations, ou rompre la paix déjà conclue. On ajoutait, qu'il aurait dû s'interposer entre la reine et les maîtres, et c'est là peut-être la cause secrète de cette indignation. Après avoir compté sur l'appui de Guillaume, on ne lui pardonnait pas son indifférence.

Cependant, toute négociation était rompue, les maîtres décidèrent, que si, un mois après Pâques, on n'avait pas satisfait à leurs réclamations, et puni, suivant leur arbitrage, les injures du prévôt de Paris, aucun maître, aucun écolier ne pourrait demeurer dans le diocèse durant six années ; à l'expiration de ce terme, les clercs ne pourraient rentrer dans Paris, que s'ils avaient obtenu satisfaction [3].

Le mois d'avril s'écoula, le mois de mai approcha de sa fin [4], sans que la reine ou l'évêque montrassent des

1. Pertz, XXIII, p. 923.
2. Ces bruits sont rapportés comme émanant d personnes dignes de foi, dans la bulle du 23 novembre 1229. Pièce justificative, n° XVIII.
3. M. Jourdain, *Index chronologicus*, p. 6.
4. Pâques tombant le 15 avril en 1229, l'Université dut commencer à se disperser vers le milieu de mai.

dispositions plus favorables; Guillaume vit alors se vider l'Université fameuse où il avait pris ses licences. Les derniers de ces écoliers, qui mettaient tant de désordre, mais aussi tant de vie dans la capitale, partirent, lançant des malédictions contre le légat et la reine, maudissant leur bonne intelligence et l'orgueil capricieux de Blanche de Castille [1].

Bientôt, on apprit leur arrivée dans des villes, qui s'empressaient de les accueillir : Angers, Reims, Orléans, Toulouse [2]. D'autres avaient été jusqu'en Italie, en Espagne, en Angleterre [3]. Henri III surtout les attirait, leur faisait les promesses les plus séduisantes et se disait douloureusement ému par la nouvelle des tribulations que leur avait fait subir à Paris l'injustice de la régente [4].

Pendant ce temps, triste consolation, le clergé de la capitale écoutait Philippe de Grève, dont la verve moqueuse s'exerçait aux dépens des maîtres [5].

« Les prédicateurs, disait-il dans un de ces sermons
« familiers, dont l'usage était alors si répandu, les pré-
« dicateurs sont des coqs qui annoncent la parole de
« Dieu. Il est surprenant qu'il y ait ici tant de chrétiens
« endormis dans leurs péchés, car aucune ferme de

---

1. Mathieu Paris, *loco cit.*
2. Math. Paris, Ann. de Stade et Vincent de Beauvais.
3. Albéric, *loco cit.*, et Vincent de Beauvais.
4. Charte du 16 juillet 1229. Du Boulay, III, p. 133.
5. Il est bien probable que ce sermon fut prononcé à ce moment. Dans le *ms. latin* 12416 (f° 5 r°) de la *Bibl. nat.* il est précédé par la rubrique : « *In ecclesia Parisiensi tempore dissentionis scholarium inter se.* » C'est l'expression même dont se servent Vincent de Beauvais et Guillaume de Nangis, pour désigner les troubles de 1226 : « *Fuit inter scolares dissentio* ».

« campagne ne possède autant de coqs, qu'il y a de pré-
« dicateurs et de docteurs dans la cité de Paris. Mais cela
« vient peut-être de ce que nos coqs, au lieu d'éveiller
« les dormeurs, sont devenus des coqs batailleurs.
« Qu'est-ce en effet que cette querelle des docteurs,
« sinon un combat de coqs ? Ils se dressent l'un contre
« l'autre, se déchirent la crête, et, tout-ensanglantés, se
« dévorent les entrailles. [1] »

Puis, c'étaient des excommunications qui, lancées de Paris par la main de l'évêque, du chancelier ou du légat, atteignaient les écoliers absents. Dans le concile provincial qui se réunissait à Sens, il n'était question que de la révolte de l'Université. On défendait aux jeunes clercs retirés à Angers d'acquérir de nouveaux bénéfices, et de percevoir, pendant deux ans, les revenus de ceux qu'ils possédaient déjà [2]. Guillaume profitait enfin de la dispersion de l'Université, pour concéder aux Frères Prêcheurs leur première chaire de théologie. Mais ce dernier point demande à être éclairci, d'autant plus qu'il fut l'objet d'une controverse entre les historiens de l'Université et ceux des Dominicains.

Du Boulay, Crevier, Daunou[3], ont soutenu que les Frères Prêcheurs avaient obtenu leur première chaire pendant l'absence des maîtres. Échard et, tout récemment, le P. Danzas[4] ont répondu qu'elle leur avait été concé-

---

1. *Notices et extraits*. XXI, p. 193.
2. Bulle du 5 mai 1231. Du Boulay, III, p. 146.
3. *Hist. univ. Paris*. III, 236 et 282. — *Hist. de l'univ. de Paris*. I, 344 et 390. — *Hist. litt. de la France*. XIX, p. 198.
4. *Script. ord. Præd*, I, p. 100. — *Études sur les temps primitifs de l'ordre de Saint-Dominique*, Paris, Oudin, 1875, in-8, III, p. 223.

dée, en 1228, longtemps avant les troubles de l'école. « La prise de possession de cette chaire, disent-ils, fut « la conséquence de la démarche soudaine et retentis- « sante d'un célèbre docteur, Jean de Saint-Gilles, philo- « sophe, médecin et théologien. Invité à prêcher dans « l'église de Saint-Jacques, il avait pris pour thème la pau- « vreté volontaire, et, voulant joindre l'exemple à la « parole, il descendit de chaire, revêtit l'habit de l'ordre, « et reprit après cela le fil de son discours. A cette occa- « sion, dit la chronique, les Frères eurent deux écoles, « dans l'enceinte de leur couvent. Car, pressé par les « instances des écoliers, le frère Jean de Saint-Gilles ne « voulut pas se refuser, entré dans l'ordre, à continuer « les leçons qu'il avait données comme docteur sécu- « lier. » Nicolas Triveth, le chroniqueur dont parle ici le P. Danzas, n'assigne aucune date précise à la prise d'habit de Jean de Saint-Gilles [1]. Mais Échard, à l'aide d'un passage d'Étienne de Salanhac, établit que Roland de Crémone, un autre docteur du même ordre, enseigna comme bachelier, sous Jean de Saint-Gilles, avant de parvenir à la licence. Si ce Roland, qu'on retrouve en 1231 à Toulouse, occupa sa chaire de Paris, durant les trois années réglementaires, il dut commencer à enseigner en 1229, au plus tard. Donc, son maître, Jean de Saint-Gilles, enseignait déjà en 1228.

A ce raisonnement trop ingénieux, nous pouvons faire trois reproches. En premier lieu, Nicolas Triveth parle de deux écoles ouvertes dans le couvent de la rue Saint-Jacques, après la prise d'habit de Jean de Saint-Gilles [2].

---

1. *Spicil.* d'Achery, t. III, p. 188.
2. « Occasione ejus, habuerunt Fratres duas scholas infra septa sua

Les Frères Prêcheurs ne sont donc redevables à ce religieux, que de l'établissement d'une seconde chaire, et, au dire d'Échard lui-même, cet événement ne peut être placé avant l'année 1231.

Le fragment d'Étienne de Salanhac ne nous paraît pas interprété d'une façon moins arbitraire. Suivant ce texte, le premier Frère Prêcheur qui obtint la licence fut Roland de Crémone, le second, Jean de Saint-Gilles [1]. Comment Échard a-t-il pu se méprendre sur le sens de ce passage, au point d'intervertir les rôles de ces deux maîtres?

Enfin (c'est là notre troisième objection), s'il est vrai que Roland de Crémone enseigna en 1231, dans le couvent de Toulouse, rien ne prouve qu'il ait enseigné auparavant, pendant trois ans, dans le couvent de la rue Saint-Jacques. Ainsi tout l'échafaudage de preuves habilement construit par Échard, s'écroule en un instant. Les textes qu'il citait à l'appui de sa thèse, semblent plutôt favorables à celle de ses adversaires.

Ceux-ci n'ont à citer qu'un document, mais il est d'une telle clarté, qu'il ne donne aucune prise à la critique. C'est la lettre adressée à tous les prélats [2], par les maîtres de l'Université de Paris, le 4 février 1255 : « *Honorem solemnis magisterii et magistrorum cathedras*

resumente eo lectiones suas post ordinis ingressum ad importunam instantiam auditorum. »

1. « Catalogus sacræ theologiæ magistrorum Parisiensium. 1. Frater Rolandus Lombardus Cremonensis fuit primus licentiatus Parisius de ordine Prædicatorum. 2. Frater Johannes de S. Egidio, anglicus, qui intravit ordinem Prædicatorum, magister existens. Sub eo incepit præfatus frater Rolandus. » C'est certainement avant d'entrer dans l'ordre, que Jean de Saint-Gilles put donner des leçons à Roland de Crémone.
2. Du Boulay, t. III, p. 255.

« *ambientes, tandem, propter quandam atrocem injuriam
« et famosam nobis illatam, translata majori parte
« studii parisiensis Andegavis, in illa paucitate schola-
« rium quæ remansit Parisius, desiderio suo potiti,* con-
« *venientibus episcopo et cancellario parisiensibus, qui*
« *tunc erant,* in absentia magistrorum, *solemne magiste-*
« *rium,* et unam magistralem cathedram sunt adepti.
« *Deinde, studio nostro apostolica provisione Parisius*
« *reformato, per eandem cathedram multiplicatis sibi*
« *doctoribus successive per volontatem Cancellarii qui*
« *tunc erat, majoribus nostris, qui nondum aliis Regula-*
« *rium scholasticorum conventibus artabantur, dissimu-*
« *lantibus, per seipsos secundam cathedram erexerunt, et*
« *eas ambas, titulis talibus acquisitas, aliquandiu tenue-*
« *runt.* »

Ajoutons enfin, qu'avant Échard, aucun Frère Prêcheur ne songeait à contester ces affirmations, qui n'avaient, il faut bien le dire, rien d'humiliant pour l'école dominicaine. Encouragés par le roi, appelés par l'évêque, quel besoin avaient les Frères Prêcheurs de recevoir l'approbation des maîtres, révoltés alors contre l'autorité royale et diocésaine?

En se plaçant à la distance qui nous sépare aujourd'hui des événements de 1229, tout juge équitable, fût-il chaud partisan de l'Université, pardonnera facilement à Guillaume sa complaisance en faveur des Dominicains. A tout prendre, celui qui, en ouvrant aux étudiants les portes du couvent de la rue Saint-Jacques, fit connaître les trésors de science enfouis dans cette école de prédication, celui qui enrôla sous le drapeau universitaire la jeune milice de Saint-Dominique, celui qui pratiqua la brèche par laquelle entrèrent, peu de temps après, Albert le Grand et Thomas d'Aquin, celui-là doit être compté plutôt parmi les bienfaiteurs que parmi les ennemis de l'école. Si l'on se reporte, au contraire, au temps de la querelle, et que l'on cherche à se représenter les sentiments divers que dut éveiller la nouvelle d'un tel coup d'état, dans l'âme d'un maître exilé, on reconnaîtra que la colère, la jalousie, le dépit devaient l'emporter sur toute autre considération d'un ordre plus élevé. Avoir quitté ses élèves, ses habitudes, son foyer, s'être transporté, au prix de quelles dépenses et de quelles fatigues, on ne le saura jamais, dans un pays lointain, avoir tout sacrifié, en un mot, au désir de la vengeance, et maintenant ne pas avoir même la satisfaction de penser, que son absence laisse un vide, que sa chaire est silencieuse; bien plus, sentir que des rivaux, désormais détestés, s'emparent de l'influence que l'on avait si péniblement conquise, profitent de cet éloignement pour acquérir une dangereuse renommée : il y a là matière à réflexions douloureuses. Les espérances qu'avait fait naître l'intronisation de Guillaume, devaient se changer en une indignation courroucée.

Ainsi frappés par l'évêque au point le plus sensible, les maîtres se retournèrent du seul côté d'où pût leur venir le salut. La bienveillance qu'ils étaient sûrs de rencontrer auprès du Pape, la confiance qu'ils ne manquèrent pas de lui inspirer, leur servirent à faire réfléchir, à leur tour, à faire trembler peut-être, ceux qu'ils accusaient de conspirer leur ruine. On vit alors Grégoire IX dépouiller, en apparence au moins, les sentiments de vive affection qu'il avait plusieurs fois témoignés à Guil-

laume. Il lui écrivit sur un ton qui s'éloignait fort de la tendresse avec laquelle, un an plus tôt, il l'avait recommandé au clergé de son diocèse : « Qu'il est loin, le temps
« où j'avais confiance en ta sagesse, et où je répandais
« l'huile sur ta tête, en me flattant de mettre en de
« bonnes mains les intérêts de l'Église de Paris ! » Puis, rappelant à Guillaume, qu'il était sa créature : « J'ai été
« blessé, disait-il, par un ennemi que je ne soupçonnais
« pas ; je suis forcé de m'écrier : *Pœnitet hunc hominem*
« *nos fecisse!* Je me repens d'avoir fait cet homme !
« Quelle rougeur me monte au front, quand je pense
« aux reproches que l'on va m'adresser ! Voyez, dira-
« t-on, l'homme dont vous avez fait le pasteur de l'Église
« de Paris. Loin de combattre les ennemis qui assiègent
« la maison du Seigneur, loin de poursuivre les renards
« qui s'efforcent de saccager la vigne du Très-Haut,
« il fait jeter dans la fosse aux lions Daniel, le destruc-
« teur de Baal et le vainqueur du Dragon. » Terminant alors par ce distique :

> Vulnus Achilleio quæ quondam fecerat hosti,
> Vulneris auxilium Pelias hasta ferat!

il exhortait Guillaume à prendre modèle sur la lance d'Achille, et à guérir lui-même les blessures qu'il avait infligées au corps savant [1].

La sollicitude de Grégoire IX ne se traduisit pas seulement par ces reproches, peut-être peu mérités. Il fit mieux, en persuadant aux écoliers qu'un serment irréfléchi ne pouvait pas, ne devait pas les retenir hors de

---

1. Bulle du 23 novembre 1229, indiquée seulement dans Raynaldi. *Pièce justificative* n° 18.

Paris ; en prenant sous sa protection ceux qui donnaient l'exemple du retour [1] ; en adressant à saint Louis, pour le fléchir, la lettre, devenue fameuse, où il comparait le royaume de France à la Sainte-Trinité, l'Université de Paris, à la troisième des personnes divines [2] ; en s'entourant des maîtres fugitifs, détail dont les historiens n'ont point parlé, et en écrivant aux docteurs d'Angers et de Paris, pour obtenir des copies authentiques de tous les diplômes, de tous les privilèges, que leur avaient accordés les papes ou les rois [3]. Afin d'arriver plus sûrement encore à la réconciliation qu'il avait tant à cœur, il eût voulu voir devant lui Philippe de Grève et Guillaume d'Auvergne ; mais, malgré ses ordres exprès [4], l'évêque, tout au moins, demeura dans son diocèse [5].

Enfin, les patients efforts du Pape portèrent leur fruit. Soit que la reine se fût repentie à la longue de son emportement, soit que le jeune roi eût, comme l'affirme Guillaume de Nangis, manifesté une volonté, l'idée de pardon se fit jour dans l'esprit de la régente. En fait, on regrettait les maîtres et l'on trouvait que leur absence n'avait duré que trop longtemps. Vint un moment, où, selon l'expression naïve du chroniqueur, on se souvint

---

1. Bulle du 23 novembre 1229, indiquée seulement par du Boulay. *Bibl. nat.*, collect. *Moreau*, ms, n° 1184, f° 325.

2. 26 novembre 1229, du Boulay, III, p. 135.

3. Ces détails, jusqu'ici inconnus, sont fournis par une bulle inédite du 10 mai 1230. *Bibl. nat.*, collect. *Moreau*, ms n° 1186, f° 152.

4. *Ibid.* Autre bulle du 10 mai 1230, seulement indiquée par la Porte du Theil.

5. Comme nous le montrerons plus loin, des actes authentiques attestent la présence de Guillaume dans son diocèse ou en Bretagne, pendant les années 1230, 1231.

que les lettres et la philosophie, parties d'Athènes pour venir en France, avaient suivi à peu près le même chemin que saint Denis l'Aréopagite[1]. C'était avouer que l'Université faisait la gloire du royaume et que l'on entendait la conserver, tout aussi bien que les précieuses reliques dont était dépositaire l'abbaye Saint-Denis. Alors Blanche de Castille se montra aussi empressée à rappeler les maîtres, qu'elle avait semblé désireuse de les voir partir. Ils rentrèrent à Paris, la tête haute, vainqueurs, triomphants.

A l'évêché, la joie devait être moindre. Au plaisir de voir le diocèse pacifié, les écoles redevenues florissantes, se mêlait peut-être quelque ressentiment, et, d'ailleurs, les ordres que l'on recevait du Pape n'étaient point toujours de nature à plaire. Être obligé d'assujettir à un serment les habitants de la censive épiscopale[2], voir annuler les sentences que l'on avait promulguées contre les rebelles, être forcé enfin d'ouvrir les portes du diocèse à des maîtres inconnus, examinés en province, c'étaient pour un évêque, il faut en convenir, des conditions assez dures. Guillaume, il est vrai, conservait un droit, dont il aurait peut-être mieux fait d'user, celui de punir lui-même les délits des élèves. On leur réitérait la défense de se promener en armes dans la ville. Leurs maîtres étaient même expressément invités à ne plus faire cause commune avec les délinquants. Mais qu'étaient ces vagues recommandations, auprès des mesures jalouses et particulièrement efficaces que le Saint-Siège avait cru devoir prendre à l'égard de l'évêque de Paris ?

1. *Rec. des Histor. des Gaules*, XX, p. 318.
2. Du Boulay, III, p. 144.

Dépouillé de tout contrôle sur le gouvernement intérieur de l'école, il n'avait à s'occuper ni de l'heure des leçons, ni de la taxe des logements, ni de l'expulsion des élèves. Le chancelier de Notre-Dame était astreint à prêter serment. Plus d'emprisonnement pour dettes ! plus de prison préventive ! Invité à ne plus vendre l'absolution aux élèves excommuniés, et à ne point rendre les innocents responsables des fautes commises, Guillaume était l'objet d'un si grand nombre de mesures soupçonneuses et méfiantes, qu'il pouvait passer, à bon droit, pour le pire ennemi de l'école. Par une clause plus grave encore, le Pape reconnaissait à l'Université le droit de suspendre ses cours, de telle sorte que les maîtres, certains de faire respecter leurs privilèges, restaient seuls juges des offenses dont ils se plaignaient, seuls arbitres des réparations auxquelles ils prétendaient avoir droit [1].

Cette paix, ou cette trêve, de quelque nom qu'on l'appelle, avait dû produire sur l'Évêque une impression si pénible, qu'il lui était permis à son tour de manifester quelque défiance. En 1234, quand Grégoire IX, après avoir confirmé l'institution de l'Université de Toulouse, autorisa les licenciés de cette ville à enseigner dans tous les pays, Guillaume craignit qu'on ne l'obligeât à recevoir des étrangers sans examen. Il se plaignit au Pape, dont une lettre ne tarda pas à le rassurer en confirmant tous les anciens règlements [2].

---

1. Du Boulay, t. III, p. 140.
2. Encore un fait ignoré des historiens de l'Université, et qui nous est également fourni par l'inépuisable fonds de la Porte du Theil. *Pièce iustific.* n° 49.

Guillaume, il est vrai, montra plus que de la défiance. Soit ressentiment, soit dépit, soit désir de rabattre les prétentions d'une trop orgueilleuse compagnie, il reprit l'offensive, et cela au lendemain du jour où Grégoire, prévoyant une rupture, avait fait de l'Université une sorte de personne inviolable[1].

Quand un bachelier voulait obtenir la licence, sa vie, sa science étaient l'objet d'une enquête; puis, en présence de deux régents, le chancelier l'examinait. Privé de chancelier par la mort de Philippe de Grève, Guillaume trouva bon de supprimer l'enquête et l'examen, comme formalités inutiles, et, de sa propre autorité, conféra la licence à plusieurs étudiants en droit canon. Un cri d'indignation s'éleva aussitôt dans toutes les chaires de l'Université, on en appela au Pape; tous les maîtres et un certain nombre d'élèves refusèrent d'assister aux épreuves des nouveaux licenciés. Déterminé à pousser l'affaire jusqu'au bout, Guillaume donna ordre à son official d'excommunier les opposants[2].

On ignore malheureusement le dénouement de cette querelle, dont les évêques de Meaux et d'Amiens furent établis juges par Grégoire IX. Mais, dans une lettre du Pape à l'Université, on lit ces mots : « Il ne suffit point « de vous octroyer des privilèges, il faut les faire obser- « ver. Nous ne prétendons pas laisser violer vos droits,

---

1. En 1237, Grégoire IX nomma, pour 5 ans, deux conservateurs des privilèges de l'Université, l'archevêque de Reims et le doyen d'Amiens. Puis, il annula d'avance toutes les sentences d'excommunication que des prélats, non délégués du Saint-Siège, lanceraient, durant les sept années suivantes, contre l'Université ou à cause d'elle. V. Du Boulay, III, p. 159.

2. Bulle du 5 août 1237. Du Boulay, III, p. 160.

« fût-ce par un évêque de Paris [1]. » C'est le résumé de toute la politique des papes à l'égard de l'Université. Innocent IV, en montant sur le trône, ne se proposa point d'autre but, et, quand il se faisait expédier copie des privilèges de l'école [2], quand il confirmait les conventions conclues entre le chancelier et l'Université [3], quand il entourait celle-ci d'une ligne de protecteurs, tels que l'archevêque de Reims, l'évêque et le doyen de Senlis, le doyen et l'écolâtre d'Amiens, le doyen de Saint-Quentin [4], quand il annulait toutes les censures lancées contre ses membres sans mandat du Saint-Siège [5], on pouvait croire que Grégoire IX n'avait point cessé de gouverner l'Église.

Quant à Guillaume d'Auvergne, sa sévérité, d'une part, de l'autre, le mépris que lui inspiraient les règlements de l'école donneraient à penser, qu'il considérait l'Université comme une rivale dangereuse. Si disposé qu'il fût à encourager l'étude, il ne pouvait pardonner aux écoliers leur insupportable turbulence; le souvenir des années passées dans l'enseignement ne le rendait pas plus indulgent pour l'orgueilleuse susceptibilité des maîtres. Il faudrait se garder toutefois d'exagérer ou de dénaturer les sentiments de méfiance qu'éveillaient en lui les progrès de l'école. Un ennemi juré de l'Université n'aurait point appelé autour de lui les maîtres, comme il le faisait si souvent, soit pour juger un ecclésiastique, soit pour con-

---

1. Bulle du 7 sept. 1237, Du Boulay, III p. 161.
2. Bulle du 7 juill. 1244. M. Jourdain, *Index*, p. 9.
3. 13 févr. 1245. Du Boulay, III, p. 193.
4. 10 Mars, 5 juin 1245 (Du Boulay, III, p. 194), et 23 octobre 1246, (M. Jourdain, *Index*, p. 11.)
5. M. Jourdain. *Index*, p. 11.

damner une erreur. D'ailleurs, si sa conduite ne reçut pas toujours l'approbation du Saint-Siège, on verra, quoi qu'ait pu faire supposer la bulle de 1229, que ses fautes n'avaient en rien diminué la confiance qu'il inspirait aux papes.

CHAPITRE VI

CONFLITS.

Les contestations étaient fréquentes, au treizième siècle, entre l'Église et la royauté. La possession d'une misérable pièce de terre, le droit de couper du bois dans une forêt, devenaient quelquefois le prétexte d'une lutte acharnée entre les deux pouvoirs. Le bailli se plaignait au Roi ; le prélat écrivait à Rome, et les voies de fait répondaient brutalement aux menaces d'excommunication. Deux partis s'offraient alors au Roi, de même qu'au clergé. Saisissant, sans plus tarder, les revenus de l'évêché, le Roi pouvait invoquer les droits de sa suzeraineté temporelle, tandis que l'évêque, se retranchant dans le domaine spirituel, excommuniait les officiers royaux, et mettait l'interdit sur le diocèse. Cette politique était celle que préférait Blanche de Castille, et dont un prélat normand, que nous aurons bientôt à nommer, donnait l'exemple aux évêques de France. Une autre voie plus douce était ouverte aux deux adversaires, celle de la conciliation. Avec autant de zèle et plus d'adresse, on pouvait faire triompher les mêmes principes, sans recourir à des extrémités fâcheuses ; on évitait le scandale, et l'on parvenait, à peu de frais, à d'aussi heureux résultats. Saint Louis préférait cette politique adroite aux éclats d'une lutte bruyante, et il trouvait en Guillaume d'Auvergne un tacticien de même école, qui mettait, au jour du conflit, toute son habileté dans la douceur, et se flattait d'obtenir plus par la soumission que par la résistance.

Deux fois, Guillaume fut mêlé à des contestations entre l'Église et la Couronne, en 1232 et 1238. La première fois, Blanche de Castille était régente, la querelle ne tarda pas à s'envenimer. En 1238, l'évêque de Paris et le Roi étaient aux prises : tout se passa sans scandale et sans bruit.

L'archevêque de Rouen, Maurice, ayant excommunié plusieurs moines de l'abbaye de Saint-Wandrille, voulait que la reine Blanche les obligeât à comparaître en sa cour [1]. La reine, non seulement refusait de poursuivre les religieux, mais n'accordait aucune protection à l'abbé de Saint-Wandrille, qui, soutenu par l'archevêque, était en guerre avec son couvent [2]. A ce premier grief s'en joignit un autre. Après la mort de l'abbesse Élicie, les sœurs de Montivillier avaient porté leurs voix sur deux religieuses que l'archevêque n'avait point voulu confirmer : il avait nommé abbesse, de sa propre autorité, Lucie de Beuzemoncel ; mais Blanche de Castille refusait de reconnaître cette abbesse, tandis que Maurice excom-

---

1. Circul. de 1233. *Rec. des Hist. des G.* XXIII, p. 334. — Quelques-unes de ces excommunications avaient été lancées, au commencement du carême, en 1232.

2. Bulle du 8 déc 1234. Le Nain de Tillemont, qui ne connaissait pas cette bulle, s'expliquait mal le grief de l'archevêque.

muniait les religieuses qui ne se soumettaient pas à Lucie [1].

Il n'en fallait pas plus pour faire éclater la guerre : Blanche fit venir l'archevêque devant son fils, et voulut l'engager à expliquer sa conduite [2]. Maurice, qui, après Dieu, ne reconnaissait d'autre juge que le Pape, déclara mettre sa personne et ses biens, sous la protection du Saint-Siège : prétention qu'avait eue son prédécesseur, Thibaut d'Amiens, que devait élever plus tard Henri de Dreux, archevêque de Reims [3], mais qu'à aucun prix la reine Blanche ne voulait admettre.

Un dimanche, le 11 juillet 1232, tous les biens de l'archevêché furent saisis par les officiers royaux [4] : maisons, fermes, terres, revenus, dont le total s'élevait à 12,000 livres, suivant Thomas de Cantimpré [5], tout fut pris et gardé : la reine reprenait les régales du diocèse, comme si l'archevêque était mort.

Presque aussitôt interviennent Grégoire IX et Guillaume d'Auvergne. Le 29 novembre, une bulle part d'Anagni, à l'adresse du roi de France [6]. Tendre et paternelle, rejetant la faute sur les conseillers du jeune prince, cette lettre rappelait sommairement les bienfaits dont l'Église avait été comblée par nos rois; elle exhortait

1. Chron. Roth. *Rec. des Hist. des G.*, XXIII, p. 334.
2. B. du 29 nov. 1232, (Rayn, *an*. 1232), et du 23 août 1233, (*Bibl. nat.; collect. Moreau, ms. n°* 1188, f° 175.)
3. V. Le Nain de Tillemont, *Histoire de saint Louis*, t. I, p. 473, et t. II, p. 263.
4. *Recueil des Hist. des Gaules*, XXIII, p. 334. Bulle du 29 novembre 1232. (Raynaldi, *loco cit.*) et bulle du 23 août 1233, (*Bibl. nat.; collect. Moreau, ms. n°* 1188, f° 175.)
5. *Bonum universale de Apibus*, lib. I, cap. 8, § 2.
6. Raynaldi, *loco cit.*

saint Louis à restituer les biens de l'archevêque et à s'en rapporter, pour le reste, au jugement du Saint-Siège. Puis, joignant aux prières les menaces, le Pape donnait aux évêques de Paris et de Senlis les pouvoirs nécessaires pour châtier les officiers du Roi, et interdire la province de Rouen [1].

Soit que Guillaume partageât, au fond, les idées répandues à la cour, soit qu'il éprouvât quelque répugnance à frapper d'excommunication les officiers de la régente, aucun des ordres envoyés par le Pape n'avait été encore exécuté, au mois d'août de 1233, et l'archevêque Maurice s'était vu forcé d'excommunier lui-même les détenteurs de ses biens. Pour justifier, aux yeux du Pape, une aussi longue inaction, Guillaume, Adam de Chambly et Jean de Montmirail écrivirent que, suivant certaines personnes, ils ne pouvaient remplir leur mission, sans consulter Grégoire, et que, suivant d'autres, les dernières lettres du Saint-Siège avaient été écrites sur de faux avis, dans l'ignorance des événements. Le Pape accepta ces excuses, mais prit des mesures pour arriver le plus promptement possible à un heureux dénouement.

Le 23 août, il écrit d'Anagni au moins six lettres sur cette affaire. Dans l'une, il adresse de nouveau à Louis IX des prières et des remontrances; dans une autre, il enjoint à Maurice de lever l'excommunication, dont il avait frappé les détenteurs de ses biens, espérant par cette apparence de soumission désarmer la colère de la Reine. Il écrit à Blanche de Castille, et la supplie d'agir auprès de son fils, comme si sa propre volonté

---

1. Bulle du 23 août 1233., *Bibl. Nat.*, collect. *Moreau*, ms. n° 1188, f° 175, et bulle du 26 août 1233. Pièce justificat. n° 42.

n'était pas souveraine. Dans l'espoir de fléchir saint Louis, il écrit à ses conseillers, à l'évêque de Tournai, au prieur des frères Prêcheurs de Paris, jusqu'aux abbés de Savigny et de Pontigny, les suppliant tous d'intercéder auprès du Roi, en faveur de l'archevêque de Rouen[1]. Guillaume et ses collègues devaient prendre part à cet assaut général : il leur était ordonné de se transporter auprès du Roi, de lui représenter que cette spoliation ternissait l'honneur de son nom et compromettait son salut, que l'on ne pouvait, sans péril pour son âme, détenir le bien d'autrui, et que la rémission des péchés n'était accordée aux hommes, qu'après la restitution de ce qu'ils avaient pris. Dans le cas où le Roi voudrait expliquer ses griefs, Guillaume et ses collègues devaient l'entendre et le juger. Mais il importait de terminer ce procès dans les deux mois, et, si le Roi ne se soumettait point, d'exécuter, au plus vite, les premiers ordres du Pape. « Il était inutile de chercher l'obscurité là où brillait
« la lumière, le doute, là où resplendissait l'évidence[2]. »
Ces paroles, qui terminaient la lettre de Grégoire, montraient, qu'en cette circonstance, il avait peu de confiance dans le zèle de Guillaume, et s'accordaient fort bien avec les recommandations qu'il adressait, au même moment, à l'évêque de Tournai et à l'abbé de Pontigny :
« Si l'évêque de Paris, l'évêque de Senlis, et l'archidia-
« cre de Paris, n'accomplissent pas leur mission dans le
« délai qui leur a été fixé, agissez vous-mêmes sans
« retard, selon la teneur de nos précédentes lettres[3]. »

1. *Bibl. Nat.; collect. Moreau, ms. n° 1188, f° 169, 171, 173, 175 et 179.*
2. Pièce justif. n° 42.
3. Bulle du 23 août 1233. *Bibl. Nat. collect. Moreau, ms. n° 1188, f° 175.*

On ne peut constater, sans quelque surprise, l'inutilité de tant d'efforts. Les lettres du Pape restèrent sans effet. La mission de Guillaume, si elle fut remplie, n'amena aucun bon résultat. Nous entrons dans la période la plus aiguë et, en même temps, la plus triste de cette grande controverse.

En 1233, à une époque que l'on ne saurait préciser, Maurice ordonna aux doyens ruraux de son diocèse de faire ôter, en un jour, toutes les images de la Vierge qui se trouvaient dans les églises. Elles furent placées dans la nef, et entourées de barreaux ou d'épines, de telle sorte que personne ne pût en approcher. La Vierge, antique patronne de l'église de Rouen, se trouvait, parait-il, cruellement insultée par la saisie des biens de l'archevêque, et Maurice voulait représenter devant ses images l'outrage qu'elle recevait au ciel. On devait faire subir le même traitement, quinze jours après, aux images du Sauveur, si l'archevêque n'envoyait pas de contre-ordre[1].

Sourde à toutes les prières, la Reine maintenait la saisie. Maurice se reprocha bientôt de défendre trop mollement la liberté de l'église (sept. 1233). Il lança des sentences d'excommunication contre les baillis et officiers royaux, contre leurs clercs, leurs femmes, leurs parents, mit l'interdit sur les chapelles du Roi. Les églises du domaine royal restaient ouvertes; on pouvait y célébrer les enterrements, les mariages et les relevailles. Mais les chants y étaient interdits; les cloches, réduites au silence. Dans les autres églises du diocèse, on se livrait à des prières

---

1. *Rec. des Hist. des Gaules*, p. 334 et 335. Chronicon Rothomagense et circulaire de Maurice.

publiques; le prêtre interrompait la célébration de la messe, après le *Pater*, fléchissait le genou devant l'autel et priait pour la liberté de l'église de Rouen; puis, répétait avec les clercs le psaume *Ad te levavi*, le *Gloria*, le *Kyrie*, le *Pater*. Quand il avait fini, les cloches tintaient pour exciter à la dévotion les fidèles du dehors [1].

Blanche, loin de se laisser fléchir, persistait dans la même politique, et multipliait les affronts. Telle était du moins l'opinion de Maurice, quand il résolut à son corps défendant, d'aggraver l'interdit. Le spectacle qu'offrit alors le diocèse de Rouen fut lamentable. Le sacrifice de la messe partout interrompu, les sacrements refusés aux fidèles, sauf le baptême aux nouveau-nés, et la pénitence aux mourants, tout vestige de vie religieuse, ou peu s'en faut, effacé dans les paroisses, telles étaient les conséquences du conflit. La seule cérémonie qui fût permise était des plus tristes : une fois par semaine, en un jour non férié, on laissait entrer les fidèles dans l'église; puis, les portes étant soigneusement refermées, le curé lisait à voix basse l'introït, l'épître et l'évangile, distribuait le pain bénit, faisait connaître les ordres de l'archevêque, et finissait en expliquant à ses paroissiens que si Maurice avait interdit le diocèse, ce n'était pas pour insulter la majesté royale, mais pour défendre la liberté de l'église de Rouen.

Qui put enfin ébranler la résolution de la Reine? Après s'être avancée si loin, qui put lui persuader de retourner en arrière? A quelles conditions rendit-elle à

---

1. L'interdit, que l'on commença à observer le 28 septembre 1233, ne tarda pas à être étendu à tout le diocèse.

Maurice ses biens et tous les revenus perçus pendant la durée de la saisie? tardive capitulation, qui eut pour heureux effet de désarmer l'Archevêque, et délivra le diocèse de Rouen de l'interdit qui pesait sur lui, depuis plus d'une année (25 octobre 1234). Les circonstances de ce rapprochement sont malheureusement inconnues, ainsi que le rôle joué par Guillaume d'Auvergne dans les conseils de la régente. Mais il est permis de supposer que la solution des questions litigieuses fut seulement ajournée.

En effet, en décembre 1234, les religieux de Saint-Wandrille, toujours en pleine insurrection, obtenaient du Pape qu'il écrivît à Guillaume, pour faire annuler les excommunications lancées contre eux [1]. L'Évêque de Paris était constitué gardien des biens de ce monastère, et livrait aux moines des sommes si considérables, que Grégoire IX lui en exprimait son mécontentement. L'affaire de Montivillier était également pendante [2]. Il résulte enfin d'une bulle inédite [3], que la Reine détenait de force le comté d'Aumale, fief dépendant de l'Archevêché. Si le conflit durait encore, malgré les concessions réciproques que s'étaient faites les deux adversaires, il ne dut prendre fin qu'à la mort de Maurice, cet indomptable prélat, dont un contemporain a pu dire [4] : « Son zèle ardent ne reconnaissait aucune auto-

---

1. Bulle du 8 décembre 1254. *Pièce justificative* n° 45.
2. Elle ne fut terminée qu'en décembre 1235. Chronicon Rothomagense. *Rec. des Historiens des Gaules*, XXIII, p. 337.
3. Bulle du 18 décembre 1234. *Bibl. nat. collect. Moreau*, ms. n° 1189, f° 270, r°. Grégoire IX ordonne à Jean de Montmirail, Guiard de Laon et Eudes de Châteauroux de faire enquête sur cette affaire.
4. Chronicon monasterii Mortui Maris. — D. Martène, *Thesaurus anecdotorum*, III, col. 1444.

rité sur terre. *Fervens zelo, nullam in terris accipiebat personam, non regem, non principem, non tyrannum, non divitem*[1]. »

Quelques années plus tard, Louis IX prend en ses mains le gouvernement du royaume, et, presque aussitôt, éclate, entre ses officiers et l'église de Paris, un conflit que les historiens ont tous passé sous silence.

Richard Grafart et Jean le Goulier, sergents fieffés du chapitre, avaient été forcés, vers 1237, de payer la taille aux gens du Roi. Ce fait, sans précédent, semblait porter atteinte aux droits du chapitre. En effet, bien que les fonctions de sergent comportassent le trafic des

---

1. Nous avons retardé jusqu'ici la discussion des dates. La chronique de Rouen place en 1233 la saisie des biens de l'archevêque, et Le Nain de Tillemont (II, p. 156), après quelque hésitation, adopte cette date, parce que le 11 juillet était un dimanche en 1232 : « Il n'est pas probable, dit-il, qu'on ait fait la saisie un dimanche. » Ce faible argument est renversé, grâce aux documents nouveaux dont nous avons fait usage. La bulle du 26 août 1233 fait mention de la bulle du 29 novembre, et prouve, par là même, que cette bulle est de 1232, comme l'avait dit Raynaldi. Or, cette bulle parle de la saisie, comme d'un fait accompli; la saisie n'est donc pas postérieure à 1232. Quant à l'interdit, nous l'avons fait commencer en septembre 1233, bien que la chronique de Rouen semble en confondre la date avec celle de la saisie. C'est que dans les bulles du 29 novembre 1232, du 23 et du 26 août 1233, il n'est nullement question d'interdit. En outre, dans la circulaire par laquelle Maurice met l'interdit sur le domaine royal, il ordonne à ses doyens de convoquer tous les prieurs et curés pour le mardi, veille de la St.-M., et de faire commencer l'interdit le mercredi après cette fête. Supposons que, « St. M. » soit saint Mathieu (21 septembre); la veille de cette fête se trouve être précisément un mardi, en 1233, et le mercredi après cette fête tombe au 28 septembre, jour où, suivant la chronique, l'interdit commença : « *Et incepit interdictum a vigilia sancti Michaelis.* » Enfin, la même chronique nous dit positivement que l'interdit ne dura que 13 mois environ : *Duravit usque ad festum sanctorum martyrum Crispini et Crispiniani, anno revoluto* » et Le Nain (II, p. 154) cite un acte du 22 décembre 1233, qui est rédigé durant l'interdit. Il n'y a donc aucun doute possible. L'interdit, commencé le 28 septembre 1233, a duré jusqu'au 25 octobre 1234.

prébendes canoniales, l'usage s'était établi de ne point considérer ces officiers comme marchands[1]. A la première nouvelle de cette exaction, l'un des sergents vint apporter sa démission au doyen, et les autres protestèrent qu'ils ne demeureraient pas plus longtemps dans ce qu'ils appelaient un « esclavage[2] ».

L'église de Paris possédait alors deux enclos, situés, l'un à Ivry, l'autre au pied de la montagne Sainte-Geneviève; dans ce petit domaine, appelé *terre de Garlande*, le chapitre exerçait toute justice en vertu d'un diplôme de Louis le Gros [3]. L'indignation fut donc au comble, quand on vit, vers le même moment, les officiers du roi y opérer des arrestations et y lever des tailles sur les hôtes. Même scandale se voyait dans la terre de Saint-Merry[4], qui relevait également de Notre-Dame [5]. En présence de ces attaques, le chapitre prit une attitude belliqueuse, et, d'accord avec le doyen, Lucas de Laon, suspendit la célébration des offices [6]. Il espérait que Guillaume, prenant

---

1. Ch. de Mai 1248. — *Ann. de la soc. de l'Histoire de France*, an. 1838, p. 273 et suiv. « Li sergent au chapitre qu'an apèle les sergenz fievez, sont franc des tailles de Paris, et puent en ceste franchise marcheander des provendes au chanoines et des autres biens de l'esglise, et revendre, si leur remaint de ce que il ont acheté por leur convenue. »

2. *Ibid.* et lettres closes de Grégoire IX, 8 Janv. 1238; Teulet, II, 351

3. *Cartul. de Notre-Dame de Paris*, I, p. 136, et 268.

4. Teulet, II, 351.

5. *Cartul. de Notre-Dame de Paris*, I, p. CCXXXIII.

6. Bulle du 6 janvier 1238. (*Notices et extraits*, XXI, p. 210), et bulle du 10 mars 1239. (*Bibl. Nat.*; collect. *Moreau*, ms. n° 1192, f° 284.)

Ce droit *suspendendi organa sua* avait été accordé par les papes à un certain nombre de chapitres, qui s'en servaient pour battre en brèche l'autorité de leur évêque. Le chapitre de Noyon recourait à ce moyen, lorsqu'il croyait ses droits lésés, et que la satisfaction se faisait attendre. En 1243, Innocent IV restreignit ce droit au cas où l'injustice serait manifeste (*Ibid.*,

en main les intérêts de son église, lancerait tout au moins l'excommunication contre les officiers du Roi [1].

Cependant, comme le temps s'écoulait sans amener la promulgation des censures, les chanoines perdirent patience, et, n'osant plus frapper à la porte de l'évêché, écrivirent à Rome. Grégoire IX accueillit favorablement une plainte que toutes les circonstances semblaient justifier; il ne vit plus en Guillaume qu'un transfuge, qui désertait la cause de l'Église et passait au camp des laïques, semblable aux deux évêques de Laon et de Noyon, qui, dans l'affaire de l'évêché de Beauvais, avaient fait cause commune avec le Roi [2]. La lettre qu'il lui écrivit alors, rappelait les reproches qu'il lui avait adressés, en 1229, au temps des troubles de l'Université :

« Grégoire, évêque, serviteur des serviteurs de Dieu, à
« vénérable frère, l'évêque de Paris, salut et bénédiction
« apostolique. C'est à peine si nous savons par où com-
« mencer à écrire; on nous affirme que, malgré les solli-
« citations de vos subordonnés, vous vous montrez indif-
« férent pour la défense des droits de votre église. Long-
« temps adonné à l'étude de la science qui procure aux
« fidèles le don salutaire de la grâce, vous ne cessiez de
« réprimander les hommes faibles et négligents, les
« exhortant à être vigilants dans leur amour de la vertu,

---

ms. n° 1194, f° 136, v°.) Le chapitre de Beauvais usait du même artifice, pour contraindre son évêque à payer une forte somme à la fabrique de la cathédrale. (*Ibid. ms.* n° 1187, f° 324, r°. et *ms.* n° 1192 f° 368, r°.

1. En vertu d'une bulle du 16 sept. 1219, le chapitre de Paris pouvait excommunier ceux qui violaient ses droits, *hors du diocèse*. Mais, dans le diocèse, il avait besoin, pour châtier ses ennemis, du concours de l'évêque (*Cartul. de Notre-Dame de Paris*, I, 228).

2. Le Nain, *Hist. de Saint-Louis*, II, 262 et 29.

« et à défendre, en dépit de toute menace et de toute
« crainte, la liberté ecclésiastique. Aujourd'hui, tandis
« que les loups rapaces s'efforcent de disperser vos bre-
« bis, vous vous taisez, et vous désertez les traces de l'éter-
« nel Pasteur, qui donna sa vie pour son troupeau. Ne
« voyez-vous pas que le Christ ne devait parvenir à la
« gloire de son Père, qu'après avoir pratiqué l'obéissance,
« et s'être immolé lui-même, dans sa passion douloureuse,
« pour le salut des fidèles? N'entendez-vous pas retentir
« sans cesse à votre oreille les paroles de saint Thomas,
« qui préféra tomber sous le glaive des méchants, plutôt
« que de laisser soumettre son église à une ignominieuse
« servitude? Assurément, nous ne pouvons découvrir les
« motifs d'une telle conduite. Mais, ce qui est, pour nous et
« pour beaucoup d'autres, un sujet de profond étonnement,
« c'est que, *chérissant la gloire et briguant l'honneur d'un*
« *éternel renom, vous sacrifiiez tout à votre but, et ne crai-*
« *gniez point de passer sous silence les dangers que court*
« *votre église.* En conséquence, nous prions instamment
« votre fraternité, et, si nos prières sont vaines, nous vous
« mandons, en ces lettres apostoliques, de considérer pru-
« demment combien l'accusation de négligence convient
« mal à un évêque de Paris, qui, *avant de gouverner,*
« *passait pour zélé, et qui, dans la prospérité était réputé*
« *vigilant.* Efforcez-vous dorénavant d'épargner les épreu-
« ves à votre église, et de lui ménager des jours de pros-
« périté; de la sorte, nos très chers fils, le doyen et
« le chapitre retrouvant la joie après l'affliction, vous
« serez jugé digne de recevoir auprès de Dieu la récom-
« pense du serviteur fidèle, et vous vous rendrez agréable
« au Saint-Siège. Ne vous laissez pas détourner de votre

« devoir par un sentiment aussi méprisable, que la crainte
« des hommes, tandis qu'il vous suffit, pour vous inspirer
« le plus parfait courage, de songer à la faveur dont jouit
« la justice, et à l'héritage éternel qui lui est promis; si,
« pour obtenir cette récompense, une multitude de
« fidèles trouvent délicieux de souffrir sans cesse mille
« tourments, jugez, vous qui êtes placé dans le repos et
« l'opulence, s'il vous convient de passer sous silence les
« calamités de votre église; cela bouleverse notre âme,
« plus encore que nous n'osons le dire. Il faut donc
« prendre la résolution de vous acquitter, en cette cir-
« constance, des devoirs de votre charge, de telle sorte
« que nous ne soyons pas obligé de pourvoir nous-même
« aux besoins de votre église; c'est un spectacle lamen-
« table de voir le chapitre de Paris privé de votre appui,
« suspendant la célébration de ses offices, se livrer aux
« gémissements et aux plaintes. Ce fut fait au palais de
« Latran, le huitième jour des Ides de Janvier, l'onzième
« année de notre pontificat[1]. »

Si des attaques haineuses contre la religion et l'Église avaient motivé l'indignation des chanoines, si la grandeur, la richesse de la cathédrale avaient rencontré un ennemi perfide en la personne de saint Louis, le devoir de l'évêque de Paris aurait été incontestablement de prendre fait et cause pour son chapitre; Grégoire IX aurait pu à bon droit taxer son silence de timidité, sa prudence d'égoïsme, son zèle d'hypocrisie. Tout bien examiné et bien pesé, il ne s'agissait que d'une plainte, articulée par quelques hôtes, ou agents inférieurs du

---

1. 6 janvier 1238. *Notices et Extr.*, XXI, p. 210.

chapitre, contre des officiers du Roi d'un rang également inférieur. Le Roi, qui n'avait point dit encore son dernier mot, n'était rien moins qu'un ennemi de l'Église, et sa piété pouvait faire espérer que, dans peu, il réparerait les torts de ses agents. Fallait-il donc, pour éclaircir un simple malentendu, recourir aux censures canoniques? mettre le feu aux quatre coins du diocèse, pour contenter les sergents fieffés? D'ailleurs, en matière d'excommunication, Guillaume n'admettait point sans réserve les idées répandues alors. Employer l'arme spirituelle pour la défense d'intérêts mondains, lui semblait un usage dangereux, peu conforme aux traditions anciennes, et, s'il fallait en croire son traité des Sacrements, la censure canonique n'aurait été instituée que pour venger l'honneur de Dieu, sauvegarder les choses saintes, assurer le salut spirituel de l'Église, ou châtier de grands criminels[1]. Grégoire IX lui-même avait-il une autre doctrine, lui qui, dans un mandement récent[2], avait défendu aux évêques de France de mettre l'interdit sur les terres du Roi, hors le cas d'absolue nécessité? C'était une question que Guillaume avait au moins le droit de se poser.

Les reproches du Souverain-Pontife n'étaient donc pas entièrement fondés. Son désir de rétablir la paix méritait au contraire toute louange. En même temps qu'il ordonnait à trois ecclésiastiques de Reims[3] d'aller combattre de vive voix les dernières objections de Guillaume, il écrivait à saint Louis, sur ce ton de paternelle tendresse

---

1. *Opp.*, I, p. 542.
2. Octobre 1236. Teulet, II, p. 352.
3. Le chantre et deux des chanoines. Autre bulle du 6 janvier 1238 (*Bibl. nat., collect. Moreau*, ms. n° 1191, f° 436.)

qui lui était si familier; quand il s'adressait au Roi de France[1] : « Fils de bénédiction et de grâce, disait-il, « n'est-il pas indigne qu'on abuse de ton nom, pour vio- « ler une liberté octroyée par tes ancêtres[2] ? »

Il serait difficile de dire quel fut le résultat de ces démarches. Ni la politique que suivit le Roi, ni l'attitude que prit l'évêque, ne le laissent suffisamment entrevoir. Tout au plus remarquerait-on chez Guillaume un certain empressement plus marqué à défendre les intérêts du chapitre. Simon de Cossigny, bailli du comte de Bretagne, ayant opéré une arrestation à Braye, sur la terre de Notre-Dame, Guillaume le somma de délivrer son prisonnier, le cita devant sa cour, et, sur son refus de comparaître, le fit excommunier[3].

Mais il ne s'agissait point du comte de Bretagne. Le Roi, dont on voulait à toute force obtenir satisfaction, demeu-

1. Lettres closes du 8 janvier 1238 (Teulet, II, p. 361).
2. M. Hauréau, qui a découvert et imprimé dans les *Notices et Extraits* (XXI, 210) la bulle du 6 janvier, adressée à Guillaume d'Auvergne, y a joint une courte dissertation, dans laquelle il cherche à expliquer la conduite de saint Louis. « Une lettre du Pape du 26 mai 1238, dit-il, nous « apprend qu'à la cour de Paris, beaucoup de grands seigneurs parlaient « avec la plus grande irrévérence des immunités, des libertés ecclésiastiques, « conseillaient des représailles, et, *malgré les efforts de la reine mère*, entraî- « naient le Roi ; » Si la reine Blanche prêchait alors la modération, elle démentait elle-même toute sa conduite passée. Il est vrai que dans la bulle citée par M. H. (*Bibl. nat.*, *coll. Moreau. ms.* n° 1192, f° 82), il est question de la mère du Roi; le Pape accuse Louis IX de tromper sa tendresse. Mais cette « *sainte mère, qui considère le Roi de France, comme son fils de prédilection*, tanquam specialem filium, *qui n'agit point au hasard, et se conduit toujours d'après les règles sûres de l'expérience,* » ce n'est pas Blanche de Castille; c'est la mère commune de tous les fidèles, l'Église. Grégoire IX était si peu rassuré sur les bonnes dispositions de la reine mère, qu'il ordonna, le 27 mai, à l'archevêque de Rouen d'intercéder auprès d'elle, en faveur de la liberté ecclésiastique (Même ms. de la *collect. Moreau*, f° 86 r°).
3. *Cartul. de Notre-Dame de Paris*, II, p. 262.

rait toujours aussi inébranlable; les sommations des chanoines ne paraissaient point surtout de nature à triompher de sa résistance. En mars 1239, le Souverain-Pontife songea à tenter, par une autre voie, un rapprochement entre les parties ; il cessa de s'adresser à Guillaume, et chargea des négociations les archevêques de Sens et de Rouen, ainsi que le frère Prêcheur, Jean de Montmirail. Il ordonna, en même temps, que les biens en litige fussent mis sous la garde de trois arbitres, et que le chapitre reprît la célébration des offices, interrompue depuis plus d'un an [1].

Alors les psalmodies des chanoines recommencèrent à se faire entendre; mais ce fut l'unique récompense des patients efforts de Grégoire IX. Au bout des huit mois consacrés aux pourparlers, tout espoir de conciliation s'était évanoui, et, pendant plusieurs années, le chapitre vit croître le nombre de ses griefs, sans trouver le Roi plus disposé à écouter ses réclamations.

C'est alors que « Salemon, oste dou chapitre en la
« terre qui est apelée li Cens commun [2], fu pris et longue-
« ment tenuz en prison » par les prévôts du Roi, et qu'il arriva même aventure au marguiller de Notre-Dame; les mêmes Prévôts saisirent « XXVIII setieres de blé de
« rente que Estiennes de Biaumont avoit a Grant-Pont, en
« un moulin, et XL sols de crois de cens que cil mees-
« mes Estiennes avoit, en une meson seur ce moulin ; des

---

1. Bulle du 10 mars 1239. *Bibl. Nat.*; collect. *Moreau*, ms. n° 1192, f° 284.
2. Cette terre était située près de Saint-Chaumont (canton de Pantin); c'est ce qui résulte d'une charte imprimée dans le *Cartulaire de Notre-Dame de Paris* (t. II, p. 476.) « *In censu communi* (Il faudrait une majuscule), *videlicet in via que ducit apud Rovredum.... apud Calvum Montem.* »

« hommes en la terre et ès viles Nostre-Damme » furent « pris, mal trétiez et despoillez par l'achoison de la « taille de l'ost le Roi » ; des édifices furent « abatuz « en la rue dou Fumier par le voier de Paris » ; enfin le maire de Bagneux fut « pris par les prévoz de Paris « por un homme qui avoit fet un homicide à Baigneus, « que li chapitres tenoit, et ne leur vouloit rendre[1]. »

Une violence en appelle une autre, et les officiers du Roi semblaient s'être donné le mot pour envahir un à un tous les privilèges du chapitre ; en si bon chemin, ils ne pouvaient s'arrêter. Mais le Roi se chargea lui-même de rendre la paix au diocèse.

En décembre 1244, il s'alita dans son château de Vincennes. En quelques jours la maladie fit de tels progrès, qu'elle lui ôta toute apparence de vie ; on le crut mort. Mais soudain il recouvra la parole, et presque aussitôt manifesta la résolution de partir pour la Terre Sainte. Peu de jours après, le 14 décembre, étant à peine en convalescence, il se ressouvint de sa querelle avec le chapitre de Paris, et il la vit, cette fois, non plus des yeux d'un roi, mais de ceux d'un croisé. Considérant avec pitié les misérables intérêts qui en avaient été la cause, il résolut d'oublier tous ses griefs, et déclara qu'il s'en remettrait à la décision de deux arbitres. Le chapitre devait les nommer, ils pouvaient être chanoines au besoin. Bref, la royauté se livrait à discrétion au chapitre de Notre-Dame [2].

En apprenant cet heureux dénouement, les chanoines

---

1. Ch. de mai 1248. — *Annuaire de la Soc. de l'Hist. de France* ; *An.* 1838, p. 273 et suiv.
2. *Ibid.*

ne songèrent plus qu'à profiter de leur victoire. Ils prirent comme arbitres l'un d'entre eux, Raoul de Chevry, et l'archidiacre de Paris, Eudes. Le Roi déclara, en janvier 1246, qu'il persistait dans sa résolution [1], et la sentence fut prononcée en mai 1248.

Elle fut rendue avec toute la solennité que méritait une affaire aussi longuement débattue. A côté du Roi, siégeait la reine Blanche. Le chapitre avait député trois de ses membres. Le légat Eudes de Châteauroux, ancien chancelier de Notre-Dame, représentait le Souverain-Pontife, et derrière lui se tenaient l'archevêque de Bourges, les évêques d'Évreux et de Senlis. Le chambrier, le panetier de France, les clercs du Roi et Nicolas Arrode, bourgeois de Paris, complétaient l'assistance.

Les arbitres furent introduits, et, après le serment d'usage, prononcèrent leur « dit ». Au sujet du premier grief, ils donnèrent raison au Roi. L'enquête avait prouvé que les deux sergents fieffés, taillés par les officiers royaux ne s'étaient pas bornés à vendre « les provendes aux chanoines ». Aussi, disaient les arbitres, « il n'est pas « droiz dou chapitre que, por leur sergenterie, aient autre « franchise de taille que li autre marcheant de Paris, et il « n'est pas droiz que li chapitre leur en port garantie. » Après avoir fait cette concession à la justice et à la bienséance, les arbitres se montrèrent impitoyables; sur les sept autres points litigieux, ils donnèrent gain de cause au chapitre [2].

---

1. *Cartul. de Notre-Dame de Paris*, II, 394.
2. *Ann. de la Soc. de l'Hist. de France*; an. 1838, p. 273 et suiv.

On se représente aisément la scène qui dut suivre : les chanoines relevant la tête, la reine Blanche mécontente, se joignant aux grands officiers de la couronne pour protester contre un jugement qui lui paraissait inique, saint Louis restant seul maître de lui-même et promettant d'observer la sentence. En effet un mandement au prévôt de Paris de juin 1248 accorda au chapitre toutes les satisfactions désirées[1].

1. *Cartul. de Notre-Dame de Paris*, II. p. 398.

CHAPITRE VII

MISSIONS

Après avoir vu comment un évêque, agissant de son autorité privée, mettait son zèle au service des intérêts de son diocèse, après avoir montré avec quelle prudence il devait diriger sa barque, sous peine de heurter les privilèges des corps savants, ou les prétentions du pouvoir séculier, il nous reste à dire comment il abjurait toute volonté propre, pour devenir, au moment voulu, un instrument docile entre les mains du Souverain-Pontife.

Les nombreuses missions qu'Honorius III, Grégoire IX, Innocent IV confièrent à Guillaume d'Auvergne, nous le montrent successivement investi de tous les pouvoirs que conféraient les papes à leurs agents. « *Citator deputatus*, » il cite les prévenus en cour de Rome; « juge délégué », il termine les procès au nom du Souverain-Pontife. On le voit chargé de faire des enquêtes, d'exécuter ou d'annuler des sentences, de donner aux excommunications la publicité nécessaire. Le prélat démissionnaire remet son évêché entre ses mains, tandis que le métropolitain nouvellement élu reçoit de lui le pallium. Il est tour à tour le sauveur du monastère ruiné, le commissaire chargé de recueillir ou d'employer l'argent des subsides, l'agent qui transmet au loin les ordres du Pape, et qui en assure, au besoin, l'exécution. Il est également « conservateur » des privilèges d'un évêque ou d'un ordre, « visiteur » ou « réformateur » des monastères exempts, « *monitor deputatus* » enfin, en d'autres termes, chargé de faire entendre, à l'oreille des grands, des avertissements salutaires.

Tel était, au treizième siècle, le rôle d'un grand nombre d'évêques. Il fallait cette multitude d'agents au pontife qui voulait, non seulement gouverner la société religieuse, mais veiller à tous les intérêts des peuples, à l'apaisement de leurs rivalités, à l'accomplissement de leurs devoirs [1].

Afin de mettre quelque ordre, dans le récit de ces missions si multipliées, nous nous proposons de montrer d'abord Guillaume au sein de la société cléricale, présidant les chapitres, siégeant dans les cathédrales, visitant les monastères, s'inquiétant, en un mot, des intérêts de la grande famille ecclésiastique. Ensuite, on le verra s'interposer, comme médiateur ou comme juge, entre les nobles et les clercs, se mêler aux luttes purement temporelles et aux intrigues de la politique. Puis viendra, en dernier lieu, le récit de la bataille qu'il livra, sur l'ordre du Saint-Siège, à ceux que l'on considérait alors comme les ennemis les plus acharnés de l'Église.

Parlons d'abord des services qu'il rendit au clergé

---

1. Nous croyons devoir ajouter que cette partie de l'histoire de Guillaume était presque entièrement inconnue.

séculier. Lorsque dans un procès entre clercs, l'une des parties en avait appelé au Pape, l'affaire était renvoyée d'ordinaire devant un ecclésiastique plus voisin du lieu de la contestation. C'est ainsi que Guillaume se trouvait, en 1234, constitué juge d'un procès, qu'un chanoine d'Avranches avait intenté à Pierre de Boissy, au sujet de la possession de l'archidiaconat de Bayeux.

Maintenir ou rétablir la concorde entre les membres du clergé était une tâche délicate; sauver de la ruine les églises dont une administration désordonnée avait gaspillé les ressources, ne demandait pas moins de vigilance; les papes ne reculaient pour y parvenir devant aucun expédient, pourvu qu'il fût approuvé par les lois ecclésiastiques.

En déclarant les églises incapables, et en les autorisant à ne payer leurs dettes, qu'autant qu'elles avaient été utilement contractées, ils ne faisaient qu'appliquer la loi 27 du Digeste *de rebus creditis*. Telle fut la mesure à laquelle crut devoir recourir Grégoire IX, en 1236, pour venir en aide au chapitre de Bourges [1], et tel fut aussi l'expédient imaginé par Innocent IV, dix années plus tard, alors que l'église de Cologne, ruinée par les goûts belliqueux de son archevêque [2], criait misère auprès du Saint-Siège. Guillaume reçut la mission de veiller sur le privilège accordé à la cathédrale de Cologne [3].

---

1. Bulle du 8 décembre 1236. *Bibl. Nat.; collect. Moreau*, ms. n° 1191, f° 178 r°.

2. Conrad de Hochstaden. (Albéric, Pertz, XXIII, p. 947.)

3. Bulle du 3 sept. 1246, adressée à Guillaume d'Auvergne. «... Cum igitur indignum sit, ut inde aliqui incommodis aggraventur, unde nullum commodum assequuntur, nos, predictorum (Coloniensis) archiepiscopi et capituli et cleri precibus inclinati, quod iidem non teneantur ad solutionem

Les papes n'avaient pas moins à cœur de rétablir dans les diocèses une discipline, trop souvent oubliée. En intervenant dans les causes qui leur étaient déférées par voie d'appel, ils pouvaient quelquefois mettre fin à de déplorables scandales. Quelle situation plus précaire que celle du chapitre de Bayeux, en 1239? Son doyen, Eudes de Ville Thierry [1], sous-diacre élu à la condition de se faire ordonner prêtre le plus tôt possible, n'avait point tardé à faire disparaître sa tonsure; échangeant son aumusse de chanoine contre le vêtement d'un homme d'armes, il avait épousé la fille de Geoffroy de Bouilly, chevalier du diocèse d'Auxerre, et, avec la plus étrange audace, prétendait garder ses bénéfices : c'est lui, qui, pour faire annuler l'élection d'un nouveau doyen, en avait appelé au Saint-Siège. Depuis longtemps déjà, l'affaire était entre les mains des juges délégués, lorsque Grégoire IX en confia l'examen à Guillaume (1ᵉʳ décembre 1239). Le Pape ne voulait point « perdre l'âme du coupable » ; mais, après l'avoir dépouillé de ses bénéfices et condamné à une pénitence, qui devait être mesurée à la grandeur de sa faute, il entendait lui ménager une retraite, soit dans l'église de Bayeux, si sa présence n'y faisait point scandale, soit dans celles de Lisieux ou de Coutances [2].

---

aliquorum ecclesie Coloniensis, nisi legitime probatum fuerit et ostensum, quod debita ipsa fuerint in utilitatem ejusdem ecclesie, seu ipsius capituli vel cleri Coloniensis conversa, eis per nostras litteras duximus indulgendum... »
Bibl. nat.; collect. Moreau, ms. n° 1196, f° 24.

1. Les auteurs du *Gallia* ont relevé le nom d'Eudes dans les chartes du chapitre de Bayeux, entre les années 1227 et 1237.

2. Bulles du 26 février, du 25 mars 1836 et du 1ᵉʳ décembre 1239. *Bibl. Nat.; collect. Moreau*, mss. n° 1191, f°ˢ 229 et 241, et n° 1192, f° 395.

Tout ce que nous avons dit plus haut de l'intervention des papes dans l'élection des évêques de France, se trouve ici confirmé. Guillaume qui éprouva, comme l'on sait, les heureux effets de cette suprématie, en est lui-même un des instruments. S'il apparaît, en 1224 [1], dans le chapitre de Verdun, avec la mission de faire enquête sur l'élection de Raoul de Torote [2], c'est que Jean d'Apremont, s'est livré, en faveur de son cousin, à des menées scandaleuses, s'est tenu caché, pendant l'élection, dans une salle d'où il pouvait suivre les délibérations du chapitre, et a provoqué par ses intrigues un appel, qui a déféré la cause au Saint-Siège. Si Guillaume, après avoir cité les parties en cour de Rome, défend à l'élu d'engager ou d'aliéner les biens de son église, c'est qu'il appartient désormais au Pape de veiller aux intérêts du diocèse. Raoul fait-il mine de résister, tente-t-il d'excommunier ses adversaires? Le Pape en est aussitôt avisé, et l'excommunication, annulée [3]. Cependant les Décrétales nous apprennent que l'élu parvint à relever un vice de forme dans la procédure entamée par Guillaume, et à faire renvoyer l'affaire devant d'autres commissaires [4]. Le chanoine de Paris ne savait peut-être point encore,

---

1. Bulle du 22 nov. 1224. *Bibl. Nat.,; collect. Moreau, ms.* n° 1183, f° 36.
2. Sur ce personnage, v. Clouet, *Histoire de Verdun*, II, p. 381. La minorité du chapitre avait élu Jean, archidiacre de Châlons-sur-Marne, et non Henri de « Malapeta », comme le disent les auteurs du *Gallia* (XIII, col. 1210). C'est ce qui résulte de la bulle inédite déjà citée.
3. Bulle du 12 décembre 1224, adressée à Barthélemy, évêque de Paris, à Jean de Montmirail, archidiacre, et à Guillaume d'Auvergne, chanoine de a même église. *Bibl. Nat.; collect. Moreau, ms.* n° 1183, f° 71.
4. *Extra. lib.* II, *tit.* I *de judiciis*, cap. 19. L'élection de Raoul de Torote ne fut confirmée que par Grégoire IX, à la fin de l'année 1227. (Albéric, Pertz, XXIII, p. 915 et 921.)

en 1224, quelle attention savante et minutieuse il fallait apporter aux affaires du Souverain-Pontife.

Plus tard, à Châlons-sur-Marne, les délégués du pape font également la loi. Tantôt ils cassent les élections célébrées par le chapitre[1], tantôt ils s'efforcent de mettre un terme à une vacance prolongée durant quatre ans [2]. Guillaume ne traverse qu'une fois, en 1240, ce diocèse abandonné à toutes les convoitises, pour citer en cour de Rome le dernier élu, un prévôt de Montfaucon; mais cette simple mission n'est pas exempte de périls : Grégoire IX a bien recommandé à Guillaume de se transporter, pour l'accomplir, en un lieu neutre et sûr[3].

1. D. Martène, *Thesaurus anecdot.* I, col. 1002. — *Extra Grégorii* IX, *tit.* 6 *de Electione, cap.* 57.

2. La vacance dura depuis le 12 avril 1237 (Albéric, [Pertz, XXIII. p. 942) jusqu'au 3 avril 1241. (*Bibl. Nat.;* collect. *Moreau,* ms. n° 1193, f° 267. r°).

3. Bulle du 2 juin 1240, adressée à l'évêque et au chancelier de Paris. « Ne Cathalaunensis ecclesia, que ob litigiorum strepitus, qui, occasione electionis in ipsa de S., preposito ecclesie Montis Falconis, Remensis diocesis, celebrate, emersisse noscuntur, gravem in spiritualibus et temporalibus substinuisse dicitur hactenus lesionem, incurrat propter hoc (quod absit) incomparabile detrimentum, mandamus quatenus, accedentes ad locum communem et tutum, ipsum prepositum et eos qui electioni hujusmodi se opponunt, ex parte nostra citetis... » *Bibl. Nat. collect. Moreau,* ms. n° 1193. f° 46.

Les partisans du prévôt vinrent donner leurs noms à Guillaume d'Auvergne et à Eudes de Châteauroux, qui s'empressèrent d'en informer Grégoire IX. (Bulle du 3 avril 1241. *Bibl. Nat.* collect *Moreau,* ms. n° 1193 f° 267.) Mais, avant le 6 juillet 1240 (date de la mort de Henri de Dreux), Geoffroy de Grandpré, le premier élu, était confirmé par le métropolitain, et plusieurs prélats, entre autres l'évêque de Meaux, étaient chargés d'examiner son élection. (Bulle du 4 avril 1241. *Ibid.* f° 275). Ceux qui désirent connaître plus à fond l'histoire de Châlons durant cette longue vacance, consulteront avec fruit une bulle du 15 avril 1241 et une lettre du chapitre de Soissons, toutes deux publiées par Teulet (*Layettes du Trésor des Chartes*, II, p.144 et 461), enfin une dernière bulle inédite du 16 juin 1242. (*Bibl. Nat. collect. Moreau, ms.* n° 1193, f° 319).

L'année suivante le voit à Reims, présidant, avec les évêques de Cambrai et de Senlis, le chapitre qui va nommer un nouveau métropolitain. Nous avons eu déjà l'occasion d'appeler l'attention sur cette mission, qui fait connaître l'un des moyens alors employés par les papes pour mettre fin à de trop longues vacances [1]. Après avoir invoqué l'Esprit-Saint, les chanoines requièrent les trois prélats de les aider de leurs conseils, puis procèdent au vote sous leurs yeux [2]. Le nom de Robert, évêque de Liège, réunit le plus grand nombre des suffrages; mais ce choix n'est point agréé par le pape, qui, pour des raisons que nous ne connaissons pas, s'empresse d'annuler l'élection [3].

Les papes n'avaient point seulement à confirmer les métropolitains : il faut voir une nouvelle preuve de leur suprématie dans l'habitude qu'ils avaient de leur conférer le pallium : c'était en quelque sorte la consécration de leur dignité, l'autorisation nécessaire pour exercer les fonctions métropolitaines. Un archevêque qui eût emprunté le pallium d'un autre, ou qui eût revêtu celui de son prédécesseur, se fût rendu coupable d'un crime, et, pour bien marquer que cette faveur était personnelle, les Décrétales grégoriennes ordonnaient d'enterrer le pallium avec celui qui en avait été décoré.

1. Le siège de Reims était vacant depuis l'année précédente, par suite de la mort d'Henri de Dreux. (v. Albéric de Trois-Fontaines, Pertz, XXIII, p. 948).
2. Bulles du 12 avril 1241 (*Bibl. Nat. collect. Moreau*, ms. n° 1193, f° 278) et du 4 novembre 1243 (*Notices et Extraits*, XXIV, p. 277).
3. Le siège de Reims demeura vacant jusqu'à l'élection de Juhel, archevêque de Tours. (*Bibl. Nat. collect. Moreau*, ms. n° 1194, f° 440, et *Gallia*, IX, col. 111.

A l'origine, suivant l'expression de Thomassin, les métropolitains devaient « recevoir la consommation de leur dignité dans le lieu même où en était la source », c'est-à-dire qu'ils devaient aller à Rome, dans les trois mois qui suivaient leur élection, pour recevoir le pallium des mains du Souverain-Pontife : ils conféraient en même temps avec le pape des obligations de l'épiscopat et des besoins publics de l'Église. Mais peu à peu, et particulièrement au treizième siècle, l'usage s'établit d'envoyer l'insigne archiépiscopal aux métropolitains dans leur diocèse, et de le leur faire remettre par un délégué du Saint-Siège [1]. C'est ainsi qu'en 1231, dans la cathédrale de Rouen, Guillaume conféra solennellement le pallium au nouvel archevêque Maurice [2].

Celui qui veillait à ce que les plus dignes fussent appelés au gouvernement des diocèses, relevait aussi de leur poste les prélats affaiblis par l'âge. Guillaume, qui seconda le pape en cette œuvre, comme en toutes celles qui intéressaient la prospérité de l'Église de France, décida après enquête, en 1234, que l'évêque de Soissons, Jacques de Basoches, était encore de force à porter le bâton pastoral, et Grégoire IX, docile à ses avis, replaça sur son siège le prélat démissionnaire [3]. Deux

---

1. Thomassin, *Ancienne et nouvelle discipline de l'Église*, P. IV, l. I. c. 38; édit. de 1682 in-fol. t. II, p. 138 et suiv.

2. Directorium monasterii S. Audoeni. *Rec. des Histor. des Gaules*, XXIII, p. 381.

3. Bulle du 18 janvier 1235. «Cum venerabilis frater noster,... episcopus Suessionensis, expressis quibusdam causis, propter quas ejus postulationi annuere deberemus, nos de veritate causam certificari volentes, tibi super hoc direximus scripta nostra. Sed, tua relatione recepta, non vidimus ea probata per que deberemus ipsius admittere cessionem; unde, inspecta necessi-

ans plus tard, notre évêque recevait la démission du vieux Guillaume Burel, qui ne demandait qu'à remettre son évêché d'Avranches en des mains plus jeunes et plus capables de le gouverner [1].

A côté du clergé séculier, se pressait la foule des religieux, moines, chanoines réguliers, frères de toute robe et de toute famille, les uns soumis à l'autorité de l'évêque, les autres relevant directement du Souverain-Pontife, ceux-ci ne recevant qu'accidentellement les envoyés du Pape, ceux-là fréquemment visités par les délégués du Saint-Siège. La réforme, est-il besoin de le dire, était le but ordinaire de ces visites, soit qu'une mauvaise administration eût ruiné les finances de l'abbaye, soit qu'un désordre plus grave se manifestât dans les mœurs du cloître. L'histoire de bien des couvents ne se compose, à vrai dire, que d'une série de réformes; c'est une lutte de tous les instants contre un ennemi qui gagne pied à pied ; c'est une suite de victoires dont le résultat, toujours contesté, est de maintenir à la même hauteur le niveau de la morale chrétienne. Il semble que les plus beaux triomphes de la foi, ceux auxquels préside un saint Bernard ou un abbé de Rancé, ne puissent être achetés qu'au prix de longues défaillances.

Guillaume débuta de bonne heure dans la carrière de réformateur. En 1224, à Beauvais, il apparaît comme

---

tate Suessionensis ecclesie, et consideratis circumstantiis universis, eum cum gratie nostre plenitudine ad dictam ecclesiam duximus remittendum... » *Bibl. Nat. ; collect. Moreau*, ms. n° 1190, f° 203.

1. Bulle du 6 mai 1236 (*Notices et Extraits*, XXI, p. 239). Guillaume Burel mourut le 20 octobre de la même année. (*Recueil des Hist. des Gaules*, XXIII, p. 585).

un sauveur, aux Bénédictins de Saint-Symphorien, qui, outrés des dilapidations de leur abbé, ont imploré le secours du Saint-Siège. Il constate la ruine du couvent, lie les mains à l'abbé dissipateur et promet de faire de cette détresse un récit fidèle au pape Honorius [1].

A Sens, l'année suivante, il entre dans l'abbaye de Sainte-Colombe, cette fois sans être attendu. Le spectacle qui s'offre à lui est bien fait pour lui prouver l'opportunité de sa visite. L'abbé Eudes [2] a tellement gaspillé les biens de l'abbaye, autrefois l'une des plus opulentes, que les religieux manquent du nécessaire; il s'est emparé de force du sceau, l'emporte aux foires, y scelle des engagements ruineux. L'état moral du monastère laisse encore plus à désirer : l'abbé s'est servi des biens du couvent pour doter ses filles, et a célébré le mariage d'un moine avec l'une des ses nièces. Vainement réprimandé par ses supérieurs, il prétend avoir obtenu du Roi le droit de mettre aux fers quiconque porte plainte contre lui, et excommunie tous ceux qui provoquent des enquêtes sur sa conduite [3].

Le détail des mesures que Guillaume crut devoir prendre pour réformer les mœurs de ce couvent, ne nous est pas parvenu ; mais il obligea l'abbé à rendre ses comptes devant sept religieux élus par le chapitre et devant le maire laïque de l'abbaye. Tout alla bien pendant six ans : les religieux et les abbés, à leur entrée en charge, juraient d'observer le réglement fait par Guillaume. En 1231, les

---

1. Bulle du 22 novembre 1224 (Pièce justificative n° II). — Bulle du 25 novembre 1224. (*Bibl. Nat.*; *collect*, Moreau ms. n° 1183, f° 45.)
2. Le nom de l'abbé nous est fourni par le *Gallia* (XII, col. 151)
3. Bulle du 10 septembre, 1225. Pièce justificative n° III.

moines avaient-ils oublié leur détresse passée? Se lassaient-ils d'être soumis à un régime exceptionnel, qui, à les entendre, ébranlait la discipline, troublait la paix et compromettait la dignité du monastère? Quoi qu'il en soit, Guillaume fut invité à réviser son réglement, en consultant les hommes les plus compétents en matière de discipline religieuse [1].

Vers le même temps, il fit annoncer sa visite dans la puissante abbaye de Saint-Victor. Ce n'était point sortir de son diocèse, c'était à peine quitter la ville; mais, Saint-Victor étant un monastère exempt, l'évêque de Paris n'y avait aucune autorité, tandis que le délégué du Pape y pouvait tout. Aussitôt que la cloche du couvent eut réuni le chapitre, Guillaume, prenant un parchemin, auquel était suspendu un sceau de plomb, commença la lecture d'une lettre pontificale : « Vu qu'il est inconvenant et
« absurde que des religieux d'un même ordre aient dif-
« férentes manières de vivre, vu que les frères qui sont
« dans des obédiences doivent se conformer à la règle
« commune, tant pour la literie, que pour la nourriture
« et l'habillement, nous leur défendons expressément,
« par l'autorité de ces présentes, de prendre d'autres
« aliments, ou de porter d'autres vêtements, que ceux
« dont ils feraient usage, s'ils vivaient dans les abbayes [2]. »
La bulle était de Grégoire IX, et produisit le plus grand

---

1. Bulle du 7 avril 1231, adressée aux évêques de Paris et de Chartres et au prieur de St Martin des Champs. *Bibl. Nat.*; *collec. Moreau. ms*. n° 1187, f° 8.)
2. Bulle du 9 avril 1231. (D. Martène, *Ampl. collectio*, VI, col. 272.)
Le même jour, comme si Grégoire IX avait voulu consoler les Victorins du blâme qu'il était forcé de leur infliger, il leur accordait le privilège de ne pouvoir être contraints par lettres apostoliques à héberger des étrangers. (Voir le cartulaire de l'abbaye de St Victor. *Bibl. Nat. ms. latin.* n° 14672, f° 67).

effet. Tous les regards se tournèrent vers quelques religieux, dont le vêtement plus riche et d'une coupe toute mondaine contrastait avec l'uniforme blanc des chanoines. La faute était avérée; les coupables se jetèrent aux genoux de l'évêque, pour implorer son pardon. Guillaume leur apprit alors, qu'ayant attiré lui-même l'attention du Pape sur cet abus, il était bien résolu à en assurer la répression; il finit en leur donnant une absolution générale.

Peu de temps après, les Victorins envoyaient à tous leurs frères une circulaire, où le récit de la scène qui précède était suivi de ces mots :

« Nous vous ordonnons expressément, comme il nous
« a été ordonné à nous-mêmes, d'obéir aux injonctions
« du Souverain-Pontife. Ne mangez de la viande, qu'en
« cas de maladie ou de saignée. Dans ce dernier cas,
« suivez la règle des malades, et jeûnez, comme il est
« prescrit. Si l'un de vous ne peut jeûner complètement,
« qu'il prenne le mixte, comme on fait au couvent. Procurez-vous le plus vite possible des couvertures pour
« vos lits. Enfin, faites de nécessité vertu; exécutez spontanément ces ordres, dans votre intérêt et dans le
« nôtre; car Monseigneur l'évêque de Paris, qui est
« chargé de faire observer ce mandement, nous a bien
« promis qu'il n'y manquerait pas. Ayez soin de faire
« transcrire cette lettre le plus tôt possible, avec nos
« autres règles [1]. »

Sens revit, en 1233, Guillaume, chargé d'une mission de Grégoire IX. Il s'agissait, cette fois, d'épurer l'abbaye

1. Pièce justificative n° XXVI.

de Saint-Jean et de combler, à l'aide de nouvelles recrues, les vides produits par l'expulsion des mauvais chanoines ¹.

Cette tâche n'était pas sitôt terminée, que la détresse de l'abbaye de Lagny attirait l'attention de notre évêque. En 1231, Geoffroy, abbé de ce couvent, étant devenu, par l'effet de l'âge ou de la maladie, incapable de gouverner son monastère, les religieux avaient eu à se préoccuper de lui trouver un successeur. Songeant alors aux dissensions qui résultaient souvent des élections ecclésiastiques, ils avaient résolu de s'en remettre au choix de Guillaume ; l'évêque leur avait donné comme abbé l'un des religieux de Saint-Martin-des-Champs ². Cet abandon de l'un des privilèges les plus précieux aux yeux des moines était la marque d'une confiance, que les évêques ne rencontraient pas souvent parmi les religieux de leur diocèse. Écrire au Pape pour lui révéler la situation critique de l'abbaye de Lagny était donc pour Guillaume l'acquittement d'une dette de reconnaissance.

Par suite de la mauvaise administration du précédent abbé, les revenus du monastère, sur lesquels il fallait prélever les intérêts des créances, suffisaient à peine à assurer l'existence des religieux. L'archevêque de Sens, l'évêque de Meaux, le comte de Champagne joignirent leurs prières à celles de Guillaume, et la réponse de Rome ne se fit point attendre : notre évêque était chargé d'opérer à lui seul toutes les réformes qu'il jugerait néces-

---

2. Bulle du 12 janvier 1233. Pièce justificative n° XXXIII.
1. Monasticon Benedictinum, XXXIII, P. (*Bibl. Nat.* ; *ms. latin* n° 12690). *Gallia*, III, col 386, et VII, col. 500 et 501.

saires[1]. Investi d'un mandat que Grégoire IX avait voulu rendre irrévocable, il se mit en devoir d'éteindre les dettes de l'abbaye. A cet effet, ayant mis à part, en bon administrateur, une somme suffisante pour l'entretien des moines, il décida que tout le reste serait donné aux créanciers ; il grossit l'avoir du couvent, en forçant les religieux à céder les biens dont ils étaient restés indûment possesseurs, et signifia aux créanciers, qu'ils eussent à renoncer aux intérêts stipulés et à imputer sur le principal de leurs créances les sommes qu'ils avaient déjà reçues. Cette dernière mesure excita, comme bien on pense, une émotion des plus vives ; on invoqua les clauses pénales consenties par l'abbaye, on allégua la promesse faite par les religieux de ne point recourir au Saint-Siège. Il fallut encore une fois aller jusqu'à Rome, mais la question finit par être tranchée dans le sens le plus favorable au couvent. Guillaume ne put toutefois sauver l'abbaye, qu'en dispersant, pour un temps, une partie de ses moines et en forçant les couvents voisins à leur accorder l'hospitalité [2].

---

1. Bulle du 7 mars 1233. Pièce justificative n° XXXIV.
2. Bulle du 17 janvier 1234, adressée à Guillaume d'Auvergne : « ... Preterea, cum, sicut ex earumdem intelleximus continentia litterarum, abbas et conventus monasterii prenotati, pro extenuandis debitis quibus monasterium ipsum graviter est depressum quosdam de monachis suis ad aliena monasteria duxerint transmittendos, ad tempus moraturos ibidem, fraternitati tue per iterata scripta firmiter precipiendo mandamus, quatenus et eosdem monachos ad remanendum in ipsis cenobiis vel in aliis ad que fuerint destinati, quousque eorumdem monasterium ab onere respirare valeat debitorum, et abbates ac conventus ipsorum ad retinendum eosdem, cum no plures quam duo ad aliquod monasterium sint transmissi, ac caritative tractandos, monitione premissa, per censuram ecclesiasticam, appellationis diffugio non obstante, compellas... » (*Bibl. Nat. collect. Moreau, ms.* n° 1188, f° 289).

Il avait remarqué, au cours de cette opération, que la prévôté ou justice séculière de Lagny était administrée par les moines; jugeant qu'un enfant de saint Benoît devait rester étranger aux affaires du siècle, il obtint du Pape les pouvoirs suffisants pour faire disparaître cet abus[1].

Vers le même temps, il fut chargé de relancer jusque dans sa paisible retraite, un ancien abbé de Cluny, Roland, qui, depuis six années, jouissait du fruit de ses détournements.

Le titre glorieux de chef d'ordre ne lui avait servi qu'à dépouiller les prieurés soumis à son autorité[2]. Guillaume n'eut pas seulement à lui faire rendre gorge, en le menaçant de recourir au bras séculier. L'exemple de Roland, qui cumulait encore, en 1234, l'abbaye de Maroilles[3] et le prieuré de Liesses appela l'attention du Pape sur un abus malheureusement trop fréquent parmi les religieux de Cluny; se rendant à l'avis du nouvel abbé, Étienne, Grégoire IX comprit que la conséquence inévitable d'un

---

1. Autre bulle du même jour. Pièce justificative n° XLV.
On remarquera que Guillaume ne réformait l'abbaye de Lagny, qu'en vertu des pouvoirs extraordinaires qu'il avait reçus du Pape. Cependant non seulement Lagny était dans le diocèse de Paris, mais, au dire de Guérard, (*Cartul. de Notre-Dame de Paris*, I, p. LXVII) c'était une des abbayes que possédait l'évêque, sur lesquelles il exerçait tous les droits épiscopaux. En effet, un privilège d'Innocent II, qui énumère et confirme les possessions de l'église de Paris, contient cette phrase : « Jus etiam episcopale in subscrip- « tis abbatiis et earum parrochiis : ... videlicet in abbatia Latiniacensi. »
On peut voir par là combien la puissance des papes avait grandi aux dépens de celle des évêques.

2. Bulle du 1er septembre 1234. Pièce justificative n° LI.

3. Les auteurs du *Gallia* ne comptaient point Roland parmi les abbés de Maroilles (v. t. III, col. 129.)

pareil cumul était la ruine de l'un des bénéfices, et se décida à prendre une mesure générale, dont il confia l'exécution à Guillaume. Faire une enquête sur les dangers de la pluralité, remettre entre les mains de l'abbé de Cluny les prieurés que des religieux cumulaient avec d'autres bénéfices, annoncer publiquement que ces couvents n'étaient point tenus d'acquitter les dettes qui ne leur avaient point profité, leur faire restituer les biens injustement aliénés, et obliger les anciens titulaires à rendre un compte exact de leur administration, tel fut l'objet de la mission confiée à Guillaume ; il l'exécuta, nous n'en doutons pas, avec d'autant plus d'empressement, qu'il était lui-même un adversaire plus résolu de la pluralité des bénéfices [1].

L'office de réformateur de couvent, quelque étrange que cela puisse paraître, n'était pas toujours sans danger. Témoin Raoul, abbé de Monstier-en-Der, que le Pape avait chargé de visiter les monastères bénédictins exempts dans les diocèses de Metz et de Verdun. Afin d'éviter ses remontrances, l'abbé de Saint-Arnou de Metz et quelques autres imaginèrent de le faire citer, au même moment, par plusieurs juges, qui, ne le voyant pas comparaître, l'excommunièrent. Si Guillaume n'était venu, sur l'ordre de Grégoire IX, le tirer de ce mauvais pas, le digne religieux, victime de son devoir, était traité comme un ennemi de l'Eglise [2].

Le sort de l'abbé de Prémontré eût été plus funeste encore, si, renonçant à réformer le vêtement de ses frères

---

1. Autre bulle du 1er septembre 1234. Pièce justificative n° LII.
2. Bulle du 15 août 1234. Pièce justificative n° L.

convers, il n'eût cherché le salut dans la fuite : les religieux révoltés le menaçaient de mort [1]. Rétabli quelque temps après sur son siège par Grégoire IX, il trouva en Guillaume un protecteur chargé de le défendre contre toute nouvelle insurrection [2]. L'évêque de Paris vint à Prémontré, ouvrit une enquête sur les causes de la révolte, leva les excommunications lancées contre les religieux et s'efforça de rétablir la discipline dans un lieu où triomphait l'esprit d'insubordination [3].

1. Hugues, abbé d'Esteval, *Sacri et canonici ordinis Præmonstratensis annales* Nancy, 1734, in-folio, I col. 21, Pr., col. XXVII.

2. Le pape avait d'abord confié cette mission aux abbés de Cîteaux, de Saint-Josse-au-Bois et de Chartreuve; mais on lui fit observer que ces deux derniers étaient notoirement hostiles à l'abbé de Prémontré. Il les remplaça alors par l'élu de Rouen et par l'évêque de Paris. (Bulle du 4 avril 1237. *Bibl. Nat.*; *collect. Moreau*, m. n° 1191, f° 244.)

3. Bulle du 10 juillet 1237, adressée à l'archevêque de Rouen, à l'évêque de Paris et à l'abbé de Cîteaux. «...Quocirca mandamus, quatenus, relaxantes ad cautelam suspensionis, excommunicationis vel interdicti sententias, quas a vobis vel prefatis executoribus vel abbate Premonstratensi in memoratos priorem et conventum vel eorum aliquos aut in personas ordinis prolate fuerunt, et revocantes nichilominus in irritum, quicquid per vos vel eosdem in prejudicium personarum ordinis et nuntiorum eorum extitit attemptatum, postquam dicti nuntii iter arripuerint ad Sedem Apostolicam veniendi, eodem Willelmo ad administrationem, tam in spiritualibus quam in temporalibus plenarie restituto, postquam pacificam possessionem habuerit, inquiratis apud ipsam ecclesiam, de plano et sine judiciali strepitu, super premissis et aliis negotium contingentibus plenius veritatem, que inveneretis nobis fideliter rescripturi, prefigendo tam eidem abbati quam priori et conventui supradictis terminum peremptorium competentem, quo se nostro conspectui per procuratores idoncos, vel idem abbas personaliter, representent, justam a nobis, auctore Deo, sententiam recepturi; interim ipsi abbati deponendi abbates, vel animadvertendi in eos, eiciendi vel excommunicandi canonicos, ad hoc ut testium copia subtrahatur, contrahendi debita contra statutorum nostrorum tenorem, alienandi bona ipsius ecclesie vel etiam aliarum, collectas vel exactiones ab ecclesiis seu grangiis ordinis faciendi, vel aliud exercendi, propter quod monasterium Premonstratense vel ecclesie ordinis grave detrimentum in spiritualibus et temporalibus

Les couvents ainsi livrés à l'anarchie ou au relâchement étaient ceux qui comptaient déjà de longues années d'existence; l'antique famille de saint Benoît laissait voir dans plusieurs de ses membres des signes de décrépitude et les autres ordres anciens semblaient atteints du même mal [1]. Mais à côté de ces vétérans, il

patiantur, interdicta penitus potestate. » *Bibl. Nat.*; collect. *Moreau*, ms. n° 1191, f° 328.

La bonne entente ne put se rétablir de sitôt entre les religieux et leur abbé. En dépit des efforts de Grégoire IX, qui, le 28 août, recommandait encore l'obéissance à tous les couvents de Prémontrés, (*Bibl. Nat.*; *même ms.*, f° 364), malgré l'intervention de saint Louis et de Blanche de Castille (Hugues, abbé d'Esteval, *op. cit.*, I, col. 21), la lutte ne fit que s'envenimer : l'abbé Guillaume finit par résigner tous ses droits entre les mains de Grégoire IX.

1. Il n'est point impossible que Guillaume ait reçu aussi la mission d'opérer une réforme dans l'abbaye de Saint-Germain-des-Prés. C'est ce qui semble résulter d'une bulle insérée dans un *Dictamen* du XIII° siècle : elle porte le nom du pape Grégoire et est adressée à V., évêque de Paris. Le pape ne saurait être autre que Grégoire IX, et l'évêque doit être Guillaume d'Auvergne, dont le nom s'écrivait souvent en latin *Vuillelmus*. Toutefois, il ne faut point se dissimuler, que les auteurs de *Dictamina*, n'ayant d'autre but que de fournir des exemples de style épistolaire, modifiaient ou développaient sans scrupule le texte des documents qu'ils reproduisaient. La bulle que nous avons en vue porte la trace manifeste d'interpolations et d'amplifications littéraires.

« Gregorius episcopus, etc., venerabili in Christo fratri, V., Parisiensi episcopo, et dilecto in Christo, abbati Sancti-Victoris, etc. Ecce Deus sempiternus et Dominus qui fundavit terminos omnis terre, qui cibavit nos in voce archangeli, et novissima tuba, et generale concilium! ut universis impendat stipendia meritorum, sicut timemus, indignatione est plenus;... et quomodo dormientes et amantes sompnia, jacentes in lectis eburneis et lascivantes, diem adventus ejus cogitabunt, aut stare poterunt ad videndum eum, cum revelabuntur omnia abscondita tenebrarum et infelix illarum nuditas apparebit? Ad confusionem igitur perpetuam cavendam, debent omnes qui assumpti sunt ad agrum dominicum excolendum granum a palea per correptionis flagellum excutere, et a fruge dominica zizania separare, ne electos contagium corruptionis inficiat, et filios Dei cum filiis mundi hujusmodi hora repentina calamitatis involvat. Quocirea vobis per apostolica scripta mandamus, et in virtute obedientie districte precipimus,

y avait une milice jeune et ardente, qui, enrôlée au commencement du siècle sous l'humble bannière de saint Dominique ou de saint François, remplissait déjà la chrétienté du bruit de ses triomphes. De ce côté, il n'y avait point de blâme à infliger, point de menaces à faire entendre; les papes se bornaient aux encouragements.

Cependant une grande partie du clergé voyait d'un mauvais œil ces mendiants honorés de la confiance des fidèles et de la faveur du Pape. Les frères Mineurs, en particulier, étaient l'objet de vexations quotidiennes, dont on peut lire le détail dans une des lettres adressées par Grégoire IX à Guillaume [1]. On ne leur permettait ni d'avoir le Saint-Sacrement dans leurs oratoires, ni de célébrer la messe tous les jours : le droit de posséder une cloche leur était refusé, ainsi que celui d'avoir un cimetière bénit dans leurs couvents. Ils devaient assister aux processions de la paroisse, y dire leur première messe, s'y faire enterrer. Les cierges, les lampes, les ornements qu'ils possédaient étaient taxés par le

---

quatinus primo incipientes a vobis arma spiritualia viriliter induatis, abbatem Sancti-Germani et ecclesiam ejus in finibus civitatis vestre et conventus ejus efficaciter corrigentes studiosius visitetis. Modus autem visitationis talis erit : in conventu stabilitatis per duos dies in capitulo majoribus negotiis coram vobis tractatis et correctis, quidquid in choro, vel in refectorio, vel in claustro deformitatis videritis in spiritu levitatis, salubriter corrigatis. Si autem quidquam difficultatis evaserit, quod videatur pers nos (sic) non posse expediri, ad Sedem Apostolicam transmittatis. Vobis enim in hiis omnibus, prout nobis oportunum videbitur, assistemus et in omnibus impendemus auxilium et favorem, unde volumus ut, quidquid factum fuerit per vos in eadem visitatione, ad nos per nunccium vestrum et litteras plenius referantur. » (*Bibl. Nat.*; ms. latin. n° 11385, f° 42 v°.)

[1] Bulle du 23 août 1231. *Bibl. Nat.*; collect. Moreau, ms. n° 1187 f° 98; cf. *Extra. lib.* V, tit, de excessibus *Prælat.* et Labbe, XI, col. 392, 393.

clergé séculier, qui exigeait jusqu'à la dîme des fruits de leurs jardins et frappait d'impôt les constructions de leurs couvents : la maison d'un Juif n'était pas traitée d'autre sorte. L'argent, les livres donnés par les bienfaiteurs de l'ordre enrichissaient la paroisse et souvent les donateurs étaient récompensés de leur générosité par l'excommunication et l'interdit. L'évêque obligeait les frères à venir à son synode, exigeait des ministres et des gardiens un serment de fidélité, quand il ne prétendait pas les nommer lui-même. Ceux qui résistaient étaient chassés, traqués, poursuivis d'asile en asile.

Guillaume d'Auvergne fut un des trois prélats chargés, en 1231, de mettre fin à ces vexations [1] : c'est vers eux que se tournèrent désormais les regards des Franciscains, toutes les fois qu'ils virent poindre quelque nuage à l'horizon d'un diocèse; c'est près d'eux qu'ils trouvèrent appui, secours et consolation. Ils ne firent point mystère de leur reconnaissance, et Grégoire IX s'applaudissant de son choix, écrivait en 1233 à ses délégués : « Votre prudence mérite des éloges. Pleins
« de zèle pour les intérêts de la foi, vous accomplissez,
« selon notre attente, la mission qui vous a été confiée.
« Vous défendez utilement contre l'attaque et l'insulte
« des méchants cet ordre des frères Mineurs, objet de

---

1. Les deux autres prélats furent Juhel, archevêque de Tours, et Maurice, archevêque de Rouen. Grégoire IX leur écrivait, ainsi qu'à Guillaume d'Auvergne, le 23 août : « Quocirca fraternitati vestre per apostolica scripta firmiter precipiendo mandamus, quatenus, si dicti archiepiscopi et alii preceptum nostrum neglexerint adimplere, vos eos ad omnia predicta servanda per censuram ecclessiasticam, sublato cujuslibet contradictionis et appellationis obstaculo, compellatis. » (*Bibl. Nat.*; *collect. Moreau*, ms. n° 1187, f° 98.)

« la tendresse divine, qui porte en tous lieux des fleurs
« et des fruits de solide vertu [1]. »

Vézelay était un des lieux où le zèle des délégués avait fait merveille. La vieille abbaye bénédictine, qui s'était flattée d'écraser sans peine l'humble colonie de frères Mineurs récemment établie sous ses murs, avait vu tout d'un coup les excommunications frapper son abbé et ses moines. Il avait fallu députer vers Rome, puis ratifier l'accord humiliant conclu en présence du pape; les frères Mineurs étaient revenus en triomphe, réclamant leurs biens enlevés, une indemnité pour le tort qu'ils avaient souffert, le droit de dire la messe et d'établir un cimetière. La maison que les moines avaient abattue se relevait aux frais du monastère, sur un terrain choisi par Guillaume, dans le domaine de l'abbaye. L'abbé enfin révoquait les sentences qu'il avait promulguées contre les bienfaiteurs des frères Mineurs, et s'engageait à ne plus retomber dans les mêmes fautes [2].

Cependant les Franciscains n'avaient point fait de

---

1. Bulle du 3 Juin 1233. » Pièce justificative. n° XXXVIII.
2. *Ibid.* et bulle du 8 juin 1233, adressée à l'abbé de Vézelay : « Ex parte tua fuit nobis humiliter supplicatum, ut cum venerabilis frater noster,... Parisiensis episcopus, et college ipsius in personam tuam, propter injurias que a te ac quibusdam monachis tuis fratribus Minoribus dicuntur illate, auctoritate apostolica duxerint excommunicationis sententiam proferendam, et super hiis inter S. et magistrum Thomam, procuratores tuos, ex parte una, et nominatos fratres, ex altera, de mandato nostro amicabilis compositio inita fuerit coram nobis, ne occasione excommunicationis hujusmodi, in te ac tuos monachos promulgate, quam mandavimus relaxari, littere pro monasterio vestro medio tempore a nobis optente reddantur invalide, providere misericorditer dignaremur. Ne igitur delictum persone in dampnum redundet ecclesie, volumus et mandamus, ut, excommunicatione predicta nequaquam obstante, littere ipse in sua remaneant firmitate. » *Bibl. Nat.; collect. Moreau*, ms. n° 1188, f° 87.

grands progrès en 1245 ; Innocent IV reproduisit textuellement les plaintes qu'avait fait entendre Grégoire IX ; mais, voulant cette fois prendre une mesure générale, il écrivit à tous les archevêques, évêques, abbés, prieurs, doyens, archidiacres, archiprêtres et prévôts de tous les pays chrétiens, et partout institua des *conservateurs* du droit des frères Mineurs. De la Russie et de la Suède, jusqu'à la Castille, de l'empire de Constantinople, du royaume de Jérusalem, jusqu'en Écosse et en Irlande, le monde fut, pour ainsi dire, couvert de postes d'observation, d'où des prélats zélés veillaient continuellement sur l'ordre de saint François [1]. Guillaume était désigné par ses services pour remplir une de ces missions : il fut en effet l'un des huit conservateurs de France [2].

Jean de Montmirail, seigneur de Montmirail et d'Oisy, parent des Coucy, était mort en odeur de sainteté, le 29 septembre 1217, dans l'abbaye de Longpont. Le 29 mai 1236, Grégoire IX, qui songeait à canoniser le pieux Cistercien, chargea Guillaume d'Auvergne et l'abbé de Saint-Victor d'ouvrir une enquête sur ses vertus et ses

---

1. Il y en eut trois dans les deux-Siciles, trois en Hongrie, Istrie, Esclavonie, Croatie, Dalmatie, trois dans la terre de Labour et les États de l'Église, trois dans la Toscane, la vallée de Spolète, la marche et la province d'Ancône, le diocèse de Pise, trois en Lombardie, dans la Marche Trévisane et la Romagne, trois en Allemagne, trois en Bohême, Suède, Norwège, Pologne, Livonie, Slavonie, Russie, Prusse, trois en Dacie, Cassovie, Poméranie, trois en Angleterre et en Écosse, trois en Irlande, huit en France, dans les provinces de Lyon et de Besançon et dans les diocèses de Verdun, Liège et Cambrai, deux en Provence, trois en Castille et Léon, six en Aragon et Navarre, trois dans l'empire de Constantinople, trois à Chypre et dans le royaume de Jérusalem, enfin deux en Corse et Sardaigne.
2. Bulle du 18 août 1245. Wadding, (édition du P. Fonseca, Rome, 1732). III, p. 443.

miracles. Ce fait, dont nous pouvons donner une preuve péremptoire [1], est d'autant plus digne de remarque, qu'il a été nié par les Bollandistes de la manière la plus formelle. A les entendre, la bulle ordonnant l'enquête serait fausse, et Jean de Montmirail ne devrait point être compté parmi les bienheureux béatifiés [2]. Cette opinion ne nous paraît plus soutenable. L'enquête fut ordonnée par le Pape, cela ne fait point de doute ; elle semble même avoir eu lieu et avoir abouti à la béatification du religieux. Jean de Montmirail fut l'objet d'un culte pendant toute la durée du moyen âge ; en 1277, un seigneur donne un cierge, « *qui ard nuit et jour devant la sépouture Sainct Jean* [3] ; » son nom figure

---

[1]. La bulle dont il s'agit se trouve dans les registres du Vatican. Nous en avons retrouvé une excellente copie dans le fonds de la Porte du Theil. (*Bibl. Nat. collect. Moreau*, ms. n° 1191, fol. 57.)

[2]. 1° Les Bollandistes (*AA. SS.*, XLVIII, p. 213 de la réimp.) ont soutenu que la bulle adressée à Guillaume d'Auvergne, le 29 mai 1236, était fausse. En effet dans l'édition donnée par Manrique (*Annales Cistercienses*, IV, *ad an.* 1236, *cap.* 2, n° 4.) le dispositif de cette bulle se présentait sous une forme tout à fait inusitée : « *Discretioni vestre per Apostolicam Sedem mandamus.* » Ce n'est qu'une faute de l'éditeur : la formule ordinaire « *per apostolica scripta* » se lit dans la copie de cette bulle que la Porte du Theil a rapportée du Vatican.

2° Les Bollandistes ont remarqué qu'il n'était pas question de l'enquête dans la vie de Jean de Montmirail qu'ils avaient imprimée au tome XLVIII des *AA. SS.* Mais rappelons-nous que Jean était mort en 1217, que l'enquête, si elle eut lieu, fut postérieure à 1236, et que, d'après les Bollandistes eux-mêmes, le biographe anonyme écrivait peu d'années après la mort du saint moine.

3° Il est vrai qu'au dix-septième siècle, les religieux de Longpont avaient perdu le souvenir de l'enquête. (V. un procès-verbal dressé par l'évêque de Soissons en 1639). Mais les dernières traces de cet évènement n'avaient-elles pu disparaître dans l'un des nombreux pillages, auxquels fut soumise l'abbaye de Longpont ? (Boll., t. XLVIII).

[3]. Charte d'Enguerrand de Coucy. (*Histoire du bienheureux Jean, seigneur de Montmirel*, par le P. de Machaut, Paris 1641, in-8°, p. 464.)

parmi les Bienheureux dans un recueil des privilèges de l'ordre de Cîteaux, imprimé à Dijon en 1491, dans plusieurs Missels à l'usage des Cisterciens [1] et dans un calendrier de 1617[2]. Du Chesne lui-même, le savant et scrupuleux historien des Coucy n'a pas hésité à le compter au nombre des saints [3]. Il y a plus : ce culte semble avoir commencé peu de temps après l'enquête que dirigea Guillaume; c'est alors qu'au titre de « serviteur de Dieu [4]» succéda, dans les chroniques ou dans les chartes, celui de « saint [5] » ; le corps, placé auparavant le long d'un des murs du cloître de Longpont, fut ramené dans l'église, et déposé à gauche du chœur, dans un riche tombeau, devant lequel des cierges brûlaient jour et nuit [6]. Il est difficile de ne pas voir en ces changements l'effet du rapport présenté à Grégoire IX par Guillaume et son collègue [7].

Si les soins du gouvernement de l'Église obligeaient souvent les papes et leurs délégués à toucher du doigt, pour ainsi dire, les plaies de la société monastique, il faut donc avouer qu'ils avaient parfois à remplir de moins pénibles devoirs: au delà du seuil des couvents, les envoyés du Saint-Siège ne rencontraient pas toujours la ruine, l'indiscipline, le désordre, ils trouvaient aussi un

1. Paris, 1506 et 1526.
2. Dijon.
3. *Histoire généalogique des familles de Coucy*, etc.
4. C'est le titre que donnait à Jean de Montmirail son biographe anonyme (V. Boll., t. XLVIII.)
5. Chartes de 1271 et 1277. (Machaut, *op. cit.*, p. 464 et 462.)
6. Bollandistes et Machaut, p. 459.
7. Il régnait, au dix-septième siècle, une telle incertitude au sujet de la béatification de Jean de Montmirail, que les moines de Longpont firent d'inutiles démarches pour faire approuver son culte par le Saint-Siège.

zèle et une sublime pratique de la pauvreté, bien faits pour réjouir leur foi; ils pénétraient dans des lieux fermés au bruit du monde, où s'étaient tenues cachées des vertus dignes quelquefois d'être proclamées à la face du monde chrétien.

Le gouvernement de l'Église, nous l'avons déjà laissé entendre, n'absorbait point entièrement l'activité des délégués du Pape. La défense du clergé et des biens ecclésiastiques était aussi confiée à ces agents, plus influents que redoutables, dont toute la force provenait du respect qu'ils inspiraient aux fidèles. Aussitôt que la nouvelle d'un attentat aux droits du clergé était parvenue jusqu'à Rome, les délégués du Saint-Siège étaient avertis; ils apprêtaient leurs armes spirituelles, et, au premier signal, expédiaient aux curés de toutes les paroisses l'ordre de faire observer l'excommunication ; alors, dans chaque église, les cloches se mettaient en branle, les cierges, allumés en grand nombre, s'éteignaient tout d'un coup, et le nom de l'excommunié était tristement répété d'un bout à l'autre du royaume.

Tel fut le châtiment que l'évêque de Paris, l'abbé de Cîteaux et celui de la Ferté durent infliger, en 1229, aux auteurs d'un lâche attentat. L'archevêque de Lyon, Robert d'Auvergne, avait négocié un mariage entre la fille du comte de Dreux et le jeune duc de Bourgogne. Cette démarche déplut au comte de Champagne, Thibaud, qui, profitant du passage de l'archevêque sur ses terres, s'empara traîtreusement de sa personne. Dépouillé, les yeux bandés, le prélat fut traîné nuitamment de château en château, jusqu'à ce qu'un libérateur s'offrît à lui en la personne du comte de Bar [1]. Guillaume fut chargé de frapper tous les coupables, et Grégoire IX promit de ne les absoudre, que quand ils auraient obtenu de l'évêque de Paris des lettres de recommandation [2].

A quelque temps de là, notre évêque eut à infliger de pareilles censures au duc de Bretagne Pierre, trop connu par son surnom de Mauclerc, pour qu'il soit nécessaire de rappeler ses démêlés avec le clergé; il était accusé, cette fois, de ménager, d'encourager peut-être les ennemis de l'évêque de Tréguier. Quelques nobles des diocèses de Tréguier ou de Cornouaille, prenant occasion d'un conflit qui avait éclaté entre ce prélat et le seigneur de la Roche-Derrien, avaient fait irruption dans la ville, massacré quatre serviteurs de l'évêque sur le seuil de sa chapelle, mis sa maison au pillage et tenu les habitants bloqués

1. Albéric, Pertz, XXIII, p. 924.
2. Bulle du 29 novembre 1229 : « Nolentes igitur ut tante presumptionis excessus remaneat impunitus, discretioni vestre per apostolica scripta mandamus, quatenus tam eos qui tanta temeritate ducti archiepiscopum non sunt veriti capere memoratum, quam omnes illos qui eis super hoc consilium vel auxilium prestiterunt, necnon et illos ad quos, tempore patrati sceleris, simpliciter vel cum spoliis ipsius et suorum habuere recursum sacrilegi memorati, tamdiu et vos publice nuntietis et faciatis per regnum Francie, singulis diebus dominicis et festivis, pulsatis companis et accensis candelis, excommunicatos publice nuntiari, et ab omnibus tanquam excommunicatos arctius evitari, donec pro ista injuria satisfecerint competenter, et, ablatis sibi omnibus restitutis, cum vestrarum testimonio litterarum, ad sedem apostolicam venerint absolvendi. Illos vero in quorum districtu fuit hujusmodi facinus perpetratum, vel sacrilegi predicti consistunt, aut bona sepefato archiepiscopo et suis ablata nequiter detinentur, ut sacrilegos ipsos, ad satisfaciendum precripto archiepisco competenter, et tam ipsos, quam omnes alios sub quorum jurisdictione illi qui bona sibi et suis ablata detinent commorantur, quod ipsis restituant universa, tradita sibi potestate compellant, monere diligentius et inducere procuretis, ipsos ad id, si necesse fuerit, per censuram ecclesiasticam, appellatione remota, cogentes... » (*Bibl. Nat.*; *collect. Moreau*, ms. n° 1184, f° 339.)

dans l'intérieur de la cathédrale [1]. Ailleurs, on avait enfoncé la porte et pillé le trésor des églises ; tous les clercs qu'on avait pu saisir s'étaient vu torturer ou rançonner, et, tandis que l'évêque fugitif cherchait un asile en Normandie, un imposteur s'était installé sur son siège. L'intervention de Guillaume eut sans doute pour effet de ramener des jours plus heureux dans ce diocèse [2].

En 1238, notre évêque se retourne contre le clergé. L'évêque de Chartres a levé l'excommunication et l'interdit dont il avait frappé la personne et les terres du comte de Chartres ; mais il réclame une indemnité pour le tort que ces censures ont causé aux églises du diocèse ; le comte proteste, et saint Louis s'écrie avec indignation que jamais pareille chose ne s'est vue en France [3]. Quelle que soit l'éloquence avec laquelle Guillaume s'efforce de faire entendre raison à l'évêque, il ne peut l'empêcher de retomber quelque temps après dans les mêmes erreurs.

L'impartialité dont le Saint-Siège fit preuve, en cette circonstance, devait donner plus d'autorité à sa voix, quand il avait à se plaindre du gouvernement de saint Louis. Sans rappeler ici le conflit dont le diocèse de Paris fut le théâtre et que nous avons exposé en détail, conflit dans lequel Guillaume d'Auvergne se trouvait partie principale, notre évêque fut plusieurs fois l'interprète des

---

1. « Interdicto etiam ad communem usum humane necessitatis egressu. »
2. Bulles du 3 février, du 26 juin et du 24 octobre 1234. (*Bibl. Nat.*; *collect. Moreau*, mss. n° 1188, f° 309, n° 1189, f°° 197 et 200. — *Gallia*, XIV, *instr.* col. 273).
3. Bulle du 31 juillet 1238. Pièce justificative n° LXXIII.
4. En 1249. (*V. Cartulaire de Notre-Dame de Chartres*, publié par MM. de Lépinois et Merlet, II, p. 140.)

remontrances du Pape. Deux fois, il plaida, auprès de saint Louis, la cause des évêques du Languedoc inquiétés par les officiers royaux[1]. Il est permis de croire que la dernière de ces démarches, tout au moins, eut un heureux succès, et que les avis de Guillaume ne furent point étrangers à l'institution des enquêteurs, envoyés, comme l'on sait, dans les provinces, dès 1247, et chargés de réparer les torts commis par les gens du roi.

Guillaume, il est vrai, ne pouvait point toujours compter sur une délicatesse de conscience semblable à celle qu'il rencontrait chez saint Louis. Le jeune comte de Blois, Jean de Châtillon, fidèle aux traditions d'une famille dans laquelle la brutalité était héréditaire, avait brisé, à coups de hache, les portes de l'abbaye de Marmoutier, renversé le crucifix, pillé le couvent et mis garnison dans les prieurés. Quand Guillaume le cita en sa cour, sur l'ordre d'Innocent IV, et lui enjoignit de se pourvoir d'un curateur, il eut besoin de faire retentir à ses oreilles des menaces d'excommunication[2].

---

1. En 1238 et en 1246. (*Bibl. Nat. collect. Moreau*, ms. n° 1191, f° 512. — Le Nain de Tillemont, *Histoire de saint Louis*, III, p. 144. — Cf. Dom Vaissète, III, p. 414 et 459.)

2. On peut lire les détails de cette affaire dans l'*Histoire de l'abbaye de Marmoutier* de Dom Martène (*Mémoires de la Société archéologique de Touraine*, 1875, tome XXV) et dans les *Preuves* de cette histoire. (*Bibl. Nat.*; ms. latin n° 12877, p. 776 et suiv.) Mais le rôle qu'y joua Guillaume d'Auvergne ne nous est révélé que par une bulle inédite du 24 juillet 1246, à lui adressée : «... Ideoque fraternitati tue de fratrum nostrorum consilio per apostolica scipta mandamus, quatenus, injungens memorato comiti, ut, certis loco et termino sibi assignandis a te, personaliter in presentia tua compareat, ei, si comparuerit et curatorem sibi dari petierit, ipsum in eadem causa concedere auctoritate nostra procures, prefigens ipsi terminum peremptorium competentem, quo per curatorem vel procuratorem sufficientem, auctoritate curatoris ipsius legitime constitutum, nostro se conspectui representet, facturus et receptu-

La querelle de l'archevêque de Sens et des habitants de Provins, qui était loin d'avoir la même gravité, procura à Guillaume le singulier honneur de juger son métropolitain. Les bourgeois prétendaient qu'un archevêque du douzième siècle, Hugues de Toucy [1], leur avait accordé le privilège de ne pouvoir être appelés hors de leur ville devant un tribunal ecclésiastique, privilège que l'archevêque actuel, Gilles Cornut, ne se faisait aucun scrupule de violer [2].

Tout en aidant les papes à tenir la balance égale entre les clercs et les laïques, Guillaume s'associait aux entreprises politiques du Saint-Siège. Dès 1230, le comte de Toulouse ayant sollicité un sursis pour le payement des 10 000 marcs qu'il avait promis à l'Église, et pour l'accomplissement de son expédition en Terre-Sainte, Guillaume dut renseigner Grégoire IX, non pas tant sur l'opportunité de ce sursis, que sur les dispositions de la cour et du clergé [3].

---

rus super omnibus premissis quod postulaverit ordo juris. Quod si forte coram te personaliter comparere noluerit, vel etiam comparuerit, nec petierit curatorem, eidem denunties, quod nos contra ipsum, tanquam contra contumacem, vel personam ejus excommunicationis innodando vinculo et terram suam interdicto ecclesiastico supponendo, vel aliter etiam, prout expedire videbimus, nichilominus procedemus. Quicquid autem super hiis duxeris faciendum, nobis tuis litteris, tenorem presentium continentibus, fideliter studeas intimare... » *Bibl. Nat.*; *collect. Moreau*, ms. n° 1196, f° 10.

1. *Gallia*, XII, col. 47.

2. Bulle du 26 juin 1246 (Teulet, p. 623); lettre des juges délégués au doyen de chrétienté de Provins (*Ibid.*, III, p. 572). Le défendeur ne répondit pas aux premières citations (16 avril et 12 juin 1247.) Au mois d'octobre de l'année suivante, il récusa l'un de ses juges, comme étant originaire de Provins. (Bulle du 14 oct. 1248, *Bibl. Nat.*; *collect. Moreau*, ms. n° 1198, f° 36.) On ne sait d'ailleurs, quel fut le résultat du procès.

3. Bulle du 22 sept. *Spicil.* d'Achery, III, p. 603; Labbe, XI, col. 359; cf. Dom Vaissète, III, 388.

Quelques années plus tard, il échangea l'office de conseiller contre celui de diplomate. Une trêve avait été conclue, en 1231, entre la France et l'Angleterre[1], et, avant qu'elle ne fût expirée, le Pape s'efforçait de la convertir en paix définitive[2]. Il confiait à plusieurs prélats des deux royaumes le soin de porter à leurs souverains des paroles de conciliation. Les évêques de Winchester et de Salisbury, Gautier Cornut et Guillaume d'Auvergne devaient demander des saufs-conduits, pour passer facilement d'un royaume dans l'autre et tenir le Pape au courant des progrès de leur négociation[3]. Le succès se fit attendre : en février 1234, le Pape avait renoncé à conclure la paix et se bornait à solliciter la prolongation de la trêve[4]. De nouveaux saufs-conduits ayant été demandés, Henri III expédia, vers le commencement de mai, ceux de Gautier Cornut et de Guillaume[5]; il proposa même de les faire durer jusqu'au 1ᵉʳ août, bien que la trêve expirât le 24 juin, tant il attendait impatiemment la conclusion d'un accord. Cependant les efforts des négociateurs n'aboutirent qu'en 1235 au renouvellement de la trêve[6].

Le Pape, dont l'amitié pour la France n'était pas douteuse, commit, au cours de ces négociations, une impru-

---

1. Le Nain de Tillemont, *Hist. de Saint Louis*, II, p. 101 et 211.
2. C'est ce qui résulte d'une bulle du 14 mai 1233, encore inédite; pièce justificative n° XXXVI.
3. *Ibid.* et pièce justificative n° XXXVII.
4. Lettres closes de Grégoire IX à Saint Louis, 12 février 1234. (Teulet, II, p. 260.) Lettre à Henri III. (Raynaldi, an. 1234, art. 17.) Au même moment l'évêque d'Exeter remplaça celui de Salisbury (Teulet, *loco cit.* et pièce justificative n° XLVII).
5. 8 mai (Rymer, I, 1ʳᵉ part., p. 114).
6. *Ibid.*, p. 114 et 116.

dence, qui eût pu devenir fatale au gouvernement de Blanche de Castille. Sans s'assurer si le comte de Bretagne, Pierre Mauclerc, avait exécuté les conditions du traité, il enjoignit à l'évêque du Mans de lui faire rendre sa fille, gardée comme otage, au nom du Roi, par l'archevêque de Reims, les comtes de Boulogne et de Dreux. La régente se plaignit hautement de cette intervention malencontreuse, et Grégoire IX ne crut pouvoir mieux réparer son erreur, qu'en chargeant Guillaume de donner à l'évêque du Mans les instructions nécessaires[1].

Cependant la France, à peine délivrée de la guerre étrangère, allait donner le spectacle d'une guerre civile. De Saint-Germain, où elle s'était réunie, l'armée royale avait déjà gagné Vincennes; quelques jours encore, et elle en venait aux mains avec les troupes du comte de Champagne révolté. La voix du Souverain-Pontife eut le temps de se faire entendre, et Guillaume fut un des prélats chargés de représenter à saint Louis, combien cette guerre allait être fatale, non seulement au royaume, mais à la Terre-Sainte, que Thibaud, en qualité de croisé, avait promis d'aller défendre. Louis IX prenait trop à cœur les intérêts de la croisade, pour résister à cette remontrance; mais Thibaut dut lui livrer les deux châteaux de Bray-sur-Seine et de Montereau, en même temps que l'indemniser de ses préparatifs de guerre[2].

Ce n'était plus pour un seigneur français, mais pour lui-même, que Grégoire IX réclamait l'intervention de

---

1. Bulle du 18 janv. 1234. Pièce justificative n° XLVI.
2. Bulle du 18 juin 1236 (Manrique, *Ann. Cisterc.*, p. 520, col. 2); cf. M. d'Arbois de Jubainville, *Histoire des Comtes de Champagne*, IV, p. 278 et V, p. 355.

Guillaume, en 1229, au plus fort de sa querelle avec Frédéric II. Trop rassuré par l'éloignement de l'empereur, qui feignait de guerroyer en Orient, il l'avait excommunié, avait défendu aux chrétiens du Levant de lui obéir, tenté même de lui enlever la Pouille : soudain le retour de Frédéric en Occident lui fit craindre des représailles. Après avoir deux fois sollicité le secours de l'archevêque de Lyon [1], il écrivit à Guillaume : « L'église de Rome a
« maintenant à choisir entre ces deux partis, ou bien de
« se défendre elle et l'Église universelle, avec l'aide du Sei-
« gneur et le secours des fidèles, ou bien, ce qu'à Dieu ne
« plaise, de se laisser fouler aux pieds et réduire en escla-
« vage par ce Frédéric, que l'on appelle empereur, et qui
« ourdit des complots impies contre Dieu et l'Église, en
« joignant ses forces aux Sarrazins... Ayant donc une
« pleine confiance dans votre sincérité, nous vous prions
« et vous ordonnons au besoin, par ces lettres aposto-
« liques, en vertu de l'obéissance que vous avez jurée, de
« venir nous trouver en propre personne, avec un secours
« suffisant d'hommes d'armes, ou bien de nous le faire
« expédier sans retard, de telle sorte que votre dévoue-
« ment pour l'Église romaine vous donne des droits à
« notre reconnaissance[2]. »

Le dévouement de Guillaume pour le Saint-Siège n'allait pas jusqu'à combattre Frédéric II [3]. Un second appel, que Grégoire IX, effrayé par une insurrection du

---

1. Raynaldi, *an.* 1229, § 35.
2. 30 sept. Huillard-Bréholles, *Historia diplomatica*, IV, p. 164.
3. Guillaume ne quitta pas son diocèse; pendant les sept ou huit mois qui suivirent cet appel, il ne cessa de dresser des actes dans sa cour de Paris, et Grégoire IX ne cessa de lui écrire.

peuple de Rome, adressa, en 1234, à tous les évêques de France, resta également sans réponse¹. Cependant Guillaume ne demeura pas inactif : sans sortir de son diocèse, il obligea les prélats du royaume à délivrer entre les mains d'un secrétaire du Pape les revenus que des clercs romains non résidant possédaient en France, et contribua de la sorte à remplir les caisses du Souverain-Pontife².

On le voit, en 1240, agir avec la même circonspection : il refuse de se rendre, malgré la défense de l'empereur, au concile général de Rome, où il est convié par deux fois³. Mais il fait recueillir par ses clercs l'argent des subsides destinés au Pape⁴.

A une autre extrémité de l'Europe, l'empire latin de Constantinople attire souvent son attention. Lorsque le Pape engage Blanche de Castille à secourir Baudoin, il lui recommande de consulter Guillaume⁵, et, en mars 1238, il charge l'évêque de Paris lui-même de récolter l'argent des subsides et de le faire dépenser au profit de l'Empire d'Orient⁶. Guillaume ne fut donc pas

1. Raynaldi.
2. Bulle du 9 décembre 1234. Pièce justificative n° LIII.
3. 9 août et 15 octobre. (*Bibl. nat.; collect. Moreau*, ms. n° 1193, f° 94).
4. 4 sept. 1240. « Officialis curie parisiensis... notum facimus quod, in nostra presentia constitutus, Petrus, clericus domini Parisiensis episcopi, recognovit se recepisse in pecunia numerata XI libras Parisiensium, per manum Petri, clerici de Marisiaco, ab ecclesia S. Genovefe Parisiensis, pro subsidio Romane ecclesie. » (*Biblioth. de Ste-Geneviève, Cartul. ms. de Ste-Geneviève*, p. 356).
5. Bulle du 30 oct. 1237, Teulet, II, p. 353.
6. Guillaume d'Auvergne devait consulter, pour l'emploi de ces deniers, le pénitencier du Pape Guillaume. (Bulle du 31 oct. 1237, Pièce justificative n° LXVII; cf. bulle du 6 oct 1237, *Bibl. Nat., collect. Moreau*, ms. n° 1191, f° 397 r°.)

étranger aux avantages considérables que remporta l'empereur Baudoin dans les premières années de son règne.

Ainsi, maintenir ou rétablir la paix entre les princes chrétiens, défendre Rome contre les invasions de l'empereur d'Allemagne, diriger vers Constantinople ou la Terre-Sainte les forces de l'Occident pacifié, tel était le but poursuivi par Grégoire IX ou Innocent IV, telle était l'œuvre, éminemment politique, pour laquelle les Souverains-Pontifes réclamaient le concours de Guillaume.

CHAPITRE VIII

MISSIONS (*Suite*).

CONDAMNATION DU TALMUD.

« Il faut savoir tout d'abord, que, par un secret des-
« sein de la Providence, les erreurs, les blasphèmes et
« les outrages contenus dans le Talmud avaient échappé
« jusqu'à ce jour aux yeux des docteurs de l'Église. Le
« mur est enfin percé, le jour s'est fait, et l'on a vu ces
« reptiles, ces idoles abominables qu'adore la maison
« d'Israël [1] ».

A cet accent de triomphe, on reconnaît un chrétien.
Le Juif est démasqué, il se montre à nu, dépouillé de ce
manteau d'hypocrisie que lui avaient légué ses ancêtres,
et grâce auquel il se défendait encore, non contre le
mépris qu'il ne pouvait éviter, mais contre la haine et
la violence des hommes : soucieux des seuls intérêts de

---

1. *Bibl. Nat.* ; *ms. latin* n° 16558. *Excerpta Talmudica*. Le P. Jacques Échard a publié quelques fragments de cet ouvrage, (*Summa Sancti Thomæ suo auctori vindicata*, Paris, 1708, in 8°, p. 583) reproduits ensuite par d'Argentré (*Coll. judicior, de novis erroribus*, I, p. 146.)

la foi, redoutant la ruse d'un peuple malveillant, le chrétien ne cherche pas à dissimuler la joie que lui inspire cette nouvelle victoire de l'Église.

En même temps, dans une autre langue, et sur ce ton de poétique emphase que les Juifs ont rapporté de l'Orient, un israélite s'écrie : « Jour funeste, terrible, plein de « calamité et d'opprobre! La colère, la cruauté se sont « répandues sur la terre, on entend s'élever une cla- « meur immense, et des ténèbres, portant en elles l'hor- « reur et l'épouvante, ont envahi les armées célestes. Le « soleil et la lune s'obscurcissent, les cieux sont ébran- « lés, les étoiles se dissimulent; les lions énormes « rugissent, tous les visages pâlissent d'émotion et de « colère, et les géants d'autrefois sont rappelés à la vie; « tout l'univers est en deuil [1]. »

Guillaume n'est point étranger à cet événement, si diversement apprécié par les contemporains; le jugement et la condamnation du Talmud sont en partie son ouvrage.

Il y a là pourtant quelque chose de plus remarquable que les métaphores contradictoires dont se servent chrétiens et juifs pour caractériser un fait important : c'est leur commun étonnement. Ils sont également surpris des poursuites dont le Talmud est l'objet et des découvertes qu'amènent ces poursuites. Jusque-là quelque aversion

---

1. Tel est le début d'un opuscule contemporain de ces événements et écrit en hébreu, la *Disputatio de religione*. Wagenseil l'a publié en 1681 dans ses *Tela ignea Satanæ*, (Altorf, 2 in 4°) d'après une copie incomplète, tirée de la Bibl. de Strasbourg, et l'a accompagné d'une traduction latine. Il en existe un ms. beaucoup plus complet à la Bibl. Nat. Cf. M. Lajard. (*Hist., litt.* XXI, p. 507, 508.)

qu'ils eussent les uns pour les autres, il semblait y avoir entre eux une communauté de croyance, un accord tacite sur les matières de l'Ancienne Loi [1]. Dans les controverses, qui avaient lieu à d'assez courts intervalles, les Juifs n'apparaissaient que comme les défenseurs de l'Ancien Testament. Cependant leur doctrine avait cheminé dans l'ombre. Ils avaient pu accomplir, sans éveiller l'attention, un travail considérable d'interprétation.

C'étaient d'abord ces deux vastes recueils, qui, sous le nom de Talmud, s'imposaient à leur foi, et qui n'avaient pas tardé à devenir eux-mêmes le sujet d'interminables commentaires; Raschi, le célèbre rabbin du onzième siècle, avait, au retour de ses voyages en Égypte, en Perse, en Espagne, en Italie, en Grèce et en Allemagne, composé une glose volumineuse, qui passe encore aujourd'hui pour une œuvre d'inspiration divine [3]; Maïmonide avait écrit, au siècle suivant, son commentaire de la Mischna; mais tout ce bruit ne traversait pas les murs de la synagogue : l'hébreu gardait fidèlement les secrets dont on l'avait fait dépositaire.

Le mystère ne pouvait cependant pas durer indéfiniment. En 1238, Donin, Juif de la Rochelle, converti depuis deux ans environ, baptisé sous le nom de Nico-

---

1. V. les Conciles, et le *Bellum adversum Judæos*, écrit vers 1210 par un juif converti (*Bibl. nat. ms. latin* n° 18211). La préface est imprimée dans le *Supplementum Patrum* de Hommey, Paris, 1684, in-8°, p. 414.

2. Un auteur du douzième siècle, Hugues Métel, s'exprimait ainsi au sujet des Juifs : « Ce sont nos archivistes et nos libraires. Ils portent nos titres avec eux et rendent témoignage à la foi chrétienne, en montrant les preuves de leur religion. » (Car. Lud. Hugo, abbatis Stivagii, *Sacræ antiquitatis monumenta*, in-fol. 1725, II, p. 399.)

3. *Hist. Litt.* XVI, 337, et XXVII, 434.

las, vint surprendre Grégoire IX par l'exposé des hérésies du Talmud [1]. La rage de ses anciens coreligionnaires fit aussitôt explosion : dans la *Disputatio de religione*, les plus doux titres qu'on lui donne sont ceux d'âne, d'escarbot et de nouvel Aman.

« Un ver, dit l'auteur de ce récit, s'est élevé contre
« nous, et nous a broyés, comme une herse hérissée de
« pointes. Il grinçait des dents, clignait de l'œil; sa voix
« imitait le sifflement du serpent et sa langue transper-
« çait, comme un glaive [2].

Nous avons été assez heureux pour retrouver les trente-cinq articles que Nicolas apporta au Pape, en lui déclarant qu'ils reproduisaient fidèlement toute la doctrine du Talmud [3].

Art. 1er. — La loi du Talmud a été donnée par Dieu.

Art. 2. — Elle est fondée sur la parole du Seigneur.

Art. 3. — Elle a été gravée dans l'esprit des Juifs.

Art. 4. — Elle a été conservée par la tradition. Quand vinrent les Sages et les Scribes, ils craignirent qu'elle ne tombât en oubli et en rédigèrent un texte qui dépasse en étendue celui de la Bible.

Art. 5. — Les Sages et les Scribes valent mieux que les Prophètes.

Art. 6. — Ils peuvent détruire le texte de la loi écrite.

Art. 7. — Il faudrait les croire, s'ils disaient que la gauche est la droite ou que la droite est la gauche.

Art. 8. — Celui qui n'observe pas leurs préceptes doit mourir.

1. Échard, *op. cit.*, p. 583.
2. Wagenseil, *Tela ignea Satanœ*, Altorf, 1681, in-4°; t. II.
3. *Excerpta Talmudica*. (Bibl. Nat.; ms. latin, n° 16 558, f° 227 r° et 29.)

Art. 9. — Ils défendent aux enfants de lire la Bible ; ils lui préfèrent le Talmud et font des commandements au gré de leur caprice.

Art. 10. — Ils ordonnent par exemple de tuer le meilleur des chrétiens.

Art. 11. — Un chrétien qui étudie la Loi leur paraît digne de mort.

Art. 12. — On peut sans péché tromper un chrétien par tous les moyens.

Art. 13. — Celui qui a déclaré, au commencement de l'année, que tous ses vœux et tous ses serments seraient nuls, peut se parjurer impunément.

Art. 14. — Trois Juifs, quels qu'ils soient, peuvent relever un homme de ses vœux.

Art. 15. — Le seigneur a péché.

Art. 16. — Il s'est repenti du serment qu'il avait fait dans sa colère.

Art. 17. — Il s'est maudit, parce qu'il avait juré, et il a imploré son pardon.

Art. 18. — Il se maudit toutes les nuits, parce qu'il a détruit le temple et soumis Jérusalem à l'esclavage.

Art. 19. — Il a menti à Abraham.

Art. 20. — Il a ordonné au prophète Samuel de mentir.

Art. 21. — Après avoir quitté le temple, il s'est réfugié dans un lieu large de quatre brasses, où il étudie le Talmud.

Art. 22. — Chaque jour, il se livre à cette étude et instruit les enfants qui, avant de mourir, n'ont pas connu cette doctrine.

Art. 23. — Il se conjure lui-même d'avoir pitié des Juifs.

Art. 24. — Il se répond à lui-même qu'il est vaincu par les Juifs dans le Talmud.

Art. 25. — Il pleure trois fois chaque jour.

Les articles 26 et 27 nient la divinité de Jésus-Christ, et soutiennent qu'il subit en enfer les peines les plus infamantes.

Art. 28. — C'est un péché de proférer des paroles impures, à moins qu'elles ne tournent au mépris de l'Église.

Art. 29. — Les termes les plus injurieux désignent le Souverain-Pontife et l'Église.

Art. 30. — Chaque jour, dans leur prière, les Juifs lancent trois fois des malédictions contre les ministres de l'Église, les Rois et les ennemis d'Israël [1].

Art. 31. — Les Juifs ne souffriront pas pendant plus de douze mois les peines de l'enfer.

Art. 32. — Celui qui a étudié le Talmud est sûr de faire son salut.

Art. 33. — Quiconque jeûne commet un péché.

Les articles 34 et 35 se rapportent aux crimes d'Adam, d'Eve ou de Cham.

Les yeux de Grégoire IX s'ouvrirent, quand il eut pris connaissance de ces articles, et cherchant aussitôt dans la chrétienté un prélat capable d'éclaircir ses der-

---

[1]. A ce propos, l'auteur des *Excerpta Talmudica* donne les renseignements suivants : « Cette prière se trouve dans le Talmud, et l'on doit la réciter debout, les pieds joints. Celui qui la dit ne doit point s'interrompre, quand bien même un serpent viendrait à s'enrouler autour de son pied. Hommes et femmes la récitent au moins trois fois par jour à voix basse, les hommes en hébreu, les femmes en langue vulgaire. En outre, un prêtre la récite deux fois à haute voix et les assistants répondent *Amen* à chaque imprécation. » (*Bibl. Nat.*, *ms. latin*, n° 16 558, f° 216 v°).

niers doutes, son choix tomba sur Guillaume[1]. La réponse de l'évêque de Paris ne fit en effet que lui mieux démontrer la nécessité de frapper un grand coup. Mais, avec une louable prudence, Grégoire attendit au 9 juin 1239. Il fit alors rédiger des lettres, adressées à tous les archevêques et aux souverains des royaumes occidentaux, France, Angleterre, Aragon, Navarre, Castille, Léon et Portugal. Le pape amoncelait sur toute l'Europe des nuages, qui devaient éclater à jour fixe, le premier samedi du Carême de 1240. A l'heure où l'on était réuni dans les synagogues, les autorités ecclésiastiques, aidées au besoin du pouvoir séculier, devaient mettre la main sur tous les livres juifs de leur circonscription, et les porter au plus proche couvent de Franciscains ou de frères Prêcheurs[2].

L'ordre était formel et ne souffrait aucune exception; mais, comme s'il restait quelque scrupule dans l'esprit du Souverain-Pontife, il enjoignit au converti Nicolas de prendre le chemin de Paris, et de remettre toutes ces lettres aux mains de Guillaume d'Auvergne. Grégoire préférait que l'évêque de Paris choisît lui-même le moment le plus opportun pour l'envoi de ces bulles, et c'est ainsi que l'humble maison épiscopale de la Cité, substituée au palais de Latran, fut le point de départ des ordres destinés à jeter la consternation dans Israël, du bout de la Grande-Bretagne au fond de la Castille.

Les lettres furent expédiées peu de temps après et Guillaume resta chargé d'assurer, au moyen des cen-

---

1. C'est ce qui résulte d'une bulle du 9 juin 1239 (Échard, *op. cit.*)
2. Une lettre d'Eudes de Châteauroux à Innocent IV contient copie de toutes ces bulles. (*Ibid.*)

sures canoniques, l'exécution des ordres du Pape [1]. Cependant l'appel du Saint-Siège ne paraît avoir été écouté ni en Angleterre, ni en Espagne [2]; seul, le roi de France fit saisir les livres juifs dans toute l'étendue de son royaume [3].

On se rappelle ce mot que Joinville prête à saint Louis : « Nul, s'il n'est très bon clerc, ne doit disputer avec les « Juifs; mais un laïque, quand il entend médire de la « loi chrétienne, ne la doit défendre qu'avec son épée, « dont il doit donner dans le ventre, autant qu'elle « y peut entrer ». Ce ne sont pas là les procédés de persuasion auxquels le Roi eut recours en 1240, quand, après avoir mis les livres juifs en lieu sûr, il voulut entendre les rabbins.

C'était à Paris, au commencement de l'été (24 juin) [4]. La cour de saint Louis, présidée ce jour-là par la reine Blanche, s'était grossie d'un nombre considérable de clercs ou de prélats appartenant aux diocèses voisins. Guillaume n'avait eu garde de manquer au rendez-vous. Quelques volumes, couverts de caractères étranges, attirèrent d'abord l'attention des curieux, et l'on sut du converti Nicolas que ces signes étaient de l'hébreu et ces livres, le Talmud. Mais bientôt un spectacle plus intéressant captiva l'assistance. La porte de la salle venait de livrer passage à quatre rabbins, qu'un auteur juif, dans son enthousiasme, décore du titre d' « héritage saint »,

---

1. Bulle du 16 juin. (*Ibid.*)
2. Graetz, *Geschichte der Juden*, Leipsig; 1873, t. VII, p. 104.
3. *Excerpta Talmudica; prologus in secundam partem.* (Échard, *loco cit.*)
4. C'est la date fournie par M. Graetz, d'après un ms. de Hambourg. M. Fél. Lajard place cette discussion au 25. (*Hist. littér.* XXI, p. 507.)

de « sacerdoce royal [1] » : c'étaient Jéhiel de Paris, Juda, fils de David [2], Samuel, fils de Salomon [3], et Moïse de Coucy, fils de Jacob, ce dernier célèbre par ses prédications tant en France qu'en Espagne [4]. Suivant le récit hébreu, ils entraient « tristes et inquiets dans le palais du roi infidèle, tandis que le peuple juif se dispersait de tous côtés, comme un troupeau sans pasteur ».

Nicolas de la Rochelle, à qui appartenait le soin de diriger la discussion, tira bientôt de ce sombre groupe R. Jéhiel de Paris, l'auteur de célèbres Tosaphôt, le grand-rabbin de Paris, dont la réputation européenne attirait chaque année dans cette ville des disciples originaires de toutes les parties de l'Occident [5]. Cet important personnage ne se vit pas plus tôt face à face avec le renégat Donin, que s'adressant brusquement à lui, il lui demanda avec hauteur sur quel point de sa doctrine il prétendait l'interroger. Nicolas indiqua Jésus-Christ comme devant être le sujet de la conférence, et se fit fort de prouver sa divinité en dépit des hérésies du Talmud, de ce livre dont la composition remontait à 400 ans environ. — « Dis à 1500, interrompit Jéhiel »; puis, se tournant vers la Reine : « Madame, dit-il, je vous en
« conjure, ne m'obligez pas à répondre. Le Talmud est
« un livre sacré, d'une antiquité vénérable, où personne,
« jusqu'à ce jour, n'a pu découvrir un défaut. Jérôme,

---

1. Wagenseil, *op. cit.*
2. M. Graetz le nomme R. Juda b. David de Melun (*Gesch. der Juden*, p. 104). Cf. *Hist. littér.*, XXI, p. 507.
3. Cf. M. de Pastoret. (*Hist. Littér.* XVI, p. 387.)
4. *Hist. littér.* XXI, p. 511-513.
5. Son école comptait environ 300 disciples. M. Munk en a trouvé la preuve dans un ms. hébreu de la Bibl. nat. (Saint-Germain, n° 222).

« l'un de vos saints, connaissait toute notre loi ; s'il y eût
« trouvé la moindre tache, il ne l'eût point laissée par-
« venir jusqu'à nous. Aucun prélat, aucun apostat même
« ne nous a reproché cette croyance. Vos docteurs, et
« vous en avez eu, depuis 1500 ans, de plus savants que
« Nicolas, n'ont jamais attaqué le Talmud. Ils ont reconnu
« que nous devions avoir un commentaire des Livres
« Saints, et quiconque en nie la nécessité, quiconque
« rejette, comme cet homme, toute loi autre que celle
« de Moïse, nous le frappons, pour cette seule raison,
« d'excommunication et d'anathème. Sachez d'ailleurs
« que nous sommes prêts à subir la mort pour le Tal-
« mud ; car celui qui l'attaque nous blesse à la pupille de
« l'œil. Nos corps sont en votre puissance, mais non
« nos âmes. Notre loi règne en Babylonie, en Médie, en
« Grèce, et jusqu'au delà des fleuves de l'Éthiopie : tout au
« plus pouvez-vous l'extirper du sol de votre royaume ! »

Quand Jéhiel eut fini cette profession de foi, qui ne
manquait pas assurément d'éloquence, un des officiers
du Roi lui dit simplement : « Jéhiel, qui songe à faire du
« mal aux Juifs ? » et comme il reprenait assez maladroi-
tement : « Ce n'est pas vous qui pourrez nous défendre
« contre le peuple en fureur », Blanche de Castille ajouta
que son intention était de protéger les Juifs et leurs biens
et de punir, comme un crime capital, toute attaque dont
ils seraient l'objet.

Voyant qu'on lui refusait le titre et les privilèges d'un
martyr, Jéhiel tenta, sans plus de succès, d'en appeler au
Saint-Siège : les clercs lui crièrent tous à la fois de répondre à Nicolas, s'il le pouvait. L'assemblée n'entendait pas se séparer avant d'avoir pris part à une discus-

sion, et Jéhiel, bon gré mal gré, dut se soumettre a son bon plaisir. Il s'exécuta de mauvaise grâce, non sans protester qu'il n'avait reçu à cet effet aucun mandat du peuple saint. Ce fut bien autre chose, quand on le pria de jurer qu'il répondrait la vérité et renoncerait à tout subterfuge. « Malheur à moi! » s'écriait-il comme si on l'eût soumis à la torture; « je suis venu devant des juges « iniques; » et il avait la bouche pleine de citations bibliques, d'où il résultait qu'il ne pouvait prêter serment. « De ma vie, je n'ai juré, disait-il à Blanche de Castille ; « je ne commencerai pas aujourd'hui. Si, après avoir « prêté serment, je disais seulement un mot qui déplût « à cet homme, il me citerait devant les tribunaux, « comme parjure. » Cette fois, ce fut aux clercs de céder : la Reine leur en donna l'ordre, pour couper court à ces contestations stériles, qui menaçaient de prendre tout le temps réservé aux discussions théologiques.

On vit alors les deux champions en venir aux mains. Au grand étonnement de la Reine et à la joie trop peu déguisée de quelques-uns des clercs, Nicolas montra, textes en main, que le Talmud condamnait à mort quiconque sacrifiait à Moloch une partie de sa progéniture, mais ne punissait pas celui qui l'immolait tout entière. Les rires qui accueillirent cette démonstration sur les bancs du clergé indignèrent le rabbin. « Un jour vien- « dra, s'écria-t-il, où vous ne rirez plus de cette parole. « Vous voulez m'intimider. Mais ne deviez-vous point « m'entendre, avant de vilipender notre loi? » Puis, se tournant vers la Reine, il sut fort bien lui expliquer que le sacrifice complet était un péché si grand, qu'il dépassait tout châtiment humain : le coupable était alors abandonné à la vengeance du Seigneur.

La discussion, en se concentrant sur les chapitres du Sanhédrin relatifs à Jésus-Christ, ne perdit rien de son âpreté. Chaque fois que Nicolas relevait un blasphème, il ne manquait pas de se tourner vers les clercs : « Voyez, « leur disait-il, comme ce peuple insulte votre Dieu. Com- « ment le laissez-vous vivre au milieu de vous ? » Jéhiel à son tour soutenait que Nicolas se servait de la langue vulgaire dans le seul dessein de rendre ses calomnies plus odieuses à Blanche de Castille. Il défendait le terrain pied à pied, ne reculait qu'à son corps défendant, et, s'il avouait que Jésus-Christ avait ébranlé le fondement de la loi juive, il prétendait que les textes du Talmud s'appliquaient à d'autres personnages, tels que Jésus Géréda.

De guerre lasse, Blanche de Castille s'adressa aux champions du christianisme : « Pourquoi vous efforcez- « vous, leur dit-elle, de rendre fétide votre bonne odeur ? « Ce Juif, par égard pour vous, en arrive à soutenir que « ses ancêtres n'ont pas insulté votre Dieu, et vous tâchez « de lui faire proférer des blasphèmes. N'avez-vous point « honte de telles manœuvres ? » Ces mots mirent fin à la discussion, qui n'en recommença pas moins le lendemain avec R. Juda, fils de R. David [1].

---

1. *Disputatio de religione.* On ne doit pas oublier que ce récit provient d'une source juive.

L'auteur des *Excerpta Talmudica* fait évidemment allusion à ces discussions, quand il dit : « *Cum coram Christianissimo rege nostro Ludovico causa fuisset aliquamdiu ventilata....* ». La phrase suivante se rapporte au contraire à l'interrogatoire du rabbin Vivo de Meaux. C'est ce que n'a pas compris M. Graetz (*Gesch. der Juden*, VII, p. 444).

L'évêque de Paris Eudes de Sully avait défendu aux laïques, sous peine

Quelque grave que fût la cour de Saint-Louis, quelque haute et éclairée que fût l'impartialité de la reine Blanche, le palais n'était pas un lieu convenable pour vider une querelle théologique. Saint Louis désigna lui-même l'archevêque de Sens, l'évêque de Senlis, le chancelier de Paris, le frère Prêcheur Geoffroy de Blèves et Guillaume d'Auvergne pour examiner et juger le Talmud [1]. Les maîtres en théologie et en décret prirent part à l'enquête, et un grand nombre de prud'hommes furent consultés.

Les résultats du premier interrogatoire montrèrent l'habileté des juges. *Vivo* de Meaux, appelé à comparaître, en compagnie des plus fameux rabbins, déclina, comme Jéhiel, l'obligation de prêter serment. Mais il ne put cacher la préférence que, parmi les livres sacrés, le Talmud inspirait aux rabbins; il laissa voir qu'il le croyait dicté par Dieu lui-même, au temps de Moïse, et admit, avec quelques restrictions, il est vrai, les articles 13, 14, 17, 18, 22, 23 et 34. Interrogé sur le Christ, il prétendit qu'on avait crucifié sous Titus un juif nommé Jésus, qui méritait toutes les injures du Talmud, mais qu'il ne fallait point le confondre avec le Jésus des chrétiens [2].

---

d'excommunication, de discuter avec les Juifs sur les articles de la foi chrétienne (D. Martène, *Ampl. coll.*, VII, col. 1420). Mais les débats entre clercs et rabbins furent assez fréquents au treizième siècle (V. Joinville et *Hist. litt.*, XXI, p. 509). Ces tournois théologiques inspirèrent même les poètes (V. *Hist. litt.*, XXIII, p. 217).

1. *Excerpta Talmudica* (*Epilogus*). Bulle du 8 mai 1244 (Raynaldi, art. 40-42), et lettre d'Eudes de Châteauroux (Échard, *op. cit.*).

2. Lettre d'Eudes de Châteauroux, *loco cit.*, et *epilogus* des *Excerpta Talmudica*; *confessio facta in judicio* (Échard, *op. cit.*, p. 587). Sur tou ces faits M. Graetz ui-même n'a donné aucun détail (*Gesch. der Juden*, VII, p. 105).

Cette défense cauteleuse n'en imposa à personne, et les réticences du rabbin Juda [1], qui fut interrogé après *Vivo*, ne firent que confirmer le tribunal dans ses premiers soupçons. Toutefois les livres du Talmud et les gloses des rabbins furent lus, au moins en partie [2]. On se servit sans doute de ces deux savants interprètes dont l'auteur des *Excerpta Talmudica* fait l'éloge au commencement de son ouvrage. Grâce à eux, l'on acquit promptement la certitude que les livres des Juifs étaient des tissus d'erreurs [3]. On les comparait à un voile épais posé sur le cœur de ces malheureux, qui leur cachait le sens spirituel et jusqu'au sens littéral de la Sainte-Écriture.

L'exécution eut lieu à Paris [4], en présence du prévôt, des écoliers de l'Université, du clergé et du peuple attiré par la nouveauté de ce spectacle. Des couvents des frères Prêcheurs et Mineurs, où l'on avait déposé les livres juifs, jusqu'au lieu de l'exécution, ce fut pendant deux jours un va-et-vient continuel : les tombereaux s'emplissaient de manuscrits, auxquels nos bibliothèques seraient trop heureuses aujourd'hui d'accorder un asile ; ils traversaient les rues encombrées par la foule et se déchargeaient sur la Grève ou dans le Champeau ; la flamme faisait son office, et, le soir, il ne restait plus que quelques cendres des vélins que les synagogues avaient

---

1. Sans doute R. Juda, fils de R. David, qui avait été interrogé devant la Cour.

2. Bulle du 8 mai 1244, Raynaldi, an. 1244, art. 40. M. Graetz donne à entendre que l'on condamnait le Talmud sans l'avoir lu. (*Geschichte der Juden* VII, p. 117.)

3. Lettre d'Eudes de Châteauroux à Innocent IV ; *loco cit.*

4. La date la plus probable est celle de juin 1242, comme l'a démontré M. Graetz (*Geschichte der Juden*, VII, p. 445).

longtemps conservés, comme leurs plus précieux trésors [1]. Les rabbins de France instituèrent un jour de jeûne, en souvenir de cet irréparable désastre [2]; R. Meïr ben Baruch en fit le sujet d'une élégie [3].

Les années suivantes virent s'effectuer de nouvelles perquisitions. Innocent IV insistait pour que la mesure fût générale [4], et saint Louis ordonnait de « bouter hors du royaume » les Israélites qui s'obstinaient à garder les méchants livres [5]. La même politique fut maintenue jusqu'en 1246, époque vers laquelle un événement assez mal connu compromit l'œuvre de plusieurs années.

Les rabbins s'étaient adressés, en désespoir de cause, aux cardinaux et au Pape, s'efforçant de leur faire accroire que le Talmud leur était nécessaire pour interpréter les Livres Saints [6]. Ils avaient en même temps proposé un marché honteux à l'un des prélats dont le crédit était le plus puissant à la cour de France. Ce n'est point, comme l'ont soutenu Du Boulay et M. Graetz, Gautier Cornut, archevêque de Sens, c'est, croyons-nous, l'archevêque de Rouen Eudes Clément, qui se laissa séduire

---

1. *Excerpta Talmud.*, *prologus in* 2^{am} *partem*, lettre d'Eudes de Châteauroux et bulle du 8 mai 1244. Suivant les *Excerpta*, 14 charretées de livres furent amenées au bûcher, la première fois, et 6, la seconde. Les Annales d'Erfürt parlent de 24 charretées (Pertz. XVI, 34).

2. Le vendredi de la semaine de Péricope. (V. Graetz, *Gesch. der Juden*, VII, p. 441.)

3. *Ibid.*, p. 183, et *Hist. Litt.*, XXVII, p. 453. Cette élégie ne paraît pas avoir été conservée.

4. Bulle du 9 mai 1244 (Raynaldi, art. 40-42).

5. C'est sans doute à cette époque que saint Louis rendit une ordonnance sur les Juifs, dont le texte ne nous est pas parvenu, mais dont fait mention l'ordonnance de 1254 pour la réformation des mœurs. (Laurière, I, p. 75).

6. Lettre d'Eudes de Châteauroux (Échard, *loco cit.*).

par l'or des rabbins et consentit à plaider auprès de saint Louis la cause des manuscrits du Talmud [1]. On raconte qu'un an après, jour pour jour, dans le lieu même où les livres avaient été rendus aux Juifs, l'archevêque fut saisi de cruelles douleurs d'entrailles, auxquelles il succomba presque aussitôt. Le Roi épouvanté s'enfuit avec toute sa famille, et ce châtiment jugé miraculeux devint le signal de nouvelles poursuites. Au même moment, Eudes de Châteauroux était chargé par le Pape d'examiner une seconde fois le Talmud.

Tel était le soin scrupuleux avec lequel Innocent IV traitait les affaires de l'Église. Vainement Eudes envoyat-il à Rome le récit détaillé de la première condamna-

---

1. Du Boulay et M. Graetz ont soutenu que cet archevêque était Gautier Cornut, qui notifia, en juillet 1240, un accord intervenu entre quelques Juifs et le seigneur de Saint-Vérain. Mais le Nain de Tillemont a justement fait remarquer la faiblesse de cet argument. On s'est trompé, croyons-nous, en rapportant aux années voisines de 1239 l'accident tragique raconté par Th. de Cantimpré. Il faut plutôt le rapprocher de l'année 1248, date de la seconde condamnation du Talmud : c'est ce qui semble résulter de la phrase placée par Cantimpré aussitôt après la relation de cet accident : « *Nec multo post, ut prius, instigante dicto fratre Henrico, Judeorum libri congregati sunt sub mortis pena et in maxima multitudine sunt combusti.* » Or, l'année 1247 vit précisément mourir un archevêque de Rouen (5 mai), qui jouissait d'un haut crédit à la cour (*Gallia*, XI, col. 66). Chargé par le Roi, en 1236, de pacifier la ville de Reims (*Ibid*. VII, col. 388), il avait été, en 1244, parrain du fils aîné de saint Louis (*Rec. des Hist. des G.*, XX, p. 342). Ce « grand conseiller du Roi » mourut subitement, frappé, suivant Mathieu Paris (*ad an.* 1247), par un jugement de Dieu; « *divino, ut creditur, percussus judicio subito obiit... quem ambitio et superbia adeo ad archiepiscopatus dignitatem infeliciter attraxerant, ut domum suam irremediabiliter ære alieno obligatam dereliquit* ». La haute position d'Eudes Clément, la date et les circonstances de sa mort s'accordent donc pour prouver qu'il est l'indigne avocat des livres juifs. Il est même surprenant qu'on n'ait jamais rapproché les récits de Cantimpré et de Mathieu Paris, et que la solution de ce petit problème historique soit restée si longtemps douteuse.

tion; vainement fit-il observer que, si Innocent IV tolérait des doctrines solennellement réprouvées par Grégoire IX, le Saint-Siège pourrait être taxé de versatilité : il fallut de nouveau faire comparaître les rabbins, et ouvrir une enquête dont le résultat fut de confirmer les prévisions du légat. On consulta les membres les plus éclairés du clergé parisien, et quarante et une « sages personnes » apposèrent leur sceau sur l'arrêt définitif qui anéantissait la littérature rabbinique. En premier lieu, se lisait le nom de « vénérable père, Guillaume, par la grâce de Dieu, évêque de Paris »; la sentence dont il avait été l'instigateur fut solennellement prononcée le 15 mai 1248 [1].

Ce n'était pas assez : Eudes de Châteauroux avait constaté combien était peu durable l'effet de ces condamnations; le procès, gagné en 1240, avait été presque perdu sept ans plus tard. Il voulut donc qu'un livre doctement rédigé et destiné à être répandu parmi les clercs contînt, avec les pièces du procès, l'exposé des principales erreurs du Talmud. Avant de suivre saint Louis en Terre-Sainte (mai 1248), il chargea quelque savant personnage de la composition de ce traité, dont un exemplaire, légué par maître Pierre de Limoges aux « pauvres maîtres de Sorbonne », est parvenu à la Bibliothèque Nationale : il y occupe aujourd'hui, sous le titre d'*Excerpta Talmudica*, le n° 16 558 du fonds latin [2].

---

1. *Script. ord. Præd.*, I, p. 166.
2. Un autre exemplaire du même ouvrage, écrit au xive siècle et provenant du couvent des Augustins d'Aix, se trouve à la bibliothèque de Carpentras (n° 158).
L'auteur des *Excerpta* annonce lui-même qu'il écrit son traité par ordre

Cet épisode peu connu de l'histoire du peuple juif montre une fois de plus l'accord qui existait au treizième siècle entre la cour de France et celle de Rome. Saint Louis, Blanche de Castille, Guillaume d'Auvergne, les autres membres de l'Université ou du clergé de Paris admettent sans restriction la suprématie spirituelle du Saint-Siège. Ils reconnaissent au chef de l'Église le droit de faire la police du monde chrétien, s'empressent, à son appel, d'exercer des poursuites, de prononcer un jugement contre des livres suspects : Blanche de Castille écoute attentivement les débats provoqués par le Souverain-Pontife; au pied du bûcher où s'entassent les manus-

du légat, « *de mandato venerabilis patris Odonis Tusculanensis episcopi, sedis apostolice legati.* » (Échard, *loco cit.*, p. 573; ms. cit. ff. 1 et 97.)

Il dit, à la fin de son épilogue, en parlant d'Eudes de Châteauroux : « le chancelier de Paris, qui est maintenant évêque de Tusculum et légat du Saint-Siège en Terre-Sainte. » C'est indiquer clairement qu'il écrit durant le séjour d'Eudes de Châteauroux en Orient, c'est à dire entre les années 1248 (mai) et 1255. (*Cf. Not. et Extr.* XXIV, p. 220.)

Cet auteur ne sait pas l'hébreu, mais il se sert de deux interprètes, qu'il consulte avec un soin minutieux : « *Deus autem duos sibi providit interpretes catholicos in hebrea lingua quam plurimum eruditos. Hoc autem fidelitatis eorum infaillibile mihi prestitit argumentum quod, cum multa magna et notabilia de predictis libris diversis temporibus, posteriore ignorante que vel qualiter, ab ore prioris interpretis transtuleram, etsi propter difficultatem et obscuritatem Hebraici, quandoque variaverint verba, eandem tamen sententiam et sensum tenuerunt.* » (Échard, *loco cit.*, p. 554, ms. cité, ff. 1 et 97.)

Il paraît avoir joué un rôle dans le procès du Talmud. « Le roi, dit-il, *nous* donna d'autre juges... jour *nous* étant assigné... » Il figurait donc probablement parmi les maîtres appelés au cours du procès, ou parmi les « sages personnes » qui mirent leur nom et leur sceau sur les lettres du 15 mai 1248. Cette conjecture se trouve confirmée par l'intitulé d'un exemplaire des *Excerpta* rédigé au xve siècle, et actuellement conservé à la Bibliothèque royale de Munich (n° 9005) : » *Excerpta in Talmut de erroribus judeorum, quem transtulit Theobaldus, supprior Predicatorum.* » L'auteur des *Excerpta Talmudica* ne serait-il pas Frère Thibaut de Saxe, dominicain, dont le nom figure sur les lettres de condamnation du Talmud?

crits des rabbins, le prévôt de Paris, représentant du pouvoir royal, tient la foule en respect.

Cette ligue des autorités civile et religieuse, cette conjuration du Pape, du clergé, du roi de France, ce coup monté contre un peuple désarmé, auquel on enlève ses livres saints, après lui avoir ôté son indépendance, prennent, sous la plume du meilleur historien des Juifs, une couleur odieuse ; pour avoir seulement trempé dans un aussi lâche complot, saint Louis est ravalé au rang des princes pusillanimes « dominés et abêtis par le clergé [1] ; » si l'attention de M. Graetz se fût également portée sur le rôle joué par l'évêque de Paris, les reproches d'intolérance et de lâcheté n'eussent point manqué de flétrir le nom de Guillaume d'Auvergne.

La triste condition faite aux Juifs en France depuis l'époque des croisades, bien qu'améliorée sous saint Louis, est assurément digne de pitié. L'on ne peut toutefois admettre, comme semble le faire M. Graetz, que l'unique devoir des prélats et princes chrétiens fût de favoriser la religion juive. Protéger les personnes de ces proscrits, respecter leur foi, n'était-ce point beaucoup à une époque où toute la population du royaume les détestait du fond du cœur ? Que promettait cependant Blanche de Castille, au dire d'un témoin juif, sinon de défendre les Israélites contre la haine de ses sujets ? et, pour plaider la cause du Talmud, le rabbin Jéhiel ne soutenait-il pas que ce livre était le fondement de la foi juive, argument qui eût été dépourvu de valeur, si la Cour et le

---

1 « Der von Geistlichen beherrschte und verdummte Ludwig IX... » (*Geschichte der Juden*, VII, p. 104.)

clergé n'eussent eu l'intention de respecter la liberté religieuse des Juifs?

Les articles dénoncés par Donin et reproduits dans les *Excerpta* font connaître la véritable cause de la condamnation du Talmud. Non seulement l'Église découvrit dans ces livres répandus à profusion des erreurs que, se sachant infaillible, elle pensait avoir le droit de corriger; mais elle crut y apercevoir des doctrines immorales, des blasphèmes contre Jésus-Christ et Jéhovah; elle y lut des récits contradictoires à ceux de l'Ancien Testament; elle y vit le Saint-Siège injurié, le clergé maudit, la royauté vouée au mépris, le mensonge érigé en vertu. Sentant partout dans ces écrits l'outrage, la haine, la menace, elle ne fut coupable que de vouloir se défendre, et les bûchers qui s'allumèrent à Paris, à deux reprises, rappelèrent aux Juifs que les chrétiens, s'ils toléraient leur présence, ne supportaient point leurs insultes.

La liste des missions de Guillaume a pu paraître longue, bien qu'elle soit encore incomplète [1].

---

1. Plusieurs fois Grégoire IX écrivit à Guillaume d'Auvergne, afin de lui recommander des marchands italiens. Le 26 nov. 1236, il le priait de bien traiter trois marchands de Sienne, qui venaient souvent dans son diocèse, et de les défendre contre les citations perfides de leurs ennemis. (*Bibl. Nat.*; coll. *Moreau*; ms. n° 1190, f° 168.) Le lendemain, il lui écrivait en faveur de quatre marchands florentins (*Ibid.* f° 169). Le 27 août 1237, il l'établissait juge, avec l'Archevêque de Rouen, de tous les procès que l'on pourrait intenter aux marchands établis dans les foires de Champagne. (*Ibid., ms.*

Si l'on songe qu'un grand nombre de diocèses possédaient des agents aussi actifs, on se fera quelque idée de l'influence qu'exerçaient les Papes sur la société et l'Église de France.

Faut-il s'étonner qu'une intervention si fréquente, dont nous avons eu plusieurs fois l'occasion de constater l'heureux effet, ait aussi, en d'autres circonstances, engendré quelques abus? Les preuves n'en sont point difficiles à trouver, soit dans les recueils de conciles, soit dans les chroniques contemporaines [1]. Mais, sans sortir de notre cadre, l'histoire des missions de Guillaume peut nous en offrir plusieurs exemples.

Un clerc de Coutances s'était fait réserver par le Pape la première prébende qui viendrait à vaquer dans l'église Saint Marcel. Guillaume, connaissant mieux sans doute les mérites du solliciteur normand, n'eut garde de déférer aux ordres du Pape, et Grégoire fut des premiers à approuver sa résistance [2]. Dans une autre circonstance, le même pape se plaignit à Guillaume, non sans amertume, des abus auxquels donnaient lieu les lettres apostoliques et posa en principe la nullité des bulles obtenues par fraude [3].

Innocent IV tint à peu près le même langage; sa cor-

---

n° 1191, f° 362.) Le 24 Mars 1238, il lui recommandait encore des marchands florentins. (*Ibid.* ; *ms.* n° 1192, f°s 5-8.)

Le 2 janv. 1244, Guillaume d'Auvergne fut chargé d'obliger l'archevêque de Vienne et l'évêque de Carcassonne à acquitter une dette envers les héritiers du Comte de Montfort. (*Ibid.*; *ms.* n° 1194, f° 157.)

1. Labbe, XI, col. 188, et D. Martène, *Ampliss. collectio*, VII, col. 1398.
2. Bulle du 7 février 1233, et du 17 avril 1234. *Bibl. Nat.* ; *collect. Moreau*, *mss.* n°s 1187, f° 428, et 1189, f° 28.
3. *Extra, lib.* I, *tit.* 3, *cap.* 43.

respondance avec les archevêques de Reims, de Rouen, de Bourges, de Tours, de Lyon, de Trèves et de Sens atteste encore la douleur avec laquelle il voyait son nom exploité par les clercs les moins recommandables [1]. Que pouvait-il faire cependant, de sa résidence de Pérouse ou de Latran, assailli, comme il l'était journellement, par les plaintes de toute la chrétienté? Renvoyer le plaignant à son juge ordinaire? c'eût été méconnaître la juridiction en dernier ressort qui appartenait à la cour de Rome. Désigner parmi les plus sages prélats un juge délégué ou un commissaire enquêteur? C'était le part qu'il prenait d'ordinaire. Mais il arrivait aussi que le plaignant parvînt à faire nommer un juge de son choix, gagné d'avance à sa cause; ou bien, qu'il arrachât successivement au Saint-Siège plusieurs lettres de citation; de la sorte, le défendeur était en même temps appelé devant deux ou trois juges différents et, faute de pouvoir comparaître, frappé d'excommunication comme contumace. Le seul désir de susciter des procès à un adversaire suffisait parfois pour porter plainte au Souverain-Pontife, à propos d'un grief fictif, ou d'un jugement imaginaire. La complaisance du Saint-Siège allait même jusqu'à accorder aux solliciteurs des lettres conçues en termes vagues, dont ils se servaient ensuite, comme d'une arme redoutable, pour inquiéter leurs ennemis, ou leur extorquer de l'argent. Tels sont les abus qu'énumère Innocent IV, dans une lettre adressée à Guillaume, le 5 septembre 1247, par laquelle il lui ordonne

---

1. Toutes ces lettres sont datées du 30 avril 1247. *Bibl. Nat.*; *collect. Moreau*, ms. n° 1196, f° 152-153.

de sévir contre tous coupables, juges, conservateurs ou plaideurs [1].

La mission de délégué du Saint-Siège ne demandait point seulement une haute impartialité, jointe à l'expérience des affaires et à la connaissance du droit canon; elle exigeait surtout du dévouement. Ils aimaient sincèrement l'Église, ces prélats qu'on voyait aller par monts et par vaux en quête d'une abbaye ruinée ou d'une église en détresse; ils étaient de fidèles enfants du Saint-Siège, ces évêques qui, au moindre signe du Souverain-Pontife, s'arrachaient au gouvernement de leur diocèse et se hâtaient d'opérer une réforme dans quelque monastère inconnu. Des soucis, des fatigues, des labeurs incessants, souvent la haine des grands, tels étaient les fruits qu'ils recueillaient au passage, sans avoir la consolation d'acquérir une renommée durable. Dominés par le pouvoir dont ils étaient les agents, ils avaient beau dépenser leurs forces, faire assaut d'éloquence, user d'adresse ou de vigueur, leur qualité de commissaires frappait seule les regards; l'humble personnalité de Guillaume d'Auvergne s'effaçait devant l'imposante figure d'un représentant du Pape. Les chroniqueurs parlent des négociations qui eurent lieu vers 1234, pour rétablir la paix entre la France et l'Angleterre: nomment-ils les prélats dont l'heureuse entremise tenta de réconcilier Louis IX et Henri III? Saurions-nous, à défaut de chartes, le nom de l'évêque à qui l'empereur Baudoin dut l'envoi des subsides? Nullement; la reconnaissance du public ou des princes ne s'arrêtait pas là: elle remontait jusqu'au

---

1. Pièce justificative, n° CI.

Pape, comme au chef qui réunissait dans ses mains tous les fils de la politique et de la diplomatie pontificale.

On s'attend au moins à voir les délégués comblés des faveurs du Pape et récompensés de leurs services, soit par de nouvelles dignités, soit par d'éclatantes distinctions : Guillaume n'obtint que des remerciements[1], quelques compliments sur sa « *saine doctrine*, dont la bonne odeur se répandait de tous côtés »[2], et quatre faveurs principales. La première lui fut accordée en 1234 et complétée dix ans plus tard : elle consistait à n'être point obligé de conférer des bénéfices à un étranger, même sur l'ordre du Pape, à moins que les lettres apostoliques ne fissent mention de cette faculté[3]. Le même privilège avait été accordé collectivement, en 1231, aux évêques des provinces de Reims, de Bourges et de Sens[4] ; mais sans doute l'effet n'en n'avait pas été assez puissant, car Guillaume, bien que suffragant de Sens, s'était vu plusieurs fois contraint de conférer des bénéfices à des étrangers porteurs de lettres apostoliques[5]. On aimait alors à se prémunir contre les provisions ou mandats *ad vacatura*, dont les papes faisaient un usage journalier, en dépit de l'opposition de quelques prélats[6]. Guillaume partagea cette modeste faveur avec les archevêques de Sens[7]

---

1. 23 avril 1244 et 13 janv. 1245. Pièces justificatives n[os] XCIII et XCV.
2. Pièce justificative, n° XCV.
3. Bulle du 4 janv. 1234 et et du 23 avril 1244. Pièces justificatives, n°s XLIV et XCIII.
4. 1er Janv. *Bibl. Nat.*; collect. Moreau, ms. n° 1186, f° 89.
5. Pièce Justificative, n° XLIV.
6. V. l'opposition d'un évêque de Troyes, en 1247. (*Not. et Extr.*, XXIV, p. 212, et Math. Paris, *ad annum*, 1247.)
7. 11 déc. 1244. (*Bibl. nat. collect. Moreau*, ms. n° 1194, f° 497.)

et de Reims¹, les évêques de Beauvais², Bayeux³, Nevers⁴, Amiens⁵ et Chartres⁶.

Un second privilège qu'il obtint la même année, fut, comme on l'a vu, la permission de scinder les paroisses trop étendues de son diocèse, dans le seul intérêt des fidèles⁷. Il demandait pour ses ouailles la récompense qu'il ne sollicitait pas pour lui-même.

En 1245, Innocent IV accorda, sur sa prière, à Henri Tuebuef ou de Sorbonne⁸ les premières maisons qui viendraient à vaquer dans le cloître de Notre-Dame⁹ : Henri était clerc de Guillaume.

Enfin, grâce à une dernière faveur, l'évêque de Paris put braver les censures que tout autre délégué du Pape eût décrétées contre lui¹⁰. Il eût été étrange en effet qu'un serviteur aussi zélé du Saint-Siège pût être excommunié, suspendu, interdit ou écarté des saints lieux par des collègues qui agissaient quelquefois avec une précipitation coupable¹¹ ; l'indépendance était la moindre des faveurs

---

1. 28 Mars 1245 (*Ibid.*, f° 413.)
2. 28 avr. 1240 et 25 nov. 1243 (*Ibid.*, ff. 19 et 100).
3. 30 nov. 1243 (*Ibid.* f° 112.)
4. 13 déc. 1244 (*Ibid.* f° 501.)
5. 8 févr. 1245 (*Ibid.* f° 391.)
6. 26 avr. 1245 (*Ibid.* f° 466). Le 15 déc. 1234, Grégoire IX déclare qu'il ne pourra contraindre l'abbaye de Sainte-Geneviève à recevoir plus de quatre pauvres clercs. (*Bibl. Sainte-Genev.* ; *Cartul. ms. de Sainte-Genev.*, p. 59.)
7. 18 déc. 1234. Pièce justificative n° LVI.
8. Sur ce personnage, v. *Cartul. de N. D. de Paris*, II, p. 193, 254 et 414, IV, p. 77.
9. 28 nov. *Bibl Nat.* ; collect. Moreau, ms. n° 1195, f° 93.
10. Bulle du 13 janv 1245. Pièce justificative n° XCV.
11. V. ce qu'en dit le pape, dans une lettre du 24 nov. 1243. (*Bibl. Nat.* collect. Moreau, ms, n° 1194, f° 96.)

qu'on pût accorder à un délégué. Cette exemption d'ailleurs n'était pas rare : les archevêques de Rouen [1], Sens [2], Reims [3] et Lyon [4] se l'étaient fait reconnaître, ainsi que les évêques de Beauvais, Bayeux, Noyon [5], Châlons [6], Tournai [7], Toulouse [8], Nevers et Angers [9]. Des églises, telles que Toulouse [10], Chartres [11] et saint-Martin de Tours [12], des abbayes, telles que Saint-Germain-des-Prés [13], la considéraient comme un gage nécessaire à leur sécurité. Des laïques même, Robert d'Artois et sa femme, le connétable de Montfort n'avaient point voulu être à la merci du premier clerc venu qui se prétendait porteur de lettres pontificales [14].

Guillaume n'était donc pas mieux partagé que la plupart de ses égaux. Comme ces hommes liges qui suivaient à leurs frais la bannière du suzerain, il s'était enrôlé gratuitement dans la milice du Saint-Siège, n'épargnant ni ses pas, ni ses fatigues, et ne se proposant d'autre but que l'accomplissement de son devoir.

1. 28 mai 1240 (*Ibid. ms.* n° 1193, f° 43.)
2. 11 déc. 1244 (*Ibid. ms.* n° 1194, f° 496.)
3. 24 mars 1245 (Marlot, *Métropolit. Remensis historia*, II, p 536.)
4. 13 sept. 1245 (*Bibl. nat. collect. Moreau, ms.* n° 1195, f° 61.)
5. 12 déc. 1243 (*Ibid. ms.* n° 1194, ff. 96, 110 et 134.)
6. 16 déc. 1243 (*Ibid.* f° 140.)
7. 8 mars 1244 (*Ibid.* f° 223.)
8. 13 et 16 déc. 1244 (*Ibid.* f° 329.)
9. 10 mars 1245 (*Ibid.* f° 433.)
10. 8 mars 1244 (*Ibid.* f° 223.)
11. *Cartul. de N. D. de Chartres*, par MM. de Lépinois et Merlet, II, p. 143.
12. 20 nov. 1248 (*Bibl. nat. ; collect, Moreau, ms*, n° 1198, f° 108)
13. 11 janv. 1245 (*Arch. nat.* ; *Bullaire*, L 244 n°s 59 et 60.)
14. 27 oct. 1237 (*Bibl. nat.*; *collect. Moreau, ms.* n° 1191, f° 402.)

CHAPITRE IX

GUILLAUME A LA COUR DE SAINT LOUIS

La *cour de France*, ce mot qui éveille dans l'esprit de si intéressants souvenirs, ne représente par lui-même qu'une idée vague : selon que l'on se reporte aux différentes époques de notre histoire, il signifie tour à tour lieu de plaisir, académie de travail, assemblage des principales forces militaires du royaume, rendez-vous des meilleurs littérateurs et artistes; le dernier sens qu'il ait pris, celui que lui ont donné les hommes du dix-septième siècle, est encore celui que lui attribue le plus souvent l'imagination de nos contemporains : c'est le cortège pompeux dont aimait à se faire suivre le grand Roi. Appliquer la même expression au modeste entourage de saint Louis serait presque un anachronisme, si l'on n'avait soin de prémunir le lecteur contre toute dangereuse assimilation.

Nous ne retrouvons aucun des traits du courtisan, tel que nous le dépeint La Bruyère, dans ce prélat qui s'arrache aux soins du gouvernement de son diocèse et quitte parfois sa maison épiscopale, pour gagner, à quelques pas de là, le Palais, résidence habituelle de saint Louis. Il en est de Guillaume d'Auvergne, comme des autres confidents et amis de ce prince : appelés à la cour pour traiter d'affaires, assidus auprès du Roi, moins par habitude que par devoir. En 1229, on demande à Guillaume de venir apposer son sceau sur le traité que Blanche de Castille a conclu avec le comte de Toulouse, et qui règle définitivement le sort des provinces du midi [1]. La réception de la Couronne d'épines donne lieu à des cérémonies, célèbres dans l'histoire de Paris, auxquelles assiste Guillaume : il en prend occasion pour conseiller au Roi d'instituer une fête chômée, le 11 août, en mémoire de cet événement [2]. Quelquefois sa présence est requise pour d'importantes déclarations : c'est la dame de Mâcon, qui, au mois de février 1241, cède son comté à la Couronne [3] ; au mois d'avril suivant, c'est la reine Marguerite, qui promet, la main sur les Évangiles, de respecter le testament de son mari [4]. Les services que l'on demande à Guillaume semblent parfois plus méritoires : le jeune Roi le prie, en 1230, de l'accompagner en Bretagne. On le trouve au nombre des prélats et barons qui prononcent, au camp d'Ancenis, la déchéance de Pierre Mauclerc [5], et même, s'il fallait en croire les historiens de la province [6], il jouerait le principal rôle

---

1. Teulet, *Layettes du trésor des Chartes*, II, p. 152.
2. 1239. Récit du XIII® siècle, publié pour la première fois dans la *Bibliothèque de l'école des Chartes*, année 1878, p. 415.
3. Le Nain de Tillemont, *Histoire de saint Louis*, II, p. 356.
4. Teulet, *Layettes du trésor des Chartes*, II, p. 446.
5. Teulet, II, p. 178.
6. D'Argentré, (3ᵉ édition), p. 286. — Viguier (1619), p. 316. — Lebaud,

dans la pacification de ce pays; envoyé vers les seigneurs bretons, il leur promettrait de la part du Roi des secours d'hommes et d'argent, et leur persuaderait d'ouvrir aux troupes de saint Louis les portes de leurs châteaux. Ce récit ne repose malheureusement sur aucun texte digne de foi : il paraît tiré d'une chronique française de Vitré, aujourd'hui perdue, dont Belleforest seul a reproduit un fragment [1].

L'évêque de Paris est également tenu de s'acquitter envers le Roi du service de l'ost, soit en lui fournissant des hommes d'armes, soit au moyen d'une subvention pécuniaire [2]. En 1237, Guillaume use de son influence auprès de saint Louis, pour dispenser d'un semblable service les trois chapitres de Sens, d'Orléans et d'Auxerre; il est député à cet effet, avec l'évêque de Meaux, par les membres du concile provincial, et son éloquence est si persuasive, que le Roi, en accordant un sursis aux chapitres, leur restitue leurs gages [3].

Toujours actif à la cour, mais aussi toujours obligeant, l'évêque réussit à se concilier l'amitié des seigneurs, entre autres du connétable de France, Mathieu de Montmorency, dont il sera l'exécuteur testamentaire [4]. La même bienveillance lui attire les compliments d'un poète, de Nicolas de Braye. En dédiant son *Louis VIII* à Guil-

p. 231. — D. Lobineau (1707), t. I, p. 228. — D. Morice (1750), t. I, p. 162.

1. *Les grandes annales et histoire générale des Francs.* 1559, t. I, f° 645 r°.
2. Voir les semonces de 1236 et 1242. *Recueil des Historiens des Gaules*, XXIII, p. 725 et 726.
3. Teulet, *Layettes du trésor des Chartes*, II, p. 346.
4. En 1231. V. Du Chesne, *Histoire généalogique de la maison de Montmorency*, Pr., p. 93.

laume, cet auteur n'oublie point de mettre l'évêque de Paris sur le même rang qu'Apollon et les Muses ; il lui paye le tribut de louanges que les poètes latins, ses modèles, accordaient au César régnant :

> « Et tu quem decorat virtutum schema sophia,
> Gratia quem genitrix et virgo pudica pudicum
> Esse sibi gaudet famulum, quo præsule ridet
> Artibus ingenuis vernans urbs Parisiensis,
> Quo festivat eum Alvernia fomite felix,
> Gemma sacerdotum, cleri decus, huc ades ; aures
> Huc adverte tuas cœptis ; patiare Camœnam,
> Præsidioque tui Braïæ Nicolaus alumnus
> Gaudeat, et robur tua gratia conferat illi :
> Plus quam Pierides, plus quam fœcundus Apollo,
> Conferet ingenio tua gratia sola juvamen.
> Est labor iste gravis ; sed, te mediante, laboris
> Hujus onus leviter mea mens perferre valebit [1]. »

Parmi les barons et les grands officiers, Guillaume se montre tel qu'il est : gai, sincère, et surtout prompt à la réplique. On reconnaît partout l'homme peu porté à pratiquer la patience, bien qu'il en recommande souvent l'usage dans ses sermons, celui qui, réprimandé un jour par un religieux, se mettait en colère : « Seigneur, « lui disait le frère, souvenez-vous que vous me devez « la patience. — Sans doute, mais je n'ai pas promis de « la payer comptant [2] »..

Sa verve est mordante, quand il est aux prises avec le Chambrier. Cet important personnage, qui se nomme messire Jean de Beaumont, dîne à ses côtés et entame

---

1. *Recueil des Historiens des Gaules*, XVII, p. 312.
2. *Anecdotes historiques d'Étienne de Bourbon*, publiées par M. Lecoy de la Marche. Paris, 1877, in-8º, p. 388.

ainsi la conversation : « A quoi sert l'eau qui est sur
« votre table, si vous n'en mêlez jamais à votre vin »?
Guillaume, il faut en convenir, a cette faiblesse : à côté
de l'excellent vin qui charge sa table et dont il boit
volontiers, est un vase rempli d'eau, dont il ne se sert
jamais. « Cette eau, répond-il, remplit justement le
« même service à ma table que vous à la cour du Roi.
« — Est-ce à dire que je ne serve à rien, seigneur? —
« Au contraire. Quand vous êtes au palais, si un prince
« ou un comte veut élever la voix, aussitôt vous le cha-
« pitrez sévèrement et vous le faites taire. Si un cheva-
« lier ou quelque autre parle trop librement, vous le
« rappelez à l'ordre et vous lui fermez la bouche. De
« même, si mon bon vin d'Angers, de Saint-Pourçain
« ou d'Auxerre[1] voulait me faire le moindre mal, j'aurais
« recours à l'esprit contrariant de cette bouteille d'eau,
« et le vin perdrait au même instant sa violence[2] ». Le
fait est que Jean de Beaumont s'était acquis la réputation d'un seigneur maussade. Les affronts qu'il fit à Joinville pendant la croisade, et le titre de « sale ordure »
dont il saluait, en plein conseil du Roi, son neveu le
maréchal de France[3] justifient le propos de Guillaume.

Même franchise en présence de la reine mère. Guillaume est son confeseur. Apprenant que les frères Prêcheurs de Paris sont à bout de ressources et accablés de
dettes, il va la trouver, dans un moment où elle se pré-

---

1. M. Lecoy de la Marche a fait remarquer que ces vins étaient comptés au nombre des meilleurs, dans deux poésies de l'époque. (*Revue des questions historiques*, 1877, p. 481.)

2. *Anecdotes historiques d'Étienne de Bourbon*, p. 389.

3. Joinville, édition de Wailly, 1874, p. 84, 94 et 234.

pare à faire un grand pèlerinage à Saint-Jacques-de-Compostelle. Le voyage, coûteux en lui-même, doit être l'occasion d'un merveilleux déploiement de luxe. S'informant donc du point où en sont les préparatifs, et apprenant qu'ils sont terminés : « Madame, dit-il à Blanche, vous
« avez dépensé là de grosses sommes en pure perte, pour
« être glorifiée aux yeux du monde et faire dans votre
« pays natal étalage de magnificence. Cet argent pou-
« vait être mieux employé. — Dites, reprend la Reine,
« je suis prête à suivre vos conseils. — Eh bien ! je vais
« vous donner un sage avis et, au jour du jugement, je
« m'engage, si vous voulez, à répondre pour vous sur
« cet article. Nos frères Prêcheurs, communément appe-
« lés les frères de Saint-Jacques, doivent environ
« 1500 livres. Prenez le bâton et la gourde, allez à Saint-
« Jacques (de Paris) et payez la somme. Je commue
« votre vœu, et vous promets de soutenir au jugement
« dernier qu'en agissant de la sorte, vous avez mieux
« fait qu'en vous entourant d'un appareil de richesse
« tout à fait superflu ». Ainsi fit Blanche de Castille, et le couvent des frères Prêcheurs s'en trouva bien [1].

Moins que tout autre, l'évêque de Paris se laisse intimider par la majesté royale. La franchise et la gaieté de son langage lui donnent quelquefois l'avantage sur des diplomates consommés. En 1240, la jeune reine Marguerite allait donner le jour à son premier enfant, et, si l'impatience est doublée par la longueur de l'attente, Louis IX, qui s'était marié en 1234, devait avoir hâte de contempler l'héritier de la couronne. La Reine mit au

---

1. *Anecdotes historiques d'Étienne de Bourbon*, p. 389.

monde une fille. Aussitôt la consternation se peint sur tous les visages ; c'est à qui déclinera l'honneur d'en porter la nouvelle au Roi. Guillaume se présente dans la chambre du prince : « Sire, réjouissez-vous, dit-il en « entrant; je vous apporte d'heureuses nouvelles. La « couronne de France s'est aujourd'hui enrichie d'un « roi; car, ayant une fille, vous pourrez, en la mariant, « acquérir un royaume, tandis que, si vous aviez un fils, « vous lui céderiez un vaste comté ». Le Roi sourit à ce trait qui contenait un reproche : il était déjà consolé [1].

La prédiction de Guillaume ne s'accomplit point, car la jeune princesse Blanche mourut au bout de trois ans [2]. Mais, en 1244, le fils si longtemps désiré vint au monde (25 février). Appelé près du Roi, Guillaume baptisa l'héritier du trône, qui reçut le nom de Louis en mémoire de son aïeul [3].

Chacun sait comment s'acheva cette année de 1244, commencée dans la joie, comment se déclara cette « tierçaine double [4] », cette maladie terrible dont saint Louis « fu a tel meschief, si comme on le disoit, que l'une des « dames qui le gardoit, li vouloit traire le drap sus le « visaige [5] ». Au chevet du lit, où, depuis deux jours, il ne donne aucun signe de connaissance, se tient Guillaume. Tout d'un coup, le Roi recouvre la parole, et demande « la croix d'outre-mer [6] ». La surprise n'empêche

---

1. *Anecdotes historiques d'Étienne de Bourbon*, p. 389.
2. Le Nain de Tillemont, *Histoire de saint Louis*, II, p. 394.
3. Guillaume de Nangis. *Recueil des Historiens des Gaules*, XX, p. 342.
4. Confesseur de la reine Marguerite. *Rec. des Histor. des Gaules*, XX, p. 66.
5. Joinville. Édit. de M. de Wailly, 1874, p. 60.
6. Math. Paris, *Abbrev. chronic.* Edit. Luard, III, p. 292. Cf. Confess. de

pas l'évêque de combattre cette résolution ; mais voyant le grand désir du prince, il se décide à lui donner la croix : « Sire, dit-il, pour ne point vous troubler davan-
« tage, je vous donne ce que vous me demandez. Quand
« votre santé sera complètement rétablie, vous réfléchi-
« rez, vous consulterez, et vous arrêterez ce qu'il vous
« conviendra de faire [1] ». Cependant le Roi reçut la croix « à grant devocion et à grant joie, en besant la,
« et en metant cele croiz seur son piz moult douce-
« ment [2] ».

L'année suivante, Guillaume suivit saint Louis à Cluny, où eut lieu entre le roi de France et Innocent IV une longue et mystérieuse entrevue. On y parla de l'empereur, et probablement aussi de la croisade.

En 1247, le roi ayant réuni, vers le milieu du Carême, les principaux seigneurs du royaume, Guillaume saisit cette occasion de tenter sur lui un dernier effort : « Sire,
« dit-il, déposez la croix, pour ne point bouleverser la
« France ; vous étiez dans le délire et n'aviez point
« l'usage de vos sens ». La reine Blanche, les frères du Roi joignirent leur voix à celle de l'évêque ; le Pape lui-même avait écrit au Roi d'abandonner son projet : saint Louis parut ébranlé : « Que votre volonté se
« fasse ! » dit-il, en remettant sa croix entre les mains de Guillaume. Mais la joie ne fut pas de longue durée.

---

la reine Marguerite, Joinville et la Bulle de Boniface VIII (*Rec. des Histor. des Gaules*, XXIII, p. 155.)

1. Mathieu Paris, confesseur de la reine, anonyme de Caen. (*Rec. des Hist. des Gaules*, p. 22.)

2. Confesseur de la reine. Cf. Math. Paris, anonyme de Caen et Étienne de Bourbon. (*Anecd. histor.* p. 354.)

« Suis-je en délire à présent? s'écria-t-il presque aussitôt. « Ai-je l'usage de mes sens? Eh bien! rendez-moi la « croix de Notre Seigneur Jésus-Christ. Vive Dieu! je « ne prendrai de nourriture, que lorsque j'aurai retrouvé « la croix ».

Quand saint Louis revint de cette croisade dont Guillaume avait prévu les dangers, il trouva le siège de Paris occupé par un nouvel évêque.

Guillaume était mort en 1249, le dimanche des Rameaux, ou peut-être dans les premiers jours de la semaine sainte [1]. Son corps reposait dans l'église de l'abbaye de Saint-Victor. Au siècle dernier, on voyait encore son modeste tombeau, dans l'une des chapelles situées der-

---

1. L'épitaphe de Guillaume plaçait sa mort au 28 février, l'obituaire de N. D. la place au mardi saint, 1er avril 1249 (*Cartul. de N. D. de Paris*, IV, p. 38.) Mais le mardi saint tombait le 30 mars, en 1249, et non le 1er avril : on peut hésiter entre ces trois dates. La question se complique encore, par suite d'une découverte qu'a faite M. Delisle dans un ms. du Musée britannique : un chroniqueur parisien du xiiie siècle fixe la date de la mort de Guillaume au jour des Rameaux, c'est-à-dire au 28 mars (*Mém. de la Société de l'hist. de Paris*, IV, 1877, p. 187.). Parmi ces dates, il en est une qu'on peut écarter sans scrupule, c'est celle que fournit l'épitaphe rédigée par les religieux de Saint-Victor en 1668. La date du 1er avril ne paraît pas mériter beaucoup plus de confiance, car l'obituaire de Saint-Victor fixait au 31 mars l'anniversaire de la sépulture (*Gallia*, VII, col. 100). Restent les deux dates du 28 et du 30 mars, dont la dernière semble préférable, car les renseignements fournis par un obituaire sont plus dignes de foi, que le témoignage d'un chroniqueur anonyme.

Le chroniqueur anglais Ralph Higden a évidemment confondu la date de l'avènement de Guillaume avec celle de sa mort, quand il a placé cette dernière en 1228. (*Polychronicon*, lib. VII, c. 34). D'autres erreurs aussi peu justifiées sont celles de Jean de Toulouse qui fixe la date de la mort au jour de Pâques en 1247 (*Bibl. nat.*; ms. latin, no 14 370, fo 470), d'Aubert le Mire qui la place en 1244 (*Auctarium*, no 401, p. 73), et de Le Nain de Tillemont qui la fixe au 14 avril 1248. (*Hist. de saint Louis*, III, p. 174.)

rière le chœur de cette église [1]. Au pied d'un autel dédié au premier évêque de Paris se lisait, sur une plaque de cuivre, l'inscription suivante, qui pouvait avoir été composée au quinzième siècle [2].

Epitaphiū guilhelmi epī parisiesis
Condit* hic Recubat fatali sorte guilhelm*
parisii pastor qui gregis aptus erat
Repperit illustrem celesti munere famam
Quā nequit in tanto mors abolere viro.

Une plaque de marbre beaucoup plus grande, posée, en 1668, par les soins des chanoines de Saint-Victor, portait cette épitaphe :

Hic Situs est
GVILLELMVS.
Paris. Episc. Arvernus patr.
Scriptis clarus qui
Episcopatu se abdicans
Meliorem oppetiturus mortem
huc secessit
Obiit
prid. Kal. Martii Anno Dom.
M. CC. XL. VIII
Pos. studiosi et Amantes Filii
Victorini
A CHR. M. DC. LXVIII.

Au moment de mourir, Guillaume n'avait songé qu'au salut de son âme et aux intérêts de son église. Son clerc

---

1. Bibl. nat. ms. latin n° 17040, *Rec. d'actes relatifs aux Évêques et Archevêques de Paris, par Gaignières;* p. 119.
2. Cette inscription était gravée sur le cuivre en minuscule gothique.

Henri Tuebuef, maître Raymond, chanoine de Paris, frère Raoul, ancien abbé de saint-Victor, auxquels il avait confié le soin d'exécuter ses dernières volontés, concédèrent au chapitre, dès le mois d'avril, une redevance de 3 muids de blé métail, afin qu'on célébrât chaque année son anniversaire, le jeudi de la Passion [1]. Le trésor de Notre-Dame s'enrichit des ornements qu'avait possédés le défunt : c'étaient deux chapes de soie brodée, enrichies de figures d'un travail précieux, trois pièces de baudequin, dont on fit des chapes, un ornement complet consistant en une chasuble, une dalmatique, une tunique, deux aubes, dont l'une toute en soie, une étole, une mitre, un manipule, une crosse et un anneau ; il y avait en outre des vases et des bassins d'argent, des ampoules destinées au Saint-Chrême, un coffre de fer, deux tapis, trois carrés de cuir brodé, un reliquaire d'argent doré enrichi de pierres précieuses, contenant des reliques de sainte Élisabeth [2] et plusieurs cheveux de la sainte Vierge. Une nouvelle cloche, qui porta le nom de Guillaume, grossit le carillon de Notre-Dame.

Saint Louis n'oublia pas la figure aimable qu'il avait eue longtemps à sa cour ; il aimait à en rappeler le souvenir, et nous lui devons le trait suivant, que Joinville a recueilli de sa bouche [3].

« Il me dist que li évesques Guillaumes de Paris li avoit
« contei que une grans maistres de divinitei estoit venus
« à li, et li avoit dit que il vouloit parler à li. Et il li dist :

---

1. *Cartul. de N.-D. de Paris*, II, p. 87.
2. *Ibid.* IV, p. 38.
3. Joinville. édition de M. de Wailly, 1874, p. 26.

« Maistres, dites vostre volentei. » Et quand li maistres
« cuidoit parler à l'évesque, commença à plorer trop
« fort. Et li évesques li dist : « Maistres, dites, ne
« vous desconfortés pas ; car nulz ne puet tant pechier,
« que Diex ne puet plus pardonner. — Et je vous di, sire,
« dist li maistres ; je n'en puis mais si je pleur ; car je
« cuit estre mescréans, pour ce que je ne puis mon cuer
« ahurter à ce que je croie ou sacrement de l'autel, ainsi
« comme sainte Esglise l'enseigne ; et si sai bien que ce
« est des temptacions l'ennemi. »

« Maistres, fist li évesques, or me dites, quant li enne-
« mis vous envoie ceste temptacion, se elle vous plait. »
« — Et li maistres dist : « Sire, mais m'ennuie tant
« comme il me puet ennuier. — Or vous demant-je, fist
« li évesques, se vous penriés ne or ne argent par quoy
« vous régéissiez de vostre bouche nulle riens qui fust
« contre le sacrement de l'autel, ne contre les autres
« sains sacremens de l'Esglise. — Je, sire, fist li maistres,
« sachiez qu'il n'est nulle riens ou monde que j'en preisse ;
« ainçois ameroie miex que on m'arachast touz les
« membres dou cors, que je le regéisse. »

« — Or vous dirai-je autre chose, fist li évesques.
« Vous savez que li roys de France guerroie au roy d'En-
« gleterre, et savez que li chastiaus qui est plus en la
« marche de aus dous, c'est la Rochelle en Poitou. Or
« vous vueil faire une demande : que si li roy vous avoit
« baillié la Rochelle à garder, qui est en la male marche,
« et il m'eust baillié le chastel de Montleheri à garder
« qui est ou cuer de France et en terre de pais, auquel
« le roys deveroit savoir meillour grei en la fin de sa
« guerre, ou à vous qui averiés gardée la Rochelle sanz

« perdre, ou à moy qui li averoie gardé le chastiel de
« Montleheri sanz perdre? — En non Dieu, sire, fist li
« maistres, à moy qui averoie gardée la Rochelle sanz
« perdre.

« — Maistres, dist li évesques, je vous di que mes
« cuers est semblables au chastel de Montleheri; car
« nulle temptation ne nulle doute je n'ai dou sacrement
« de l'autel. Pour laquel chose je vous di que pour un
« grei que Diex me sait de ce que je le croy fermement
« et en pais, vous en sait Diex quatre, pour ce que vous
« li gardez vostre cuer en la guerre de tribulacion et
« avez si bone volentei envers li que vous pour nulle
« riens terrienne, ne pour meschief que on feist dou
« cors, ne le relenquiriés. Dont je vous di que soiés touz
« aaises; que vostre estaz plait miex à Nostre Signour en
« ce cas, que ne fait li miens. » Quant li maistres oy ce,
« il s'agenoilla devant l'évesque et se tint bien pour paié »

DEUXIÈME PARTIE

OUVRAGES

DE GUILLAUME D'AUVERGNE

CHAPITRE PREMIER

AUTHENTICITÉ DES OUVRAGES DE GUILLAUME.

Pour dresser une liste exacte des ouvrages d'un écrivain de la Scolastique, il importe de procéder avec une extrême prudence. Les arguments fondés sur des ressemblances de style, sur des analogies plus ou moins frappantes dans la forme ou la composition, font tomber quelquefois dans d'étranges erreurs. Les écrivains d'alors, ceux-là du moins qui rédigeaient en latin des ouvrages didactiques, ne se piquaient point d'originalité; souvent ils se copiaient les uns les autres; leur style, bien que varié, n'avait presque rien de personnel. A tel genre d'écrits convenait telle forme; il y avait un style ascétique, un style propre aux livres de morale, un style philosophique, bien plus qu'il n'y avait un style d'Albert le Grand, ou un style de Guillaume d'Auvergne. Il faut donc, autant que possible, faire peu de fond sur les qualités d'un écrit, quand il s'agit d'en reconnaître la provenance. Le plus sûr est de s'en rapporter au témoignage des contemporains.

Interroger les documents anciens, consulter, à défaut

de chroniques, les manuscrits dans lesquels les œuvres attribuées au scolastique sont parvenues jusqu'à nous, afin de savoir sous quel nom ces traités circulaient au moyen âge ; lorsque l'authenticité de quelques ouvrages est établie, les soumettre à un examen minutieux, demander à l'auteur. lui-même, s'il n'a pas auparavant composé quelque autre traité, ou s'il ne se propose pas de publier sur telle matière une étude nouvelle; en un mot, relever toutes les notes, tous les renvois, toutes les citations, qui peuvent aider à recomposer en entier l'œuvre littéraire du maître, telle nous paraît être la tâche, longue, mais utile, qui s'impose à la critique moderne.

Nous avons essayé d'appliquer cette méthode aux traités de Guillaume d'Auvergne. Après avoir lu tous les ouvrages qui lui ont été attribués, et cherché dans les écrits de ses contemporains des renseignements, qui, à vrai dire, nous ont le plus souvent fait défaut, nous avons examiné de près les manuscrits de Paris, de Chartres, de Londres, d'Oxford [1], et complété nos informations au moyen des catalogues imprimés des autres bibliothèques étrangères. Les conclusions auxquelles ce travail nous a conduit, diffèrent sensiblement de celles auxquelles étaient arrivés Ellies du Pin, D. Ceillier, Casimir Oudin et les auteurs de notre *Histoire Littéraire*.

---

1. C'est ici le lieu de remercier tous les bibliothécaires dont l'obligeance nous a été secourable, en particulier, le Dr Neubauer bien connu en France par ses travaux, et à qui nous devons, en grande partie, le succès de nos recherches à la bibliothèque Bodléienne.

I. — OUVRAGES AUTHENTIQUES IMPRIMÉS.

1. *De Universo.*

Le traité connu sous le nom de *De Universo* est un de ceux dont il serait le moins facile de contester l'authenticité. Le plus ancien exemplaire manuscrit, qui nous en soit parvenu [1], est celui que Robert de Sorbon légua, avant 1274, aux « pauvres maîtres de théologie. » On y lit au dernier feuillet : « *Istum librum de Universo fecit « magister Guillelmus de Arvernia, oriundus de Auri- « liaco, quondam sacre scientie doctor Parisius.* » Les deux autres manuscrits du même ouvrage que possède la Bibliothèque Nationale [2], ceux de Chartres [3] et de Cambrai [4], ceux d'Oxford [5], Venise [6] et Munich [7] portent tous le nom de Guillaume d'Auvergne.

1. *Bibl. Nat.*, *ms. latin* n° 15756.
2. Le *ms. latin* n° 14310 provient de l'abbaye de Saint-Victor, et comprend deux parties distinctes ; la première, écrite au quatorzième siècle, fut achetée, le 2 févr. 1426, par Jean la Masse à Jean Aubin, prêtre, maître ès arts, procureur du collège de Justice, moyennant 12 livres. La transcription de la seconde partie, commencée sans doute peu de temps après cette acquisition, fut terminée, le 26 mars de la même année. (cf. M. Delisle. *Cabinet des mss. de la Bibliothèque Nationale*, I, p. 217.)
Le *ms latin* n° 17473, qui ne contient que la première partie du *De Universo*, fut écrit au quinzième siècle et légué au chapitre de Notre-Dame, vers 1438, par m° Clément de Fauquembergue, chanoine de cette cathédrale. (V. Gallia, VIII, col. 213 ; M. Delisle, *op. cit.*, I, p. 430.)
3. Ms. n° 475.
4. Ms. n° 162.
5. *Bodléienne ; fonds Laud, ms.* n° 146 ; *Corpus Christi college, ms.* n° 130. Ce dernier ms. provient de la cathédrale de Canterbury.
6. *Bibl. Saint-Marc, mss. latins* n°s 305 et 306.
7. Mss. n°s 3798 et 14215. Ils ont appartenu à l'abbaye de Saint-Emmeram de Ratisbonne et à la cathédrale d'Augsbourg.

On peut lire le *De Universo* dans l'édition de Nuremberg (1496, in-folio), ou dans les éditions générales des œuvres de Guillaume [1].

2. *De Trinitate.*

L'authenticité du *De Trinitate* n'est guère moins évidente, quoiqu'Ellies du Pin l'ait contestée [2]. Non seulement, en effet, les trois manuscrits de Tours [3], Chartres [4] et Oxford [5] portent le nom de Guillaume, mais lui-même se déclare, en deux passages du *De Universo* [6], l'auteur du *De Trinitate.*

Édité une première fois à Strasbourg, en 1507, cet ouvrage fut compris, en 1674, dans l'édition générale d'Orléans.

3. *De Fide et Legibus.*

Simler a essayé de revendiquer ce traité pour le dominicain Guillaume Perrauld [7]. Mais il est cité dans le *De*

---

1. La première est de Venise (1591, in-folio), la seconde d'Orléans (1674, 2 in-folios). On donne souvent à cette dernière le nom du chanoine le Ferron, qui fit transcrire plusieurs des manuscrits de Chartres, et en envoya les copies à l'éditeur. Les défauts que présente cette édition seront signalés par la suite : une grande partie des ouvrages de Guillaume d'Auvergne, ne s'y trouvent pas, mais, en revanche, le second volume contient sous son nom, 342 sermons composés par Guillaume Perrauld.
2. *Nouvelle bibl. des auteurs ecclésiast.* Paris, 1702, in-8º, t. X, 68.
3. Ms. 421.
4. Ms. 475.
5. *Bodléienne, faus Luodd,* ms. nº 146
6. *Opp.* I, 621 et 830.
7. *Epitome Bibliothecæ C. Gesneri,* Zurich, 1574, in-fol.

*Universo*¹ et contient lui-même plusieurs citations des autres ouvrages de Guillaume². Les manuscrits de Paris³, Vienne⁴, Munich⁵, Bruges⁶, Chartres⁷, Saint-Omer⁸, Oxford⁹, Cambridge et Worcester l'attribuent tous à l'évêque de Paris, ainsi que les éditions anciennes d'Ulm (1485), Nuremberg (1496) et Augsbourg (sans date, in-folio.)

4. *Summa De Vitiis et Virtutibus.*

Nous croyons devoir restituer à cet ouvrage son véritable nom, celui qu'il porte dans les manuscrits de Paris [10], de Munich [11] et de Vienne [12]. C'est à tort, semble-t-il, que les derniers éditeurs l'ont partagé en six traités. Suivant le plan de l'auteur [13] et la division des manuscrits, il comprenait trois parties principales, l'une traitant des vertus, la seconde des mœurs, la troisième se subdivisant en trois sections : 1° des vices et des

---

1. *Opp.*, I. 1060.
2. *Ibid.*, I, 15, 16, 18, 24, 95.
3. *Mss. lat.* nos 15755, 14311, 14534. — *Arsenal, ms.* n° 510.
4. Mss. nos 1715, 1572, 3939.
5. Ms. n° 449.
6. Ms. 219.
7. Ms. n° 470.
8. Ms. n° 132.
9. *Lincoln college ms.* n° 170; *Balliol college, ms.* n° 174. Ce dernier ms., donné par l'évêque d'Ely, Guillaume Gray, (1454-1478) est l'un des plus beaux que l'on puisse voir.
10. *Bibl. Nat. mss. lat.* 14531 et 17495.
11. Mss. nos 5202, 5954, 6039, 6955, 8975.
12. Mss. nos 4361, 4430.
13. V. le début du chapitre des Vices et le préambule du *De Virtutibus.*

péchés; 2° des tentations et des résistances; 3° des mérites et de la récompense des Saints.

La Somme sur les Vertus et les Vices est citée dans le *De Universo*, le *De Trinitate*, le *De Fide et Legibus*, le *De Sacramentis*, le *De Anima* et la *Rhetorica divina* [1]. Elle renvoie elle-même le lecteur au *De Sacramentis* et au *De Universo* [2].

Il en existe encore aujourd'hui des manuscrits à Paris, Chartres [3], Oxford [4], Vienne et Munich, tous portant le nom de Guillaume d'Auvergne.

5. *De Sacramentis.*

Quelques considérations générales sur les Sacrements, de longues dissertations sur le Baptême, la Confirmation, la Pénitence, l'Eucharistie, l'Ordre et le Mariage, un dernier chapitre consacré à l'Extrême-Onction, aux Sacramentaux et aux Justifications, tel est le traité *De Sacramentis*, que l'on appelait autrefois plus justement *Tractatus Sacramentorum, Sacramentalium atque Justificationum*.

---

1. *Opp.* I, 1060, II, 9 et 13, I, 24 et 409, II, 113, 127 et 131.
2. *Ibid.*, I, 121, 150, 317.
3. Ms. n° 470.
4. Merton coll., 136; Balliol coll., 174. Dans ces deux mss. le dernier chapitre du *De Retributionibus* porte le titre de *De gloria*. — Bodléienne, ms. n° 281.

Suivant le *Catalogus librorum manuscriptorum Angliæ et Hiberniæ*, (Oxford, 1697 in-fol.) l'Angleterre posséderait un bien plus grand nombre de mss. de cet ouvrage. Mais nous n'avons trouvé que des traités anonymes ou apocryphes dans les mss. n° 152 de la Bodléienne, n° 231 de *Corpus Christi college*, et dans les *mss. harléiens* n°s 106, 1036, 1659, et 3823 du *Musée britannique*.

On y trouve cités, en plusieurs passages, les autres ouvrages de Guillaume [1], et ces ouvrages présentent eux-mêmes plusieurs renvois au *De Sacramentis* [2]. Les manuscrits qui contiennent ce traité se trouvent à Paris [3], Chartres [4], Toulouse [5], Munich [6], Oxford [7] et Cambridge [8].

6. *Rhetorica divina*.

L'authenticité de la Rhétorique divine est établie par une phrase du précédent traité [9]; elle ressort également des indications fournies par les manuscrits de Paris [10],

---

1. *Opp.*, I, p. 409, 435, 437, 447 et 555.
2. V. *Opp.*, I, p. 15, 68, 95, 121 et 150, II, p. 258.
3. *Bibl. Nat.; ms latin* n° 14842.
4. Ms. n° 470.
5. Ms. n° 203.
6. Ms. n° 2734.
7. *Merton college*, mss. n°s 136 et 155; *Balliol college*, ms. n° 174; *Lincoln college*, mss. n°s 8,11 et 70; *New college*, ms. n° 115; *Bodléienne*, ms. n° 281.
Cinq de ces manuscrits contiennent un préambule quelque peu différent de celui qu'ont reproduit les éditeurs; il commence ainsi : « Cum de pia ac veridica salutarique fide, que christiana et catholica verissime nuncupatur, desiderio nobis esset atque proposito tractatum scripere... »
M. Coxe, l'auteur du catalogue des collèges d'Oxford, affirme que dans les deux mss. n°s 8 et 11 de *Lincoln college*, le *De Sacramentis* est attribué à Guillaume de Paris *junior*. Nous n'y avons trouvé aucune indication semblable.
8. *Trinity college*.
9. *Opp.*, I, p. 555 : « Cœlestis autem rhetorica in duobus maxime consistit... et hanc suo tempore scribendam, si Dei beneplacitum fuerit, reservamus. » D'autre part, il y a dans la Rhétorique divine, un renvoi fait à la Somme des Vertus et des Vices. (*circa init.*)
10. *Bibl. Nat.; ms. latin* n° 14533. — *Bibl. de l'Arsenal*, ms. n° 767.

Chartres ¹, Auxerre ², Poitiers ³, Avranches ⁴, Arras ⁵, Oxford ⁶, Vienne ⁷ et Munich ⁸.

7. *De Causis cur Deus homo.*

Les manuscrits les plus anciens, ceux d'Oxford ⁹, de Paris¹⁰ et de Chartres¹¹, ceux de Cambridge¹², de Vienne¹³ et du Vatican font honneur à Guillaume d'un traité de l'Incarnation, intitulé *Cur Deus homo*. On trouve des citations de cet ouvrage dans le *De Fide et Legibus*, dans le *De Sacramentis* et le *De Anima*¹⁴.

8. *De Anima.*

Ellies du Pin a cru pouvoir contester l'authenticité du *De Anima*, comme il avait fait pour le *De Trinitate*. Il s'est trompé doublement, en supposant que Guillaume ne savait point parler le langage abstrait des philosophes, et en prétendant relever une contradiction entre la doc-

---

1. Ms. n° 380.
2. Ms. n° 43.
3. Ms. n° 117.
4. Ms. n° 124.
5. Ms. n° 397.
6. *Bodléienne; fonds Laud, ms.* n° 671
7. Mss. n°ˢ 3939, 4241, et 4569.
8. Mss. n°ˢ 4767 et 6965.
9 *Merton college, ms.* n° 136; *Bodléienne, ms.* n° 281 et *fonds Laud, ms.* 85.
10. *Bibl. Nat.; ms. lat.* n° 14887.
11. Ms. n° 475.
12. *Pembroch hall, ms.* n° 175.
13. Ms. n° 4203.
14. *Opp.* I, 16, 435, 437 et 447. II, 127.

trine du *De Anima* et celle du *De Immortalite animæ* [1]. Cité dans le *De Universo* [2], le *De Anima* renvoie le lecteur au *Cur Deus homo*, au *De Universo*, à la *Summa de Vitiis et Virtutibus*, au *De immortalitate Animæ* [3]. Il porte le nom de Guillaume d'Auvergne dans le manuscrit de Paris [4] et dans celui de Chartres [5]. Ne sont-ce point là des preuves suffisantes de l'authenticité de cet ouvrage?

Le Ferron a donné, en 1674, la première édition du *De Anima*. Toutefois les anciens éditeurs n'en ignoraient point l'existence. Ils le citaient, ainsi que Trithème et Bellarmin, sous le titre de *De Animabus humanis* [6].

9. *De Immortalitate animæ.*

Le traité de l'Immortalité de l'âme n'est pas seulement cité en un passage du *De Anima* [7] ; les trois manuscrits d'Oxford [8], de Chartres [9] et de Paris [10], où il est conservé, l'attribuent à Guillaume d'Auvergne.

1. Nous montrerons plus loin, en parlant de la doctrine de Guillaume sur l'âme des bêtes que cette prétendue contradiction n'existe pas.
2. *Opp.* I, 1018.
3. *Ibid.* II, suppl. 72, 83, 113, 127, 211.
4. *Bibl. nat.*, *ms. latin*, n° 14532.
5. Ms. n° 389.
6. V. une édition fort ancienne, quoique non datée, de la *Rhetorica divina*, que possède la Bibliothèque de Sainte-Geneviève (in-8°).
7. *Opp.* II, *suppl.*, p. 72 : « Jam autem feci te scire in tractatu singular de Immortalitate animarum humanarum... »
8. *Merton college*, *ms.* n° 136.
9. Ms. n° 389.
10. *Bibl. Nat. ms. latin*, n° 14887.

10. *De Collatione beneficiorum.*

L'auteur du traité de la Collation des bénéfices reconnaît avoir composé un livre sur les Sacrements, et il reproduit un passage du *De Sacramentis* [1]. Les très nombreux manuscrits qui contiennent cet ouvrage, l'attribuent tous à Guillaume d'Auvergne [2].

11. *De Pœnitentia.*

Il peut sembler étrange, à première vue, que Guillaume ait consacré un ouvrage spécial à l'étude d'un sujet, auquel il a donné les plus amples développements, dans son traité *De Sacramentis*. Cependant une phrase de ce même traité ne laisse aucun doute à cet égard : « *De his, in alio tractatu de Pœnitentia, nos latius diximus* [3]. » Le nom de l'évêque de Paris se lit d'ailleurs dans tous les manuscrits de Paris [4], Chartres [5], Tours [6],

---

1. V. *Opp.*, II, *suppl.* p. 258.
2. *Bibl. Nat. ms. latin*, nos 15988 et 14533. — *Arsenal ms.* n° 510. — Londres; *British Museum*; *ms. Cottonien Vitellius* C XIV. — Chartres, ms. n° 389. — Avranches, ms. n° 124. — Tours ms. n° 407. — Oxford ; *Corpus Christi college*, ms. n° 231 ; *Bodléienne, fonds Laud ms.* n° 146. — Cambridge. — Munich ; ms. nos 631 et 7579. — Vienne ; mss. nos 4318 et 4576. — Saint-Omer, ms. n° 368. — Rome, *fonds du Vatican*, mss. nos 4117 et 4367.
3. *Opp.*, I, 511.
4. *Bibl. Nat. ms. latin* n° 15988.
5. Ms. n° 389.
6. Ms. n° 406.

Saint-Omer[1], Oxford[2] et Munich[3] dans lesquels se trouve le *De Pœnitentia*.

La première partie de cet ouvrage parut en 1592, dans l'édition de Venise, et fut réimprimée, en 1674, dans le premier volume de l'édition d'Orléans; la seconde partie ne fut éditée que dans le supplément du tome II.

Ici s'arrête la liste des ouvrages que l'*Histoire Littéraire de la France* attribue à Guillaume d'Auvergne. Trithème[4], Bellarmin et quelques autres bibliographes anciens nommaient, il est vrai, d'autres écrits, dont ils faisaient honneur à l'évêque de Paris. Mais, au dire de Daunou, ces ouvrages n'existent pas : « Il est aisé de « reconnaître, dit-il, que ces titres sont applicables à « des parties plus ou moins étendues des traités com- « pris dans l'édition de 1674. Ce sont des fragments, « des chapitres, des livres, dont on a fait des copies « ou des éditions particulières[5]. »

12. *De Claustro animæ*.

Parmi les traités que d'anciens bibliographes attribuaient à Guillaume et que Daunou confondait avec les ouvrages imprimés dans l'édition d'Orléans, se trouve un opuscule intitulé *De Claustro animæ*. A quel chapitre du *De Universo* ou du *De Sacramentis* Daunou

---

1. Ms. n° 316.
2. *Bodléienne; fonds Laud*, ms. n° 146.
3. Ms. n° 3798.
4. *De Scriptoribus ecclesiasticis*. Lyon, 1675, in-8°, p. 323.
5. *Histoire littéraire*, XVIII, p. 383.

a-t-il pu appliquer ce titre, il serait difficile de le dire.

Sous le nom de *Cloître de l'âme*, on sait que le moyen âge désignait une sorte de traité mystique, dont Hugues de Saint-Victor avait fourni le modèle, au douzième siècle [1], et dans lequel on établissait une comparaison entre la vie claustrale des moines et la vie intérieure de l'âme.

En fait, il existe un semblable ouvrage postérieur au livre d'Hugues de Saint-Victor[2], et que les manuscrits, dont plusieurs remontent au milieu du treizième siècle, attribuent à Guillaume d'Auvergne. C'est le traité qu'avaient en vue les anciens bibliographes. On peut le lire dans les manuscrits de Paris[3], de Troyes[4], de Munich ou de Rome, ou même dans une édition des plus rares, donnée par Henri Estienne, en 1507, dont nous ne connaissons, il est vrai, d'autre exemplaire, que celui de la bibliothèque de Clermont-Ferrand.

---

1. Dans sa savante dissertation sur les ouvrages d'Hugues de Saint-Victor, M. Hauréau attribue à cet écrivain le *De claustro animæ*. Si le témoignage de Guillaume d'Auvergne pouvait servir à fortifier une thèse déjà suffisamment établie, nous ferions remarquer que notre évêque considérait le Victorin comme l'auteur de ce célèbre ouvrage (*Bibl. Nat*; *ms. latin*, n° 15988, p. 75.)

2. On y lit en effet : « Magister Hugo de Sancto-Victore ponit IV latera claustri. »

3. *Bibl. Nat.*; *mss. latins* n°s 15988 et 14413, ce dernier moins ancien et moins complet.

4. Ms. n° 1236

5. Ms. n° 3118.

II. — Ouvrages authentiques inédits

1. De Passione Domini.

L'histoire de ce traité est la même que celle du *De Claustro animæ* : attribué à Guillaume par Trithème[1], confondu par *l'Histoire Littéraire* avec d'autres ouvrages du même écrivain. Daunou n'avait assurément point lu la phrase suivante du *De Sacramentis*[2] : « *Genera pati-bulorum sive tormentorum in tractatu quem de Passione dominica scripsimus, diligenter et nominata et elucidata sunt.* »

Ce traité de la Passion de Notre-Seigneur est un commentaire de la passion suivant saint Mathieu. On en retrouve des exemplaires complets dans deux manuscrits de Paris[3] et de Vienne[4], et un abrégé très succinct dans un manuscrit de Troyes[5]. Le traité est partout accompagné du nom de Guillaume d'Auvergne.

Incipit : « *Ammonemur in* xi°. *capitulo Exodi.* »

2. De Faciebus mundi.

Complètement inconnu jusqu'ici, cet ouvrage ne figure ni dans les éditions des œuvres de Guillaume,

---

1. Bellarmin, Guillaume Cave, Oudin, D. Ceillier ignorent l'existence de cet ouvrage.
2. *Opp.* I, 511.
3. *Bibl. Nat.*; *ms. latin*, n° 14532.
4. Ms. n° 1227.
5. Ms. n° 1536.

ni dans les notices que les érudits ont consacrées à cet écrivain. Nous l'aurions sans doute laissé dans l'oubli, où il est plongé depuis si longtemps, si notre attention n'avait été attirée par un passage de la *Summa de Vitiis et Virtutibus* [1] : « *Quartus radius est, quo videtur mundus iste ex omnibus faciebus spiritualibus, de quibus circa triginta meminimus nos scripsisse, a scribendo vero aliis negotiis cogentibus destitisse. Hujusmodi ergo facies sunt operationes et similitudines quibus mala mundi spiritualia doni istius lumine cognoscuntur. Verbi gratia, una sua facie, mundus apparet evidenter esse via cum omnibus discriminibus quæ viantes impedire aut lædere possunt. Secundo campus certaminis cum omnibus similitudinibus et comparationibus eorum quæ in campo certaminis literali inveniuntur. Tertia, obsidio spiritualis vallans nos ex omni parte omni genere hostium omnique belli apparatu electos impugnans. Et ita de aliis, quarum viam et distinctionem triginta prædictarum facierum intelligentibus aperuimus.* »

L'ouvrage auquel fait allusion Guillaume, en ce passage, n'est certainement imprimé dans aucune édition de ses œuvres. Est-il seulement terminé? lui a-t-on fait au moyen âge l'honneur de le transcrire? se trouve-t-il encore dans quelque bibliothèque publique? A cette triple question, nous pouvons maintenant répondre par une triple affirmation. Cet ouvrage est achevé et se compose de deux livres précédés d'un préambule. Deux des manuscrits qui le contenaient ont passé le détroit, et sont venus enrichir les bibliothèques de l'Université

---

1. *Opp.* I, p. 157.

d'Oxford. C'est là que nous avons pu le lire et l'étudier à loisir. L'un de ces manuscrits appartient au collège de Merton et remonte au quatorzième siècle. Parmi d'autres traités de Guillaume, on y trouve un ouvrage qui commence ainsi : *Incipit prologus in libros de Faciebus mundi a Willelmo de Alvernia, episcopo Parisiensi composita* (*sic*) [1]. »

Il n'est point difficile d'y reconnaître le livre indiqué dans le passage de la *Summa* : ce sont les mêmes comparaisons du *campus militiæ* ou *certaminis*, de la *via*, et d'autres analogues, au nombre de trente environ [2].

Le *De Faciebus mundi* n'est pas seulement, comme on pourrait le croire, un fade ramassis de figures vieillies ; c'est un traité de rhétorique renfermant, au milieu d'un répertoire inépuisable d'exemples, un certain nombre de bons préceptes.

Incipit : « *Veritas evangelica predicatoribus quasi quibusdam paranimphis est commissa...* » Desinit : « *... respectu Dei sive diaboli. Similiter inveniuntur.* »

3. *Commentaire sur le Cantique des Cantiques.*

Sixte de Sienne [3], Trithème [4] et Bellarmin comptaient

---

1. *Merton college. ms.* n° 136. — C'est par erreur que M. Coxe (Catalogue des collèges d'Oxford ; Oxford, 1852 in-4°) a affirmé que tous les ouvrages contenus dans ce manuscrit étaient imprimés dans l'édition générale des œuvres de Guillaume d'Auvergne. (Venise 1291.)
2. *Bodléienne*, ms. n° 281 f° 251 v°. Nous citons de préférence le *De Faciebus mundi* d'après le ms. de la Bodléienne, dont le texte est plus complet que celui du ms. de Merton.
3. *Bibl. Sancta*, Cologne, 1586, in-fol., p. 242.
4. *De Scriptorib. Eccl.*, Lyon, 1675, in-8°, p. 323.

parmi les œuvres de Guillaume un commentaire sur le Cantique des Cantiques, dont l'*Histoire Littéraire* a nié l'authenticité[1]. Cependant une phrase de la *Summa de Vitiis et Virtutibus* en indique assez clairement l'auteur : « *Diximus aliqua de his in expositione libri Canticorum, quæ hic ex industria pertransimus*[2]. » Cet ouvrage, dont Casimir Oudin avait vu un manuscrit au monastère de Longpont[3], se trouve aujourd'hui à la bibliothèque de Chartres, dans un manuscrit qui porte le nom de Guillaume d'Auvergne[4].

Incipit : « *Liber Canticorum qui est canticum amoris et Sirasirim...* » Desinit : « *Quia depressione Judeorum amplius elevabatur.* »

4. *Commentaire sur l'Ecclésiaste.*

Nous croyons également devoir restituer à Guillaume le Commentaire sur l'Ecclésiaste, que lui attribuaient Sixte de Sienne, Trithème et Bellarmin, et que l'*Histoire Littéraire* a déclaré apocryphe.

Le manuscrit de Longpont signalé par Oudin contenait avec le commentaire sur le Cantique des Cantiques, une *Expositio magistri Guillermi, episcopi Parisiensis, super Ecclesiasten*. Le même ouvrage se trouve dans le manuscrit de Chartres n° 350[5] et dans celui de Tours

---

1. T. XVIII, p. 384.
2. *Opp.* I, 327.
3. *Commentarius*, III, col. 103.
4. Ms. n° 350. La rédaction en est antérieure à 1254. (V. une note écrite sur le 2ᵉ feuillet.)
5. Cet ouvrage porte dans le catalogue de la Bibliothèque de Chartres le titre erroné de « *Commentarium in Ecclesiasticum.* »

n° 97¹, l'un et l'autre remontant à la première moitié du treizième siècle. Non seulement on y lit le nom de Guillaume, mais les idées qui y sont exprimées font reconnaître la main du savant docteur. On y combat l'astrologie, la doctrine de l'éternité du monde, celle de la rénovation de l'univers au bout de trente-six mille ans; on y trace des règles sévères au sujet de la collation des bénéfices². Ce sont, en un mot, les mêmes pensées, presque les mêmes termes que dans les autres ouvrages de Guillaume³.

Incipit : « *Ecce, inquit Salomon,* (Prov. XXII) *descripsi tibi doctrinam tripliciter.* » Desinit : « *Quod fit, sive quod factum est supple.* »

5. *Commentaire sur les Proverbes de Salomon.*

Un dernier commentaire de l'Écriture Sainte est attribué à Guillaume par les anciens bibliographes, et rejeté par Daunou, comme apocryphe : c'est celui des Proverbes de Salomon. On le trouve dans le manuscrit de Chartres qui contient les deux précédents ouvrages, et tout autorise à croire qu'il fut écrit par le même auteur⁴.

---

1. Une note écrite dans le ms. de Tours fait savoir qu'il a appartenu à Mᵉ Jean le Noir, chanoine de Paris, lequel est nommé dans un acte de 1249. (*Cartul. de Notre-Dame de Paris*, II, 414.)

2. Ms. de Chartres, n° 350, ff. 62 v°, 92 v°, 64 r°, 67 v° et 105 v°.

3. V. De Univ. Op p I, 709-714, De coll. benefic., etc.

4. Une note écrite au treizième siècle sur le premier feuillet de ce ms. est ainsi conçue : « In hoc volumine continentur glose magistri Guillermi, Parisiensis episcopi, super Proverbia Salomonis, Ecclesiastem, Cantica Canticorum. »

Incipit : « *Quod dicitur in Parabolis a principio usque ad illum locum...* » Desinit : « *Opera enim sunt et signum bonitatis aut malitie et ideo operibus credetur tunc.* ».

6. *De Missa.*

Un manuscrit du quinzième siècle, conservé à la Bibliothèque nationale[1], contient, sous le nom de Guillaume de Paris, un traité du Sacrement de l'autel, intitulé plus exactement : « *Cum quibus meditacionibus audiendum ac celebrandum est divinum officium misse.* » Nous ajoutons foi d'autant plus volontiers à l'indication fournie par le manuscrit, que cet ouvrage offre, en certains passages, une ressemblance frappante avec le *De Sacramentis* de Guillaume d'Auvergne.

De Sacramentis. (*Opp.*, t. 1er, p. 448.)	De Missa, (*ms. cité*, f° 76 r°.)
« Respondemus quia *sublimis ac cœlestis sapientiæ est scire discumbere ad* hanc *mensam, et refici ex ca et scire interesse tanto sacrificio et reconciliari per ipsum* quemadmodum Apuleïus philosophus dixit quosdam tantum auribus et non animo philosophari..... Quia ergo *missa est ejus fragrantissimi sacrificii oblatio*, cujus suavitatis odore mundus Deo reconciliatus est.. »	« *Sublimis ac celestis sapiencie est scire discumbere ad* sacratissimam altaris *mensam et refici ex ea, et scire interesse tanto sacrificio et reconciliari per ipsum. Missa* enim *est fragrantissimi* illius *sacrificii* celebratio atque *oblatio*, scilicet corporis et sanguinis Domini nostri Jhesu Christi. »

Ces deux passages ne sauraient être écrits par des auteurs différents.

1. *Ms. latin*, n° 10625, ff. 76 r° - 82 r°.

Le texte du *De Missa* s'écarte bientôt de celui du *De sacramento Eucharistiæ*, le style perd toute allure philosophique, et l'ouvrage prend la forme d'une méditation pieuse.

La phrase citée plus haut est la première du *De Missa*. Voici le *desinit* de cet opuscule : « ... *accipere « gloriam et beatitudinem ibi sine fine cum sanctis ange- « lis et omnibus spiritibus beatis.* »

7. De Gratia.

On lit dans le *De Fide et Legibus* : « *Præter hæc, « sunt sacramenta, virtutes, gratia et liberum arbi- « trium, de quibus etiam multa nefanda latrare non « cessant hæretici. Et nos de his quatuor, prout desuper « excepimus,* duobus tractatibus completis nos expe- « divimus, *scilicet de Sacramentis et* Libero arbitrio « atque Gratia[1]. » Il résultait de ce passage, qu'avant d'écrire le *De Fide et Legibus*, Guillaume avait fait, sur le libre arbitre et sur la grâce, un ouvrage qu'il mettait sur la même ligne que son vaste traité des Sacrements. Mais cet ouvrage avait-il péri ? Les bibliothèques de France n'en possédaient point d'exemplaire, et le silence des historiens semblait autoriser cette supposition.

Nous avons retrouvé à Oxford et à Londres deux exemplaires du *De Gratia* : l'un, dans le manuscrit n° 136 de *Merton College*, manuscrit qui contient également la *Summa de Vitiis et Virtutibus* et le *De immortalitate*

---

1. *Opp.* 1, p. 15.

animæ, l'autre dans un manuscrit du quinzième siècle de l'ancien fonds royal au Musée Britannique[1].

Il n'est point inutile d'ajouter que l'auteur du *De gratia* cite la Somme des Vertus et des Vices[2].

Incipit : « *Post hec autem gratiam stabilire qua post lap-« sum ad Deum redimus.....* » Desinit: « *Hanc autem « subjectionem, sive obedientiam vocamus gratiam.* »

Quoique peu étendu, cet ouvrage est divisé en huit chapitres. Guillaume commence par y donner quelques notions précises sur le libre arbitre, qu'il compare et oppose à l'autre faculté maîtresse, la raison ; puis déterminant les devoirs qui sont imposés à chacune de ces facultés, il montre qu'elles ne sauraient les remplir sans le secours de la grâce.

8. *De Laudibus patientiæ.*

Un seul bibliographe, l'ancien éditeur de la Rhétorique divine a compté parmi les ouvrages de Guillaume un traité de *Laudibus patientiæ*. Tous les écrivains postérieurs, Trithème, Oudin, Dom Ceillier, Daunou, en ont même ignoré l'existence.

On lit cependant dans la *Summa de Vitiis et Virtutibus*: « *Malitia reproborum perutilis est ad bonorum condi-« menta et medicamenta multipliciaque eorum incre-« menta,* sicut in tractatu de Laudibus patientiæ plenius « ostendimus[3]. »

---

[1]. Londres, British Museum, King's library 6 E III. Le titre est : *Parisiensis de gratia.*
[2]. Ms. d'Oxford, f° 206 r°.
[3]. *Opp.* I, p. 266.

D'autre part, la bibliothèque de Troyes possède en un même manuscrit[1] le *De Claustro animæ* de Guillaume d'Auvergne et le « *De Patientia libellus* » du même auteur. Ce dernier traité est incontestablement l'ouvrage auquel faisait allusion le passage de la *Summa* : c'est le *De Laudibus patientiæ*, dont parlait l'éditeur de la Rhétorique divine.

Incipit : « *Istis meditationibus juvatur patientia.* « *Primum attendendum est quanta insania sit de vesano* « *homine conqueri...* »

Desinit : « *Reprehendit te magister dicens :* » *Ego* « *sum veritas, que utique oportet prodesse, non* « *placere.* »

9. *De Bono et Malo.*

Il faut remonter aux anciens bibliographes, Trithème et Bellarmin, pour trouver, parmi les ouvrages attribués à Guillaume un traité du Bien et du Mal. Daunou le déclare apocryphe, mais Guillaume s'en reconnaît l'auteur en cinq passages du *De Universo* et de la *Summa de Vitiis et Virtutibus* : « *Jam autem declaravimus in* trac- « tatu de Bono et Malo... *Sicut declaravimus* in tractatu « singulari de Bono et Malo... *Jam autem audivisti intentionem meam de* Bono et Malo, *et declarationes mea*s « *de utriusque intentionibus in tractatu singulari de* « *eis*[3]. »

---

1. Ms. n° 1236.
2. Nous devons ces renseignements à l'obligeance de M. Em. Socard, conservateur de la bibliothèque de Troyes.
3. *Opp.*, t. Ier, p. 260, 169, 844, 319 et 325.

Il y a plus : ce traité subsiste à Oxford, dans un manuscrit du quatorzième siècle, appartenant au collège de Balliol [1]. Si le nom de maître Guillaume l'Auvergnat n'y figurait pas en toutes lettres, il suffirait pour en reconnaître l'auteur d'en examiner le contenu : premiers principes, idées générales, connaissance, source de la vie, abstraction [2], tous ces problèmes de la philosophie scolastique y sont posés, discutés et résolus de la même manière que dans le *De Anima* ou le *De Universo*.

Le titre du *De Bono et Malo* en indique assez clairement l'objet. Après avoir appelé vérité l'illumination de l'intelligence, et bonté la force motrice du sentiment, Guillaume établit que Dieu seul est le vrai, le bien absolu. La définition des vices et des vertus, la théorie des premiers principes, la division des facultés trouvent leur place dans cet exposé de morale générale, à côté du tableau des principaux devoirs de l'homme : un des devoirs les plus rigoureux auxquels son intelligence soit astreinte, est la croyance aux vérités révélées, et, à ce propos, Guillaume établit, par manière de conclusion, un parallèle entre les vertus naturelles des philosophes et les vertus « gratuites » des chrétiens, auxquelles il accorde la préférence.

Incipit : « *Quoniam in nondecimo Mathei et* XVIII
« *Luce dicit et ipsa veritas...* » Desinit : « *Hoc non est*
« *inconveniens ab uno igne esse simul calorem et lumen,*
« *et, quanto quelibet vis sublimior est, tanto operacionibus*
« *affluenciorem et numerosiorem.* »

---

1. Ms. n° 287, ff. 1-26.
2. Ms. cit. ff. 3 r°, 15 r°, 13 v° et 15 v°.

10. *De Paupertate Spirituali.*

Lorsque le scribe auquel nous devons le précieux manuscrit de Balliol[1] eut terminé, au verso du vingt-sixième feuillet, la copie du *De Bono et Malo*, retrempant sa plume dans l'écritoire, il traça les mots suivants sur le recto du feuillet 27 : « *Quoniam* in alio tractatu,
« *videlicet quem* de Bono et Malo *scripsimus, declaravi-*
« *mus malum omne quod sentit et fugit per semetipsam*
« *naturaliter omnis natura, esse aut destructionem ipsius*
« *esse, aut lesionem, aut inquietacionem, aut molestacio-*
« *nem, consequens est, ut de malo quod sola perfecte sen-*
« *tit et fugit gracia, eo quidem modo qui gracie congruit,*
« *disseramus, hoc est, ut non philosophando, per viam pro-*
« *bationis, sed magis narrando, per viam explicationis*
« *et explanationis, procedamus.* »

Suit un long traité, qu'il faut évidemment joindre à la liste des ouvrages de Guillaume, bien qu'aucun historien n'en ait parlé, et qu'il ait échappé, chose plus surprenante, aux recherches de M. Coxe, l'auteur du catalogue d'Oxford[2].

Destiné à faire suite au *De Bono et Malo*, cet ouvrage s'en distingue par sa forme plus littéraire. Les comparaisons, les exemples, les fleurs de rhétorique dont il est semé ont pour but de reposer la vue du lecteur, au sortir des terres arides qu'il vient de parcourir, dans le

---

1. Ms. n° 287.
2. *Catalogus codicum manuscriptorum qui in collegiis aulisque Oxoniensibus hodie asservantur*, Oxford, 1852, in-4°.

domaine de la métaphysique : de même au *De Virtutibus*, traité abstrait de morale, succède le *De moribus*, ouvrage gracieux, où l'imagination s'est donné carrière.

Le copiste a malheureusement oublié de nous conserver le titre de ce nouvel ouvrage. Dans le doute, nous proposons celui de *De Paupertate Spirituali* qui semble le mieux convenir à la nature du sujet. En effet, après avoir considéré successivement le mal, comme une honte, comme une solitude, comme une excommunication, et comme une pauvreté, Guillaume abandonne les trois premiers termes de comparaison pour s'attacher exclusivement au dernier; il distingue en son ouvrage plusieurs parties correspondant aux diverses « faces de la pauvreté spirituelle », et intitule ses chapitres : « *Tertia pars, quarta pars paupertatis istius spiritualis* [1] ».

Cependant cet ouvrage est peut-être inachevé; l'une des phrases de l'introduction donne à penser que Guillaume voulait traiter avec le même luxe de détails tous les autres « aspects » de la malice humaine : « *Has igitur « comparaciones ex ordine prosequentes et malicie facies « revelantes...* incipimus a prima, *quam separacionem « a fonte boni, maliciamque diximus* [2]. »

Desinit : « *Item habet officium navigatoris, aurige et « equitis, sive equi rectoris : item officium inquisitoris et « inventoris.* »

---

1. Fol. 32 r° et 38 v°. Cf. f° 30 r° : « Ut igitur dictorum summam breviter colligamus, VII sunt facies paupertatis spiritualis et VII rami et XVII in universo facies quas enumeravimus. »
2. *Ibid.*, fol. 29 r°.

11. Sermons.

Il y a longtemps que les érudits[1] n'hésitent plus à faire honneur au dominicain Guillaume Perrauld des 300 sermons que l'on imprimait, en 1674, sous le nom de Guillaume d'Auvergne : il n'est même plus permis d'adopter, en cette matière, l'opinion de D. Ceillier et de Casimir Oudin[2], qui ne voyaient en Guillaume Perrauld qu'un imitateur de l'évêque de Paris.

Les sermons authentiques de Guillaume d'Auvergne, encore inédits, ont été découverts, pour la première fois, par Échard et signalés à l'attention des savants par M. Lecoy de la Marche. Ils se lisent dans neuf manuscrits du fonds de Sorbonne, dont l'écriture remonte incontestablement au milieu du treizième siècle,[3] et dans un manuscrit de Saint-Vaast, de la même date, qui porte aujourd'hui le n° 203 de la bibliothèque d'Arras[4].

Pour dissiper les derniers doutes que pourrait soulever

---

1. V. *Hist. Littér.* XVIII, p. 377 et XIX, p. 310. — Ellies du Pin, *Nouv. bibl. des aut. ecclés.* Paris, 1702, in-8°, t. X, p. 68. — M. Lecoy de la Marche, *La Chaire française*, p. 122 et 471, et surtout Quétif et Échard, *Scriptores ord. Præd.* I, p. 131-136. — Cette opinion est confirmée par le témoignage des mss. de Florence, Venise, Anvers, Cuissy, et des *mss. latins de la Bibl. nat.* n°s 3528, 12422, 15954, et 16472.

2. XXIII, p. 461, et III, col. 102.

3. *Mss. latins* n°s 15951, 15952, 15953, 15955, 15959, 15964, 16471, 16488, 16507.

4. Ce ms. contient 10 sermons de Guillaume d'Auvergne, dont 6 se retrouvent dans les *mss.* de la *Bibl. nat.* n°s 15955 (f° 432 v°), 15964 (f° 5 v°), et 16507 (f° 307 v°)

l'authenticité de ces sermons, il ne sera point inutile de comparer un passage de l'un d'eux à un fragment du *De Sacramentis*.

Sermon pour le dimanche de la Trinité.	*De Sacramentis : chapitre du Baptême.*
Baptismus est tinctio, ergo baptizari est tingi, sed tingi pannum in rubeo est pannum fieri rubeum, tingi in album est fieri album, tingi in nigrum est fieri nigrum Ergo tingi in Christo est fieri christianum [1].	Et quia jam manifestum est, quia tingi in quocumque nihil aliud est quam ei assimilari, seu simile ei fieri, manifestum est consequenter tibi, quia necesse habemus tingi in igne spirituali et invisibili, hoc est igniri, vel ignes fieri, similiter in spiritu, id est spirituales fieri, sic et in Deo, id est Dii vel divini fieri, sic et in Christo, id est christiani fieri [2].

Les sermons de Guillaume sont au nombre de 530 environ et se répartissent en deux séries principales : 1° sermons *de tempore* ; 2° sermons *de saintes*.

La première série comprend 14 sermons pour le premier dimanche de l'Avent, 1 pour le second, 5 pour le troisième et 10 pour le quatrième[3]; 9 sermons pour la vigile de la Nativité, 6 pour le jour de Noël, et 3 pour l'Octave[4]; 3 pour la Circoncision, 7 pour l'Épiphanie, 4 pour le dimanche dans l'octave, 3 pour l'octave, 4 pour le deuxième dimanche après l'Épiphanie, 1 pour le troisième, 5 pour le quatrième, et 2 pour le cin-

---

1. *Bibl. nat. ms. latin*, n° 15964, fol. 6 r°.
2. *Opp.* I, p. 418.
3. *Bibl. nat. ms. lat.* n° 15959 f°ˢ 4 r° et sq., 30 r° et sq., 60 v° et sq., 81 r° et sq.
4. *Ibid.* ff. 106 r° et sq., 81 r°, 30 r° et sq., 128 r° et sq., et 154 r° et sq.

quième¹ ; 14 sermons pour la Septuagésime, 11 pour la Sexagésime, 6 pour la Quinquagésime et 2 pour le mercredi des Cendres² ; 2 pour le premier dimanche de Carême, 8 pour le second, 12 pour le troisième, 5 pour le quatrième, 3 pour le dimanche de la Passion, 11 pour le dimanche des Rameaux³, 9 pour le Jeudi saint, 2 pour le Vendredi saint ; 5 pour le jour de Pâques, 3 pour le lundi de Pâques, 1 pour le mardi, 2 pour le samedi, 4 pour le dimanche de Quasimodo, 3 pour le deuxième dimanche après Pâques, 2 pour le troisième, 12 pour le quatrième, 8 pour le cinquième ; 5 pour l'Ascension⁴, 2 pour l'Octave, 19 pour le jour de la Pentecôte, 4 pour le jour de la Trinité⁵, et 98 pour les derniers dimanches de l'année liturgique⁶.

Les fêtes pour lesquelles Guillaume a prononcé des sermons sont celles de saint Étienne, de saint Jean l'Évangéliste, des Saints Innocents, de saint Vincent, de la Conversion de saint Paul, de la Chandeleur, de saint Benoît, de l'Annonciation, de saint Marc, de saint Philippe et saint Jacques, de l'Invention de la Sainte Croix, de la Nativité de saint Jean-Baptiste, de sainte Made-

---

1. *Ibid.* ff. 168 r° et sq., 186 r° et sq., 200 r° et sq., 230 r° et sq., 237 r° et sq., 246 r°, 316 r°, 268 r° et sq., 282 r°.

2. *Ibid.* ff. 292 r°, 308 v° et sq., 348 v° et sq., 371 r° et sq., 405 r° et sq. ; mss. nº* 16488, f° 226 r°, et 16507, f° 230 v°.

3. *Ms.* n° 15959, ff. 405 r°, 439 r° et sq., 529 r°, 531 v° et sq., 545 r°. Ms. n° 15955, ff. 4 r° et sq., 58 v° et sq., 99. r°, 103 v°, 131 r° 136 r°, et sq., 117 r°.

4. *Ibid.* ff. 230 r°, 256 r°, 260 r°, 220 r°, 279 r° et sq., 292 r° ; 316 v° et sq., 367 r°. Ms. n° 16488, f° 303 r°.

5. *Ms.* n° 15955, ff. 432 v° et sq. Ms. n° 16507, f° 306 v°. Ms. d'Arras, ff. 8 v°, 10 v° et 11 r°. Ms. n° 15984, f° 5 v°.

6. *Mss.* 15965, 16488, 15507, *passim.*

leine, de saint Pierre-aux-Liens, de saint Laurent, de l'Assomption, de la Nativité de la Vierge, de l'Exaltation de la Sainte Croix, de saint Michel, de la Toussaint, du jour des Ames, de la Dédicace et de saint Nicolas [1].

Il existe encore des séries de sermons prononcés pour la fête d'un apôtre [2], d'un confesseur [3], d'une vierge [4], d'un ou de plusieurs martyrs non déterminés [5]; trois sermons prêchés dans le synode [6], et un, prêché pendant une ordination [7].

III. — Ouvrages d'une authenticité douteuse.

1. *De Inferno et Paradiso.*

Au bas d'un traité de l'Enfer et du Paradis conservé dans un manuscrit de la Bibliothèque nationale [8], une main du quinzième siècle a écrit ces mots : « Expliciunt tractatus Guillelmi Parisiensis de Inferno et Paradiso. » La présence au milieu du texte latin d'un grand nombre de locutions françaises [9] et surtout la reproduction d'une

---

1. *Mss.* 16471, 16488, 16507, 15951 et 15954, *passim*. Ms. d'Arras, f° 51 r°.
2. *Ms.* 15954, ff. 6 r° et sq.
3. *Ibid.*, ff. 140 r° et sq.
4. *Ibid.*, ff° 178 r° et sq.
5. *Ibid.*, ff° 70 r° et sq., 137 r° et sq.
6. *Ms.* 15953, f° 38 v°.
7. *Ibid.* f° 49.
8. *Ms. latin* n° 15025, ff. 238 r°-299 v°.
9. « Enviuse mouert, mes envie ne morra ja. » (f° 243 r°) « Qui ne fet

des idées de la Summa de Vitiis et Virtutibus [1] pourraient faire croire qu'il s'agit de Guillaume d'Auvergne. Le silence des historiens et de Guillaume lui-même laisse planer quelque doute sur l'authenticité de cet ouvrage.

Incipit : « *Convertantur peccatores in infernum; omnes gentes qui (sic) obliviscuntur Deum scilicet considerent...* » Desinit : « *Tunc cognoscam, sicut cognitus sum : ad quod nos perducat qui vivit et regnat in secula seculorum. Amen.* »

2. *Extracta super libros Sententiarum.*

Un abrégé du traité de Pierre Lombard, dont l'auteur modifie sans scrupule le texte du livre des Sentences, porte, dans un manuscrit du quinzième siècle [2], le nom de « Guillaume, évêque de Paris. » S'il est l'ouvrage de Guillaume d'Auvergne, on doit en faire remonter la composition au temps où ce docteur expliquait Pierre Lombard dans sa chaire de théologie [3].

---

quant il pote, il ne fra quant il vot. » (f° 248 v.) « Qui ne done que il aime, ne prent que desire. » (f° 247 v°). Le texte du *De moribus* et des sermons de Guillaume d'Auvergne est également émaillé de proverbes français.

1. Folio 245 r°. Cf. *opp.*, t 1ᵉʳ, p. 328.
2. *Bibl. nat.*, ms. *latin*, n° 14534.
3. Une main du quinzième siècle a tracé ces mots au fol. 241 du *ms.* n° 516 de la *bibl. de l'Arsenal* : « In isto libro continentur de Fide et Legibus Guillelmi Parisiensis. Item conclusiones super IV libros sententiarum a dicto Guillelmo. » Ces indications sont fausses, car le ms. ne contient ni l'un ni l'autre de ces ouvrages. On voit cependant que Guillaume d'Auvergne était considéré, au quinzième siècle, comme l'auteur d'un commentaire sur les livres des Sentences.

3. *Commentaire sur l'Apocalypse.*

L'indication très sommaire « *Parisiensis super Apocalypsim* » qu'on trouve dans un manuscrit d'Oxford [1], en tête d'un Commentaire sur l'Apocalypse, ne suffit pas à en déterminer l'auteur. En parcourant ce long ouvrage, nous n'avons trouvé aucun autre indice qui permît de l'attribuer sûrement à Guillaume d'Auvergne.

Incipit : « *Apocalipsis, id est revelatio Jhesu Christi a Jhesu Christo facta...* » Desinit : « *Lector non malitie sed ignorantie ascribat et corrigat quicquid viderit corrigendum...* »

4. *Statuts synodaux.*

Le *Synodicon Parisiense* publié, au siècle dernier, par les soins de l'archevêque Christophe de Beaumont [2], contient des statuts promulgués, à une date incertaine, par un évêque de Paris du nom de Guillaume. Un seul érudit, Thomassin [3], a voulu en fixer la date, en se fondant sur l'article de ces statuts qui ordonne aux curés de se confesser à des prêtres choisis par l'évêque lui-même. « Aux termes d'un statut de Rouen de 1236, a-t-il dit, les curés devaient se confesser soit à l'évêque soit à son pénitencier ; un synode de Nîmes de 1286 leur permit au contraire de se confesser à qui bon

---

1. Ms. du quinzième siècle, *Merton College*, n° 42, f. 47 r°-165 r°.
2. Paris, 1777, in-4°.
3. T. I, partie IV, p. 269 de l'édition in-folio de 1679.

« leur semblerait. Le régime transitoire inauguré par
« le synode de Paris doit nécessairement se rapporter à
« une période intermédiaire, c'est-à-dire au pontificat de
« Guillaume d'Auvergne. » Cet argument aurait quelque
valeur, si la discipline de l'Église avait toujours suivi
en cette matière une marche régulière et uniforme. Mais,
quand on voit chaque diocèse soumis à des règles différentes et un synode de Bayeux de 1300 surpasser en
sévérité les prescriptions les plus rigoureuses du commencement du treizième siècle, on reconnaît qu'il est
impossible de se prononcer pour l'un ou l'autre des trois
prélats du nom de Guillaume, qui occupèrent le siège
de Paris à quelques années d'intervalle [1].

IV. — Ouvrages apocryphes.

1. *Commentaire sur les Épîtres et les Évangiles
des Dimanches.*

Le nom du *Parisien* ou de Guillaume de Paris a été
joint quelquefois [2] à une glose sur les Épîtres et les
Évangiles des dimanches dont il existe environ 68 éditions. On peut lire dans Échard les excellentes raisons

---

1. Même incertitude à l'égard d'un très court fragment, intitulé *Consilium domini Guillelmi, episcopi Parisiensis, de ministerio et negligentiis altaris.* (Bibl. nat. ms. latin, n° 16541, écriture du treizième siècle.)

2. Biblioth. de la cath. d'York, ms. n° 40, Cambridge, *Trinity hall*, ms. n° 2176 du catal. génér. — Munich. ms. n° 14678.

qui l'ont empêché de faire figurer ce commentaire parmi les œuvres de Guillaume [1].

2. *Commentaire sur l'Évangile de St-Mathieu.*

Nous croyons devoir rappeler les arguments par lesquels Oudin et D. Cellier cherchaient à prouver l'authenticité de cet ouvrage [2].

1° Tous les anciens auteurs, disaient-ils, veulent que Guillaume ait écrit une glose sur saint Mathieu. Il est vrai, mais ils avaient sans doute en vue le *De Passione*, qui est un commentaire de la passion de saint Mathieu.

2° Un passage du *De Virtutibus*, ajoutaient-ils, est cité au chapitre VI. Le passage indiqué appartient en effet à l'un des nombreux *tractatus Virtutum*, que le moyen âge vit paraître ; mais il est impossible d'y reconnaître aucune des pensées de la *Summa*.

3° Quant au passage du *De moribus* dans lequel Guillaume, suivant les mêmes érudits, cite son commentaire de saint Mathieu, il fait simplement allusion aux gloses des Pères de l'Église [3].

La question est d'ailleurs définitivement tranchée, s'il est vrai, comme l'affirme M. Mangeart [4], que le commentaire de saint Mathieu se trouve dans un manuscrit

---

1. *Script. ord. Præd.* I, p. 868.

2. Oudin, III. col. 103 ; D. Ceillier, XXIII, p. 481. Ce commentaire est généralement imprimé avec les œuvres de S. Anselme (V. édit. du P. Raynaud. Lyon, 1630, in-fol. p. 456.)

3. « *Paupertatem spiritus multi ex sacris doctoribus humilitatem intelligunt sicut apparet expositionibus quæ super S. Mathæi leguntur.* » (*Opp.* I, p. 238).

4. Ms. n° 63. V. Catalogue de la Bibl. de Valenciennes.

de la bibliothèque de Valenciennes remontant au douzième siècle.

Notre bibliothèque de Paris possède un fragment d'une autre glose sur saint Mathieu que l'on pourrait avec plus de vraisemblance revendiquer pour Guillaume. Suivant une note du treizième siècle, elle est l'œuvre de Guillaume Perrauld ; une autre note du quinzième en fait honneur à Guillaume de Paris [1].

3. *Dialogue sur les sept Sacrements.*

Il y a longtemps qu'on ne songe plus à attribuer cet ouvrage à Guillaume. On y voit cités en effet, saint Thomas d'Aquin, Geoffroy de Fontaines et Boniface VIII [2].

4. *Liber contra Exemptos.*

L'*Histoire Littéraire* termine ainsi l'examen des ouvrages attribués à Guillaume [3] : « Reste un traité
« contre les Exemptions des Réguliers.... On a tout
« lieu d'attribuer ce livre contre les privilèges des moines
« à Guillaume de Saint-Amour, nommé quelquefois
« *Guillelmus Parisiensis* », plutôt qu'à un prélat qui s'est
« toujours montré fort dévoué aux intérêts des reli-
« gieux. »

---

1. *Ms. latin*, n° 12023.
2. Voir à ce sujet une longue dissertation, dans le tome XXVII de l'*Hist. littéraire* (p. 140 et suiv.).
3. XVIII, p. 384. Cf. Oudin, III, col. 103.

Deux collèges d'Oxford, celui de Merton et celui de Corpus Christi, possèdent des manuscrits de cet ouvrage, remontant au quinzième siècle. Dans l'un et l'autre, le *Contra exemptos* ou *De exemptionibus* porte le nom du *Parisien* [1] : indication qui manquerait de précision, si cet ouvrage n'était suivi, dans l'un des manuscrits, du traité de la Collation des Bénéfices, avec cette rubrique : « *Incipit alius tractatus ejusdem de Prebendis* ». C'est donc bien de Guillaume d'Auvergne qu'il s'agit [2].

Cependant cet ouvrage n'appartient ni à Guillaume d'Auvergne, ni à Guillaume de Saint-Amour. Il fut composé, après la condamnation des Templiers, et du vivant de Philippe le Bel, c'est-à-dire entre les années 1311 et 1314 [3]. A considérer cette date, d'une part, de l'autre, l'aversion que l'auteur témoigne aux Templiers, on serait tenté d'attribuer cet ouvrage à l'inquisiteur Guillaume de Paris [4]. Mais appartenait-il à un frère Prêcheur d'élever la voix contre l'exemption? Il y avait alors un

---

1. *Merton College*, ms. n° 50, ff. 213-263. *Corpus Christi College*, ms. n° 231, ff. 1-28.

2. Il n'y aurait rien d'impossible à ce que Guillaume eût écrit un traité contre les exemptions : il les considérait comme un abus V. *de Paupertate spirit.* (Oxford, *Balliol College*, ms. n° 287, f° 43.)

3. On y trouve en effet les passages suivants : « Meminimus propositum fuisse coram Domino nostro sanctissimo Patre Summo Pontifice et Christianissimo Francorum rege et venerabili collegio reverendorum patrum dominorum cardinalium et aliis innumerabilibus ibi astantibus christianissimum Regem Francie, Templarii ergo quantum ad bonum et delectabile et quantum ad venerea, non solum erant mali et pejores, set eciam erant pessimi. (*Ms. de Merton*, ff. 253 r° et 254 r°.) Modus professionis eorum nunc per christianissimam principis Regis Francie astutiam detectus est. » (*Ibid.*, f° 252 r°; cf. f° 251. v°.)

4. Sur lui, v. Quétif et Échard, *Script ord. Præd.* I, p. 518, et *Hist. Litt.* XXVII, p. 140.

prélat, que sa haute position dans le clergé séculier obligeait, pour ainsi dire, à réprouver cet abus, qui avait pris part aux délibérations du concile de Paris et à la condamnation des Templiers, que l'on a enfin confondu d'autant plus volontiers avec Guillaume d'Auvergne, qu'il avait même prénom, même évêché, et qu'il était originaire de la même ville [1] : Guillaume Beaufet ou d'Aurillac, évêque de Paris de 1305 à 1320, nous parait être l'auteur de ce traité.

Au début de son livre, il avoue que le Souverain-Pontife a le pouvoir de conférer des exemptions, mais il soutient qu'il a le devoir de n'en point user. « L'exemp« tion, dit-il, est une révolte contre les lois de la nature, « le renversement de l'ordre établi par les Papes eux-« mêmes, la confusion dans l'arche. Elle répugne aussi « bien à la nature de l'âme, qu'à la hiérarchie céleste. « On peut juger des ravages qu'elle fait dans l'Église « par la ruine des Templiers et le relâchement des « moines [2]. » L'auteur accuse les chanoines exempts de parcourir la ville en armes pendant la nuit et de se livrer à mille excès, les religieux de s'habiller avec recherche, de posséder des faucons et de bénir les mariages clandes-

---

1. Labbe XI, col. 1535, *Rec. des Hist. des Gaules*, XX, p. 600 et Dupuy, *Hist. de l'ordre militaire des Templiers*, Bruxelles, 1751, in-4º, *Pr.*, p. 347.

2. *Volunt se equiparare prelatis et dedignantur vocare prelatos suos superiores, sed vocant eos suos pares et vicinos... Aliquos canonicos famosos et peritos injure audivimus sic loquentes, et non solum vocant se pares prelatorum, sed aliqui ex eis reputant se superiores prelatis, asserentes se posse excommunicare ipsos. Aliqui etiam in tantam vesaniam sunt elapsi, ut dicant se habere jurisdictionem in domibus prelatorum, ut possent citare familiares prelatorum, dum existunt in eorum domibus, et, quod pejus est, armati insurgunt contra prelatos et non verentur injuriam eis inferre; que omnia mala ex exempcione originem sumere nullus sane mentis potest dubitare.*

tins [1]. Soit que l'on admette, soit que l'on repousse ces accusations, le mémoire de Guillaume Beaufet montre combien l'exemption soulevait de plaintes dans le clergé au commencement du quatorzième siècle [2].

Conclusion.

Résumons en quelques mots nos conclusions. Sans parler des onze traités que l'*Histoire Littéraire* et tous les auteurs modernes attribuent à Guillaume, traités dont nous nous sommes efforcés de démontrer l'authenticité par des preuves solides, nous avons cru pouvoir ajouter à cette liste onze nouveaux ouvrages :

Le DE CLAUSTRO ANIMÆ,

le DE PASSIONE DOMINI,

le DE FACIEBUS MUNDI,

les COMMENTAIRES SUR LE CANTIQUE DES CANTIQUES, SUR L'ECCLÉSIASTE et SUR LES PROVERBES DE SALOMON,

le DE MISSA,

le DE GRATIA,

le DE LAUDIBUS PATIENTIÆ,

le DE BONO ET MALO

et le DE PAUPERTATE SPIRITUALI.

La liste des sermons de Guillaume a été dressée

---

1. *Vidimus enim in tempore nostro quemdam religiosum exemptum invadere hospitium prelati, et cum ense evaginato interfuisse fractioni portarum hospitii prelati, ex qua fractione et ex quo insultu plures de familia prelati, fuerunt letaliter vulnerati... nec tamen fuit propter hoc sufficienter ab abbate correctus.*

2. Incipit : « *Augustinus, 7° de Civit. Dei, cap.* xxx°, *ait quod sic utique Deus...* » Desinit : « *Habetur quod exempti delinquendo quantum ad ea, etc.* »

d'après les manuscrits de Paris et d'Arras. Nous avons signalé quatre ouvrages d'une authenticité moins certaine : le *De Inferno et Paradiso*, le *Commentaire sur l'Apocalypse*, les *Statuts synodaux* et les *Extraits des livres des Sentences*. Enfin, parmi les traités apocryphes, nous avons compté un livre *contre les Exemptions*, au bas duquel il convient de mettre sans doute le nom d'un des successeurs de Guillaume d'Auvergne, *Guillaume Beaufet*.

Les vingt-deux traités dont Guillaume est l'auteur incontestable ne doivent pas tous être considérés comme des œuvres distinctes. On sait que l'amour de l'unité, si puissant au moyen âge, encourageait les auteurs à écrire, sous des noms divers, de vastes encyclopédies, où toutes les matières de l'enseignement scolastique se trouvaient développées tour à tour. Cette tendance se fait sentir dans les ouvrages de Guillaume, beaucoup plus qu'on ne serait tenté de le croire. Nous avons déjà montré que le *De Virtutibus*, le *De Moribus*, le *De Vitiis et Peccatis*, le *De Temptationibus et Resistentiis*, le *De Meritis* et le *De Retributionibus sanctorum* formaient un vaste traité, une *Summa de Vitiis et Virtutibus*. Il n'est pas moins facile de prouver que le *De Trinitate*, le *De Universo*, le *De Fide et Legibus*, le *De Sacramentis* et enfin la *Summa de Vitiis et Virtutibus* elle-même étaient les parties d'un tout, les fragments d'un des plus vastes monuments qu'ait édifiés la philosophie scolastique.

Cette encyclopédie comprenait l'étude des êtres, depuis le Créateur jusqu'à l'homme. Guillaume l'appelait tantôt « *Science divine, divinale, sapientiale ou spirituelle* », tantôt « *Philosophie première et théologique,*

Philosophie sapientiale », ou même « *Métier premier, sapiential et divinal.* [1] »

La connaissance de Dieu en était le fondement, et le *De Trinitate* en formait la première partie, « *prima pars theologicæ philosophiæ*[2]. » Guillaume passait ensuite à l'étude des créatures, et les considérait dans leur ensemble : c'était l'objet de la première partie du *De Universo*[3]. La troisième partie de la « science divinale » devait être l'étude des rapports du monde avec Dieu, la III^a I^æ du *De Universo*. Puis venait, dans la seconde partie de ce traité, la science des purs esprits[4]. Descendant alors jusqu'à l'homme, Guillaume ne le considérait d'abord que dans ses rapports avec Dieu. La vraie religion, la foi, le culte, l'ancienne et la nouvelle loi, en un mot, toutes les matières développées dans le *De Fide et Legibus* formaient la cinquième partie du Métier Divinal. La sixième était la science des Sacrements[5]. Le philosophe étudiait enfin les facultés les plus nobles de l'âme, rejetant en dehors de la science divine la Psychologie proprement dite : « *Scientia de anima quæ una est ex partibus Philosophiæ naturalis*[6]. » Il traitait de la volonté, des vertus

---

1. *Opp.* t. 1er, p. 1, 102, 24, 76, 407, 69, 76, 593.
2. *Ibid.*, p. 69.
3. « Scientia de Universo per modum istum et scientia de omni scientia-que de mundo simpliciter una scientia est, et est pars secunda Primi Sapientialis Divinalisque Magisterii. »
4. V. *Opp.* I, p. 76.
5. *Opp.* Ier, p. 407. Dans le ms. latin de la Bibl. nat. n° 15755 (XIIIe siècle) le *De Fide et Legibus* se termine par ces mots : « *Completus est tractatus quintus.* »
6. C'était l'opinion d'Aristote, et ce fut celle d'Albert le Grand. Ailleurs (*De Anima*, opp., t. II, suppl. p. 65), Guillaume paraît s'être ravisé et avoir voulu assigner une plus noble place à la Psychologie.

et des mœurs, des vices et des péchés, des mérites et des récompenses réservées à la vertu : la *Summa de Vitiis et Virtutibus* complétait la science divine, en en formant la septième et dernière partie.

Ainsi Guillaume, à l'exemple de ses contemporains, cherchait à coordonner son enseignement dans un cadre tracé d'avance, et, quand il achevait son traité des Vertus et des Vices, il mettait en réalité la dernière main à un vaste ouvrage, que l'on pourrait appeler sa Somme. Il porte ce nom dans l'un des manuscrits d'Oxford : le *De Fide et Legibus*, le *De Sacramentis*, la *Summa de Vitiis et Virtutibus* n'y sont désignés que par ces mots : « *Quinta pars, sexta pars, septima pars Summe Parisiensis*[1]. »

---

1. Oxford, Balliol college, ms. n° 174.

CHAPITRE II

AUTEURS CITÉS DANS LES OUVRAGES DE GUILLAUME

§ 1. *Auteurs grecs.*

Hermès Trismégiste.
Guillaume le cite sous les noms de Mercure, *Ethor*, *Thot græcus* et *Cocogræcus*; il lui attribue : 1° le *Liber VII planetarum*, ou *De stationibus ad cultum Veneris* [1];

2° le *Logon teleion* ou *De verbo perfecto* [2];

3° le *Liber de Hillera* ou *De Deo Deorum* [3];

4° le *Liber de Captionibus animalium et ferarum* [4].

Hippocrate [5].

Platon.
Parmi les ouvrages de Platon, un seul, le *Timée*, semble avoir été connu de Guillaume : il en fait un fréquent usage [6].

---

1. *Opp.* I, p. 44, 671, 881 et 953.
2. *Ibid.* p. 621.
3. *Ibid.* p. 66, 268, 787 et 1060, Oxford, *Balliol Coll.* ms. n° 287, f° 46 r°.
4. *Opp.* I, p. 298 et 930.
5. *Ibid.* II, suppl. p. 110 et 235.
6. Guillaume connaissait le Timée par la traduction de Chalcidius.

S'il cite une fois le *Phédon*, c'est par erreur et sans l'avoir lu. « *Et puto hanc fuisse intentionem Platonis in « libro suo quem scripsit de immortalitate animæ, « quem vocant Phædonem; intendens siquidem ibi stabi- « lire immortalitatem ejus, assumpsit radicem istam : « quod per se movetur semper movetur* [1]. » Rien de semblable ne se trouve dans le Phédon, mais on lit dans les Tusculanes : « *Si qualis sit animus, ipse « animus nesciat, dic, quæso, ne esse quidem si sciet? « ne moveri quidem se? ex quo illa ratio nata est « Platonis quæ a Socrate est in Phædro explicata : quod « semper movetur, æternum est* [2]. » La forme *Phædrone*, qui se trouvait dans plusieurs manuscrits au lieu de *Phædro* [3], a trompé Guillaume : il s'est figuré qu'il s'agissait du Phédon [4]. S'il avait connu ce dialogue, il n'aurait point parlé avec dédain des preuves dont se servait Platon pour établir l'immortalité de l'âme [5].

On a dit aussi que Guillaume avait lu les *Lois* [6], et l'on s'est fondé sur ce passage : « *Nefanda opera et « maleficia quæ de fetibus ex hujusmodi commixtione « procreatis leguntur in libro qui dicitur Neumich, sive « Nevemich, et alio nomine vocant Leges Platonis* [7]. »

V. *Opp.* I, p. 73, 74, 77, 90, 797, 801, 803, 819, 835. 908, 1051, II, *suppl*, p. 151.

1. *Opp.* II, suppl. p. 170.
2. *Tusc.* I, 22; cf. *de Rep.* VI.
3. V. l'édition de M. Benoist.
4. Nous devons cette remarque à l'obligeance de M. Jourdain.
5. *Opp.* II, suppl. p. 331.
6. *Rech. crit. sur l'âge et l'origine des traduct. lat. d'Aristote*, par M. Am. Jourdain.
7. *Opp.* I, p. 43; cf. *ibid.* p. 70.

Mais l'érudition du scolastique est encore une fois en défaut. C'est dans la République et non dans les Lois, qu'il est conseillé de mêler les enfants et de les élever en commun. Guillaume ne connaît d'ailleurs cet ouvrage que par le court résumé qu'il en a lu au commencement du Timée.

ARISTOTE.

Il va sans dire que Guillaume connaît toutes les parties de l'*Organon* [1]. De plus, il cite fréquemment la *Métaphysique* [2], dont il ne connaît pas les versions arabes [3], la *Physique* [4], dont il connaît probablement la version gréco-latine et la version arabico-latine, le traité de l'*Ame* [5], qu'il lit dans la traduction directe [6], le traité du *Sommeil et de la Veille* [7], celui des *Animaux* [8], ceux du *Ciel* et du *Monde* [9], celui des *Météores* [10], les *Éthiques* [11], le traité de la *Génération et de la corruption* [12], enfin le traité apocryphe du *Feu grégeois* [13].

---

1. *Opp.* I, p. 114, 119, 248, 560, 597, 605, 745, 783, 831; II, *suppl.* p. 85, 95, 97, 171, 122, 210 et 218.
2. *Opp.* I, p. 108, 119, 120, 271, 294, 325, 835, 837 et 843, II, *suppl.* p. 98 et 183.
3. M. Am. Jourdain, *op. cit.*, p. 292.
4. *Opp.* I, p. 280, 637, 640, 647, 693, 743, 781, 869, 916, 917, 953, 955 et 1000; II, suppl. p. 80, 87, 119, 200 et 210.
5. *Opp.* I, p. 318, 329, 611, 680, 681, 693, 831, 851 et 957; II, suppl p. 65, 66, 95, 196 et 202.
6. M. Am. Jourdain, *op. cit.*, p. 213 et 291.
7. *Opp.* I, p. 996; II, *suppl.* p. 154.
8. *Opp.* I, p. 269 et 515.
9. *Opp.* I, p. 85, 616, 639 et 847, II, *suppl.*, p. 78, 154 et 197.
10. *Opp.* I, p. 79, 607, 641 et 763; II *suppl.*, p. 112.
11. *Opp.* I, p. 316, 319, 236 et 937.
12. *Opp.* I, p. 911, II, *suppl.* p. 117.
13. *Opp.* I, p. 188.

EUCLIDE [1].

JOSÈPHE [2].

PTOLÉMÉE.

Almageste et *Centiloquium* [3].

GALIEN.

Liber de elementis et *De melancholia* [4].

ORIGÈNE.

Commentaires sur la Genèse et les Epîtres [5].

ALEXANDRE D'APHRODISIE [6].

PORPHYRE [7].

EUSÈBE [8].

THÉMISTIUS.

Commentaire des Analytiques d'Aristote [9].

SAINT BASILE [10].

SAINT JEAN CHRYSOSTOME [11].

FAUX DENIS.

Hiérarchie [12].

SAINT JEAN DAMASCÈNE [13].

MÉTHODIUS.

Guillaume parle longuement dans le *De Legibus* de

---

1. *Opp.* I, p. 608 et 918.
2. *Opp.* I, p. 49, et *Oxford, Balliol coll.*, ms. n° 287, f° 43 r°.
3. *Opp.* I, p. 245, 274, 640, 654, 658, 662, 799, 803, 928 et 1016.
4. *Opp.* I, p. 180, 267, 769 et 1054, II, *suppl.* p. 114 et 235.
5. *Opp.* I, p. 217 et 584 et ms. de Chartres n° 350, f° 64 r°.
6. *Opp.* II, *suppl.* p. 114.
7. *Ibid.* I, p. 1019.
8. *Ibid.* p. 260.
9. *Ibid.* II, *suppl.* p. 218.
10. *Ibid.* I, p. 438.
11. *Bibl. nat. ms. latin*, n° 16471, f° 171. v°.
12. *Opp.* I, p. 207, 221, 963, 965 et 990.
13. *Ibid.* p. 337.

la Prophétie de Méthodius[1]. On sait que ce curieux ouvrage, imprimé plusieurs fois sous le nom de Méthodius de Patara, martyr du troisième siècle, a été également attribué à un patriarche de Constantinople qui mourut en 1240. Si ce dernier prélat en était l'auteur, Guillaume n'aurait pu connaître la Prophétie, et encore moins l'attribuer au martyr de Patara[2].

§ 2. *Auteurs latins.*

Cicéron.
Virgile[3].
Ovide[4].
Tite-Live[5].
Valère Maxime[6].
Sénèque.
Pline l'Ancien[7].
Horace[8].
Quinte Curce[9].
Juvénal[10].
Martial[11].

---

1. *Ibid.* p. 49 et 50.
2. Cf. André Sixt. *Commentatio de Methodio, Tyri quondam episcopo*, Altorf, 1787, in 4°.
3. *Opp.* I, p. 267, 473 et 1056.
4. *Ibid.* p. 463 et 558, II, suppl. p. 236.
5. *Opp.* I, p. 423.
6. *Ibid.* p. 490.
7. *Ibid.* p. 284 et 440.
8. *Ibid.* p. 403.
9. *Ibid.* p. 232.
10. *Ibid.* p. 201, 230 et 465.
11. *Ibid.* p. 247.

Apulée[1].

Saint Cyprien[2].

Saint Ambroise[3].

Saint Jérôme.

Saint Augustin.

Guillaume cite surtout la *Cité de Dieu*, le *De correctione et gratia*, le *De libero arbitrio*, les *Confessions*, les *Soliloques*, l'*Enchiridion*, le *De Trinitate*, le traité de la *Doctrine chrétienne*, le livre *contre les Académiciens*, le traité de la *Foi*, celui du *Maître*, les *Commentaires sur la Genèse, les Psaumes et les Épîtres*[4].

Macrobe[5].

Saint Prosper.

Guillaume lui attribue le traité de la *Vie contemplative* de Pomère[6].

Faustus de Riez[7].

Boèce[8].

Consolation, De Hebdomatibus et *De Trinitate.*

Saint Grégoire le Grand.

Morale sur Job, Pastoral, homélies sur *Ézéchiel, Dialogue sur saint Benoît*[9].

---

1. *Ibid.* p. 1, 123, 446, 610, 874 et 1053.
2. *Ibid.* p. 534.
3. *Ibid.* p. 211, 213, 227, 273, 311 et 506.
4. *Ibid.* p. 321, 457, 295, 320, 514, 112, 286, 269, 317, 278, 219, 264, 265, 585, etc. *Bibl. nat. ms. latin,* n° 14532, f° 270 v° et 272 r°.
5. *Opp.* I, p. 117, 162 et 271.
6. *Ibid.* p. 319.
7. *Ibid.* p. 74.
8. *Ibid.* p. 77 et *Bibl. nat. ms. latin,* n° 15988, p. 72, col. 1; Oxford Balliol Coll. ms. n° 287 f° 1 r° et f° 57 r°.
9. *Opp.* I, p. 172, 307, 184 et 329; ms. de Chartres, n° 350, f° 87 v°, 66 r° et 146 r°; Oxford, *Balliol Coll., ms.* n° 287, f° 42 r°, 38 v°, etc.

Isidore de Séville.

Bède[1].

Saint Bernard.

Hildebert, évêque du Mans[2].

Hugues de Saint-Victor.

De Claustro animæ[3].

Gilbert de la Porrée.

Guillaume cite sous le nom d'Aristote le livre *De VI Principiis*, généralement attribué à Gilbert[4].

Guigues Ier ou Guigues II, prieurs de la Grande-Chartreuse au douzième siècle[5].

Joachim de Fiore.

Concordia veteris et novi Testamenti et *Expositio super Apocalypsim*[6].

Alain de Lille[7].

Itinerarium Clementis ou *Liber disputationum Petri contra Symonem magum*. — Guillaume attribue cet ouvrage à saint Clément Romain[8].

Libellus disputationum cujusdam Christiani et cujusdam Sarraceni.

Liber experimentorum[10].

Liber imaginum Lunæ[11].

---

1. *Opp.* I, p. 273, 278, 311 et 320, etc.
2. Ses poésies. *Ibid.* p. 313.
3. *Bibl. nat.*, ms. *latin*, n° 15988, p, 75.
4. *Opp.* I, p. 119 et 188.
5. *Ibid.* p. 249.
6. *Ibid.* p.152.
7. *Ibid.* p. 284.
8. *Opp.* I, p. 65, II, *suppl.* p. 329.
9. *Opp.* I, p. 50.
10. *Opp.* I, p. 1058 et 1059.
11. *Opp.* I, p. 91.

Libri maleficiorum [1].
Liber Sacratus [2].
Libri judiciorum Astronomiæ [3].

§ 3. *Auteurs juifs et arabes.*

ALBATEGNI.

Guillaume connaissait son *Astronomie* par la traduction de Platon de Tivoli, et paraissait en faire grand cas [4].

AL FARABI [5].

AVICENNE.

Guillaume citait sa *Philosophie première* et son *Commentaire sur le traité de l'Ame*, qu'il connaissait probablement par la traduction de Gérard de Crémone; mais il ne pouvait approuver sa doctrine [6].

AVICÉBRON ou IBN GEBIROL.

Guillaume cite le *De Fonte sapientiæ* et un livre *de Verbo Dei*. S'il croit reconnaître en Avicébron le nom et le style d'un Arabe, l'élévation de ses pensées et sa doctrine du Verbe engendré lui font supposer qu'il est chrétien. Il professe pour ses ouvrages une haute admiration [7].

ALBUMAZAR.

---

1. *Ibid.* p. 31.
2. *Ibid.* p. 1058.
3. *Ibid.* p. 78 et 707.
4. *Ibid.* p. 50 et 856.
5. *Opp.* II, suppl. p. 112.
6. *Opp.* I, p. 77, 692, 713, 845, 117. 325, 795, 797, 66, 90, 107, 118, II, *suppl.* p. 82, 101 et 112. Avicenna deliramentis istis expresse consentit, cujus damnatio tanto justior, quanto ista deliramenta tantus philosophus magis videre potuit et videre neglexit (*Ibid.* I, p. 54).
7. *Opp.* I, p. 621, 622, 684 et 84.

Liber introductionis judiciorum astrorum [1].

ALGAZEL [2].

ARTÉPHIUS.

Guillaume cite un traité intitulé *Ars triblia vel syntriblia*, et un livre *de Virtute verborum et characterum*, qui n'est autre probablement que le *de Characteribus Planetarum* [3].

ALFRAGAN.

Livre sur le mouvement des cieux et des planètes [4].

ALI [5].

AVEN NATHAN [6].

ALPETRANGI [7].

AVERROÈS.

« Guillaume d'Auvergne, a-t-on dit, est le premier des
« Scolastiques chez lequel on trouve une doctrine qui
« puisse porter le nom d'Averroès... L'Averroïsme y est
« réfuté à chaque page, tantôt sous le nom d'Aristote,
« tantôt sous de très vagues dénominations, comme *expo-*
« *sitores, sequaces Aristotelis* [8]. » En effet Averroès lui-
même n'était pas encore devenu le représentant des doctrines dangereuses de la philosophie arabe, et Guillaume
lui décernait sans scrupule le titre de *philosophus nobilissimus* [9].

---

1. *Ibid.* p. 797, et II, *suppl.* p. 109.
2. *Ibid.* p. 112.
3. *Opp.* I, p. 91, 1057 et 1064.
4. *Ibid.* p. 926.
5. *Ibid.* p. 274.
6. *Ibid.* p. 153.
7. *Ibid.* p. 640, 651, 652 et 814.
8. M. Renan, *Averroès et l'Averroïsme*, p. 225.
9. *Opp.* I, p. 851, II, *suppl.* p. 101.

CHAPITRE III

STYLE DE GUILLAUME

Que l'on ne s'attende pas à trouver ici une énumération de qualités ou de défauts personnels à Guillaume, distinguant son style de celui de ses contemporains : la variété, avons-nous dit, est, bien plus que l'originalité, le fait des écrivains du moyen âge : passer du sérieux au plaisant et du sublime au vulgaire ; varier, suivant les besoins de la cause, les moyens de persuasion, ils possèdent cet art, et leur esprit ne manque assurément pas de souplesse. Sortir des sentiers battus, c'est un talent qu'ils n'ont pas.

Guillaume d'Auvergne, philosophe, diffère beaucoup plus de Guillaume d'Auvergne, moraliste ou sermonnaire, que de tout autre métaphysicien. Son œuvre philosophique elle-même fournit d'étonnants contrastes : à côté des dissertations les plus techniques, de longs et poétiques développements ; le cri du cœur se faisant entendre au milieu de froides discussions scientifiques ; Aristote et Platon parlant chacun à son tour, l'un sur un ton magistral, l'autre avec un accent inspiré. A la vérité

Guillaume n'a façonné aucun de ses traités philosophiques suivant le modèle inventé par Pierre Lombard et adopté plus tard par Albert le Grand, Jean de la Rochelle, saint Thomas d'Aquin ; les syllogismes ne se succèdent pas sous sa plume, dans l'ordre monotone et méthodique de théorèmes de géométrie ; en regard de chaque affirmation, il ne s'astreint pas à placer une objection et une réponse. Mais, s'il suit la marche du raisonnement, s'il fait passer l'esprit de ses lecteurs par toute la série de ses déductions, avant de leur faire connaître le but auquel il prétend les mener, il n'en écrit pas moins la plus grande partie du *De Trinitate*, du *De Universo*, du *De Anima*, du *De Immortalitate animæ* dans un style simple, calme, précis, qui dénote un esprit scientifique. C'est le langage de l'école en ce qu'il a de plus sévère, avec sa forme sèche et ses arguments multiples, d'autant plus goûtés, qu'ils parlent plus à l'esprit, moins à l'imagination ; usant d'un procédé algébrique, dont l'effet n'est point de rendre plus agréable la forme de ses ouvrages, Guillaume va souvent jusqu'à désigner par des lettres les principaux sujets de son discours.

Mais, au milieu de ces raisonnements épineux, qu'une idée belle et grande se dégage et vienne frapper l'esprit du philosophe : rejetant aussitôt tout le bagage savant dont aiment à s'entourer les maîtres de la scolastique, Guillaume prend son essor ; l'expression n'est point trop forte pour caractériser des élans enthousiastes qui contrastent étrangement avec le ton ordinaire de ses écrits philosophiques. « Voyez la splendeur et la magni« ficence de l'univers, s'écriera-t-il, après avoir minu« tieusement défini l'objet de la perception extérieure !

« toutes choses et chacune d'elles acclament, je dis mal,
« chantent à l'unisson, c'est-à-dire célèbrent, avec un
« charme supérieur à celui de toute mélodie, les louanges
« et la gloire de Dieu. L'univers lui-même est comme un
« admirable cantique exécuté par le Créateur, avec
« une ineffable suavité, sur sa cithare, qui n'est autre
« que le Fils unique de Dieu [1]. »

Si les traités métaphysiques de Guillaume présentent de pareils contrastes, quelle surprise ne réserve-t-il pas aux lecteurs de ses ouvrages mystiques, de ses traités de morale ou de ses sermons ! Là, le public auquel il s'adresse n'étant pas uniquement composé des plus savants d'entre les clercs, il n'est plus le même homme, et son langage se met à la portée de tous. L'imagination répand à profusion sur son discours des ornements de toute sorte; il cherche à frapper l'esprit de ses auditeurs ou de ses lecteurs, en réunissant, dans les tableaux qu'il fait passer sous leurs yeux, les couleurs les plus vives.

Parcourons par exemple les cinq ou six cents sermons inédits dont les débris sont encore conservés à la Biblio-

---

[1]. « Cum inspexeris decorem et magnificentiam universi, in omnibus scilicet partibus suis spiritualibus et corporalibus, invenies indubitanter omnia et singula clamare, imo cantare, quod est concorditer super musicalem omnem suavitatem resonare laudes et gloriam Creatoris, ipsumque universum esse velut canticum pulcherrimum, quod ipse in cythara sua, quæ est unigenitus Dei filius, ineffabilis suavitatis concentu modulatur... Apparebit tibi... sublimissimas ac nobilissimas creaturas præcinere, tanquam voces excelsissimas et acutissimas, sensibiles vero et inanimatas succinere, tanquam gravissimas densissimasque voces ; ceteras vero creaturas pro varietate, alias quidem gravius, alias excelsius quidem et acutius resonantes, et extremis mira concordia consonantes, concentum miræ jucunditatis efficere, concentum quidem non auribus corporalibus audibilem, sed auribus spiritualibus neffabili suavitate delectabilem. » *De Anima*, *V*, 18.

thèque Nationale : rien ne ressemble moins, pour le style, au *De Universo*. L'idée que Guillaume se fait du prédicateur, est celle d'un combattant : « Il est indigne « de la chaire, celui qui n'est pas glouton et insatiable « d'âmes [1]. » Ainsi s'exprime-t-il dans dans un sermon, et le ton solennel qui régnait alors dans les chaires de Paris lui semble plus propre à une dissertation qu'à un discours; il raconte que l'un de ses amis a quitté la capitale, pour échapper au froid mortel dont il sentait son cœur pénétré [2]. Tout autre est l'éloquence de notre prélat : chaude, familière, empruntant ses images à la vie bourgeoise et ses anecdotes aux récits populaires, elle tient la curiosité en éveil, quand elle n'excite pas l'hilarité, ou ne provoque pas de malins commentaires. Un mot d'une crudité toute scolastique vient parfois égayer ses édifiants discours [3].

« Le Seigneur est un jaloux, dit-il un jour. Comme « une femme qui défigure sa servante pour l'empêcher « de plaire à son mari, il remplit le monde d'amer- « tumes, afin de nous empêcher de l'aimer [4]... De même, « les pauvres gens brûlent le poil de leur chat, de peur « qu'on ne le dérobe, et, quand les religieux ont un che-

---

1. « Omnino indignus est officio predicationis, qui non tota aviditate animas esurit, qui non est vorax et insatiabilis animarum. » *Bibl. Nat.; ms. latin* n° 15 964, f° 44 r°.

2. *Opp.*, I, p. 220.

3. On peut se faire une idée de la liberté qui régnait alors dans la chaire, en lisant un sermon prononcé par Guillaume dans un synode. (*Bibl. Nat.; ms. latin* n° 15 953, f° 38 v°).

4. « Dominus, tanquam zelotipus, amaritudinibus et doloribus respersit mundum, ne diligatur, sicut matrone consueverunt facere ancillis suis, dehonestare scilicet eas, ne dominis placeant. » *Bibl. Nat. ; ms. latin* n° 15 954, f° 34 r°.

« val de race, ils lui coupent les oreilles et lui épilent
« la queue, de crainte qu'il n'attire les regards du
« baron [1]. »

Chacun reçoit de lui le surnom qu'il mérite : l'hérétique, à l'entendre, est un cheval de Satan, le pécheur, un arbre où les démons font leur nid [2], le chrétien accoutumé à remplir ses devoirs par routine, un âne, qui par la force de l'habitude se rend au moulin ou à l'étable [3]. Il appelle dédaigneusement « serfs du diable » ceux qui se teignent ou se frisent les cheveux, s'épilent les sourcils, se poudrent la tête, ou s'affublent de la « chevelure des morts [4]. » L'homme cupide, c'est le chien qui court après le premier os venu [5]. S'il parle contre le népotisme, il montre les chanoines se rendant au chapitre avec la troupe de leurs protégés, comme des poules entourées de leurs poussins, forcées de céder à leurs criailleries. Prêche-t-il sur la sensualité? les amants sont deux tisons

---

1. « Quemadmodum multipliciter pauper exurit pellem cati sui, ne ei subripiatur, et religiosi deturpant equos nobiles et abscidunt auriculas et caudas depilant, propter magnates, et viri zelotipi vestibus pauperibus suas uxores induunt, ne ab aliis adamentur. » *Ibid.*, *ms. latin* n° 15964, f° 7 r°.
2. « Vide quod peccator quasi arbor est, ubi, sicut cornicule, nidificant dyaboli in quolibet membro, et, cum ipsum convertis, omnes nidos ejus deicis. » *Ibid.*, *ms. latin* n° 15 954, f° 124 v°.
3. « Alii fidem asinariam habent, qui, sicut asinus ad molendinum vel ad presepe vadit consuetudine, sic quidam ad ecclesiam et ad sacramenta. Non habent ibi aliam devotionem, sed dicunt : « Sicut patres nostri crediderunt, et nos credimus. » *Ibid.*
4. « Heu! quot habet dyabolus servos, qui de capitibus suis ei reddunt censum, qui scilicet tingunt capillos et crispant multo labore, et interdum mortuorum capillos sibi inferunt, similiter qui supercilia depilant, et calvities exarant et serunt pulveribus, ut ibi crescant capilli. » *Ibid.*, *ms. latin* n° 15 955, f° 4 r°.
5. *Ibid.*, *ms. latin* n° 15 954, f° 72 r°.

qui s'échauffent l'un l'autre, ou deux ribauds ivres, qui se prennent à bras le corps, pour se précipiter dans l'abîme[1].

Toujours préoccupé de donner à sa pensée la forme la plus saisissante, il compare la musique et la poésie légère à des vêpres sataniques[2]; l'argent des usuriers à des routiers qui parcourent les foires pour tout piller, brigands qui mériteraient d'être capturés par ceux qui en ont le pouvoir[3]; l'Église de son temps enfin, à une femme vieille, cassée, décrépite : « Elle est si faible, dit-il un « jour aux prêtres du diocèse réunis en synode, qu'elle « s'appuie sur un misérable roseau, le bâton des biens « temporels. Elle a perdu toutes ses dents, c'est-à-dire « les hardis prédicateurs, qui se faisaient un jeu de « broyer empereurs et rois; elle ne peut plus avaler « qu'un breuvage composé de *folles femmes* et de « vilains. Ses membres sont glacés, sa peau, rugueuse, « car elle renferme en elle des païens et des idolâtres? »

Les mêmes images ornent les traités qu'il composa

---

1. Ces traits nous ont été conservés par le frère Prêcheur Étienne de Bourbon. (*Anecdotes historiques d'Étienne de Bourbon*, p. 383 et 387.)

2. *Bibl. Nat; ms. latin* n° 15 964, f° 23 v°. Hâtons-nous d'ajouter qu'il professe la plus haute admiration pour la poésie héroïque, pour cette « belle et honnête jonglerie » qui retrace les hauts faits des grands hommes. (*V. De Universo, opp.*, I, p. 1031.)

3. « Feneratores nummos suos fecerunt ruptarios : discurrunt enim per fora et nundinas ad vastandam et depredandam patriam, et, propter hoc, si justicia esset in terra, non solum non sustinerentur hujusmodi ruptarii, sed potius caperentur a principibus secularibus, nec expectaretur donec quiescerent, sed in ipso forefacto potius caperentur. In hoc iniqui videntur domini seculares, quia eis parcunt dum discurrunt. » *Bibl. Nat.; ms. latin* n° 15 955, f° 7 r°. On voit que Guillaume n'est pas partisan des demi-mesures.

4. *Bibl. Nat.; ms. latin* n° 15 951, f° 39 r°.

sur divers sujets de morale, de piété ou de discipline ecclésiastique. C'est ainsi que, dès les premiers mots du traité de la *Collation des Bénéfices*[1], le lecteur se voit transporté dans un séjour ténébreux, où ne pénètrent jamais les rayons du soleil de justice. Le diable y repose sur une couche voluptueuse, et se repaît du plaisir de donner la mort aux âmes. La foudre des excommunications, le bruit des prédications publiques ne peuvent même l'éveiller. Au milieu de son royaume, coule un fleuve d'ambition, et tout autour, comme des saules attachés au rivage, des hommes avides se dressent, pour en défendre les abords.

Dans ses écrits, comme dans ses sermons, l'anecdote est généralement contée avec finesse et gaieté, amenée au moment opportun pour délasser l'esprit de l'auditeur ou du lecteur. « Un homme avait une fille à marier ; « deux rivaux se présentent : l'un pauvre et sage, l'autre « riche et fat. « J'aime mieux un homme sans bourse, « qu'une bourse sans homme », s'écrie le père, en don- « nant sa fille au plus pauvre[2]. » Ainsi s'exprime Guillaume en chaire : ouvrons maintenant l'un de ses trai-

---

1. Ce traité, dont nous avons déjà extrait quelques passages (v. p. 31.), avait pour but de flétrir les abus auxquels donnait lieu, à cette époque, la collation des bénéfices. Guillaume y attaquait les prélats qui confiaient des fonctions ecclésiastiques à d'indignes sujets, et les blâmait d'avoir égard aux recommandations des grands. Pour que l'institution soit régulière et valable il faut, disait-il, 1° que la personne appelée à jouir du bénéfice soit apte à en remplir la charge, 2° que l'évêque n'agisse point dans l'intention de l'enrichir ou de lui faire honneur, 3° qu'il n'agisse pas non plus par un motif intéressé, ni sous l'influence d'une passion charnelle, 4° qu'il ne dispose de ces saints offices, qu'avec piété et respect. Si l'une de ces conditions manque, le bénéfice bien qu'occupé en fait, est vacant en droit, et l'évêque a le devoir de e conférer à d'autres.

2. *Bibl. Nat ; ms. latin* n° 15 954, f° 74 r°.

tés : « Un évêque, qui se disposait à donner un archi-
« diaconat à son petit-neveu Robinot, avait un poirier
« chargé de fruits, dont la conservation l'inquiétait fort.
« A qui donc pourrai-je les confier? disait il à un ami. —
« Au jeune Robinot. — A Dieu ne plaise ! il les dévore-
» rait. — Eh quoi ! seigneur allez vous lui confier tant
« de milliers d'âmes, quand vous n'osez lui donner la
« garde de quelques fruits[1]? » Ces traits et beaucoup
d'autres semblables ravissaient les lecteurs ou les auditeurs de Guillaume. « Comment donc, disaient-ils, avez-
« vous appris à dire tant de bonnes choses? C'est, répon-
« dait l'évêque, que je n'en ai jamais entendu une bonne,
« sans la mettre en réserve, soit sur le parchemin, soit
« dans ma mémoire. »

Au douzième siècle, Alain de Lille, auteur du poème
de l'Anti-Claudien, avait placé d'éloquents discours dans
la bouche des différentes vertus. Guillaume eut recours
à cet artifice : dans son traité *De Moribus*, les mêmes
personnages sont en scène. La foi débute par son éloge ;
la crainte rappelle le souvenir d'Alexandre et loue la
vigueur d'Ogier. L'espérance adoucit et corrige l'effet du
discours de la crainte. La charité dépeint la joie qu'elle
éprouve, quand, chaque matin, elle entend la cloche
des églises : c'est l'heure, où se lèvent les ouvriers de
Dieu, pour travailler à la moisson éternelle. Viennent
ensuite la piété, le zèle, la pauvreté, qui se vantent de
pouvoir déjouer les ruses de la chicane. L'humilité
seule refuse de célébrer ses louanges. Dans un de ses
sermons, Guillaume fait parler la pauvreté : « Tu

---

1. *Opp.*, II, suppl., p. 248.

« me détestes, dit-elle à l'homme. Quand le froid, qui
« est ma fille, ose s'approcher de toi, tu la chasses avec
« le feu ; tu traites mes enfants comme des courtisanes.
« Cependant, je suis ta compagne fidèle; je t'ai été
« envoyée, lorsque tu étais encore dans le ventre de ta
« mère [1]. »

On a pu déjà constater que le style de Guillaume ne manquait pas de force. Ses traits devenaient parfois mordants, soit qu'il se vît aux prises avec les prodigues qui se nourrissent de la chair et du sang de leurs enfants [2], soit qu'il voulût livrer à la risée du diocèse ces clercs débauchés, aussi vaniteux et aussi élégants que des femmes de mauvaise vie [3]. Autant il respectait les saints religieux qui, comme les frères Mineurs ou Prêcheurs, pratiquaient la pauvreté évangélique [4], autant il accablait de reproches les ordres envahis par le relâchement [5]. « Dans ces riches
« abbayes, disait-il, on ne fait que compter les revenus.

---

1. *Bibl. Nat.; ms. latin* n° 15954, f° 118 r°.
2. *Ibid.*, ff. 73 r° et 74 r°.
3. « Vide clericos nostri temporis, quomodo diluvio peccati operti sunt, et considera eos a planta pedis usque ad verticem, et videbis quia in motibus pedum et calciamentis aliud non apparet, nisi lascivia effrenata, aut ystrionica impudencia. Denique, instar meretricum, et insolentiorum, ambitione, vestibus et ornatu lasciviunt. » *Ibid.*; *ms. latin* n° 15951, f° 101 r°.
4. « Valde divites sunt fratres Minores et hujusmodi, quorum omnia membra lucrantur, et sunt quasi vasa, que ex omni sui parte fluunt balsama sanctitatis. » *Ibid.*; *ms. latin* n° 16471, f° 87 r°.
5. « Vias etiam vite inundatio ista adeo occupavit, ut omnes per eas ire timeant... Via una vite est ordo Cluniacensis, alia ordo Cisterciensis, alia ordo Apostolorum, qui est beati Augustini, et ad hunc modum de ceteris vite viis. Nunc vias istas inundatio peccatorum adeo hodie occupavit, ut difficillimum sit per eas transitus. . In ordine Cisterciensi, inundavit fluvius invidie et murmuris; in ordine Nigrorum et ordine beati Augustini, fluvius luxurie... » *Ibid. ms. latin* n° 15951, f° 101 v°.

« Qu'est-ce que ces hommes-là? Des religieux? non
« certes; mais des banquiers. Ils étalent complaisam-
« ment, aux yeux des étrangers qui viennent les voir,
« leurs verges et leurs disciplines ; c'est le seul usage
« qu'ils fassent de ces instruments, et plût à Dieu, qu'ils
« sussent combien peu de gens sont les dupes de leur
« ostentation hypocrite ![1] »

Un grave défaut dépare cependant les meilleurs ouvrages de Guillaume et répand sur tous ses écrits comme une teinte de fastidieuse uniformité. On a pu déjà s'en apercevoir, l'allégorie est l'objet de sa prédilection constante ; plus elle est bizarre, complexe, alambiquée, plus elle lui plaît : il semble qu'il mette sa gloire à l'employer à tout propos, comme à la développer outre mesure.

Tel de ses sermons, par exemple, offre une suite ininterrompue d'apologues, dont la répétition fatigue, plus qu'elle n'édifie l'auditoire. A quoi bon comparer du même coup le tentateur à un orfèvre qui reconnaît l'or à la touche, à un changeur qui fait passer les examens de la licence, et à un voleur qui frappe doucement à la porte d'une maison, pour s'assurer que tout y dort[2] ? Ces images multipliées se confondent, ces couleurs se brouillent, tant elles ,e succèdent rapidement les unes aux autres.

Un des traités inédits d'Oxford, le *De Paupertate spirituali*, est construit sur le même modèle. Le vice, ou pauvreté spirituelle, y est considéré tour à tour, comme

---

1. *Opp.*; I, p. 229.
2. *Bibl. Nat.*; *ms. latin* n° 16507, f° 100 v°.

une soif, comme une nudité, comme un abandon, comme une servitude et comme une dette. Chacune de ces images, ou *facies*, est développée suivant un procédé semblable et donne lieu à des comparaisons secondaires, que l'auteur appelle *differentiæ*. On a quelque peine à se diriger au milieu de ce dédale [1]..

Un jour, c'était le dernier dimanche de l'Avent, il s'agissait de recevoir dans un monastère un légat ou quelque prélat d'importance ; la procession devait aller à sa rencontre, et Guillaume, qui prêchait, avait à en fixer l'ordre et la marche [2]. Il imagina d'attribuer un sens allégorique à chacun des accessoires de la fête : l'enfant de chœur qui portait l'eau bénite représentait le don des larmes ; il était suivi de deux candélabres, la raison et l'intelligence, que l'on allumait, pour figurer la flamme de la

---

1. *Oxford, Balliol College, ms.* n° 287, f° 29 r°.
2. « Processio autem ordinanda est. Primum debet antecedere puer cum aqua benedicta, hic est donum luctus ; et post, duo candelabra, scilicet ratio et intellectus ; de argento, scilicet, de divinis eloquiis, fabricata et ardentia operibus caritatis. Tertio loco, turribulum, scilicet devotio. Quarto, due cruces, una argentea vel aurea, altera lignea ; lignea est exterior carnis mortificatio, aurea vero interior, scilicet compassio animi. Debent etiam adesse cappe serice diversorum colorum ; cappa rubea patientia est, et cappa nigra, humilitas ; cappa alba, castitas, cappa viridis, fides ;... et debent esse omnes in albis, scilicet sanctimoniam habere. Abbas est caritas,... qui debet habere crossam, sive baculum, scilicet zelum subditorum. Prior est humilitas ; cantor, spes et timor que, ut usualiter dicitur, cantant ; à doble descort, quia spes de superioribus gaudet,... timor de inferioribus pavet... Item campane debent pulsari ; quilibet monachus, religiosus et clericus et hujusmodi campana debet esse in adventu hujusmodi legati, predicando, psallendo, de quo Job :« Suspendium elegit anima mea » ; et debent trahi duabus cordis, scilicet amore et pietate. Et debent isti legato due porte aperiri, scilicet intellectus et affectus ; et vitree et fenestre, scilicet illi per quos ingreditur lux doctrine et cogitationis ; a telis aranearum, scilicet a curiositatibus mundanis mundari. » *Bibl. Nat. ms. latin* n° 15959, f° 24 r°.

charité. Il n'était pas jusqu'à la couleur des chapes et jusqu'au son des cloches, qui n'eussent un sens figuré, approprié aux circonstances. Le goût du siècle se tournait de plus en plus vers les jeux d'esprit raffinés, et le temps n'était pas loin où l'allégorie allait triompher dans le Roman de la Rose.

Le chef-d'œuvre de Guillaume, en ce genre, est son traité du *Cloître de l'Ame*. Composé sur un plan moins vaste que celui d'Hugues de Saint Victor[1], il correspond assez bien au troisième livre de ce fameux et solide ouvrage. Après avoir montré que l'âme humaine est figurée par le cloître, Guillaume entreprend de nous conduire dans cette demeure allégorique, et se promène successivement à travers l'oratoire, le dortoir, la salle du chapitre, le réfectoire et la cuisine. Là, il s'attarde un moment à considérer la poêle à frire, puis passe au grenier. Le cellier, la porterie, le promenoir, le parloir et l'infirmerie n'ont bientôt plus de secret pour lui; il observe avec une attention minutieuse la pierre à aiguiser, le peigne, les tenailles et l'essuie-mains. Chacun de ces objets lui fournit la matière d'une instruction aussi curieuse qu'édifiante[2]. L'âme présomptueuse qui dédaigne les exemples des élus, c'est le religieux qui se déchausse

---

2. M. K. Werner, qui ignorait l'existence du *De Claustro animæ*, a cherché cependant à établir un parallèle entre Guillaume d'Auvergne et Hugues de Saint-Victor. (*Wilhelms von Auvergne Verhältniss zu den Platonikern des XII, Jahrhunderts*; Vienne, 1873, in-8°, p. 50-53 ; ou dans les *Sitzungsberichte der phil.-hist. classe der kais. Akademie der Wissenschaften*, t. LXXIV, p. 168-171.) Il a surtout réussi à montrer les différences qui les distinguent. C'est qu'en effet l'influence de l'école de Saint-Victor apparaît bien moins dans les traités métaphysiques de Guillaume que dans ses œuvres théologiques ou mystiques.

2. *Ibid. ms. latin* n° 15988, p 63, col. 1.

dans le dortoir, car la piété envers les saints est la chaussure spirituelle des moines[1]. L'examen de conscience est figuré par le chapitre ; la justice doit y jouer le rôle du prieur, le zèle, celui du sous-prieur, et la sollicitude, celui du gardien[2]. Le peigne sert à chasser les poux, c'est à-dire les mauvaises pensées, de la tête, qui est l'intelligence[3]. On sort de ce cloître fatigué, sans mieux connaître l'âme humaine, et plus disposé à rire qu'à profiter des leçons de l'ingénieux docteur. Un jeu d'esprit n'a jamais touché ni converti personne, et le raffinement des pensées sert le plus souvent à en couvrir la pauvreté.

L'amour de Guillaume pour l'allégorie alla si loin, qu'il s'appliqua à la découvrir dans tous les textes sacrés. En cela, il ne fit, il est vrai, que se conformer à l'usage général : la glose *spiritualis vel moralis*, ou *juxta mysticam expositionem*[4], faisait le fond de tous les commentaires publiés depuis le douzième siècle. Guillaume remplit donc de conseils pratiques des ouvrages, dont l'objet principal eût dû être l'explication des récits de la Bible. Il ne parlait point des épées ni des bâtons dont étaient armés les soldats du grand-prêtre, sans ajouter que les fidèles devaient suivre la procession avec des cierges[5]. Caïphe avait renvoyé le Christ devant Pilate, afin d'apprendre aux curés qu'ils devaient adresser leurs paroissiens à des prélats plus sages qu'eux[6]. Enfin, par

---

1. *Ibid.*, p. 63, col. 2.
2. *Ibid.*, p. 65, col. 2.
3. *Ibid.*, p. 74, col. 1.
4. *Opp.*, I, p. 48.
5. *De Passione. Bibl. Nat.* ; *ms. latin* n° 14 532, f° 266 r°.
6. *Ibid.*, f° 275 v°.

la plus étrange des fictions, la servante de Caïphe en arrivait à figurer le népotisme des prélats [1].

Nulle part on n'aperçoit plus clairement les qualités et les défauts du style de Guillaume, que dans un sermon inédit, qui a échappé jusqu'à ce jour aux recherches des érudits[2]. C'est un discours en langue vulgaire, évidemment préparé d'avance, et d'autant plus remarquable qu'il fut composé avec l'aide de Philippe de Grève. Le scribe du commencement du quatorzième siècle qui nous en a transmis la copie, ou plutôt la traduction en dialecte picard, ne peut dissimuler l'admiration que lui inspire un si merveilleux ouvrage : « Chi commence, dit-il, li « sermons de le douce virge Marie, comment ele fu ves- « tue u chiel, que maistres Guillames d'Auvergne, « évesques de Paris, et maistres Philipes, li canceliers, « disent, et fu fais par miracle [3]. »

C'est une œuvre comparable au « *Mellifluus sermo de* « *Assumptione B. Moriæ* », que l'on range parmi les ouvrages d'Hugues de Saint-Victor [4]. Mais la forme en est infiniment plus curieuse, comme le fait voir cette description du costume de la Vierge : « Ele estoit parée, « et vestue de reube batue à or, fourrie de vair, variie « de pure biauté. Ele fu bien parée, car ele avoit kemise « de très pure innocensce, et de très pure pureté de cuer « et de conscience, cote de sainte virgnité à bares d'or

---

1. *Ibid.*, f° 272 r°.
2. M. Lecoy de la Marche n'en parle pas dans son savant ouvrage sur la *Chaire française au treizième siècle.*
3. *Bibl. Nat.*; ms. français n° 15212, f° 169 v°-181 r°.
4. *M. Hugonis de S. Victore opera omnia*, Rouen, 1648, in-folio, t. II. Cf. M. Hauréau, *Hugues de Saint-Victor*, p. 115.

« enmi le pis..., çainture de force, sourcout de martire,
« fouré de pacience et de persévérance, mantiaus d'eskar-
« lete fourés d'amurs et de carité devens et dehors;
« cuevrekief de très pure humilité, couronne de dou-
« ceur et de glore [1]. ».

Si l'allégorie est poussée à outrance, et si l'on songe, en lisant ce passage, au « *Parement des dames d'honneur* » d'Olivier de la Marche, on peut trouver ailleurs des descriptions d'une poésie véritable. « Après, (la
« vierge Marie) est dite très bele et très douce ajor-
« née. Car, aussi com li bele ajornée encache le nuit et
« adouce le tans, li rousée kait du ciel, li malade
« prendent repos; li mère Diu est li douce ajornée ki
« encache les ténèbres de pekiet, et fait ajorner ès cuers
« le clarté de vraie connissance de Diu et de li, et envoie
« rousée de repos en cuer malade de pekiet, pour adou-
« cir [2]. »

Aux descriptions se mêlent des récits, et quelques-uns sont empreints d'une douce émotion. « Quant Jhésu-
« Cris fu nés, on'eut le douc aignelet de coi envolper;
« ains convient deskeudre les pans et les gerons de le
« cote le douce Marie gracieuse, pour enveloper Jhésu-
« Crist, le douc aignelet; si estoit ele povre, mais ele
« estoit rike de Diu. Et quant ele tenoit son douc enfant
« Jhésu-Crist entre ses bras, et ele le rewardoit en riant
« de ses dous iex, et en souspirant de sen douc cuer, et
« en baisant le douc aigniel de se douce bouce, si disoit :
« Dous rois, dous amis, dous princes du ciel, vus soiés

---

1. Ms. cité, f° 177 r°.
2. *Ibid.* f° 174 r°.

« loés et glorefiiés, de quanques mes cuers puet, de ce
« que me pristes et envoiés. Ensi rendoit grasces li douce
« virge Marie à sen douc fil [1] ».

Plus loin, on assiste à l'entrevue de saint Denis avec
la Vierge à Jérusalem. « S. Paus avoit converti en cel
« tans S. Denise. Dont S. Denis pria S. Pol qu'il li
« menast en Jherusalem, car il volait veir le douce virge
« Marie. Et S. Pols dist qui li menroit mout volentiers.
« Adont se misent à le voie, et firent tant qu'i vinrent
« en Jherusalem. Adont dist S. Paus à S. Denise, son
« desciple : « Biaus fix, vus verrés ja le mère de misé-
« ricorde ; or aiés vo cuer net et pur, que vous puissiés
« veir si digne joiel, com est le Roi de toute créature. »
« Adont entrèrent en le meson u li douce mère Diu
« estoit. Adont jeta S. Denise les ix, et regarda le mère
« de miséricorde, et s'en esbahi en lui meismes, et pur
« poi ki n'en kai pasmés à terre de le biauté qu'i vit en
« li. Adont parla S. Pols à S. Denise, et li dist : « Denis,
« biaus fix, que vus samle de le mère Nostre Signour
« Jhésu-Crist? » Adont respondi S. Denises, et dist :
« Certes, biaus pères, se vus m'eussiés tant loé le biauté
« Jhésu Crist, le roi de glore, je ne diiuse ja qu'en ciel
« ne en terre fust autre dix que cest bele dame [2] ».

Le récit de l'assomption termine dignement ce pané-
gyrique, grâce surtout à un artifice ingénieux : les
auteurs du sermon transportent leurs auditeurs dans le
paradis, et leur montrent l'étonnement des élus, au
moment où la Vierge fait son entrée dans son nouveau

1. *Ibid.*, f° 172 r°.
2. *Ibid.*, f° 179 r°.

royaume. « Dont quant li roine des angles monta ès
« ciex, li conffessor le vaurrent retenir; mais quant il
« parçurent, qu'ele n'avoit onques peciet, et il veoient
« se pure virginité, s'il veoient bien qu'il n'i avoient
« nul droit, et demandoient qui ele estoit, qui si amont
« montoit. Et aussi fissent les virges; le vaurent retenir;
« mais quant ele virent qu'ele estoit mère au roi de glore,
« si se teinrent à tant. Tout aussi fisent li martir, et
« virent qu'ele ne l'avoit mie souffert en car. Si enten-
« dirent bien qu'ele estoit de plus grant mérite que li
« leur, et li disent : « Très douce dame, passés amont. »
« Li angles meismes, qui bien entendirent qu'ele estoit
« leur roine, et pur çou qu'ele estoit li mère leur signour
« et leur roy, le fisent passer amont. Dont cil de le
« court de paradis faisoient une demande entrans, et
« disoient : « Qui est ceste dame qui monte du désert de
« cest monde, trestoute decourans de délisces, apoiie
« sur l'épaule son ami. Car bien saciés que paradis a
« empli de goie et de leece, quant li douce mère Diu i
« entra. Dont S. Église cante et list : « Li douce mère
« Diu est ensaucie sour tous les angles et sour tous les
« arcangles, tous ciaus qui sont u ciel. Après, ele monta
« duskes après Fil le Roy de glore, qui li fist çou que
« Salemons fist à Betsabée se mere. Il se leva contre li,
« et li fist metre un trosne, sour coi ele sist à le destre
« de son fil. C'est li trones, u li apostles nus envoie, et
« nous i rueve aler hardiement, pur miséricorde empé-
« trer. »

CHAPITRE IV

RHÉTORIQUE

Enseignée jusqu'au douzième siècle parmi les Arts libéraux, la rhétorique tomba bientôt en discrédit ; les maîtres la négligèrent, aussi bien que les élèves, et c'est à peine si, dans le cours du treizième siècle, Vincent de Beauvais ou Brunetto Latini, en retracèrent les préceptes les plus élémentaires dans leurs encyclopédies.

Cependant, après avoir étudié le style oratoire de Guillaume, ne serait-il pas intéressant de savoir à quelles règles se soumettait son goût, et si ses discours étaient conformes aux modèles qu'il voulait imiter? Celui qui, pour pénétrer le secret de l'éloquence de Guillaume, ouvrirait la *Rhetorica divina*, y trouverait, à la vérité, comme dans les Rhétoriques anciennes, des règles relatives à l'exorde, à la narration, à la pétition, à la confirmation, à l'infirmation, à la conclusion; mais qu'il ne s'y trompe pas : l'éloquence, dont parle ici le pieux docteur, n'est point celle qui persuade les hommes, mais celle qui fléchit la miséricorde divine; sous la forme d'un traité de rhétorique, Guillaume enseigne l'art de prier.

Nous devrons aller jusqu'à Oxford, pour trouver, soit dans le manuscrit n° 136 de *Merton College*, soit dans le manuscrit n° 281 de la Bibliothèque Bodléienne, un traité consacré à l'éloquence de la chaire. Le *De Faciebus mundi*, ouvrage inédit de Guillaume, mérite d'attirer quelque temps notre attention : nous en donnerons une analyse détaillée [1].

1. Nous croyons devoir reproduire en entier d'après le ms. de Merton le préambule du *De Faciebus* : « Veritas evangelica predicatoribus, quasi quibusdam paranimphis, est commissa, ut ipsam custodiant, ipsam in manifestum producant, ipsam denique humano intellectui matrimonio indissolubili, tanquam sponso, conjungant. Custoditur itaque, cum ab hereticorum pravitate incorrupta custoditur et servatur. Illorum enim sermo, ut cancer, serpit, bonos mores colloquiis pravis corrumpens, unde perniciosa est pugna disputationum, in qua jaculis argumentacionum sermo illorum, tanquam serpens venenosus, occidatur. In manifestum producenda est, non in sublimitate verborum, non in doctis humane sapientie verbis, quasi ornatu meretricio induta, sed in verbi simplicitate, quasi in veste matronali, ut nec rusticitate verborum habeatur despecta, nec lepore verborum demendicata pulcritudine sit suspecta. Matrimonio est copulanda intellectui auditorum, ut per fidei consensum et dilectionis amplexum auditores fiant parentes beatorum operum. Hoc matrimonium ut fiat indissolubile, quasi quodam testimonio indiget et solempnitate. Unde multorum non ignotorum sed vicinorum maxime et notorum presencia est roborandum. Quod utique fiet, si veritas maritanda multis rationibus et exemplis et parabolis sibi pertinentibus et probabilibus intellectui, quasi quadam multitudine cognacionis sponse, fuerit producta et sponsi intellectui commendata. Veritatem autem taliter oblatam intellectus non respuet; sed ipsam tam nobili parentum comitatam collegio, in conjugem sumet, nec ipsam postmodum repudiare poterit, cujus matrimonium tanto robore firmatum cognoscit. Sed, si forte veritas maritanda producta fuerit non cum testimonio et solemnitate debita, intellectus ipsam, tanquam querens famosam conjugem, respuit; aut si forte in ipsam consentit, tamen ipsam postmodum levi occasione repudiabit, cujus matrimonium idcirco rationum, exemplorum et parabolarum probabilium et sibi experitarum testimonio roboratum non novit. Adverte igitur, predicator, quod predicacio est desponsacio veritatis evangelice, et ideo producas eam in manifestum ornamento verborum simplicium, testimonio cognacionis sue, scilicet rationum, exemplorum, parabolarum probabilium sibi pertinencium. Si sic eam produxeris auditoribus,

Lorsque le chrétien lit dans le livre de la nature, chaque objet matériel lui paraît être le signe, la représentation d'un objet spirituel ; une parcelle d'or lui rappelle l'innocence, un cloître éveille en lui l'idée de l'âme. Les objets matériels ainsi considérés sont pour Guillaume les *libri Naturæ* ou les *facies mundi*. Il leur oppose les *sententiæ*, qui sont les objets spirituels, en tant que figurés par les objets matériels. A chaque objet spirituel correspondent plusieurs *facies* ; à chaque objet matériel se rapportent plusieurs *sententiæ*. On voit par là que l'étude des *Facies mundi* n'est autre que la science des comparaisons, l'art de multiplier et de varier les allégories et les métaphores, art auquel nous avons vu Guillaume consacrer tous ses soins dans ses discours.

Entrant aussitôt en matière, notre docteur remarque que l'étude de la comparaison doit être utile à deux sortes d'hommes : 1° aux « *docentes* », c'est-à-dire à ceux qui commencent par concevoir les êtres ou les idées spirituels, et cherchent des signes matériels pour représenter ces objets ; 2° aux « *legentes* », c'est-à-dire à ceux qui observent d'abord les objets matériels et se servent de cette connaissance pour s'élever à la conception des êtres spirituels. Il en résulte que, dans son traité, Guillaume s'adresse tantôt à ceux qui « lisent dans le livre de la nature », tantôt à ceux qui se livrent à la contemplation des êtres spirituels et des idées générales.

Le choix des comparaisons doit dépendre de la com-

---

reddes eis dulcissimam, et ad ejus amplexum provocabis insuper, et desponsabis, et in auditoribus filios beatorum operum expectabis. Ut a talibus testibus et tali testimonio possimus habundare, gracia Spiritus Sancti dignetur nos in hoc opusculo edocere. »

position de l'auditoire : tel est le principe fondamental que Guillaume pose au début de son ouvrage[1], et qu'il rend plus sensible en prenant l'exemple d'un sermon sur Dieu : « *Nichil est predicacio, nisi rei predicate humanis mentibus presentacio.* » Or, le prédicateur peut présenter Dieu à l'esprit de son auditoire de deux manières très différentes, soit comme un juge terrible, soit comme un père qui embrasse son fils repentant. S'il s'adresse à des âmes pusillanimes, la première comparaison les plongera dans le désespoir; s'il prêche devant des pécheurs endurcis, la seconde leur inspirera une présomption dangereuse. De même, Guillaume veut-il parler de la récompense du ciel, il la compare à la paie, devant des soldats, à un fief, en s'adressant à des serviteurs, à une prébende, quand l'auditoire est composé d'ecclésiastiques, à une dot et à une parure, s'il est composé de jeunes filles, à un livre, dans la docte enceinte de l'Université [2].

Mais, pour trouver des comparaisons appropriées à l'auditoire, le prédicateur doit choisir au milieu des objets que lui fournissent son imagination, sa mémoire, et ce choix est d'autant plus facile, que ces objets sont plus nombreux. Afin de faciliter ce travail d'invention, Guillaume indique divers « lieux communs [3]. » « Considérez d'abord les choses, dit-il, d'une manière

---

1. *Ibid.*, f° 250 r°, col. 2. « Necessarium est diversimode eandem materiam ad diversos variare, ut lac datur parvulis, sed habentibus sensus exercitatos, solidus cibus. »

2. *Ibid.*, f° 255 r°, col. 2.

3. *Ibid.*, f° 250 r°, col. 1. Quoniam autem iste facies, sive libri nature, sunt veluti infiniti, multitudo autem est inimica memorie, ideo perutile est

absolue, et passez en revue leurs qualités innées et adventices. L'or, par exemple, est un métal naturellement jaune, pur et brillant : ce sont ses qualités innées ; d'autre part, sa couleur a pu s'effacer, sa surface, se tacher, son éclat, se ternir ; ces qualités adventices donnent lieu, comme les qualités innées, à un pareil nombre de comparaisons. La couleur jaune, la pureté, l'éclat de l'or figurent la patience, l'innocence et la sagesse de l'âme. Un or pâli est une dévotion tiède, un or taché, une conscience impure, un or terne, une ignorance honteuse [1]. Considérez ensuite les objets dans leurs rapports avec d'autres choses, rapports naturels, rapports artificiels, relations d'usage. Dites que l'or est plus utile que l'argent, et que la sagesse vaut mieux que l'éloquence, ou bien que l'or est un trésor qui appartient aux rois, et la sagesse, un bien qui doit être offert à Dieu. »

C'est là une méthode abrégée ; mais, si l'on veut trouver un plus grand nombre de comparaisons, Guillaume conseille de considérer dans chaque objet sept lieux communs ou *loculi* : « *Primum est res absoluta .. Secun-« dum est generatio rei active et passive. Tertium est rei « active et passive corrupcio... Quartum est mixtio... « Quintum est compositio que est partis in toto... Sextum « est oppositio... Septimum est usus rei.* » De nombreux exemples expliquaient ces règles. Ainsi les deux comparaisons suivantes sont tirées du troisième *loculus* : de même que le poison corrompt les humeurs du corps,

invenire universalia quedam, que pauca sint numero, multa vero in potentia, que, quasi semina memorie in agros missa, ut in magnam segetem excrescant. »

1. *Ibid.*, f° 251 r°, col 1

le péché corrompt les habitudes de l'âme; de même que l'effet du poison est combattu par la médecine, les ravages du péché sont arrêtés par la grâce. Pour le quatrième *loculus*, Guillaume propose l'exemple d'un alliage d'or et de plomb, auquel il compare une conscience souillée par le péché. Pour le cinquième, il fait remarquer que le Christ est la tête du corps mystique de l'Église, et que l'humilité est la frange du vêtement spirituel de l'âme. Guillaume attachait une grande importance à cette méthode, nécessaire, selon lui, à tout adepte de la science spirituelle. Dans un langage ampoulé, il appelait ces lieux communs les sept branches du chandelier, les sept sceaux du livre de la nature [1].

Si Guillaume s'en était tenu là, son traité, quoique superficiel, aurait pu prendre rang parmi les bons ouvrages de rhétorique. Mais au premier livre du *De Faciebus Mundi*, il en a joint un second, dans lequel, sous prétexte de faire lui-même l'application de ses principes, il donne des listes interminables de comparaisons et de métaphores.

Il compare l'âme humaine à une fiancée, à un temple et à un cloître; le péché à la cécité, à la surdité, à la lèpre, à l'hydropisie, à la fièvre, à la dissonance, à la puanteur, à la dureté, enfin, on ne sait pourquoi, à une

---

1. *Ibid.*; f° 251 r°, col. 2 : « Septem sunt sigilla, sine quorum appositione per cognicionem non contingit partes libri nature inspicere, nec ejus sententias spirituales invenire perfecte. Ista sunt septem candelabra aurea, super que in templo sacre scripture lucent lumina spiritualis sciencie. Nisi enim anima illuminetur istis, palpitabit circa spirituales sentencias, quasi in tenebris. Hiis autem quasi luminaribus in thesauros sapiencie spiritualis introducta, occulta de quibus trahitur sapiencia oculo intellectus penetrabit. »

fontaine et à un artisan. Quand il aborde le chapitre de la vertu, il se surpasse lui-même et ne trouve pas moins de trentre-quatre *facies,* ou objets matériels figurant cette idée morale. Ce sont un centre, une marche (dans le sens géographique), une borne, la couleur verte, parce qu'elle tient le milieu entre le blanc qui dilate l'œil et le noir qui le contracte, la vie, la beauté, un ornement, le courage, la santé, la verdeur, une peinture dans une église, la plus belle des couleurs pour une étoffe, la forme carrée, ou une sculpture pour une pierre, l'éclat d'un glaive, le sacerdoce, la royauté, un traité, un hommage, un mariage, un père ou une mère, une racine, une fontaine, une aile ou une plume d'oiseau, la corne du cerf, le pied du voyageur, l'épaule, une porte, un canal, le lit d'un fleuve, le pied de l'Éternel, quand il terrasse le vieil homme, un vêtement, une maison, un palais. C'est avec le même luxe d'images, qu'il parle des plaisirs du monde[1].

Combien Aristote montrait plus de goût dans ce 21ᵉ chapitre de la *Poétique* où il traçait les règles de la métaphore! Le moyen âge, il faut bien le dire, ne se faisait aucune idée de la mesure, qui est la condition essentielle de la beauté antique. Guillaume aurait volontiers souscrit au jugement porté par un rhétoricien persan :
« La comparaison éloquente est la même que la compa-
« raison éloignée et extraordinaire, et elle est le contraire

---

1. *Ibid.*, fº 255, rº, col. 1 : « Dico igitur quod Deus sponsus utitur mundo ad animam sponsam, tanquam munusculo, speculo, litteris, pila in ludo, scabello ante thalamum, tapeto et floribus stratis sub pedibus sponse in morgengabe et ceteris melodiis. Mundus est scabellum et tapetum et flores que sponsa debet calcare per contemptum, ut intret thalamum sponsi; ista igitur que non calcat ea, sed latet sub ipsis, non est sponsa, sed mus vel reptile. »

« de la comparaison prochaine et commune : cette der-
« nière est la moins considérée dans l'éloquence, par-
« ce que nous préférons ce qui est loin de nos idées
« ordinaires[1]. »

A quoi bon d'ailleurs tant de métaphores, si ce n'est pour fournir aux prédicateurs des images toutes faites, pour leur épargner le moindre effort d'imagination? Guillaume met à leur service le résultat de ses réflexions, leur offre, sur beaucoup de matières, un répertoire inépuisable de traits et de comparaisons, et se figure leur être utile. Il leur rend en réalité le plus mauvais service.

C'est ainsi que se prépare l'avènement de la routine, qui doit au quatorzième siècle régner presque partout dans la chaire. Jacques de Vitry a déjà composé un recueil d'exemples[2]; celui d'Étienne de Bourbon ne tardera pas à voir le jour. Plus tard, on rangera par ordre alphabétique les principales matières des sermons, et l'on fournira des développements tout faits sur chacune de ces matières. On ira jusqu'à composer des sermons de toutes pièces pour les diverses situations de la vie; ces morceaux d'éloquence, colportés de main en main, formeront le bagage indispensable de tous les prédicateurs du quatorzième siècle. Ce que Jacques de Vitry et Étienne de Bourbon font pour les exemples, ce que Nicolas de Biard et Nicolas de Gorran feront pour les sermons tout entiers, Guillaume le fait pour les comparaisons et les figures. L'apparition de son traité d'Oxford, du *De Faciebus Mundi* annonce une époque de décadence oratoire.

---

1. M. Garcin de Tassy. *Rhétorique des nations musulmanes*, 1844, p. 37.
2. *Sermones vulgares domini Jacobi Vitricensis*, *Bibl. Nat.*; ms. latin, n° 17509.

CHAPITRE V

PHILOSOPHIE

En chrétien docile et fervent, Guillaume baissait humblement la tête, chaque fois que l'Église avait parlé : « Qu'on se garde, disait-il, de préférer jamais mes dis-« cours à ceux des Pères : je n'ai d'autre but que de « prouver la vérité de leur doctrine[1] ».

Quand il établissait un parallèle entre la science et la foi, il ne manquait pas d'établir la supériorité de celle-ci. Le philosophe était, à l'entendre, un boiteux qui ne pouvait marcher qu'appuyé sur des arguments, comme sur des béquilles, tandis que le croyant se distinguait par son allure franche et vive[2].

---

1. *Opp.*, II, suppl., p. 226 : « Nec sermones meos sermonibus illorum unquam præferas, qui vides propositum et intentionem meam ad hoc solum esse, ut veritatem eorum per vias probationum astruam, et contraria destruam eorumdem. »

2. *Opp.*; I, p. 6 et 753. — Cf. *De Gratia* : (Oxford, *Merton college*, ms. n° 136, f° 205 v°.) « Nec omnis Dei cognicio salubris est, nec omnis meritoria, aut Deo accepta. Dicimus igitur, quia suasa aut extorta per probaciones aut signa credulitas non solum Deo accepta et meritoria apud Deum non est, sed nec etiam credulitas qua ei credatur, et hoc manifestum est uno exemplo. Sicut enim venditor qui soli pignori incumbit emptoris de sol-

Mieux que personne cependant, et avec une hardiesse peu commune, Guillaume savait marquer les frontières de la science et de la foi. Dans tous ses traités philosophiques, il avait soin de dire que ses arguments ne reposaient sur aucune révélation, mais sur des preuves rationelles : « *Non cum eis agimus qui credunt testimoniis scripturarum* [1] ».

Il recommandait même la curiosité, comme une qualité indispensable, raillait la coutume des ignorants de crier partout au miracle, et d'expliquer tous les faits par la seule volonté de Dieu [2].

Ces indices révèlent un tempérament de philosophe, et en effet, plus on lit les ouvrages de Guillaume, plus on reconnaît l'ardent amour que lui inspirait la vérité. Savoir était pour lui devenir meilleur, et il disait, dans son *De Anima*, que l'étude, la discussion, la réflexion, les leçons des docteurs, les enseignements des livres étaient autant de degrés qui conduisaient à la perfection [3].

---

vendo precio mercedis, nec stat verbo aut promissioni ejus, sed, ut ita dicam, pignori credit, sic nec Deo credere esd judicandus qui verbis ejus precise et absolute non credit, set securitates per probationes aut signa exigit. »

1. *Opp.*, I, p. 556. Cf. *ibid.*, p. 1028 : « Tu autem intellige, quia in omnibus tractatibus istis specialibus non utor testimonio legis alicujus, nec intentionis meæ est veritatem communem et communiter sciendam vel credendam ab hominibus astruere per testimonia, sed per probationes irrefragabiles. »

2. Opp. I, p. 1055 — M. Rousselot et M. Hauréau (*Dict. des sc. philos.*, art. *Guill. d'Auvergne*. — *De la philosophie Scolastique*, Paris, 1850, in-8°, tome 1er, p. 434) ont soutenu que Guillaume s'était associé aux détracteurs de la science, pour avoir le droit d'exposer ensuite plus librement ses opinions souvent aventureuses. Cette thèse a déjà été réfutée par M. Javary. (*Guillelmi Alverni psychologica doctrina.*)

3. *Opp.*, II, suppl., p. 98; cf. *De Trinitate*, *ibid.*, p. 1.

Il était partisan du progrès indéfini des sciences. « Il est manifeste, disait-il, que non seulement chaque science ou chaque art n'est ni limité, ni circonscrit par le temps dans ses accroissements, mais qu'il en est de même de chaque principe et de chaque proposition particulière de ces sciences. Car toutes les sciences et tous les arts pris ensemble demandent nécessairement, pour accomplir leurs recherches, un temps indéfini, le nombre des propositions qui les composent n'étant certainement point limité. Combien en effet a-t-on fait de découvertes sur les lignes, et combien peut-on encore en faire sur elles, ainsi que sur toutes les superficies, sur les triangles et sur chacune de leurs espèces, sur les cercles et sur les figures qui les inscrivent ou qui y sont inscrites ! Qui pourrait jamais se figurer combien des hommes exercés dans ces sortes d'études seraient capables de faire encore de nouvelles découvertes? Et il en est ainsi de toutes les sciences en général, que l'on trouve, si on les examine attentivement, indéfinies et inscrutables [1] ».

---

1. « Manifestum est quia non solum una scientia vel ars acquisitionem non habet tempore limitatam et mensuratam, sed etiam unumquodque principium et unaquæque propositio ejusdem. Omnes enim artes vel scientiæ, cum aggregatæ sunt insimul ex necessitate, requirunt tempus infinitum in acquisitionibus suis, cum manifestum sit non esse verum numerum propositionum ipsarum. Quot enim inventa sint circa lineas et quot possibile sit circa easdem invenire, similiter et circa superficies omnes, circa triangulos et unamquamque speciem ipsorum ; eodem modo et circa circulos et circa figuras inscribentes eos vel inscriptas ab eisdem? Quis cogitare sufficiat quot et quanta esset a viris exercitatis in talibus inveniri? Similiter se habet de innumeris generaliter scientiis, de quibus, si diligenter attenderis, invenies eas procul dubio infinitas et inscrutabiles » *De Anima*, cap. VI, p. III.

Cependant, parmi les sciences, il en est dont il faisait peu de cas, par exemple les mathématiques : « Quel en « est le fruit, disait-il, si ce n'est une vérité armée de « preuves, mais une vérité nue, sèche et froide, morte, « pour mieux dire, une lumière nocturne, c'est-à-dire « glacée? Où est la clarté bénie, où est le fruit salutaire « qu'elle apporte aux âmes ? Sait-elle les meubler, les « orner, les porter à Dieu, créer en elles des vertus « divines? Non. Elle les maintient froides, loin de la « chaleur vitale et vivifiante, qui est l'amour de Dieu ; « traitant de matières abstraites, elle abstrait l'âme de « ses adeptes de toute œuvre, de toute pensée sainte, « pieuse ou salutaire. [1] »

La philosophie ne présentait pas les mêmes défauts ; loin d'abaisser les âmes, elle les conduisait à Dieu [2] : Guillaume s'y livra passionnément.

Longtemps avant le treizième siècle, la Scolastique avait eu le mérite de poser les problèmes fondamentaux de toute philosophie et s'était évertuée à les résoudre. Les docteurs qui s'étaient succédé dans les écoles n'avaient manqué ni de perspicacité, ni de hardiesse, jusqu'au moment où, las de recommencer sans cesse l'éternelle

---

1. *Opp.*, II, *suppl.*, p. 142.
2. Ce sont les pensées qu'il exprime dans le *De Paupertate spirituali*. (Oxford, *Balliol college*, ms. n°. 287, f° 47 r°.) Guillaume n'est pas le seul philosophe de cette époque qui ait défendu les droits de la raison : il ne fait qu'exprimer les sentiments de ses plus illustres contemporains. Voir sur ce sujet l'intéressant ouvrage de M. Salvatore Talamo : *L'aristotélisme de la scolastique dans l'histoire de la philosophie*, Paris, Vivès, 1876, in-12, p. 114 et suiv.

dispute des réalistes et des nominaux, ils avaient mis bas les armes et donné tête baissée dans le mysticisme d'Hugues de Saint-Victor ou dans le scepticisme de Jean de Salisbury. Ce découragement s'était produit vers la fin du douzième siècle. Presque au même moment, la Physique et la Métaphysique d'Aristote, traduites en latin et escortées d'innombrables commentaires arabes, firent irruption dans la littérature de l'Occident : ce fut une surprise générale. Posséder, dans un texte authentique, les solutions que l'auteur de l'*Organon*, le maître des philosophes, avait données aux plus hauts problèmes de la science, c'était un rêve que tout docteur, si hardi qu'il fût, considérait comme irréalisable : on lut avec avidité les livres nouveaux, on n'eut point plus tôt fini les traités du Stagyrite, qu'on en chercha l'explication dans Al-Farabi, Avicenne, Avicébron et Averroès : la parole ne fut plus qu'à ces nouveaux maîtres, et, au milieu de l'agitation produite par leurs doctrines audacieuses, la voix des anciens chefs d'école, saint Anselme et Guillaume de Champeaux, parut singulièrement monotone.

Il y avait en effet lieu d'être surpris. Malgré leur obscurité inévitable, les sentences d'Aristote semblaient bien contredire, en plus d'un point, les principes reçus et enseignés dans l'école ; elles prêtaient surtout à des interprétations si étranges, si inattendues, que les professeurs se crurent transportés dans un monde nouveau. Ici ils entendaient affirmer que tous les phénomènes du monde sensible étaient régis par les corps célestes[1] ; là, que chaque individu était une partie de la matière uni-

1. Alkindi.

verselle. On leur disait qu'un nombre infini de sphères procédant les unes des autres vont du premier moteur éternel et immuable jusqu'au dernier degré de l'être[1], que tout être est un composé de matière et de forme[2]; dans l'âme humaine, on distinguait une intelligence passive, individuelle, et un intellect actif, unique pour tous les hommes[3]. Au milieu de ces thèses bizarres, mais proposées sous le couvert du grand nom d'Aristote, les docteurs cherchaient vainement à se reconnaître, tandis que des esprits plus téméraires donnaient avec enthousiasme dans tous les écarts du péripatétisme.

Il était loin, le temps où l'attention des philosophes était concentrée sur les dogmes chrétiens, et où le plus téméraire des novateurs, Abélard, n'était coupable que d'avoir mal interprété le mystère de la sainte Trinité. A ce calme, avait succédé la tourmente; les thèses qui circulaient dans le monde des écoles ne respiraient rien moins que l'orthodoxie. Panthéisme, unité de substance, doctrine de l'éternité du monde, tels étaient les systèmes produits au grand jour, jusque dans cette Université de Paris, sanctuaire de toute philosophie chrétienne.

Lorsqu'enfin l'alarme fut donnée, le clergé de la province de Sens montra l'horreur que lui inspiraient ces hérésies, en faisant exhumer le corps d'Amaury de Bène et en conduisant au bûcher quelques-uns de ses obscurs disciples (1209). Le légat Robert de Courçon mit au ban de l'école la Physique et la Métaphysique

---

1. Avicenne.
2. Avicébron
3. Averroès.

d'Aristote (1215) : mais il ne put extirper des esprits de la jeune génération les germes d'impiété qu'y avait semés la lecture des livres nouveaux.

C'est alors que parut Guillaume. Il est le premier docteur du treizième siècle qui ait laissé une réputation intacte. Non seulement en effet il précéda Albert le Grand, mais il enseigna en public et écrivit probablement ses ouvrages avant Alexandre de Halès, que les historiens de la philosophie placent d'ordinaire le premier [1].

Avec un sang-froid qu'on ne saurait trop louer, il envisagea les nouvelles doctrines et démêla le vrai du faux. Plein de respect et d'admiration pour Aristote, il sut pourtant le réfuter sur bien des points et soumit à une critique sévère, mais non malveillante, les écrits des commentateurs arabes. A le voir se tourner, tantôt contre le Stagyrite, tantôt contre Porphyre, Avicenne ou Averroès, tantôt contre Platon, qu'il connaît surtout par les citations de ses adversaires, bien qu'il reproduise à son insu ses doctrines, on est tenté de le plaindre : il lutte seul contre tous.

En exposant le détail de ses doctrines, nous aurons lieu plus d'une fois de montrer son indépendance [2] :

---

1. Alexandre mourut, il est vrai, avant Guillaume ; mais il composa ses ouvrages sous le pontificat d'Innocent IV, tandis que Guillaume avait écrit les siens probablement avant 1228.

2. La suite de ce travail fera connaître les reproches qu'il adressait soit à Aristote, soit à ses commentateurs. On le verra s'écarter de leur doctrine pour résoudre les problèmes des universaux ou de l'individuation et flétrir surtout leur théorie de l'unité de substance. La réfutation du fatalisme péripatéticien et de la thèse averroïste de l'*Intellect agent* trouvera naturellement sa place dans le chapitre consacré à la psychologie, tandis que le chapitre de l'Astrologie nous fournira l'occasion de montrer combien Guillaume était opposé à certaines maximes de la métaphysique d'Aristote.

« N'allez pas croire, disait-il dans son *Traité de l'âme*, que
« je veuille me servir des paroles d'Aristote pour prou-
« ver ce que je vais dire; car je sais bien que l'argument
« dialectique tiré de l'autorité ne peut engendrer que la
« foi, tandis que mon dessein est de donner ici et par-
« tout où il me sera possible, la certitude démonstrative
« qui exclut toute espèce de doute[1] ». Il allait jusqu'à
blâmer la conduite de plusieurs de ses contemporains,
qui, pour faire servir les doctrines d'Aristote au triomphe
de l'Église, prétendaient prouver, malgré l'évidence,
qu'elles n'étaient pas contraires à la foi, alors même
qu'elles la contredisaient ouvertement[2]. « Non seule-
« ment, disait-il quelque part, Aristote s'est trompé sur
« cette question, mais on peut dire encore qu'il a déliré
« comme un fou[3]. » Dissertant sur les démons, il
s'étonnait qu'Aristote eût nié leur existence, lui qui affirmait avoir vécu familièrement avec l'un de ces esprits[4].
Nous sommes loin des conclusions de Brucker, qui enve-

---

1. Non intret in animum tuum, quod ego velim uti sermonibus Aristotelis tanquam authenticis ad probationem eorum quæ dicturus sum, qui scio locum dialecticum ab auctoritate tantum esse et solum facere posse fidem, cum propositum meum sit, et in hoc tractatu, et ubicumque possum, certitudinem facere demonstrativam, post quam non relinquitur tibi dubitationis ullum vestigium. » *De Anima*, cap. I, p. 1.

2. *De Universo*, II^a I^{ae}, cap. VIII.

3. Il s'agit du nombre des intelligences séparées : « De Intelligentiarum numero Aristotelem non tam errasse quam insanissime delirasse videbitur evidenter. » *De Universo*, I^a II^{ae}, cap. XXIX.

4. « Ipse Aristoteles quemdam familiarem habuisse et nefando sacrificio obtinuisse se dixit. Qualiter enim opinari potuit esse bonum, qui sibi sacrificium offerri permisit, nisi forsitan illud Creatori obtulerit : quod ipsa ejusdem verba et locus sacrificii nullo modo patiuntur. Cur etiam potius de cœlo Veneris quam de alio cœlo missum sibi credidit spiritum illum ? » *De Universo* II^a II^{ae}, cap. XXXIX et XL.

loppant dans un même blâme tous les auteurs de la Scolastique, les accusait d'être tombés dans l'Ἀριστοτελομανία[1] ». L'homme d'une intelligence bornée, disait
« encore Guillaume, se laisse entraîner dans l'erreur par
« le prestige d'un grand nom ; l'autorité de certains phi-
« losophes ne fait pas seulement admettre leur témoi-
« gnage, elle les met au rang des dieux, elle les rend
« infaillibles[2]. »

Si l'on ajoute que Guillaume a l'œil ouvert sur toutes les tentatives des hérésiarques, qu'il consacre une grande partie de son *De Universo* à la preuve de l'unité de Dieu et à la réfutation du Manichéisme, représenté à cette époque par les Cathares, on se fera quelque idée du but élevé que poursuit notre docteur : combattre toutes les erreurs, de quelque côté qu'elles viennent, chez les philosophes de l'antiquité, comme dans les écoles contemporaines.

S'il s'écriait, comme Bernard de Chartres : « Nous sommes des nains assis sur des épaules de géants », ce ne serait point aux hommes de l'Académie ou du Lycée, qu'il adresserait cet hommage, mais à saint Jérôme, à saint Augustin, à saint Grégoire, à Boèce. Le seul drapeau qu'il connaisse est celui de l'Évangile : il se pose en gardien fidèle des traditions chrétiennes[3], et l'on a pu

---

1. *Historia critica philosophiæ*, Period. II, pars, II, lib. II, c. III, sect. 3.
2. *Opp.*, II, suppl., p. 116. — Cf. Dr Albert Stöckl, *Geschichte der Philosophie des Mittelalters*, Mainz, 1865, II, p. 327.
3. Ici, par exemple, Guillaume parle de l'action de Dieu sur les créatures : « Nec attendas sermonibus philosophorum in parte ista, nec etiam in aliis, si vis eruditus esse et absque errore in rebus divinalibus, nisi quatenus eos concordare inveneris sermonibus prophetarum et aliis sermonibus authenticis. » *De universo*, II^a II^æ, cap. XXXIX.

dire de lui [1], mieux encore que d'Alexandre de Halès et d'Albert le Grand, qu'il avait défendu le catholicisme contre l'irruption de la fausse sagesse des Arabes, de même que l'épée de Charles Martel, cinq cents ans plus tôt, avait préservé le sol de l'Europe de l'invasion de leurs armées [2].

1. M. Ch. Jourdain, *Philosophie de Saint Thomas*, I, p. 50.
2. Il n'entre point dans notre plan de donner une analyse complète et détaillée de tous les ouvrages philosophiques de Guillaume. Nous nous contenterons d'en signaler les parties originales. Répéter après Dom Ceillier, Daunou, Stöckl, etc., que Guillaume croit au mystère de la Ste Trinité, prouve l'existence des Anges et des Démons, enseigne la morale de l'Évangile, ne nous a paru ni intéressant, ni utile. Les très nombreuses dissertations que nous passons sous silence peuvent se résumer en un seul mot : Guillaume fut un philosophe chrétien orthodoxe.

CHAPITRE VI

QUESTION DES UNIVERSAUX

Si, au lieu de consulter les in-folios poudreux qui contiennent la meilleure partie des œuvres de Guillaume, on demande aux historiens le secret de sa doctrine, on remarque parmi ces savants le plus étrange désaccord. Brucker[1] et Daunou n'ont su reconnaître dans ses traités qu'un éclectisme vague où se heurtent les systèmes de Platon et d'Aristote[2] ». Tennemann[3], M. Degérando[4] et M. Jourdain[5] sont tentés d'y voir le triomphe des doctrines de l'Académie. M. Rousselot ne sait lui-même quel parti prendre : ici, il admire « une réserve poussée souvent jusqu'à l'exagération[6] » ; là au contraire il s'étonne de

---

1. « In eo quoque laudem meretur, quod non adeo se Aristoteli mancipaverit, ut non ab ejus sententia recedere eamque erroris redarguere, vel principiis et rationibus uti auderet. » *Historia critica philosophiæ*, Period. II, lib. II, c. III, sect. III.
2. *Histoire littéraire*, XVIII, p. 376.
3. *Geschichte der Philosophie*, Leipsig, 1811, VIII, 2ᵉ part. p. 468.
4. *Biogr. Michaud*, art. Guillaume d'Auvergne.
5. *Philosophie de Saint Thomas d'Aquin*, I, p. 52.
6. *Dict. des Sc. philos.*, art. Guillaume d'Auvergne.

l'extrême hardiesse de Guillaume : « Cet esprit si fervent
« et si orthodoxe tombe, dit-il, dans un réalisme méta-
« physique qui aboutit tout droit à l'unité, et cette unité
« est l'universel. Si Guillaume eût fait un pas de plus,
« il tombait dans un matérialisme panthéistique.[1] »

Les déclarations de M. Hauréau sont au contraire
pleines de netteté : « Le réalisme de Guillaume est tel-
« lement énergique, qu'il affirme sans aucune équivoque
« l'unité de substance, ne réservant aux individus que
« d'être participants de la substance unique..... On sait
« maintenant quelle place doit être assignée à Guillaume
« parmi les docteurs scolastiques : on le comptera dans
« le nombre des réalistes les plus intempérants... Guil-
« laume est un des créateurs de ces êtres chimériques,
« (blancheur, terréité, ignéité, etc.) et ils n'occupent pas
« un lieu moins noble dans son système, que les Univer-
« saux reconnus *in re*, hors de leurs causes, par les réa-
« listes plus réservés[2]. »

A quel avis faut-il se ranger, et quel nom choisir parmi
tous ceux que les érudits nous proposent? éclectique
indifférent, réaliste fougueux, ou platonicien modéré?
Le premier de ces noms convient mal à un philosophe
aussi absolu dans ses jugements que passionné dans ses
recherches, et Daunou, en le lui appliquant, a fait preuve
de cette légèreté avec laquelle il jugeait trop souvent les
hommes de la scolastique. Le second semble mieux approprié, mais si nous parvenons à réfuter les arguments de

---

1. *Études sur la philosophie dans le moyen âge*, Paris, 1840, in 8°, II, p. 172.
2. *De la philosophie scolastique*, Paris 1850, in 8°, I, p. 451 et 452.

M. Hauréau, nous n'aurons plus sans doute qu'à saluer Guillaume du nom de Platonicien modéré.

Cette tâche est d'autant plus délicate, qu'agissant avec sa prudence habituelle, le savant auteur de la *Philosophie scolastique* apporte des preuves à l'appui de chacune de ses assertions. Il a lu les deux longs traités du *De Universo* et du *De Anima*, noté chemin faisant les passages métaphysiques [1], et les vingt-cinq pages qu'il consacre à la philosophie de Guillaume présentent un assez grand nombre de citations et de renvois, pour qu'on soit tenté de les considérer comme tout à fait inattaquables. Nous examinerons ces preuves une à une.

Un passage auquel M. Hauréau attache une grande importance est extrait du *De Universo* : « Aristote, dit
« Guillaume[2], fut conduit à cette thèse de l'intellect agent
« par ce que Platon avait avancé touchant le monde des
« espèces, que l'on appelle indifféremment le monde
« archétype, le monde des formes premières, le monde
« des espèces, le monde intelligible ou des intelligibles.
« En effet Aristote ne pouvait s'empêcher d'admettre la
« thèse de Platon. Il n'est pas, il est vrai, parvenu jusqu'à
« nous comment Platon raisonnait et démontrait cette
« thèse; mais voici les raisons qu'il semble, ou du moins
« qu'il peut avoir eues. Il ne faut point avoir moins de con-
« fiance dans le rapport de l'intellect sur les intelligibles,
« que dans le rapport des sens sur les choses sensibles :
« ainsi donc que le témoignage des sens nous oblige à
« reconnaître l'existence du monde sensible, patrie des

---

1. V. *ibid.*, p. 449.

2. *Opp.*, I, p. 821. Nous empruntons à M. Hauréau sa traduction (*De la philos. scolast.*, p. 447.)

« objets sensibles, particuliers, singuliers, de même et
« à plus forte raison, le témoignage de l'intellect doit
« nous contraindre à admettre le monde des intelli-
« gibles, c'est-à-dire le monde des universaux, des
« espèces. »

En achevant la traduction de ce passage, M. Hauréau déplore l'audace de Guillaume, qui, admettant l'existence objective de tous les intelligibles que notre esprit peut concevoir, « peuple l'univers entier d'entités chimé-
« riques » et « donne tête baissée dans une idéologie
« téméraire [1]. » Mais, avant de déduire les conséquences de cette doctrine, il eût fallu prouver qu'elle appartenait à Guillaume, et, pour cela, effacer la phrase placée au début du chapitre, et par laquelle Guillaume annonce son intention de reproduire des arguments platoniciens : *Ponam igitur rationes quas vel habuisse videtur, vel habere potuisset.* »

Mais, dira-t-on, Guillaume adoptait entièrement la thèse platonicienne, puisqu'il soutenait qu'Aristote lui-même n'avait pu s'empêcher d'y souscrire. Erreur ! Guillaume se bornait à constater un fait généralement admis à cette époque [2], l'accord d'Aristote et de Platon sur la question des idées. C'est ce qu'ailleurs il exprimait en ces termes : « *Genera et species ipsi æternas ponunt, hoc*
« *est tam Platonici quam Peripatetici* [3]. » Si nous insis-

---

1. *Op. cit.*, I, p. 436, 442, 443, 444 et 445.
2. M. Hauréau l'a remarqué lui-même. « Le treizième siècle, dit-il, est éclectique ; il se persuade volontiers que Platon et Aristote se sont pris de querelle sur des détails frivoles, mais que, sur les grands problèmes, ils étaient d'accord. » (*Op. cit.*, II, p. 10.)
3. *Opp.* I, p. 855. — Cf. Adhélard de Bath, *De eodem et diverso* : « Sic viri illi (Plato et Aristoteles), licet verbo contrarii videantur, re tamen idem

tons sur ce point, c'est que plusieurs des textes cités par M. Hauréau sont des fragments du même chapitre [1]."

En poursuivant la lecture du *De Universo*, et après avoir tourné quelques feuillets à peine, nous découvrons un exposé lucide, détaillé et véridique cette fois, de la doctrine de Guillaume [2]. Mais où sont les arguments audacieux, les entités chimériques qui nous étonnaient tout à l'heure ? Qu'est devenue cette « idéologie téméraire », que semblait vanter Guillaume? Elle a fait place à une philosophie prudente; la rigueur des raisonnements, la sagesse des principes en sont les traits les plus saillants, et, pour dissiper tous les doutes, Guillaume ne consacre pas moins de trois chapitres à la réfutation de la thèse platonicienne que l'on reproduisait sous son nom [3].

M. Hauréau a longuement commenté cet autre passage du même traité [4] : « L'espèce homme n'est en acte ni
« quelque individualité constituant un tout intégral, ni
« une chose réellement distincte de ses individus; mais
« en puissance, elle est chacun d'eux, la raison, la défi-
« nition de l'espèce se trouvant tout entière en chacun. »
A vrai dire, il nous est impossible de voir dans cette courte sentence l'énoncé d'une doctrine. La première phrase semble bien révéler un adversaire du réalisme, car, si l'espèce homme n'est en acte aucun des individus

---

senserunt. » *Bibl. Nat. ms. latin* n° 2389; passage cité par M. Hauréau, *Hist. de la philosophie scolastique*, 1872, I, p. 350.
1. V. *op. cit.*, p. 443 et 454.
2. V. *ibid.* p. 834.
3. Chap. XXXIV, XXXV et XXXVI de la I^a II^ae; *ibid.*, p. 835 et *sq*.
4. *Opp.* I, p. 855. Nous reproduisons la traduction de M. Hauréau (*Op. cit.*, I, p. 449.)

qui la composent, si elle n'est pas non plus un objet distinct de ces individus, elle n'a, à proprement parler, ni réalité, ni essence. Mais la seconde phrase convient aussi bien à un Réaliste décidé, partisan de l'Universel *in re*, ou à un Platonicien prudent, pour qui l'espèce existe seulement à l'état d'exemplaire dans l'intelligence de Dieu. Le fait est que ce passage est obscur, et qu'il ne jette aucune lumière sur la doctrine de Guillaume.

Quatre lignes du *De Universo* décident M. Hauréau à compter Guillaume parmi les partisans les plus chauds de l'unité de substance[1]; à notre tour, nous pourrions citer les chapitres XII, XIV et XV du même ouvrage, dont le but est précisément de démontrer que les propagateurs de cette doctrine sont dignes de périr sur le bûcher. Au moins, si le passage en question contenait un argument sans réplique, nous pourrions prendre Guillaume en flagrant délit de contradiction. Mais non : la substance de Socrate, dit Guillaume, se compose de tout ce qui est commun à tous les hommes; en d'autres termes, elle se confond avec son humanité; les qualités qui le distinguent du reste des hommes ne sont au contraire que des accidents[2]. Est-ce à dire que Platon ait la

---

1. « Qu'est-ce que Socrate (suivant Guillaume)? C'est une partie de l'essence commune qui porte son numéro, son étiquette. Entre Socrate et Platon, aucune différence substantielle; ils ne se distinguent que par des accidents.... Socrate, comme l'affirme Guillaume d'Auvergne, est simplement une des mille formes que revêt dans l'espace et le temps la substance permanente de l'homme Universel. » (*Op. cit.*, I, p. 451 et 454.)

2. « Quidquid habet Socrates præter hominem, (hoc est præter ea ex quibus est homo) accidit eidem : id vero quod habet residuum ab accidentibus est totum esse ipsius; quare totum esse ipsius est ipsa species, videlicet hæc species Homo, sicut dicitur vel prædicatur de ipso, cum dicitur : Socrates est homo. » (*Opp.*, I, p. 836.)

même substance que Socrate ? oui assurément, si par *la même substance*, on entend une substance semblable; non, si l'on entend une substance une et identique. Les substances de tous les hommes se ressemblent, elles ne se confondent pas.

Pour prouver que Guillaume créait au gré de son caprice des substances imaginaires, telles que la *Terréité* et la *Blancheur*, M. Hauréau se fonde sur une phrase [1] extraite d'un chapitre du *De Universo*, si clair, si catégorique, si accablant pour le réalisme et pour ce que Guillaume appelle « les fantômes de Platon », qu'on serait tenté, après l'avoir lu, de ranger le prudent docteur parmi les plus ardents nominaux. Les mots cités n'ont d'autre sens que celui-ci : « Si Platon prétend que ni l'espèce Terre, ni l'espèce Feu ne sont en ce monde sensible; il doit reconnaître aussi que le vrai feu et la vraie terre ne s'y trouvent pas. » C'est un argument uniquement dirigé contre la thèse platonicienne du Monde Archétype.

On nous excusera donc de nous séparer ici du guide que prend naturellement quiconque se livre à l'étude de la Scolastique : M. Hauréau nous paraît s'être mépris sur ce point de la doctrine de Guillaume.

Serons-nous plus heureux? Trouverons-nous, dans quelque autre partie des ouvrages de Guillaume, la réponse qu'il faisait à la question des Universaux? Que le lecteur en soit juge.

« Dieu, comparé à l'univers, est la vérité même [2]....

---

1. « Si vera terreitas aut igneitas vera non esset in mundo isto sensibili, nec vera terra nec verus ignis esset in eodem. » (*Opp.*, I, p. 835.)

2. « Est etiam veritas ad Universum (Deus).... et ipsum universum est umbra vanissima ac tenuissima ad ipsum et comparatione ipsius. Et hoc

« L'univers, comparé à Dieu, n'est qu'une ombre très
« vaine et très légère. C'est ce qu'Avicébron a donné à
« entendre : « Les créatures, dit-il, se sont dressées
« devant le Créateur et lui ont fait ombre. » Or voici,
« selon moi, ce que signifie cette expression. Si l'on con-
« sidère l'immensité et la sublimité de Dieu et à quel
« degré éminent il possède tous les attributs qui révè-
« lent sa magnificence, sa providence et sa gloire, on
« demeure convaincu que les mêmes attributs, appliqués
« à l'univers ou à ses parties, perdraient, pour ainsi
« dire, tout leur réalité, et deviendraient comme des
« ombres, des vestiges et des apparences d'eux-mêmes. »
Guillaume applique cette remarque aux divers attri-

---

insinuavit Avencebron in sermone suo, quo dixit quod creaturæ erexerint
se ad Creatorem et fecerint ei umbram. Expositio autem intentionis meæ
in sermone umbræ est hæc, videlicet quia, cum consideraveris immensita-
tem et sublimitatem Creatoris in omnibus prædicationibus et singulis quæ
magnificentiam ejus innuunt et curam et gloriam, invenies manifeste easdem prædicationes, cum ad Universum vel ejus partes referuntur, non signi-
ficare, nisi umbras exiguas et nutus atque vestigia et signa permodica eorum
quæ significant apud Creatorem, cum de ipso dicuntur..... Cum his autem
comparationibus et considerationibus attende diligenter veras impositiones
et proprias significationes hominum, et videbis evidenter, quod nullum
nomen coloris proprie nominat colorem aut denominat, nisi purum et
immixtum suo contrario, quemadmodum nec albedo nominat colorem nisi
purum a nigredine... Nomen igitur Potentiæ vera impositione et propria
significatione, non nominat, nisi potentiam puram usquequaque ab impo-
tentia et eidem omnino immixtam. Juxta hunc modum et potens non denominat nisi habentem veræ rationis potentiam, et per hanc viam currit res
in *ente* et *entitate* in *vero* et *veritate*, *bono* et *bonitate*, *pulchro* et *pulchritudine*,
sapiente et *sapientia*, *alto* et *altitudine*, *nobili* et *nobilitate*. . Soli Creatori con-
veniunt. Quantum igitur ad hujusmodi nominationes et denominationes
veritates (ut ita dicatur) sunt apud Creatorem ; in creatura autem solæ similitudines hujusmodi veritatum, juxta modum quo similitudines inter Creatorem et creaturas esse possibile est et conveniens cogitari.
Verum Plato, ultra quam oporteret, et veritas exigeret, extendit hujus-

buts divins : *Puissance, Bonté, Suavité, Largesse, Beauté, Hauteur, Noblesse, Magnificence, Excellence ;* puis il continue en ces termes : « Examine attentivement les « expressions dont se servent les hommes; tu recon- « naîtras, sans nul doute, qu'un nom de couleur ne « peut s'appliquer réellement, qu'à une couleur pure de « tout mélange avec son contraire. Ainsi *blancheur* ne « désigne, à proprement parler, qu'une couleur pure de « toute *noirceur*... Donc le terme de *Puissance* dans sa « véritable acception et son sens propre ne saurait dési- « gner qu'une puissance complètement exempte de fai- « blesse, et il en est de même des termes *Étant* et *Entité*, « *Vrai* et *Vérité*, *Bon* et *Bonté*, *Beau* et *Beauté*, *Sage* et « *Sagesse*, *Haut* et *Hauteur*, *Noble* et *Noblesse*... Donc « ils ne conviennent qu'à Dieu seul. La vérité de ces

modi similitudines et expressit in sermonibus suis, in libro quem Timæum nominavit : Quoniam nominationes creaturarum omnes per similitudinem tantum fiunt et nulla earum per veritatem, unde nec veram terram, nec verum ignem, nec veram aquam, aut verum aërem in mundo sensibili esse patenter asseruit, non attendens quod multæ nominationes sunt de creaturis, quæ nulla comparatione vel similitudine ad Creatorem dicuntur. Non enim terra nominata est terra, quemadmodum bonum, nec denominata est nigra, quemadmodum bona.... : de quibus nominationibus manisfestum est quod per se nihil innuunt, quod ad Creatorem pertineat. Hæc igitur et similes nominationes sunt creaturis secundum suum esse et veritatem, et secundum proprias dispositiones suas absque ulla comparatione et respectu ad Creatorem..... Quid responderet Plato interrogatus, an verus Plato esset ipse qui ita opinabatur, et an veritas Platonis esset in ipso et apud mundum istum sensibilem? Si vero respondet quia revera ipse est verus Plato, et veritas Platonis est in ipso et apud mundum istum, qualiter effugeret, ut non similiter confiteri cogeretur et veram terram hanc esse, et veritatem ejus in mundo isto esse..... Manifestum est tibi ex his, quarum rerum veritas, et cujusmodi veritas apud Creatorem sit, et quarum rerum similitudines apud nos, hoc est, in mundo isto sint, deinde quarum rerum veritates apud nos sint, similitudines vero solæ apud Creatorem. » *Opp.*, I, p. 834. Cf. *ibid.*, p. 837.

« termes et de ces attributs est, pour ainsi dire, en Dieu,
« et la créature n'en possède que l'image, si toutefois il
« existe une ressemblance, et s'il convient d'établir une
« comparaison entre le Créateur et les créatures.

« Platon étend ces ressemblances bien au delà de ce
« que le bon sens et la vérité exigent, et, dans le livre
« qu'il appelle le *Timée,* il va jusqu'à prétendre que tous
« les noms donnés aux créatures désignent des ressem-
« blances et non des réalités. La vraie terre, le vrai feu,
« la vraie eau ne sont pas de ce monde, s'il faut en
« croire ses déclarations formelles. Il n'a pas vu que bien
« des termes sont appliqués aux créatures, mais
« n'expriment aucune ressemblance, aucune comparai-
« son avec Dieu. La terre n'est pas appelée *terre*, de la
« même manière qu'elle est appelée *bonne* et elle n'est
« pas qualifiée *noire*, de la même manière qu'elle est
« qualifiée *bonne*. De telles expressions ne désignent évi-
« demment aucun attribut qui puisse appartenir à Dieu;
« elles sont justement appliquées aux choses créées,
« pour désigner leur être, leur vérité, leurs dispositions
« propres; il n'y a là aucune comparaison du Créateur
« aux créatures.

« Que répondrait Platon, si nous lui disions : « O vous,
« qui professez une telle doctrine, êtes-vous le véritable
« Platon? la vérité de « Platon » est-elle en vous, et
« dans ce monde sensible? » S'il nous répondait affir-
« mativement, comment échapperait-il à la nécessité
« d'avouer que la véritable terre est aussi en ce monde?
« Et s'il soutenait qu'il n'est pas le vrai Platon, mais
« seulement son image, et que le vrai Platon réside dans
« le monde des espèces, autant vaudrait affirmer que ce

« monde sensible ne renferme aucun individu, aucune
« chose particulière, qui soient vrais, partant aucun
« homme, aucun cheval, aucun âne véritable.

« Voilà donc Platon forcé d'avouer qu'aucune sub-
« stance n'a de vérité, ni d'essence, ni quoi que ce soit
« de réel. Ainsi rien de vrai, rien d'essentiel dans les
« objets individuels et particuliers. Mais, dira-t-on, l'être
« de la terre, c'est d'être *terrestre*, l'être du feu, c'est
« d'être *igné*. Je réponds : il est manifeste que *terrestre*
« et *igné* ne désignent pas *une chose*, n'expriment pas une
« manière d'être, qui soit *une chose*. Ainsi rien n'est *une*
« *chose*, tout est indéfinissable; il n'y a rien, dont on
« puisse dire : *C'est une chose*.

« Tu vois maintenant quelles sont les choses dont la
« vérité réside en Dieu, et de quelle sorte est cette vérité.
« Tu vois aussi quelles sont les choses dont ce monde
« sensible ne possède que les ressemblances. Enfin, tu
« sais quelles sont les choses dont ce monde possède la
« vérité, et dont la ressemblance seule est en Dieu[1]. »

On pressent déjà la réponse de Guillaume. Il rejette sans hésiter le réalisme de Guillaume de Champeaux, qui lui paraît aboutir à la négation du monde réel. Parmi les universaux, dont l'école a nié ou proclamé indistinctement l'existence, il fait un choix prudent. D'un côté, il met les idées qui expriment une qualité commune à Dieu et aux créatures, par exemple, les idées de Beauté, de Vérité, de Puissance; de l'autre, les idées qui n'expriment que des qualités communes à plusieurs créatures,

---

1. Les mêmes idées sont reproduites dans le *De Trinitate* (*opp.*, tome II, suppl., p. 1.), dans le *De Sacramentis* (*opp.*, tome 1ᵉʳ, p. 231) et dans le *De Bono et Malo*. (Oxford, *Balliol College*, ms. n° 287, f° 3 r°.)

Blancheur, Humanité, et les autres semblables. Il reconnaît que les premières sont absolues, qu'elles expriment des perfections ; car la Vérité, en elle-même, ne comporte aucun mélange d'erreur, la Beauté, aucun mélange de laideur, la Puissance, aucun mélange de faiblesse. Dès lors, il conclut que ces idées n'ont de réalité qu'en Dieu, et qu'elles sont les attributs divins. On peut appliquer à l'homme, comme à Dieu, le qualificatif *bon ;* mais il y a entre eux cette différence, que Dieu possède la Bonté elle-même, tandis que l'homme n'en a que l'apparence et le reflet. En un mot, Guillaume admet l'existence réelle et objective d'une première sorte d'Universaux, des Attributs de Dieu [1].

Mais ici Guillaume se heurte contre une difficulté, qui manque de le faire tomber dans le réalisme exagéré. Parmi les attributs divins, il a compté avec raison l'Essence ou Entité ; si, comme il le dit en propres termes, elle n'a de réalité qu'en Dieu, si les créatures n'en ont que l'ombre, que devient le monde créé ? les objets ne sont-ils que des apparences, que des formes de l'Être divin ? participent-ils à l'Être de Dieu, comme à sa Bonté, à sa Beauté ? En ce cas, Guillaume serait panthéiste. Il

---

1. De là vient que Guillaume distingue deux sortes d'attributs, les attributs essentiels et les attributs empruntés, *prædicatio secundum essentiam, prædicatio secundum participationem.* Cette distinction lui fournit même, dès le début de son *De Trinitate,* une preuve de l'existence de Dieu ; car constatant parmi les créatures l'existence d'une bonté d'emprunt, il démontre qu'elle suppose l'existence d'une bonté absolue.

Il est nécessaire d'ajouter qu'en théodicée Guillaume se borne à suivre la tradition. Pour manquer d'originalité, cette partie de sa philosophie n'en est pas moins solide et profonde : on peut en lire un court résumé dans l'ouvrage du Dr Albert Stöckl : *Geschichte der Philosophie des Mittelalters,* Mainz, 1865, II, p. 327.

est vrai : il distingue deux *êtres*, après avoir distingué deux *bontés*[1]; il parle d'un être absolu et d'un être d'emprunt : « ***Ens de aliquo dicitur secundum essentiam et de aliquo secundum participationem***; les créatures n'ont l'être que par une *participation* à l'être que Dieu possède par lui-même ou par son essence. » Cependant, ne nous y trompons pas; dans la bouche d'un scolastique, ce mot *participer* n'a rien qui puisse surprendre; c'est le terme consacré, non seulement au Moyen Age, mais dans les écrits des Pères de l'Église, pour désigner la différence qui existe entre Dieu et les créatures; Guillaume, avant de l'employer, avoue qu'il ne fait que suivre Boèce. Les auteurs chrétiens veulent dire par là que l'être des créatures est emprunté, et qu'elles l'ont reçu de Dieu : rien de plus[2]. C'est aussi ce que veut indiquer Guillaume, dans son traité inédit ***De Bono et Malo***, lorsqu'il donne à entendre que cette *participation* ne ressemble pas à celle dont il a déjà parlé en traitant de la bonté ou de la beauté d'emprunt[3].

Que pense Guillaume des autres idées? la suite du *De Universo* le fera comprendre.

« Les mots *terre*, *feu*, *eau*, dit-il, désignent des objets
« qui sont réellement dans ce monde sensible. Dieu ne
« possède que leurs images, et par là j'entends l'exem-

---

1. *De Trinitate*, cap. 1. (*Opp.*, II, suppl. p. 1.)
2. Dans le même sens, V. P. Kleutgen, *La philosophie scolastique exposée et défendue*, trad. du P. Sierp; Paris, 1868, in-8º, t. 1ᵉʳ, p. 110 et 115.
3. « Esse omnibus infusum est, et omnia sunt in illo, hoc est participatione illius, in habendo scilicet illud per modum quo eis congruit habere illud, quantum ad esse. *Alius enim modus congruit eis in habendo ipsum, quo ad bene se habere, seu ad beate esse.* » Oxford, Balliol College, ms. nº 287, fº 3 rº.

« plaire, dans le sens où l'on dit que l'exemplaire d'une
« maison est dans l'esprit de l'architecte qui en a donné
« les plans… L'erreur de Platon, c'est d'avoir pris
« l'exemplaire pour la vérité de l'exemple : le monde
« Archétype n'est en aucune façon la vérité des choses
« particulières ; il n'en est que le type, l'exemplaire
« éternel.[1] »

Guillaume donne ici le secret de toute sa doctrine. Il envisage les idées générales qu'il avait éliminées d'abord, celles qui n'expriment pas de qualités communes à Dieu et aux créatures : *terre, feu, eau, homme, blancheur.* Quoiqu'il ne soit pas d'avis de multiplier inutilement les Genres et les Espèces[2], il considère en bloc toutes les idées générales, tous les Universaux que l'on ne saurait ranger parmi les Attributs divins ; et c'est à cette immense collection d'idées, à ce « monde archétype », qu'il reconnaît une existence objective.

Ce ne sont pas, dit-il en effet, de simples conceptions de notre esprit. Les idées ont une réalité en dehors de nous : bien mieux, elles vivent et sont éternelles. Selon la doctrine et la foi des Chrétiens, ces idées ne sont autre chose que la Sagesse éternellement engendrée de

---

1. *Opp.* I p. 835 et 836. Le Dr Albert Stöckl a fort bien dit, en exposant la philosophie de Guillaume : « Die Vielheit der Dinge beruht also nicht auf der Entfernung von Gott, sondern sie ist vielmehr *in dem göttlichen Worte* selbst präformit, insofern Gott viele und verschiedene Dinge denkt, und sie dann auch *nach dem Vorbilde dieses Gedankens* in die Wirklichkeit einführt. » *Geschichte der Philosophie des Mittelalters*, II, p. 336.

2. « Quis enim cogitavit unquam speciem cornutam vel genus cornutum? » (*Opp.* II, *suppl.*, p. 109.) « Æternus et æternitas non differunt, sicut Deus et Deitas. » (*Opp.* I, p. 786.) Gilbert de la Porrée était tombé dans cette erreur. Il avait soutenu que la divinité était distincte de Dieu. Sa doctrine avait été condamnée par le concile de Reims.

Dieu, c'est-à-dire Jésus Christ, Fils de Dieu, et Dieu lui-même[1] : « *De mundo vero Archetypo, qui est ratio et exemplar Universi, scito quod doctrina Christianorum hunc intelligit esse Dei Filium et Deum verum*[2]. »

Il est impossible de proclamer plus haut la réalité des Espèces. Mais que sont ces universaux par rapport aux individus? c'est ici que Guillaume se retourne contre les réalistes.

Les idées ne sont ni la substance, ni la réalité des individus; elles n'en sont que les exemplaires[3]. L'espèce existe dans l'intelligence divine[4], l'individu, dans le monde sensible, sans qu'il y ait entre eux d'autre rapport que celui de cause à effet. De même que le type d'une maison préexiste dans l'intelligence d'un architecte, l'exemplaire des choses est conservé de toute éternité dans l'intelligence de Dieu[5]. La seconde espèce d'Universaux,

---

1. Formæ exemplares et rationes omnium creatorum et creandorum *viventes apud Deum æternaliter fuerunt*, quemadmodum et Sapientia quæ de Ipso genita est, quam Christianorum lex et fides atque doctrina Dei Filium verissime nominat. » (*Opp.* I, p. 841.)

2. *Opp.* I, p. 823. La même idée est exprimée dans le *De Universo* (p. 1057), dans le *De Anima* (*Opp.*, tome II, suppl., p. 204.) et dans le *De Trinitate*. (Ibid., p. 13.)

3. C'est ce qui fait dire ailleurs à Guillaume : « *Universalia possunt neque agere, neque pati.* » (*Opp.*, II, suppl., p. 211) et encore : « *Species leoninæ nec dentes, nec ungues habet, nec species cervina, cornua.* » (*Ibid.*, p. 109).

4. Guillaume prévoit ici une objection : cette multitude de *formes intelligibles*, dira-t-on, est contraire à l'unité de Dieu. Voici sa réponse : « Amplitudo corporalis et amplitudo spiritualis nullam habent ad invicem proportionem. Amplitudinem namque corporalem facit multitudo partium et aggregatio; amplitudinem vero spiritualem, unitas et simplicitas, et hæc est causa propter quam Creator altissimus et benedictus est in ultimate amplitudinis, sicut est in ultimate simplicitatis et impartibilitatis. » *Opp.*, I., p. 684

5. Cf. *De Universo*, I{a} II{ae}, cap. 27. « Mundus exemplaris, sive ars, sive sapientia genita Creatoris per unitatem suam, sive per id quod unum est, non

les exemplaires éternels, sont donc tout à fait séparés et indépendants des individus.

Pour parler le langage de l'École, Guillaume admet la réalité de l'Universel *ante rem*, et nie l'existence objective de l'Universel *in re*.

A cet exposé de sa doctrine, Guillaume joint la réfutation du Réalisme exagéré : « On admet bien, dit-il, l'existence de l'*Homme*, mais on nie la réalité de Socrate et de Platon. A quoi sert cependant l'espèce, sans les individus ? A quoi bon un *Cheval* universel, qui ne peut porter ni homme, ni bagage, qu'on ne saurait atteler ni à une voiture, ni à une charrue, et dont le cuir et la chair ne peuvent servir à aucun usage ? A quoi bon une espèce *Homme*, qui ne peut ni labourer, ni semer, ni faire aucun acte matériel, qui peut encore moins louer, bénir ou glorifier le Seigneur, lui rendre grâces ou lui chanter des cantiques, qui est dépourvue de tout sentiment et de toute intelligence ?[1]. »

Il est inutile d'aller plus loin : on connaît maintenant la réponse de Guillaume à la question des Universaux.

---

est exemplar creatæ multitudinis aut diversitatis. Unitas tamen ejus, quæ est unum exemplar et unus mundus intelligibilis, exemplar est unitatis qua mundus creatus est unus. Et totus simul mundus intelligibilis, ratione mundi et universalis exemplaris acceptus, non est exemplar uniuscujusque rei creatæ, sed, sicut fas est intelligere ac dicere, unaquæque res creata habet in illo exemplari suum exemplar ac ideam propriam, appropriatam scilicet sibi et similibus suis, in eo quod similes sunt, sive in quantum similes. »

1. *Opp.*, I, p. 855. — C'est en lisant d'un bout à l'autre les ouvrages philosophiques de Guillaume, et en rapprochant les divers passages relatifs aux Universaux, que l'on peut se faire une idée juste de sa doctrine. Certaines phrases détachées pourraient faire croire, au contraire, qu'il donnait dans toutes les exagérations du Réalisme : telle est celle que l'on lit au chap. 3 du *De Trinitate* : « *Species continet essentiam generis sui, circumvestitam diversis accidentibus.* »

Mais de quel nom faut-il appeler sa doctrine? Nous dirons de lui ce que M. Hauréau disait de son successeur Albert le Grand : il n'est pas Réaliste; car il combat à la fois le monde Archétype de Jean Scot et d'Alain de Lille, et l'Universel *in re* de Guillaume de Champeaux. Il n'est pas Nominaliste, puisqu'il disserte non sur le nom, mais sur l'existence et l'être de l'universel. Il n'est même pas conceptualiste, car il admet, outre l'universel conceptuel, un universel primordial, existant de toute éternité au sein de Dieu, soit comme attribut de la divinité, soit comme exemplaire des choses. Il est un platonicien modéré ; il est thomiste, avant saint Thomas[1].

1. Après avoir cherché dans les ouvrages de Guillaume le secret de sa doctrine métaphysique, nous avons été heureux de reconnaître que nos conclusions concordaient avec celles du Dr K. Werner, de l'académie des sciences de Vienne. Voici en quels termes ce savant résume la doctrine de Guillaume : « Wilhelm von Auvergne erklärt, dass gemäss den Anschauungen der christlichen Theologie der *mundus archetypus* im Sohne Gottes gegeben sei, der als wesensgleiches Abbild des göttlichen Vaters zugleich das vergegenständlichte göttliche Urbild der Welt sei. Hier erwächst aber die Frage, wie und in welchem Sinne Gott Urbild der Welt sein könne; die Erörterung dieser Frage veranlasst Wilhelm, sich principiell über sein Verhältniss zur platonischen Lehre auszusprechen, wobei denn auch seine grundsätzliche Abweichung von älteren und zeitgenössischen Platonikern zu einem sehr entschiedenen Ausdrucke gelangt... Vor allem steht es ihm fest, dass Gott das urhaft Seiende sei, zu dessen Realität sich das creatürliche Sein bloss wie ein Schatten verhält. Daraus folgt aber nicht, dass er aller Realität ermangele... » (*Wilhelms von Auvergne Verhältniss zu den Platonikern des XII. Jahrhunderts*, Vienne, 1873, in-8°, p. 21-22, ou dans les *Sitzungsberichte der phil. hist. Classe der kais. Akademie der Wissenschaften*, t. LXXIV, p. 139-140.) Cf. *ibid.*, p. 46 (*Sitzungsberichte*, p. 164) : « Dass er einem extremen Realismus nicht zugethan sein konnte, geht schon aus seiner oben angeführten Ausdeutung der platonischen Ideenlehre hervor. » Et p. 49 (*Sitzungsberichte*, p. 176) : « Es ist demnach ungerechtfertigt, Wilhelm von Auvergne mit Wilhelm von Champeaux zusammenzustellen und in die classe der extremsten Realisten zu werfen, wie diess von Seite Hauréau's geschieht. »

Certes, Guillaume eût été surpris, si on lui eût dit que son premier maître était Platon, ce philosophe qu'il attaquait sans relâche, dont il ne connaissait que le Timée, par la traduction de Chalcidius, et qu'il rendait responsable, sur la foi d'Aristote, de tous les excès du Réalisme. Et cependant la théorie des idées n'est-elle pas la source première de tout ce que les Scolastiques ont écrit sur l'Universel *ante rem*[1]?

Guillaume reconnaissait un autre maître[2], qui a exercé, il est vrai, sur lui une influence décisive, l'auteur de la Cité de Dieu et du traité de la Vraie Religion. Seulement, en ce qui concerne les Universaux, saint Augustin ne faisait que lui transmettre les doctrines de l'Académie, corrigées à la lumière de la foi[3].

Après avoir restitué à ces deux maîtres la part qui leur revient dans la philosophie de Guillaume, on peut saluer en lui un véritable novateur. En effet, depuis la naissance de la philosophie scolastique, personne n'avait fait entendre un langage à la fois aussi sage et aussi élevé. Réalistes, nominaux, conceptualistes même, tous avaient donné dans des excès condamnables. Ceux qui s'étaient approchés le plus près de Guillaume, étaient les réalistes qui avaient accordé quelques développements à l'Universel *ante rem*; mais aucun n'avait imaginé la distinction ingénieuse qu'on trouve chez notre docteur.

---

1. « Les grands péripatéticiens du moyen âge, dit M. de Margerie, ont souvent, tout prévenus qu'ils étaient par les objections d'Aristote, platonisé sans le savoir. » (*Essai sur la philosophie de S. Bonaventure*. Paris, 1855, p. 45.)
2. *Opp.* I, p. 114.
3. V. Saint Augustin, *De vera religione*, cap. XXX et XXXI, *De diversis quæstionibus*, LXXXIII, quæst. XLVI.

Remi d'Auxerre[1], au neuvième siècle, avait assigné la forme sphérique au monde des idées primordiales. Saint Anselme[2], partisan des exemplaires divins, avait ajouté que la substance suprême est partout, soutient, domine, enferme et pénètre toutes choses : formule absolument contraire à la doctrine de Guillaume. Au douzième siècle, deux frères, Thierry et Bernard de Chartres[3] avaient expliqué l'Universel *ante rem*, l'un dans un langage philosophique, l'autre dans un poème bizarre. Mais arrivés à cette hauteur, ils n'avaient pu s'y tenir, et étaient tombés dans le gnosticisme. Si l'on connaissait la somme inédite de Robert de Melun[4], on pourrait peut-être y trouver les premiers germes du réalisme de Guillaume. En attendant que cet ouvrage soit l'objet d'une étude approfondie, notre philosophe demeure le précurseur de la nouvelle école, de celle qui doit régner sans partage pendant presque toute la durée du treizième siècle.

A ne prendre en effet que la question des Universaux, Alexandre de Halès, Albert le Grand, Henri de Gand, et saint Thomas lui-même[5] ne font que suivre la voie bril-

---

1. V. M. Hauréau, *Hist. de la philosophie scolastique*, Paris, 1872, in-8, I, p. 205, et ms. n° 1110 de Saint-Germain, f° 16.

2. *Monologion*, cap. XIV. — Cf. M. Ch. de Rémusat, *St Anselme de Cantorbéry*, p. 469 et 470.

3. *De VI dierum operibus*. V. M. Hauréau, *H. de la phil. scol.*, Paris, 1872, in-8, tome Ier, p. 396, 409, 418. *Megacosmus*. Bibl. Nat., ms. latin n° 8711 C, fol. 3. Cf. Werner, *Wilhelms von Auvergne Verhältniss zu den Platonikern des XII Jahrhunderts*, p. 13-16, et 23.

4. V. ce qu'en dit M. Hauréau (*Op. cit.*, I, p 492).

5. M. Jourdain, *Philos. de St Thomas*, I, p. 269 ; F. Huet, *Rech. sur Henri de Gand*; M. Hauréau, *De la philos. scolast.*, tome Ier, p. 424 ; M. Salvatore Talamo, *l'Aristotélisme de la scolastique*, p. 298. Dr K. Werner : « ... so

lamment tracée par Guillaume. L'école dominicaine paye sa dette de reconnaissance à l'évêque qui lui a ouvert les portes de l'Université, en adoptant et propageant sa doctrine.

Il faut ajouter que la question des Universaux n'a plus la même importance que dans les siècles passés. L'accord s'est fait sur ce point, pour un temps au moins, et, durant cet intervalle, l'attention se porte de préférence sur des problèmes nouveaux.

konnte Wilhelms Verhalten nur einen transitorischen Moment in der Entwickelung der mittelalterlichen Theologie und Scholastik bedeuten, welcher den Uebergang derselben aus ihrer älteren platonischen Epoche in die nachfolgende peripatetische Epoche vermitteln half. » (*Wilhelms von Auvergne Verhältniss zu den Platonikern des XII. Jahrhunderts*, p. 54.)

CHAPITRE VII

PROBLÈME DE L'INDIVIDUATION

On croit généralement qu'Albert le Grand fut le premier, parmi les docteurs scolastiques, à poser le problème de l'Individuation[1]. Guillaume s'en était occupé avant lui, et sa solution l'emportait également par la justesse et par la clarté sur les distinctions subtiles de la génération suivante.

Il est vrai qu'il s'inquiétait peu de contredire Aristote, et qu'il rejetait, sans hésiter, le principe posé dans le douzième livre de la Métaphysique : *Tout ce qui est multiple numériquement a de la matière.* « Tu as entendu, disait-il, les discours d'Aristote, ceux d'Al-Farabi, d'Avicenne et des autres, qui, sur ce point, sont d'accord avec Aristote. Tous affirment que le nombre et la diversité ne viennent que de la matière, de sorte que nos âmes, après qu'elles seront séparées du corps, ne pourront garder leur diversité, mais iront se confondre dans une substance unique. C'est une erreur déplorable : car

---

1. V. M. Rousselot. *Études sur la philosophie dans le moyen âge*, Paris, 1841, in-8º, tome II, p. 200.

l'âme de Socrate est différente de celle de Platon, et elle le sera encore après leur mort[1]. »

On tournait la difficulté, en admettant l'unité de substance, en d'autres termes, en affirmant que les hommes, participant à une substance unique ne différaient entre eux que par les accidents[2]. C'était la thèse d'Averroès, admise, a-t-on dit, par Guillaume d'Auvergne lui-même. Le passage suivant répondra mieux que nous ne pourrions le faire : « On a été assez aveugle, assez dépourvu d'intelligence, pour croire que la seule âme du monde anime tous les êtres vivants, que selon l'essence et la vérité, l'âme de Socrate ne diffère pas de l'âme de Platon, et qu'elle n'en diffère que par son action et par l'objet qu'elle anime. Cela revient à dire que Platon et Socrate sont même chose, suivant l'essence et la vérité, et ne diffèrent qu'en une autre manière. J'en conclus que la génération ne peut se produire chez les hommes; car la génération, suivant Aristote, est la formation d'une substance et elle ne pourrait avoir lieu, si les accidents seuls changeaient. D'ailleurs, le nombre des hommes n'est pas fondé sur la diversité des accidents, mais sur celle des substances. Socrate enfant et Socrate vieilli ne sont qu'un homme, quoiqu'ils diffèrent par les accidents[3]. »

D'autres, afin de respecter le principe d'Aristote, avaient admis dans l'âme humaine un élément matériel.

---

1. *Opp.*, I, p. 852, 853, 855 et 817. *Ibid.* p. 619 : « In hunc etiam errorem deducti sunt, ut omnes animas humanas exutas a corporibus non differre ullo modorum nisi differentiis corporum suorum, veritate autem et essentia unam esse omnes. »

2. M. Hauréau, *De la Philosophie scolastique*, Paris, 1850, in-8, I, p. 454.

3. *Opp.*, I, p. 801. « L'âme de Socrate, dit-il encore, diffère de l'âme de Platon *essentialiter*. » *Ibid.*, p. 817.

C'était surtout Ibn Gebihrol, connu de Guillaume d'Auvergne sous le nom d'Avicébron; il s'était efforcé de démontrer, dans son livre de la *Source de vie*, que tous les êtres, excepté Dieu, sont composés de matière, et que c'est là le fondement, la condition nécessaire de leur essence. Cette thèse ne plaisait pas plus à Guillaume que la précédente. Il considérait l'âme comme une substance spirituelle, qui ne devait rien à la matière. Il réfutait les « faux sages », disciples d'Avicébron, « *quosdam qui nominari voluerunt inter sapientes* [1]. »

Comment connaissait-il la réponse que devait donner plus tard saint Thomas au même problème de l'individuation[2]? « Dieu, ne peut sans matière multiplier les individus au sein d'une même espèce; aussi les êtres immatériels, comme les anges, diffèrent-ils les uns des autres par leur espèce. » Devançant le jugement par lequel Étienne Tempier, son successeur sur le siège de Paris, condamna cette opinion dangereuse[3], Guillaume s'appliqua à la réfuter dans un des chapitres du *De Universo*. « Les différences, disait-il, qu'on peut remarquer entre les anges, ne sont pas de nature à diversifier leur espèce; *varietas et diversitas in substantiis abstractis non diversat speciem... Nec ista diversitas aut contrarietas sufficit in aliquo prænominatorum speciem diversare*[4]. »

Quelle était donc au fond la pensée de Guillaume? La

---

1. *Opp.*, II, suppl., p. 114. V. (*ibid.*, I, p. 850) le chap. intitulé : *Destructio erroris quorumdam ponentium receptibilitatem formarum esse propriam materiæ, et ideo nullam creatam substantiam immaterialem esse.*
2. *De Ente et Essentia*, cap. V_1 p. 18.
3. V. *Biblioth. Patrum*, t. XXV, an. 1277.
4. *Opp.*, I, p. 864.

voici, telle qu'il l'a exprimée lui-même : « Notre intelligence, dans son état actuel de ténèbres et d'infirmité, ne distingue pas Socrate de Platon, par ce qui constitue l'espèce humaine, c'est-à-dire par la partie substantielle de chacun d'eux. Mais à l'état glorieux, elle reconnaîtra très clairement leur diversité ; elle verra que *le nombre seul les distingue, et non pas la variété des accidents* [1]. »

« La substance existe par elle-même et n'a besoin d'aucun appui, d'aucun soutien. *Non intelligunt vel non advertunt quoniam substantia est ens per se, hoc est non indigens sustinente, vel sustentante, quemadmodum accidens, quod, a debilitate sive infirmitate sui esse, accidens nominatum est, quasi ad aliud cadens* [2]. »

« *La substance ne perd pas son individualité, en devenant spirituelle*; car Dieu, qui est la substance spirituelle par excellence, jouit aussi d'une complète individualité. *Dicam quia nulla abstractio vel spoliatio prohibet substantiam creatam a singularitate, vel individualitate, nec a designatione, vel a demonstratione hujusmodi ; quoniam illa prohibitio esset longe fortior in Creatore* [3]. »

---

1. *Ibid.*, p. 859. Cf. *ibid.*, p. 802 : « Nec dubites quin, si intellectus noster illuminatus esset hic illuminatione gloriæ suæ ultimæ, distingueret in ipsa specie sua, non quidem dissimilitudine, quia nulla est eis in ipsa specie, sed diversitate, qua videret hoc non esse illud et econverso, et verissime numeraret, diceretque unum et aliud et tertium. »
2. *Ibid.*, p. 850.
3. *Ibid.*, p. 855.

CHAPITRE VIII

THÉORIE DE LA VISION DIVINE

« L'âme est, pour ainsi dire, posée sur l'horizon de deux mondes : l'un, celui des choses sensibles, auquel l'homme est fortement attaché par le corps ; l'autre, qui est le Créateur lui-même, placé comme un exemplaire, comme un miroir, où vient se refléter l'universalité des premiers intelligibles. J'entends par là toutes les règles de vérité, règles premières et connues par elles-mêmes, en outre toutes les règles d'honnêteté, et cette multitude de mystères impénétrables pour l'intelligence créée, quand elle n'est pas illuminée par la grâce et la révélation de Dieu. Donc, le Créateur est l'éternelle Vérité, l'éternel Exemplaire où luisent des images parfaitement lumineuses et distinctes, le Miroir éclatant où apparaît en pleine lumière l'universalité des choses. Ce miroir est proche de l'intelligence humaine ; il est placé sous ses yeux, et elle découvre en lui, sans aucun intermédiaire, les règles dont j'ai parlé ; elle y lit, comme dans un livre vivant, ces deux espèces de principes. C'est ainsi que Dieu est lui-même le livre naturel propre à l'intelligence humaine ; lui seul imprime en elle ces formes intelligibles, et il est la lumière dont parle le Psalmiste : « *Signatum est super nos lumen vultus tui, Domine.* » Combien peu d'hommes savent que le visage resplendissant de Dieu luit ainsi naturellement sur leur âme ! [1] »

En lisant avec attention ce morceau et en en pesant tous les termes, en le rapprochant d'autres passages, où le même sujet est traité[2], on ne tarde pas à voir sous un nouvel aspect la métaphysique de Guillaume.

Au-dessus de l'âme humaine, est Dieu, foyer éblouissant de lumière, que rien ne sépare de nous, qui communique directement avec nos âmes[3]. Cette vision n'est pas l'effet

---

1. « Anima humana velut in horizonte duorum mundorum naturaliter est constituta. Et alter mundorum est ei mundus sensibilium, cui conjunctissima est per corpus ; alter vero Creator ipse est in semetipso, ut exemplar et speculum universalis ac lucidissimæ apparitionis primorum intelligibilium : hic autem sunt omnes regulæ veritatis, regulæ, inquam, primæ, ac per se notæ : similiter ac regulæ honestatis, necnon et universitas absconditorum scibilium, ad quæ non attingit intellectus creatus, nisi dono et gratia revelationis divinæ. Est igitur Creator æterna veritas et æternum exemplar lucidissimæ expressionis et expressæ repræsentationis, et speculum, ut prædixi, mundissimum atque purissimum universalis apparitionis. Hoc igitur, ut prædixi, conjunctissimum est et præsentissimum, naturaliterque coram positum intellectibus humanis, et propter hoc in eo legunt absque ullo medio antedicta principia et regulas antedictas ; ex eo igitur, tanquam ex libro vivo et speculo formifico legit per semetipsum duo illa genera regularum atque principiorum, et propter hoc Creator ipse est liber naturalis et proprius intellectui humano. » *Opp.*, II, suppl., p. 211.

2. *Opp.*, I, p. 816, 1057 et 1053 : « De luce autem quæ super animas nostras est immediate, et cui, quantum ad vires suas nobiles, animæ nostræ conjunctissimæ sunt, dicit unus ex sapientissimis Christianorum, quia lux illa Creator est benedictus ; his verbis inter mentem nostram et lucem interiorem, quæ Deus est, nihil esse medium intelligens, et hoc ex sermone prophetico. »

3. Ailleurs Guillaume démontre que « *inter regionem intelligibilium seu mundum intelligibilem et intellectum nostrum, nihil est medium.* » *Opp.*, I, p. 263.

d'une grâce spéciale, encore moins d'un miracle : elle est un phénomène naturel.

Autrefois, dans leur innocence originelle, nos premiers parents jouissaient continuellement de la vue de Dieu, et cette contemplation les absorbait à tel point, qu'ils n'apercevaient point leur nudité[1]. Quand le péché eut fait en eux ses ravages et que, courbés vers la terre, ils n'eurent plus le loisir d'élever leur regard jusqu'à Dieu, la lumière, qui les avait jusqu'alors éclairés sans intervalle, s'obscurcit, se voila et fit place à un crépuscule, sillonné seulement par des éclairs[2]. Cet état s'étant perpétué parmi les hommes, la Vision divine demeura un phénomène intermittent, qui n'était point contraire à l'ordre de la nature.

Le premier résultat de cette vision, nous pouvons déjà le pressentir, est la connaissance des Universaux[3]; le second est la connaissance des principes de la morale et des sciences, « *principia scientiarum, quæ sunt nota per semetipsa, et vocantur maximæ propositiones, dignitates et communes animarum conceptiones*[4]. » *Propositiones* est

---

1. *Opp.*, p. 1057. Cf. p. 1053, et II, suppl., p. 133.
2. « Non fiunt hujusmodi irradiationes super animas humanas, nisi cum hujusmodi lumen se aperit et effundit, admodum coruscationis quæ fit ex mediis tenebris. » *Opp.*, I, p. 1053.
3. « Creator est universum intelligibile, exemplum lucidissimum et distinctissimum universi, in quo relucet universum, et apparet apparitione lucidissimæ expressionis ; propter quod et virtus nostra intellectiva, *si conjuncta ei fuerit conjunctione convenientissima et immediata*, erit juxta congruentiam suæ possibilitatis et inferioritatis secundum intelligibile, et hoc de emicantia, sive irradiatione Creatoris in ipsam. » *Opp.*, II, suppl., p. 204.
4. *Opp.*, II, suppl., p. 209. Cf. *De Bono et Malo* : « Quedam sunt illuminancia per se intellectum nostrum, sive per se lucencia intellectui nostro, que prime impressiones et principia cognicionum nostrarum disciplinarum vocantur. » Oxford, *Balliol college*, ms. n° 287, f° 13 v°.

la traduction exacte du mot θέσεις qui, dans Aristote, signifie les principes propres à une science particulière ; *dignitates* correspond au mot ἀξιώματα, qui signifie les principes communs à plusieurs sciences ou à toutes les sciences. Tel est le principe de contradiction, formulé ainsi par Guillaume : « Un homme ne peut être un âne[1]. » En un mot, il s'agit ici de toutes les vérités premières, de ces connaissances qui s'imposent à l'homme, sont les mêmes dans tous les entendements, et forment partout le fond de cette faculté maîtresse appelée aujourd'hui la Raison. Guillaume dit comme Bossuet : « Ces vérités éternelles que tout entendement perçoit, toujours les mêmes, par lesquelles tout entendement est réglé, sont quelque chose de Dieu, ou plutôt sont Dieu même[2]. » Il va jusqu'à censurer, au milieu de l'Université, la proposition contraire[3].

Ce n'est pas tout. Cette vision nous fait encore connaître, au dire de Guillaume, une multitude de faits que notre intelligence ne pourrait atteindre : faits mystérieux, dont aucun indice sensible ne nous révèle l'existence ; faits ensevelis dans le passé, accomplis à l'autre bout du monde ; faits qui doivent se réaliser dans un avenir lointain. Tout ce que les saints ont vu dans leurs extases,

---

1. *Ibid.*, p. 211. Dans son *De Gratia*, Guillaume déclare qu'en s'écartant des premiers principes, pour en déduire les conséquences les plus lointaines, on s'éloigne de Dieu, et l'on se rapproche de la créature : « Maximum lumen disciplinalis cognicionis est in principiis, minimum vero in ultimis conclusionibus... Iste processus necessario descensus est... Descendendo autem, appropinquando ad tenebras, impossibile est ut exaltetur et eleveur qui sic procedit. » Oxford, *Merton college*, ms. n° 136, f° 205 v°.
2. *Connaissance de Dieu et de soi-même*, ch. IV, § 5.
3. V. plus haut, p. 26.

tout ce que les prophètes ont révélé, tout ce que les devins eux-mêmes ont enseigné de vrai provient de la même source que les principes éternels. La même lumière éclaire David, annonçant le Messie, et un pauvre homme, faisant, au fond de sa conscience, la distinction du bien et du mal. Ces deux révélations, si différentes par leur importance, ont une cause commune : la vue de Dieu[1]. De là ces paroles de Guillaume : « Cette lumière se dérobe à nous, quand nous voulons découvrir des mystères trop secrets : quoique beaucoup de ces vérités éternelles aient apparu aux prophètes, et bien plus clairement encore aux apôtres, le plus grand nombre reste ignoré des hommes... » « Ce miroir universel se couvre et se découvre, suivant le bon plaisir de Dieu, et pour qui il lui plaît. On pourrait le comparer à un livre dont les feuillets sont innombrables : celui qui le tient en sa main, nous montre à son gré une page, une phrase, un mot. Je pourrais citer tel roi de Babylone qui n'a jamais lu plus de trois mots dans ce livre universel, et ces trois mots étaient : *Mané, Thécel, Pharès*. De là tant de diversité parmi les intelligences humaines[2]. »

A quelles conditions se produit la vision divine qui amène, au dire de Guillaume, de si étonnants résultats? Le bon plaisir du Créateur en est la première condition et la seule indispensable[3]. Mais, en supposant que Dieu

---

1. *Opp.*, II, suppl., p. 204 : « Imaginandum est tibi Creatorem benedictum, velut quoddam speculum esse universalis apparitionis. »
2. *Opp.*, II, suppl., p. 211.
3. *Opp.*, I, p. 1058. « Quantumcumque larga sit diffusio radiorum primæ lucis, quæ est Creator benedictus, in beneplacito tamen solo liberrimæ voluntatis ipsius est radiositas luminositatis suæ. »

consente à nous laisser parvenir sa lumière, quelles sont les circonstances les plus favorables à cette vue de la divinité?

Les unes sont physiologiques. Guillaume admet sans difficulté l'influence du tempérament sur la partie la plus noble de l'intelligence. Il croit, avec Galien et Aristote, qu'une complexion flegmatique est aussi contraire au développement de la raison, qu'une complexion mélancolique lui est favorable, et, pour expliquer ce phénomène, il soutient que l'âme du flegmatique, tout occupée des choses sensibles, ne peut plus recevoir, faute de place, les connaissances qui lui viennent d'en haut, tandis que l'âme du mélancolique, entièrement dégagée des plaisirs du monde, peut aisément recueillir les révélations de Dieu. Aussi n'est-il pas rare qu'un mélancolique pénètre les secrets divins, à la manière des prophètes; mais cette vision dure peu, et il ne tarde pas à retomber dans son ignorance, comme si la fumée mélancolique montait jusqu'à son intelligence et lui interceptait soudain la vue de Dieu [1].

Guillaume admet que, dans le sommeil, l'âme s'élève plus facilement à la contemplation du Créateur, et il enseigne le moyen de procurer au dormeur, presque à coup sûr, le bienfait de la révélation [2]. Ces recettes nous font sourire ; mais, sur la foi des médecins, on admettait

---

1. *Ibid.*, p. 1054 : « Propter hujusmodi causas, visum est Aristoteli omnes ingeniosos melancholicos esse, et videri eidem potuit melancholicos ad irradiationes hujusmodi magis idoneos esse quam homines alterius complexionis. Complexio ista magis abstrahit a delectationibus corporalibus et a tumultibus mundanis, etc... »

2. *Ibid.*, p. 1056.

au moyen âge des maximes encore plus étranges. Ne faisons pas un crime à Guillaume d'affirmer que l'œil de la tortue indienne, et le cœur de la huppe dégagent l'âme de sa pesanteur habituelle, en la rendant plus propre à recevoir les irradiations du Très-Haut ; de soutenir qu'en brûlant certaines substances à l'angle de la maison du dormeur, on peut affranchir son esprit de tout lien avec la matière et lui faire entrevoir l'éclat de la lumière divine; il ajoute qu'il est aussi naturel à l'âme ainsi dégagée d'être transportée en présence de Dieu, qu'au fer d'être attiré par l'aimant [1]. Il n'en blâme pas moins l'usage de la divination par les songes, et déclare que de semblables pratiques sont contraires à la loi de Dieu [2].

La cécité, autre sorte de sommeil, doit au même titre favoriser la vision divine. Guillaume en est d'autant plus convaincu, qu'il dit en avoir eu sous les yeux de remarquables exemples : un de ses compatriotes, aveugle de naissance, s'est distingué en maint combat, grâce à une sorte de divination [3].

Mais ce n'est pas là le côté le plus curieux de la doctrine de Guillaume, ou plutôt ce n'est pas l'écart le plus grave que commette sa raison fourvoyée. On sait quel rôle important les devins ont joué durant le moyen âge. l'Église avait beau flétrir leurs pratiques : là curiosité était en éveil, et le peuple recourait à eux. Se croyait-on vic-

---

1. *Opp.*, I, p. 1056 et 1057.
2. *Commentaire* inédit sur *l'Ecclésiaste* : « Sompnia curanda non sunt inhibente Domino. » *Biblioth. de Chartres*, ms. n° 350, f° 77 v°.
3. *Opp.*, I, p. 1055. Si Guillaume d'Auvergne eût vécu en 1422, il eût sans doute expliqué par une vision divine les victoires de Ziska, le chef aveugle des Hussites.

time d'un larcin, on voulait connaître le voleur, son nom, le chemin qu'il avait pris, le lieu de sa retraite : on courait chez le devin. Celui-ci faisait apporter quelque objet brillant, un miroir, une épée bien fourbie, un manche d'ivoire, un chaudron, une coquille d'œuf ; il versait de l'huile sur cet objet, pour le faire paraître plus brillant, et ne manquait pas d'y joindre quelques paroles inintelligibles, que le vulgaire prenait pour des exorcismes. Tout étant ainsi préparé, le devin faisait venir un enfant, garçon ou fille, et lui ordonnait de fixer ses yeux sur l'objet posé devant lui. D'autres fois, sans recourir à ces formalités préliminaires, il enjoignait à l'enfant de considérer son ongle. Cette opération, si simple en apparence, amenait, au dire même de Guillaume, les plus étonnants résultats. Bien que les assistants ne vissent rien apparaître sur la surface de l'ongle ou du miroir, le visage de l'enfant ne tardait pas à prendre une expression d'effroi, sa bouche s'ouvrait pour dénoncer le voleur, et, quand l'épreuve était finie, il fallait lui tenir les yeux soigneusement bandés, sans quoi il risquait fort d'expirer sur-le-champ, de perdre la raison, ou tout au moins de garder jusqu'à sa mort une physionomie terrifiée. C'étaient là des faits que personne ne révoquait en doute au treizième siècle, et Guillaume était des premiers à déclarer que ces révélations provenaient d'une vision de Dieu [1].

Toutefois, quand il s'agissait d'expliquer ces phénomènes, une divergence se produisait parmi les docteurs,

---

1. *Opp.*, I, p. 70, 878 et 1049 ; Cf. Jean de Salisbury, *Polycraticus* I c. XII, 27.

les uns faisant intervenir les démons, les autres voulant peut-être justifier les pratiques divinatoires et prétendant que tout s'y passait suivant les lois de la nature. « Platon,
« disaient-ils, a fort bien démontré qu'une âme purifiée
« et débarrassée de toute souillure voit distinctement les
« choses occultes. La contemplation de l'ongle ou du
« miroir a précisément pour effet d'empêcher l'âme de
« penser aux objets extérieurs; elle la force à se replier
« sur elle-même, à concentrer en elle toute la force de
« son attention, et, par suite, à découvrir les mystères
« cachés dans les replis de sa raison. Comme on choisit
« des enfants pour ces sortes d'opérations, leur âme plus
« pure que celle des adultes, se laisse facilement distraire
« des objets matériels, et ils ne tardent pas à voir
« Dieu [1]. »

Cette étrange explication ne répugnait pas au bon sens de Guillaume. Il l'acceptait, dans certains cas, la trouvant conforme aux principes de sa philosophie. Non qu'il excusât les devins : loin de là ! il estimait leurs opérations dangereuses, impies, criminelles, et pensait que les démons y jouaient souvent le plus grand rôle. Cela ne l'empêchait pas de déclarer, en termes formels, que la nature pouvait parfois expliquer ces révélations : « *Hoc indubitanter possibile est.* » Il arrivait ainsi à cette consé-

---

1. *Opp.*, I, p. 1049, 1050 et 1055. — « Hoc igitur est illud, videlicet reflexio aciei mentis in se ipsam, mentis, inquam, ejus qui aspicit in hujusmodi instrumenta. Prohibet enim luminositas instrumenti ipsum aspicientem faciem mentis in exteriora extendere seu dirigere, et repellit eam atque reflectit in se propter quod cogitur intueri in semetipsa, in qua, juxta sententiam Platonis, si purgata sit et tersa a sordibus quæ a parte corporis adveniunt et adhærent animæ humanæ, velut in speculo claro et terso, videt vel omnia occulta et manifesta vel partem eorum vel occultum quod quæritur. »

quence merveilleuse : l'inspection d'un ongle, d'un miroir, d'un chaudron produit à certains moments l'illumination prophétique [1].

On est moins surpris d'entendre Guillaume ranger la musique parmi les causes de la vision. S'emparer de l'âme humaine, la distraire de tous soins et de toutes passions, l'élever dans une sphère supérieure, tel est bien l'effet de cet art, dont Guillaume recommandait la connaissance aux savants, aux médecins, et aux philosophes [2]. Comment ne lui eût-il pas attribué une puissance au moins égale à celle de l'ongle ou du miroir?

Mais quelque importance que Guillaume attachât aux circonstances physiques de la révélation, il mettait à un prix bien plus élevé les dispositions morales de l'âme. Il est vrai que les rayons divins se répandent communément sur tout pécheur, et qu'on voit des âmes criminelles inondées de cette lumière. Cela vient de ce que la splendeur éternelle luit *naturellement* sur les hommes : « *irradiationes hujusmodi influentiæ sunt naturales et naturaliter emicantes de luminositate Creatoris* ». De même que la vie est répandue à profusion sur les objets les plus indignes et va engendrer des animaux dans de vils morceaux de bois ou d'obscurs creux de rochers, la lumière de Dieu éclaire les âmes les moins méritantes et couvre de ses rayons des misérables et des démons.

---

1. *Ibid.*, p. 1050, 1054 et 1057. Cf. *Ibid.*, p. 1053 : « Dico igitur quod scientiæ hujusmodi sive cognitiones, de quibus agitur, non sunt in animabus humanis ante inspectionem instrumentorum hujusmodi, sed fiunt in eis et de novo adveniunt durante inspectione quam dixi. *Quapropter fiunt irrodiatione lucis spiritualis sublimioris.* »

2. *Ibid.*, p. 1056 et 1057.

Cependant, en général, les saints sont les privilégiés; la vertu est le plus sûr moyen d'obtenir la vue de Dieu [1].

C'est ce que Guillaume prouve par des exemples tirés soit de l'histoire profane, soit des textes sacrés. Il rappelle que Socrate a obtenu, par sa vertu, la grâce d'avoir à ses côtés un ange. Il lit dans Cicéron que l'homme pur jouit de la vision des dieux, et dans l'Évangile, il trouve ces mots : « *Beati mundo corde, quoniam ipsi Deum vi-debunt!* »

Guillaume reconnaît enfin l'influence des anges et des démons : les uns servant d'intermédiaires entre Dieu et l'homme [2], les autres prêtant leur concours aux devins [3].

Nous avons déjà répondu, en exposant la théorie de Guillaume sur les Universaux, aux historiens, suivant lesquels ce philosophe n'avait aucune doctrine arrêtée. N'achevons-nous pas ici de les réfuter en reproduisant cette thèse hardie, originale de la vision divine? Non seulement elle occupe une place importante dans ses ouvrages, mais elle a été aussi la règle de sa vie. On se

---

1. *Ibid.* p. 1054, 1055 et 1056 « Tamen animæ aliquæ, quibus istæ irradiationes superveniunt ex fortitudine cogitationum in rebus divinalibus, et ex vehementia devotionis in orationibus suis, similiter ex ardore piorum ac sanctorum desideriorum quibus Pulchritudinem jucundissimam Creatoris concupiscunt.

2. Les anges et aussi les âmes humaines à l'état glorieux ont en eux les exemplaires éternels : « Debes etiam scire quia substantia intelligens, cum virtus intellectiva ipsius perfecta fuerit perfectione sua completa, efficitu mundus intelligibilis, sive seculum intelligibile. » (*Opp.*, I, p. 839.) Le anges ne gardent pas pour eux seuls les formes intelligibles, mais les répandent généreusement sur les intelligences humaines : « (Anima) nunquam prohibetur a lectione sua in libro suo nobiliore, et ab irradiatione quæ inest a Luce Prima, *sive a luminibus mediis quæ vocantur Angeli sancti.* » (*Ibid.*, II suppl., p. 334.)

3. *Ibid.*, I, p. 839, 848 et 1053.

souvient en effet de cette naïve déclaration qui nous a fait connaître un rêve de sa jeunesse. S'il s'était flatté d'acquérir le sens prophétique, c'est qu'il espérait dissiper le nuage qui lui dérobait encore la vue complète du Créateur, et quand il renonça plus tard à cette espérance, il demeura convaincu du moins que sa raison communiquait journellement avec Dieu.

En cela d'ailleurs la doctrine de Guillaume s'appuyait sur la tradition. C'était la thèse de saint Augustin, transmise à travers les siècles, rejetée, il est vrai, par l'école thomiste, mais acceptée par Pierre Lombard et Henri de Gand, reproduite dans les temps modernes par Bossuet, Fénelon et Arnauld [1]. Guillaume ne s'en tint pas là : il croyait qu'on pouvait apercevoir en Dieu, non seulement les premiers principes, non seulement les vérités éternelles, mais des phénomènes particuliers, des objets du monde sensible; c'est ainsi qu'il expliquait les extases, les divinations, les prophéties. Nous sommes loin de la doctrine des Pères : c'est là le côté nouveau et original de la thèse de Guillaume; c'est aussi le côté par lequel il se rapproche le plus d'un philosophe moderne, dont il diffère cependant profondément : Malebranche admettait, comme Guillaume, que l'on pouvait voir dans l'entendement divin les objets et les phénomènes du

---

1. V. Dr Albert Stöckl, *Geschichte der Philosophie des Mittelalters*, II, p. 243 « Fragt man aber um die höchste Quelle, aus welcher diese Principien in unsern Geist kommen, so ist diese Quelle nicht ein sogenannter thätiger Verstand, sondern sie ist vielmehr das göttliche Wort selbst welches dem menschlichen Geiste gleich einem Spiegel gegenwärtig ist, in welchem er die ewigen Regeln des Wahren und Guten, je nach dem Masse seiner Fähigkeit, schauen kann. — Ein augustinischer Gedanke! » M. Stöckl n'a pas vu ce qu'il y avait d'original dans la doctrine de Guillaume.

monde sensible ¹; mais il soutenait qu'on ne pouvait les voir autrement, et expliquait toute perception extérieure par ce qu'il appelait la vision en Dieu.

1. Cette analogie a frappé un étranger, le Dr K. Werner : « Die Versvandtschaft dieser Sätze mit den Anschauungen Malebranche's springt in die Augen; und nicht mit Unrecht haben französische Neucartesianer in ihrem Landsmann Wilhelm von Auvergne im Allgemeinen einen Vorläufer des Cartesianismus des 17. Jahrhunderts erkannt : » (*Die Psychologie des Wilhelm von Auvergne*; Vienne, 1873, in-8°, p. 49; ou dans les *Sitzungsberichte der phil. hist. Classe der kais. Akademie der Wissenschaften*, t. LXXIII, p. 305.)

CHAPITRE IX

PSYCHOLOGIE

La philosophie enseignée dans les écoles du neuvième au treizième siècle se composait surtout d'une théodicée inséparable de la doctrine chrétienne, d'une morale extraite de l'Évangile et d'une logique puisée aux sources profanes, dont l'étude fournissait aux docteurs l'occasion d'approfondir la métaphysique. Seule, la science de l'âme semblait rebuter les philosophes. Saint Augustin leur avait bien appris quelques-unes des vérités relatives à la nature et aux destinées de l'âme humaine; mais ces doctrines n'occupaient que le dernier rang dans l'enseignement des écoles [1]. Comme ces croisés qui allaient au loin chercher de chevaleresques aventures, tandis que leur patrie leur offrait tout près d'eux une terre favorable aux exploits, les maîtres de la scolastique se livraient, dans le domaine de la métaphysique, aux spéculations les plus hardies, sans se douter peut-être qu'ils eussent en eux-mêmes un champ fertile d'études.

1. Tout au plus peut-on citer quelques essais, comme le *De ratione animæ* d'Alcuin et le *De origine animæ* de Guillaume de Champeaux, aujourd'hui perdu.

La connaissance des écrits d'Aristote et de ses commentateurs opéra ici, comme ailleurs, une complète révolution. Mille questions intéressant l'existence, la nature et le mécanisme de l'Ame furent aussitôt mises à l'ordre du jour, et le premier traité complet de psychologie que devait enfanter le moyen âge chrétien parut sous le nom de Guillaume d'Auvergne [1].

Qu'un docteur chrétien du treizième siècle ait cru à la spiritualité de l'âme, il n'y a rien là qui doive nous surprendre; mais nous lui devons savoir gré de l'avoir prouvée par de bonnes raisons, d'avoir invoqué l'argument fourni par le témoignage de la conscience, argument platonicien, rejeté par Aristote [2], et dont Descartes devait faire le fondement de sa philosophie [3] : « Je pense, je
« réfléchis, donc mon essence est de réfléchir et de pen-
« ser.... Avicenne suppose qu'on place en l'air, la figure
« voilée, un homme qui n'a jamais fait usage de ses sens;
« cet homme saura, dit-il, qu'il a une intelligence,
« mais ne saura pas qu'il possède un corps. Or ce qu'il
« connaît ne peut être ce qu'il ignore; il faut donc que
« son corps et son âme aient deux essences distinctes. »

---

1. La psychologie de Guillaume a été l'objet de deux études d'un mérite fort inégal : la première, due à M. Javary, (*Guillelmi Alverni psychologica doctrina*, Orléans, 1851; in-8°) n'est qu'une analyse incomplète du *De Anima*; la seconde, œuvre du D' K. Werner, est une dissertation originale et savante, lue, au mois de février 1873, dans la section philosophico-historique de l'Académie des sciences de Vienne. (*Die Psychologie des Wilhelm von Auvergne*; Vienne, 1873, in-8°.)

2. Aristote ne croyait pas à cette perception directe de l'âme par elle-même : on le lui a reproché justement. (Barthélemy Saint-Hilaire, préface de sa traduction du *Traité de l'Ame*, p. XLIV.)

3. *Opp.*, II, *suppl.*, p. 67 et 82. »

On retrouve presque ces expressions dans le Discours de la Méthode [1].

« Il est impossible à un homme, dit encore Guillaume, de comprendre qu'il n'a point d'âme. Admettons en effet qu'il le comprenne : il saura par là même qu'il le comprend, car tout être intelligent qui comprend une chose, s'aperçoit en même temps qu'il la comprend; il saura donc qu'il a en lui la faculté de comprendre, et par conséquent qu'il a une âme [2]. »

La physiologie a montré qu'après des périodes marquées, la substance de nos organes est entièrement renouvelée. A cette mutation continuelle de la matière on oppose justement la stabilité de l'esprit, et c'est un des arguments dont on se sert le plus aujourd'hui, pour prouver la spiritualité de l'âme. Guillaume le connaissait

---

[1]. « Puis, examinant avec attention ce que j'étais et voyant que je pouvais feindre, que je n'avais aucun corps et qu'il n'y avait aucun monde, ni aucun lieu où je fusse, mais que je ne pouvais feindre pour cela que je n'étais point,... je connus de là que j'étais une substance dont toute l'essence ou la nature n'est que de penser. »

[2]. « Addam autem istis dictum mirabile, sed inventu mirabilius, et dicam quod non est possibile homini intelligere animam suam non esse. Si enim possibile est hoc ei, esto igitur quod ipse intelligat animam humanam non esse. Dico igitur quod ipse intelligit se intelligere hoc; non enim possibile est intelligentem aliquid, quidquid illud sit, ignorare se intelligere illud; quapropter intelligit et scit intellectus se intelligere hoc : quare scit hoc suum intelligere esse apud se et in se. Scit autem indubitanter et intelligit intelligere non esse nisi in intelligente. Quapropter vel se totum intelligere vel aliquid sui. Certissimum autem habet, se totum non intelligere, id est, neque corpus suum, neque partem sui corporis : quapropter scit et intelligit aliquid in se vel apud se intelligens esse, quod non est corpus ejus neque pars illius. Et hoc est quod vocatur anima in homine, videlicet id quod est intelligens in eo proprie et per se, et propter quod ipse homo et intelligere et scire potest, et secundum quod intelligens et sciens esse dicitur. » *De Anima*, cap. I, pars IV.

et l'attribuait au philosophe arabe Avicenne, mais il n'en faisait aucun cas, le croyant incompatible avec le dogme de la résurrection des corps [1]. Cependant, loin de taxer Guillaume de timidité, on serait tenté plutôt d'admirer son audace, quand on le voit appliquer les mêmes raisonnements à l'âme humaine, à celle des bêtes, peut-être même à celle des plantes [2]. Tout un chapitre du *De Anima* est destiné à prouver, contre de faux savants, que les animaux ont une âme spirituelle, régissant leur matière organique, et non pas seulement une « forme matérielle », inhérente au corps, provenant du concours de ses organes [3]. Douée de mémoire et d'imagination, il ne manque à cette âme, pour égaler celle de l'homme, que la connaissance des Universaux, le libre-arbitre et l'immortalité [4].

Faut-il maintenant définir cette essence spirituelle qui s'appelle l'âme ? Comme Aristote, au début de son traité de l'Ame, et avec le même respect pour la pensée philo-

---

1. *Opp.*, II, *suppl.*, p. 73. Guillaume prouve également la spiritualité de l'âme par l'absurde, en démontrant que la faculté de penser ne saurait être le propre ni d'un membre en particulier, ni du corps humain tout entier. (*Ibid.*, p. 69.)

2. « Eodem modo est ratiocinari de anima cujuscumque animalis De anima etiam vegetabili nichilominus convenit et possibile est ratiocinari. » (*Ibid.*, p. 67.)

3. *De immortal. animæ*, *opp.* I p. 331. Ellies du Pin a mal compris ce passage : il prétend qu'après avoir établi la spiritualité de l'âme des bêtes, dans le *De Anima*, Guillaume la nie dans le *De immortalitate Animæ* (*Hist. des Controv. et des matières ecclés. traitées dans le XIII*e *siècle*, Paris, 1698, p. 231. *Nouv. Biblioth. des auteurs ecclés.* Paris, 1702, in-8°, t. X. p. 68.)

4. *Opp.* I, p. 1051 et II, suppl. p. 85. — D. Ceillier fut bien mal inspiré, en soutenant que l'opinion de Guillaume sur l'âme des bêtes ne différait pas beaucoup de celle de Descartes. (*Hist. des aut. sacrés et ecclés.* XXIII, p. 476.)

sophique, Guillaume passe en revue les systèmes anciens :
il rejette, comme contraire à la spiritualité de l'âme, la
définition d'Héraclite, cherche vainement à comprendre
celles de Philolaüs [1] et de Pythagore, combat celle que
Cicéron a donnée sous le nom de Platon [2], dénonce
comme mensongère et impie celle d'Alexandre d'Aphrodise [3] et réfute sommairement l'hypothèse réaliste suivant
laquelle l'âme se confond avec l'Universel *Humanité* [4].

Obligé enfin de se prononcer lui-même, il reproduit un
peu légèrement la définition péripatéticienne [5] — « L'âme
« ne peut être substance, que comme forme d'un corps
« naturel qui a la vie en puissance, » — sans bien comprendre les terribles conclusions qu'Alexandre d'Aphrodise et Averroès ont tirées de ces prémisses, et sans prévoir l'embarras dans lequel tombera la scolastique, pour
avoir voulu parler le même langage qu'Aristote.

Il est mieux inspiré plus loin, en définissant l'âme
« *le principe de la vie et le siège de l'intelligence* [6]. » C'est

---

1. Assez peu instruit de l'histoire de la philosophie grecque, Guillaume range Philolaüs parmi les disciples de Platon.

2. *Opp.*, II, *suppl.*, p. 78, 73.

3. L'âme était produite, suivant Alexandre, par le bon accord des éléments : « Cette erreur, disait Guillaume, conduit à nier la spiritualité de l'âme, et se confond à peu près avec celle de Philolaüs. De plus, elle est extrêmement dangereuse, ayant pour elle l'autorité d'un des plus illustres philosophes grecs. » (*Ibid.*, p. 114.)

4. *Ibid.*, p. 75 et 66.

5. *Ibid.*, p. 65. *Cf.* Aristote, *traité de l'Ame*, lib. II, čap. 1er. « Er bemerkt aber ausdrücklich, dass er diese Definition nicht etwa auf die blosse Auctorität des Aristoteles hin annehme, sondern er weist vielmehr nach dass sie das nothwendige Resultat der wissenshaftlichen Untersuchung sei. » Stöckl, *Geschichte der Philosophie des Mittelalters*, II, p. 341.

6. *Ibid.*, p. 116 : « Anima est vita et intelligentia quæ hominem viventem et intelligentem efficit ; ipsa vero vivens et intelligens per semetipsam, quemadmodum color et est et dicitur albus. »

bien là en effet le résumé de sa doctrine. Vivant de la vie qu'elle répand sur les organes, l'âme les régit, les anime, jusqu'au jour où, résistant à son action féconde, ils se condamnent à mourir ; d'autre part, foyer d'intelligence, siège de tous les phénomènes de sensation, d'imagination et de connaissance [1], elle réunit en elle-même les deux principes de la vie et de la pensée. Cette théorie animiste, apportée dans l'école par le double courant de l'antiquité profane et sacrée [2], est réservée à de hautes destinées. Elle s'impose à l'esprit de Guillaume, comme une vérité indiscutable, fondée sur le témoignage même de la conscience [3].

L'âme étant ainsi définie, on s'attend bien à voir Guillaume rejeter l'hypothèse antique des trois âmes végétative, sensible et rationnelle [4]. L'unité et l'indivisibilité du Moi trouvent en lui, comme chez tout disciple de saint Augustin, un défenseur éloquent [5], et ce

1. *Ibid.*, p. 152.
2. V. Platon, Aristote et saint Augustin.
3. *De Bono et Malo*. Oxford, *Balliol college*, ms. n° 287, f° 15 r°.
4. *Opp.*, II, suppl., p. 78, 104 114. On sait dans quel embarras sont tombés Albert le Grand et saint Thomas, pour avoir voulu suivre Aristote sur ce terrain ; ils se sont efforcés de démontrer que l'âme intelligente est séparable du corps, tandis que l'âme nutritive, sensible, en est inséparable et meurt avec lui.

5. L'un de ses arguments est l'unité de l'acte qu'on appelle la pensée : « Intelligere est actus subitaneus et perficitur in instanti, et hoc unusquisque interius sentit apud se et in se. Cum enim anima tua intelligit hominem in universali, intelligit eum totum simul, non partem ipsius post partem, quoniam nec cogitat tunc de parte vel de partibus hominis : quapropter intelligere illud impartibile atque indivisibile est : perficitur igitur in instanti ; nullum autem partibile partitione continuitatis recipit aliquam dispositionem in instanti, sed partem post partem recipit donec perficiatur illa ejus mutatio ; alioquin mutaretur continuum secundum se totum in instanti ; hoc autem est unum de impossibilibus. » *Opp.*, II, suppl. p. 78.

n'est point sans quelques précautions oratoires qu'il aborde l'étude des différentes facultés. Il ne faut pas en effet s'y méprendre : l'âme n'est point, comme le veut Ibn Gebirol [1], un composé de plusieurs facultés, sa nature n'est pas complexe. De même qu'un homme peut cumuler les fonctions de sénateur et de consul, le même sujet peut être à la fois intelligent et aimant : la faculté est l'âme elle-même considérée dans ses actes [2]. Cela dit, Guillaume considère le principe vital comme le tronc sur lequel viennent se greffer toutes les autres facultés de l'âme [3]. Puis, il passe à l'examen de chacune d'elles.

La volonté (*virtus operativa* ou *imperativa*) attire d'autant plus volontiers son attention, qu'il la voit plus sacrifiée par les psychologues anciens, plus menacée par les rêveurs modernes. « C'est une étrange chose, écrit-il [4], « qu'Aristote et ses disciples grecs ou arabes aient étudié

---

1. V. D' K. Werner, *Die Psychologie des Wilhelm von Auvergne*, p. 19.
2. *Ibid.*, p. 87. Albert le Grand a vivement combattu cette doctrine. V. D' K. Werner, *Die Psychologie des Wilhelm von Auvergne*, p. 15.
3. Oxford, *Balliol college, ms.* n° 287, f° 15 r°. « Dico igitur quoniam « cum humana (anima) de se philosophari voluerit et inquirere de seipsa, « inquisitione perscrutata, cum diligenter se ipsam de se interrogaverit, res-« pondebit ei ipsa essentia sua, et hoc non per voces aut signa, sed ipsa, « presencia veritate, primum in ea esse virtutem vitalem, et esse eam velud « truncum in corpore humano, quod totam habet membrorum suorum « affixam et adherentem sibi elonganciam. Sic cetere vires affixe sunt ipsi « vitali et ex ea pendentes. Deinde vicem capitis gerentem et optinentem « senciet superiorem ceteris apprehensivam, sive cognoscitivam, que et « plures spargit radios, et ramos plures de se exuberat. »
4. *Opp.*, t. II, *suppl.*, p. 94 et 95. « Habet non parvam admirationem, quod Aristoteles sequacesque ejus, Græci et Arabes philosophi, mira studiositate ac diligentia virtutem intellectivam, quæ longe ignobilior est, persecuti sunt, istam vero non solum neglexisse videntur, sed etiam non curasse, quoniam nec de ipsa mentionem faciendam duxerunt, nisi forsitan in libris quos de moribus atque virtutibus scripsisse dicuntur. »

« avec tant de zèle la vertu intellective, et n'aient point
« accordé la plus légère attention à une faculté infini-
« ment plus précieuse. Peut-être en ont-ils parlé dans
« les ouvrages qu'ils passent pour avoir écrits sur les ver-
« tus et les mœurs. Mais leurs traités de l'âme n'en
« disent rien. » Le même étonnement a été exprimé par
plus d'un auteur moderne [1].

Du temps de Guillaume, le libre arbitre était l'objet
d'attaques insidieuses de la part des philosophes ou des
astrologues. L'antique objection de la prescience et de la
providence divines subsistait dans toute sa force et embar-
rassait beaucoup d'esprits [2]. D'autres ne savaient point
accorder la liberté avec la grâce. A tant de périls on devait
opposer une défense habile. Aussi Guillaume se tint-il
constamment sur la brèche, prêt à repousser le fatalisme,
sous quelque forme et quelque nom qu'il se présentât [3];
il en appelait au tribunal de la conscience, demandait de
quelle utilité était à l'homme la connaissance du bien et
du mal, s'il n'avait point la liberté de choisir entre l'un
et l'autre, prouvait que, si la raison jouait dans l'âme le
rôle d'un conseiller, la volonté y tenait la place d'un
empereur ou d'un roi [4]. Quant à la question de la grâce,

---

1. *Opp.*, t. II, *suppl.*, p. 94 et 95. *Traité de l'âme* d'Aristote, trad. par Barth. St-Hilaire, Paris, 1846, in-8°, Préf., p. XXXVIII.
2. *Opp.*, I, p. 785, 778. « Antiqua illa quæstio quæ multos antiquitus exagitavit et multos etiam tempore meo involvit, »
3. *Opp.*, II, suppl., p. 94 et 96. Cf. K. Werner, *Wilhelms von Auvergne Verhältniss zu den Platonikern des XII. Jahrhunderts*, p. 43-46.
4. Oxford, *Merton college*, ms. n° 136, f° 205 v° : « Ratio est virtus apprehensiva sui ipsius dijudicativa et correctiva, et propter hoc aliarum inferiorum apprehensivarum ; sic voluntas virtus est motiva sue potestatis et sue dicionis omnino, et propter hoc inferiores motivas habet in potestate sua.

il la tranchait, conformément à la doctrine catholique, dans l'ouvrage dont nous avons retrouvé deux manuscrits dans les bibliothèques de l'Angleterre [1].

La sensibilité ne donnait pas lieu aux mêmes controverses. L'enseignement de Guillaume sur ce point se bornait à montrer que les passions ou inclinations naturelles tendent vers l'un ou l'autre de ces quatre buts : 1° la conservation, qui est la fin de l'*appetitus naturalis*; 2° le plaisir, ou *quies motus nostri in ipso delectabili*, qui est la fin de la *vis concupiscibilis*; 3° l'utilité, qui est la fin de la *vis rationabilis*; 4° la magnificence et la gloire qui sont la fin de la *vis irascibilis* [2]. Il prouvait aussi que le plaisir et la douleur ont leur siège dans l'âme : « Voulez-vous entendre, disait-il, le « témoignage de l'âme elle-même? A la moindre sensa- « tion qu'éprouve une partie quelconque du corps, la « voilà qui s'écrie : Là je jouis! ici je souffre! et pour « vous convaincre que c'est bien l'âme qui souffre, et « non le corps, et que l'âme fait autre chose que com- « patir à la douleur du corps, remarquez qu'elle ne crie « pas : « Je compatis », mais : « Je souffre [3]. »

En arrivant à l'étude des facultés intellectuelles, Guillaume abordait le terrain des luttes les plus vives et, pour son coup d'essai, se mesurait avec un philosophe, dont le nom est resté dans l'école le symbole de l'aber-

---

Altera est sicut rex aut imperator, scilicet voluntas, unde et virtutem imperativam motus illam vocant philosophi ; ratio vero est consiliarius illius. »

1. *De gratia.* Oxford, *Merton college*, ms. n° 136, et *British Museum, King's library*, 6 E III.
2. Oxford, *Balliol college*, ms. n° 287, f° 4 r°.
3. *Opp.*, I, p. 647.

ration, Averroès. On sait comment les docteurs arabes, tout en feignant d'interpréter Aristote, forgèrent l'hypothèse monstrueuse de l'*Intellect agent*. Cette intelligence intermédiaire entre Dieu et l'homme, participant de l'un et de l'autre, exerçant à elle seule une influence mystérieuse sur la multitude des intelligences passives et enfantant la pensée, paraissait à Guillaume aussi bizarre [1] qu'inutile [2], aussi contraire à la simplicité [3] qu'à la liberté de l'âme [4]. Il dénonçait même cette doctrine, comme une invention malencontreuse des commentateurs d'Aristote [5]; en cela, Guillaume n'avançait rien, qui ne fût conforme à la vérité, et à sa propre philosophie. On s'est trompé, en effet, en voulant relever une contradiction entre sa théorie de la vision divine et cette réfutation du système d'Averroès [6]. Admettre l'influence directe de Dieu sur l'entendement humain, n'était pas accepter la distinction des deux intellects.

Il serait moins facile d'expliquer la doctrine de Guil-

---

1. *Opp.*, II, *suppl.*, p. 207.
2. *Ibid.*, p. 206 et 209.
3. *Ibid.*, p. 205.
4. *Ibid.*, p. 208.
5. *Ibid.*, p. 205-210. C'est ce que n'a point vu M. Salvatore Talamo. « Pour Guillaume d'Auvergne, dit-il, l'intellect agent séparé, tel que l'enseigne Aristote, n'est que la dernière des substances séparées, créatrices de l'homme et de toute nature corporelle et sensible. En sorte que cette erreur, qui fut surtout enseignée par les Néoplatoniciens et les Arabes, dérive dans sa pensée d'Aristote lui-même. » (*L'Aristotélisme de la scolastique dans l'histoire de la philosophie;* Paris, Vivès, 1876, in-12 p. 226.) Il est vrai qu'un grand nombre de scolastiques, saint Bonaventure, Henri de Gand, Duns Scot lui-même, considéraient Aristote comme l'auteur de cette théorie.
6. M. Renan a dit, à ce propos, que Guillaume était un esprit superficiel. (*Averroès et l'Averroïsme*, p. 230.)

laume, si, au lieu de lire ses écrits, on s'en rapportait au moine Bacon. Un passage de l'*Opus tertium* [1], sommairement reproduit dans l'un des manuscrits de l'*Opus Majus* serait de nature à donner le change sur les vraies intentions de Guillaume : « L'intellect actif, dit Roger
« Bacon, est en première ligne Dieu lui-même, et en
« seconde ligne, les anges qui nous illuminent. Dieu est
« à l'âme, ce que le soleil est aux yeux, et les anges, ce
« que sont les étoiles. Je ne dis pas ceci pour énoncer
« seulement mon opinion personnelle, mais pour com-
« battre une des plus grandes erreurs, qui soient en
« théologie et en philosophie. Les modernes disent que
« l'intellect qui agit sur nos âmes et les illumine, fait
« partie de l'âme. Cela est faux et impossible, et je l'ai
« montré par des autorités et des raisons convaincantes.
« Tous les philosophes de la génération passée, dont
« quelques uns vivent encore, ont identifié l'intellect
« actif avec Dieu; deux fois j'ai entendu le vénérable
« pontife de l'Église de Paris, messire Guillaume
« d'Auvergne, devant l'Université rassemblée, réprou-
« ver ces novateurs [2], disputer avec eux et leur démon-
« trer par les mêmes raisons que j'ai données, qu'ils
« étaient dans l'erreur. »

Il y a là sans doute abus de langage. Guillaume n'a pu défendre de vive voix une thèse qu'il avait mis tous

---

1. Cap. 23. (*Journal des savants*, 1848, p. 346-347.) Nous empruntons à M. Renan la traduction de ce passage. (*Averroès*, p. 262.)

2. Qui étaient ces novateurs ? des Frères prêcheurs, au dire de M. Cousin et de M. Charles. Quels qu'ils fussent, ils niaient sans doute l'illumination venant de Dieu, et fournissaient ainsi à leur évêque l'occasion de développer sa doctrine de la Vision divine.

ses efforts à combattre la plume à la main. S'il est une idée qui revienne souvent dans ses livres, c'est celle-ci : l'intellect humain est tour à tour actif et passif, fait lui-même passer les formes intelligibles de la puissance à l'acte et engendre sa science sans secours étranger [1] : ce qui a fait dire à M. Charles que Bacon s'était complètement mépris sur la doctrine de Guillaume, ou l'avait dénaturée à plaisir [2]. Cependant où est l'erreur qu'on ne puisse excuser par quelque biais? Si l'on va au fond des choses, la thèse de Roger Bacon se borne à constater l'action de Dieu et des anges sur l'intellect humain : « Dieu, dit-il, est à l'âme, ce que le soleil est aux yeux, « et les Anges, ce que sont les étoiles; » thèse qui offre une singulière analogie avec celle de Guillaume d'Auvergne [3]. Si Roger Bacon ne donnait au Créateur le nom d'Intellect agent, l'évêque de Paris pourrait souscrire, sans scrupule à tous les jugements qu'il porte sur les facultés intellectuelles.

On a vu ce que Guillaume entendait par la raison [4]. Mais les idées générales, les premiers principes, est-ce là tout le trésor des connaissances humaines? N'y a-t-il pas, à côté de ces divines réalités, tout un monde d'objets

---

1. *Opp.* II, suppl., p. 214-221 et 233.
2. *Roger Bacon, sa vie, ses ouvrages, sa doctrine*, Bordeaux, 1861, in-8°, p. 327.
3. *Opp.*, II, *suppl.* p. 334. « Anima nunquam prohibetur a lectione sua in libro suo nobiliore et ab irradiatione quæ inest a Luce Prima, sive a luminibus mediis quæ vocantur angeli sancti.
4. « Seine Erkenntnisslehre ist empiritischer Illuminismus in Verbindung mit Platonischen Elementen, die sich in den Sätzen, dass das Reich der Intelligibilien die wahre Heimat der Seelen sei und die Irrthümer aus der Versenkung in's Sinnliche entspringen aussprechen. » Werner, *Die Psychologie des Wilhelm von Auvergne*, p. 48.

individuels, dont la connaissance peut être utile au développement de la raison elle-même?

« Notre nature, répète Guillaume à satiété [1], est pla-
« cée sur l'horizon de deux mondes, et sur la frontière
« de deux pays. L'un est le monde de la lumière, la
« vérité éternelle, le Créateur béni. Il est connu direc-
« tement par la raison, *ratio, vis,* ou *virtus intellectiva*.
« L'autre, ténébreux, inférieur, est le monde sensible;
« il n'éclaire notre âme que par l'entremise des sens, de
« la mémoire et de l'imagination, qui sont comme des
« livres placés à portée de l'intelligence. » Ces diverses
facultés se rendent des services réciproques. Si la raison
guide les pas et corrige les erreurs des sens [2], ceux-ci
à leur tour mettent la raison sur la voie des découvertes [3]. Ils lui font reconnaître en premier lieu la substance des êtres, dont ils ne perçoivent que les accidents.
« C'est l'intellect qui découvre que sous ce grand
« nombre d'accidents sensibles se cache une substance
« unique; c'est la raison qui reconnaît l'existence d'une
« âme aux mouvements et à la conduite harmonieuse
« du corps [4]. » Les sens permettent à la raison de recher-

---

1. *Opp.*, I, p. 1057.
2. *Opp.*, II, *suppl.*, p. 93.
3. « Ratio, a propria luce naturali et intima destituta, mendicat lumina sensuum et rerum particularium sensibilium..., quemadmodum nos destituti a luce solari et lumine diei, lucernas nobis accendimus. » *Ibid.*, p. 143.
4. *Ibid.*, p. 113. « Virtus intellectiva ad exteriora, particularia et sensibilia penitus cæca est, et ad illa omnino non attingens, nisi sensibus adjuta et aliquatenus illuminata. Sensus enim, sicut ait unus ex majoribus philosophis Latinorum, nichil integritatis percipit; sed usque ad proximum venit; ratio vero quædam subesse perpendit et intelligit, id est substantiam subesse varietati sensibilium accidentium. » Cf. *ibid.*, p. 213 : « Apprehendit igitur sive videt virtus intellectiva sub operimento substantias hujusmodi;... »

cher la loi des phénomènes, et d'appliquer à tous les événements du monde physique le principe de causalité. Ils lui fournissent enfin l'occasion fréquente de prendre son essor, pour s'élever à la connaissance des Universaux [1]. Tel est le résultat de l'abstraction : un homme placé devant une statue de Socrate s'en éloigne peu à peu; bientôt il ne distingue plus les traits du philosophe grec et ne voit plus qu'un homme, dans le sens le plus général du mot, un homme universel [2]. Mais en reproduisant cet argument bien connu, Guillaume se gardait d'en tirer les mêmes conséquences que les Nominaux. Il s'écartait d'Aristote, et repoussait le système que devait adopter plus tard saint Thomas; l'abstraction n'était, à l'entendre, qu'un premier pas vers la découverte de l'Universel, une circonstance très favorable à la vue de Dieu, qui seule pouvait initier l'âme humaine à la connaissance des Exemplaires éternels [3].

Ayant ainsi fait la part de chacune des facultés intellectuelles, Guillaume cherchait à pénétrer le mécanisme de la perception extérieure, de la vision par exemple. L'objet sensible dégage une forme matérielle qui vient

---

sic ipsam animam humanam ex motibus et gubernatione corporis, tanquam sub veste, vel sub operimento, seu vestimento, videt, et non ad nudum, sive, ut ita dicatur, facie ad faciem : alioquin inter Socratem et Platonem, qualiter esset altercatio, vel disputatio ? »

1. *Ibid.*, p. 213.

2. *Ibid.* et *De Bono et Malo*, Oxford, *Balliol College*, ms. n° 287, f° 15 v°.

3. « Essentias spoliatas et que sunt a seculo alteriori, quod est seculum et mundus spiritualium, non per illuminacionem est apprehendere, que sit ex parte sensibilium et deorsum, sed magis illuminacione que desursum est defluens scilicet a parte seculi alterioris. » Oxford, *Balliol College, ms.citt, ibid.*

s'imprimer dans la pupille de l'œil [1]. Cette forme est-elle un corpuscule errant, ou le milieu qui sépare l'objet extérieur de l'organe du sens ? C'est ce que décidera plus tard Jean de la Rochelle, quand il expliquera que pour la vue l'intermédiaire est le milieu translucide, que c'est l'air pour l'ouïe, la vapeur pour l'odorat et la salive pour le goût [2]. Guillaume se borne à nous apprendre que la forme est transmise au cerveau par l'entremise du nerf optique, du *spiritus visibilis*, qu'en arrivant dans la *cellule imaginative*, placée sur le devant de la tête, elle prend le nom de forme imaginable [3]. Jusqu'ici l'âme n'en a rien su : l'organe de l'imagination lui-même, faisant partie du cerveau, ne peut engendrer la connaissance ; car, il faut le dire à la louange de Guillaume, s'il admet la division du cerveau accréditée au douzième siècle par Guillaume de Conches [4], il maintient fermement ce principe que la matière est incapable de penser [5]. Les *formes imagi-*

1. *Opp.* II, suppl., p. 68 « De receptione vero et impressione formæ sensibilis, manifestum est ipsam esse a sensibili forinseco et imprimi ab eodem in organo sensus ; exempli gratia in oculo fit a re visibili impressio similitudinis corporis illius. »
2. Jean de la Rochelle qui, en 1238, montera dans la chaire d'Alexandre de Halès, reproduira, en la développant, la théorie de Guillaume : au premier degré de la perception, il placera la forme sentie ; au second, la forme imaginée ; au troisième, la forme estimée, jugée ; au quatrième, la forme intellectualisée. Encore indécise et vague, cette doctrine des Intermédiaires de la connaissance prendra une importance extrême dans le courant du XIIIe siècle.
3 *Opp.*, II, suppl., p. 82; Cf. *ibid*, p. 119 et 221 et t. I, p. 946.
4. *Philosophia secunda. Bibl. Nat.* ; *ms. latin* n° 6588.
5. *Opp.*, I, *suppl.*, p. 82. « Provide vero et circumspecte dixi hominem scire et intelligere in anima ; quoniam etiamsi formæ illæ remanerent in organo imaginationis post animæ ipsius recessum, non remanerent tamen scientiæ in effectu... Sunt enim sicut litteræ sive liber, cum applicatæ fuerint per organum suum animæ humanæ.

nables sont un livre ouvert sous l'œil de l'âme, livre qui peut assurément lui communiquer la science, mais qui devient lettre morte du jour où il est séparé de son lecteur. Après le phénomène physiologique vient le phénomène psychologique [1]. Guillaume n'a pas été plus heureux que tant d'autres qui ont cherché à expliquer la transition du monde physique au monde moral. Au moins faut-il lui savoir gré d'avoir rejeté l'hypothèse des esprits animaux [2]. En parvenant à la connaissance de l'âme, la forme imaginable est perçue d'abord par l'imagination ou fantaisie, appelée aussi sens commun, parce qu'elle est commune à tous les sens [3].

L'étude des facultés de l'âme conduit à examiner les rapports de l'âme et du corps et à déterminer le siège de l'âme. Suivant l'opinion de Guillaume, fondée sur une tradition constante, l'âme ne serait point confinée dans un organe déterminé, tel que le cerveau ou le cœur; elle ne résiderait point dans les esprits, comme le voulaient certains naturalistes; mais répandue dans tout le corps, elle en animerait les parties vivantes et sensibles. Guillaume sentait quelque répugnance à admettre que

---

1. *Ibid.*, p. 68. « In ipso sentire duo intelligit omnis intelligens, videlicet receptionem formæ sensibilis in organo sensus et cognitionem, sive judicium quod per illam fit, tanquam per signum. » Cf. *ibid.*, p. 70, 119 et 120, et t. 1er, p. 1057.

2. *Ibid.*, t. Ier, p. 931 : « Dixerunt aliqui spiritus hujuscemodi mediam habere naturam inter spiritualem et corporalem quod forsitan considerationem in hoc facienti facile inveniretur impossibile esse. » *Ibid.*, p. 946 : « Spiritus omnes illi corporei sunt. »

3. *De Bono et Malo*, Oxford, *Balliol College*, ms. n° 287, f° 15 r° : « Ymaginativa et *Sensus communis* et *Fantasia* vocatur; sed *Sensus communis*, ab eo quod in ipso communicant particulares, et ad ipsum apprehensionum suarum quodammodo judicia referunt. »

l'âme remplit la moelle, les humeurs, les poils, les dents, les ongles et les os. Il considérait les uns comme des substances inanimées, les autres comme des ornements agréables qui pouvaient disparaître sans détruire la bonne harmonie des corps, sortes de végétaux engendrés et nourris par le superflu des humeurs.[1]

Quelque étroite que fût l'union de l'âme et du corps, elle ne pouvait, elle ne devait pas être considérée par un maître de la Scolastique comme une condition essentielle de l'existence de l'âme. L'âme et le corps, ces deux compagnons de voyage, n'avaient ni même origine, ni destinée semblable. Dans les premiers jours de son existence, l'embryon vivait, suivant Guillaume, non pas par l'âme de sa mère, mais au moyen d'un principe vital distinct et d'une âme végétative, qui faisait place à une âme rationnelle après l'entière formation du corps. Ce changement s'accomplissait le quarante-sixième jour après la conception, de même qu'il avait fallu quarante-six ans pour bâtir le temple de Jérusalem [2]. C'est assez dire que Guillaume repoussait la doctrine de l'éternité des âmes, professée, au douzième siècle, par Bernard de Chartres, et la thèse platonicienne de la réminiscence [3].

---

1. Au dire de Daunou, (*Hist. litt.*, XVIII, p. 382.) Guillaume soutenait que l'âme n'était pas dans le corps, mais le corps dans l'âme. C'est au contraire une opinion qu'il réfutait. (*Opp.*, II, suppl., p. 194.)

2. *Ibid.*, p. 104 et 109.

3. *Opp.*, I, p. 280, 701 et 1051, II, suppl., p. 200.

L'un des arguments de Guillaume est puéril; cherchant à établir que l'âme préexistante n'a pu s'introduire dans le corps : « Par où, dit-il, fera-t-elle son entrée? — Par la tête, sans aucun doute ; mais il lui faudra obliquer à droite, pour animer l'un des bras, à gauche pour animer l'autre, puis faire dix mouvements pour pénétrer dans les doigts des deux mains. Au bas du tronc, la route bifurque encore : que de peine, pour qu'elle se glisse le long des jambes et dans chacun des orteils! »

Il n'était point partisan des idées innées [1], mais démontrait la persistance de la tache originelle dans l'âme de l'enfant. Cet être incapable de se suffire à lui-même, d'éviter ou même d'apercevoir le danger, cet enfant que son instinct aveugle conduit à saisir le fer rouge, à refuser l'aliment nécessaire, à ramper sur ses faibles mains, porte en lui la marque visible du châtiment de son premier père[2]. Guillaume alléguait, en faveur de la même doctrine, la déviation d'une sensibilité, qui aime et recherche le mal, la corruption d'une intelligence, qui enfante des doctrines perverses et accepte le système d'Épicure, comme le dernier mot de la philosophie, l'antagonisme enfin dont le cœur de l'homme est le théâtre, la lutte perpétuelle de ses bons et de ses mauvais penchants[3]. L'Auvergne semble destinée à mettre en lumière ces affligeantes vérités : tout ce qu'en avait dit le maître du treizième siècle, dans sa langue vieille et fanée, Pascal devait le redire, au dix-septième, avec l'éclat de sa jeune voix, avec l'accent pénétrant de son humble et sublime logique[4].

---

1. « Attende quod non cogeris exemplis istis vel argumentis concedere, vel recipere, vel etiam opinari animam humanam inscriptam esse naturaliter scientiis ac virtutibus decoratam; sed potius novis influentiis et irradiationibus illustrari a Luce Prima radiantissima, quæ est Creator benedictus, et hoc, ut prædixi, interdum per seipsam, interdum per lumina alia quæ sunt boni spiritus ac sublimes. » *Ibid.*, I, p. 1051.

2. *Opp.*, II, suppl., p. 125. « Les philosophes, disait-il, et les poëtes anciens, Platon surtout, ont paru comprendre la vraie cause de cette infériorité; ils se sont montrés en cela plus sages qu'Aristote. » (*Opp.*, I p. 271.)

« Les pleurs et les lamentations qui accompagnent les funérailles, disait-il encore, sont le cri de la nature. Si la mort était le terme naturel de notre carrière, nous la considérerions comme un bien. Les animaux se résignent à la mort, à moins qu'elle ne soit violente ou prématurée. » (*Ibid.*, p. 557.)

3. *Opp.*, I, p. 262. V. aussi tout le *Cur Deus homo*.

4. Guillaume prouve encore que le créateur de l'âme n'est pas l'Intellect

Ceux qu'il appelait « libertins » avaient eu des ancêtres dans le siècle de saint Louis : la doctrine de l'immortalité de l'âme n'était point sans rencontrer déjà des ennemis qui l'appelaient une invention des gouvernements [1]. Aussi quel n'était point le zèle des défenseurs de la vérité! Preuves historiques, théologiques, morales, Guillaume les développait toutes à leur tour, soit dans son livre de l'Ame, soit dans le traité spécial qu'il écrivait pour en démontrer l'immortalité. Les résurrections opérées par les saints ou par les prophètes, les apparitions constatées par les témoignages historiques [2] s'accordent, selon lui, avec l'idée que l'on doit se faire de la justice et de la bonté de Dieu, [3] pour prouver l'existence d'une autre vie. Considérant l'échelle des êtres, il remarquait que l'homme est placé entre les animaux et les anges : si son âme est changeante, comme celle des bêtes, elle doit être immortelle, de même que les purs esprits [4]. Il n'ignorait pas, il est vrai, qu'une lésion du cerveau peut entraîner la perte temporaire d'une des facultés de l'intelligence : mais, à l'entendre, la raison n'avait jamais à souffrir

---

agent (*Opp.*, II, *suppl.*, p. 112) et que l'âme de l'enfant n'est pas produite par les âmes du père et de la mère. (*Ibid.*, p. 110.)

1. *Opp.*, I, p. 329. Un peu plus tard, l'évêque de Paris Étienne Tempier condamnait cette proposition : « L'âme périt comme le corps. » (V. *Bibliotheca Patrum*.)

2. Guillaume recommandait surtout, à ce point de vue, la lecture des Dialogues attribués à saint Grégoire. (*Opp.*, I, p. 329; cf. *ibid.*, II, suppl., p. 189.)

3. Guillaume empruntait cette preuve aux Clémentines : « Justitiam Creatoris et judicium futurum radicem probationis immortalitatis animæ non nos primi, sed ante nos alii posuerunt, scilicet Petrus apostolus contra Simonem magum in *Itinerario* Clementis papæ et martyris. » *Ibid.*, I, p. 329.)

4. *Opp.*, I, p. 322, et II, suppl., p. 164.

de ces accidents physiques. L'homme atteint de cécité n'en conservait pas moins toute la vigueur de son esprit, semblable à un prisonnier plongé dans un obscur cachot[1]; l'âme était même à ce point indépendante du corps, que, quand l'organe d'un sens était frappé, elle pouvait suppléer à sa perte au moyen d'une autre faculté; on avait vu des aveugles de naissance se conduire par l'imagination, et des changeurs frappés de cécité reconnaître au simple toucher toutes les monnaies d'un royaume[2]. Guillaume rappelait alors à ses lecteurs ces mourants dont l'esprit conserve jusqu'à la fin une étonnante lucidité; leur mort était-elle le résultat de l'affaiblissement de l'âme ou de l'épuisement du corps[3]? Il leur expliquait enfin la cause des aspirations légitimes de leur intelligence et de leur cœur, le sens de ces élans spontanés qui élèvent l'âme jusqu'à Dieu.

« L'inclination naturelle de tout être indique son pays, sa patrie véritable, le séjour bienheureux où il trouvera sa sécurité et son salut. Les corps légers ou pesants fuient les lieux contraires à leur nature, pour se rapprocher des régions qui leur sont plus favorables. Les poissons retournent à l'eau et se perdent dans ses profondeurs. Si l'âme humaine fuit les douleurs, les ennuis, les tribulations, si elle recherche le suprême bonheur, c'est que là est son salut et sa joie, là sa patrie sublime,

---

1. *Opp.*, I, p. 334, et II, suppl., p. 150 et 168.
2. « Quorum unum exemplum evidentissimum est in cæco campsore et in arte campsoria, quousque jam perito atque probato, ut omnes monetas regni in quo esset, licet plurimæ essent, dijudicat infailibiliter et discernit solo tactu. »
3. *Ibid.*, p. 164.

là le port calme et sûr où elle trouvera un refuge, non contre la mort qu'elle ne craint pas, mais contre les perturbations et les souillures du vice. Si son intelligence a soif de la science universelle, c'est qu'elle doit se rassasier un jour de la contemplation de Dieu [1]. »

« Le monde des choses sensibles semble petit et étroit ; ce n'est pas pour l'âme un logement convenable, ce n'est qu'un vestibule ou une auberge. Incomparablement plus vaste, le monde des intelligibles ne lui suffit point encore. Il lui faut l'immensité de la région de gloire, séjour aussi supérieur au monde des intelligibles naturels, que la gloire est supérieure à la nature. Là seulement est le repos et la béatitude. [2] »

C'est alors que cherchant à se faire une idée du bonheur céleste, Guillaume voyait l'intelligence rassasiée par la contemplation du Créateur, la sensibilité charmée par la gloire de Dieu, le bonheur des élus et des anges ; « Cette « volupté, disait-il, absorbera toutes les forces de l'âme [3]. »

On connaît maintenant, dans ses traits principaux, la

---

1. *Ibid.*, p. 173, 176, et *cap. de Retributionibus sanctorum*, t. Iᵉʳ, p. 316, 319 et 320.

Le soin avec lequel nous avons reproduit quelques-unes des preuves apportées par Guillaume en faveur de l'immortalité de l'âme servira peut-être à détromper les lecteurs de l'*Histoire littéraire* : Daunou n'a rien trouvé de remarquable dans les chapitres du traité de l'Ame où sont développés ces arguments ; quant au *De Immortalitate animæ*, il déclare que « tout rempli d'arguments scolastiques, cet ouvrage demeure trop au-dessous de la hauteur et de l'importance du sujet. » (*Hist. littér.*, XVIII, p. 366.)

2. *Opp.*, II, suppl., p. 146. Cf. *ibid.*, p. 141 : « Universalia enim et communia etiam miserrimis et insipientibus cognoscibilia sunt, quibus manifestum est nichil esse gloriæ aut felicitatis. »

3. Cap. *De Retributionibus Sanctorum*, Opp., I, p. 316, 319 et 320.

A la page 704 du *De Universo* (*Opp.*, I), l'on peut lire une réfutation du système pythagoricien de la métempsycose.

psychologie de Guillaume. Au dire d'un savant allemand, elle n'est qu'une science en formation [1]. Il est vrai qu'elle manque d'unité, de méthode, et que les traités d'Albert le Grand ou de saint Thomas répondent mieux à l'idée d'une science expérimentale [2]. On peut ajouter que, sur plus d'un point, elle reproduit les doctrines de Platon et de saint Augustin, depuis longtemps connues dans l'École [3], tandis que la génération suivante s'attache de préférence aux pas d'Aristote. Mais n'est-il pas juste de dire, qu'en restant fidèle aux vieilles traditions et en soumettant à un examen sévère les doctrines péripatéticiennes, Guillaume fit preuve de discernement ? Une doctrine dont le principe fondamental, au dire de M. Werner lui-même, est la supériorité de l'esprit sur la matière [4], peut prendre place parmi les meilleures psychologies du moyen âge, et la date à laquelle on la vit apparaître

---

1. « Ziehen wir die Schlusssumme aus unseren bisherigen Anführungen und Auseinandersetzungen, so ergibt sich als unzweifehaftes Resultat für Wilhelms Zeitalter ein Zustand philosophischer Bildung, der die nachfolgenden Bemühungen der peripatetisch geschulten theologischen Summisten des 13. Jahrhunderts als ein Bedürfniss für jene Zeit, und die Errungenschaften jener Bemühungen als einen wirklichen geistigen Fortschritt erkennnen lässt » Dr K. Werner, *Die Psychologie des Wilhelm von Auvergne*, p. 68.

2 « Der Charakter eines lebendigen Erfahrungswissens. » *Ibid.*, p. 69.

3. « Wilhelm reflectirt in seinem Grundanschauungen über das Wesen des Menschen und der Menschenseele einfach jene der augustinischen Psychologie, von der man sagen kann, dass sie durch das ganze frühere Mittelalter bis in's 13. Jahrhundert herab die herrschende blieb ; von da substituirte sich ihr unter den nothigen sachgemässen Modificationen die aristototelische, in deren Terminen theilweise wohl auch schon Wilhelm redete, in ihren Gedankengehalt aber nicht einging. » *Ibid.*, p. 7.

4. Wilhelms ganze Psychologie ist auf den Nachweis der Superiorität und gesollten Prävalenz des Seelischen über das Leibliche, des Geistigen über das Sinnliche angelegt. » (*Ibid.*, p. 31.)

rend plus sensible le mérite de celui qui en fut l'auteur. Si les thomistes ne citent point dans leurs traités le *De Anima* de Guillaume, s'il fut imprimé pour la première fois en 1674, il nous semble téméraire d'en conclure [1] que cet ouvrage n'exerça aucune influence sur les générations suivantes. Un simple hasard a pu en retarder l'impression, et les scolastiques n'ont point toujours cité les écrits dont ils faisaient usage [2].

1. Comme M. Werner. (*Ibid.*, p. 70.)
2. Le *De Universo* par exemple, qui aura tant d'influence sur la philosophie thomiste, n'est point cité dans les ouvrages des docteurs du treizième siècle.

CHAPITRE X

ASTROLOGIE

Si la philosophie semble atteindre du premier bond les limites extrêmes de son domaine, si elle revient ensuite sur ses pas, pour parcourir sans cesse la même carrière, il n'en est pas ainsi des sciences physiques ; leur marche lente, régulière, assurée, les rapproche insensiblement du but qu'elles poursuivent sans relâche.

Au treizième siècle ces sciences n'étaient qu'à leur première ou seconde étape. Le monde, tel qu'il est décrit par Guillaume et par ses contemporains les plus éclairés, se compose d'une boule immense et compacte, dont l'enfer est le centre [1], la terre, le noyau [2]. Les quatre éléments se partagent cette région livrée aux luttes et aux conflits. Les âmes y subissent leur expiation dans le lieu même où elles ont péché [3], tandis que les démons font leur demeure de la région de la grêle et des pluies [4].

1. *Opp.*, I, 607, 626, 673 et 682.
2. *Ibid.*, p. 654 et 667.
3. *Ibid.*, p. 676, 679 et 1067.
4. *Ibid.*, p. 947.

Les cieux sont des corps incorruptibles [1], limités par deux surfaces sphériques, concentriques à la sphère du monde. Les sept premiers contiennent chacun une planète, la Lune, Mercure, Vénus, le Soleil, Mars, Jupiter, Saturne, et sont animés d'un mouvement spiral d'Orient en Occident, suivant l'hypothèse d'Al-Petrangi [2]. Le huitième entraîne dans son mouvement toutes les étoiles fixes [3]. Le neuvième, appelé *Aplanon, ciel aqueux ou cristallin*, constitue une région éthérée et sereine, enveloppe azurée de tous les cieux mobiles, barrière que la vue de l'homme ne saurait franchir [4]. Au delà, commence le dixième ciel, ce firmament immobile et immuable dont aucun sage païen n'a soupçonné l'existence, cet *Empyrée*, cet « autre monde » chanté par les poètes et prêché dans l'Évangile, où se pressent les milices célestes, en compagnie des âmes glorifiées [5].

Quand, après avoir décrit l'univers sensible, Guillaume

---

1. Cette opinion universellement soutenue par les docteurs de l'école est empruntée à la philosophie péripatéticienne. Ils se séparent d'Aristote dans la manière d'expliquer cette propriété des cieux. V. Salvatore Talamo, *L'Aristotélisme de la scolastique dans l'histoire de la philosophie*. Paris, Vivès 1876, in-12, p. 248.
2. *Ibid.*, p. 654 et p. 335.
3. *Ibid.*, p. 649.
4. *Ibid.*, p. 643, 645, 649 et 801. Cette hypothèse, contraire au système d'Aristote, est empruntée à Ptolémée. Elle fut adoptée par tous les Scolastiques postérieurs. (Albert le Grand, *De Cœlo et Mundo*, lib. II. t. III, cap. XI. Duns Scot., *Metaphys.*, lib. XII, Sum. 2, cap. IV. Saint Bonaventure, *In II Sent.*, Dict. XIV, p. II, à III, q. II. Saint Thomas, *In lib.* XII *Metaphys.*; lect. IX ; *In lib. II De Cœlo et Mundo*, lect. IX et XVII. Alexandre de Halès, *In lib. XII Metaphys.*, p. 347.)
5. *Ibid.*, p. 625, 643, 649 et 801. Cf. la condamnation du frère Étienne en 1241. Il soutenait que les âmes glorifiées ne pénétreraient jamais dans le ciel Empyrée, demeure des Anges, mais habiteraient avec la Sainte Vierge le ciel aqueux ou cristallin. (V. plus haut, p. 26.)

voulait en déterminer la nature, la raison reprenait son empire. La lecture du *Timée* avait fait apparaître devant lui la question de l'âme du monde. Mais hésitant à la vue de ce redoutable problème, il ne parvenait qu'à en montrer la difficulté. Il permettait au chrétien de considérer le monde comme un animal vivant ou comme un corps inerte, lui défendait cependant de confondre l'âme du monde avec l'Esprit Saint, comme l'avaient fait au douzième siècle Thierry de Chartres et Guillaume de Conches [1].

A la doctrine péripatéticienne de l'éternité du monde [2] il opposait le dogme de la création [3], mais n'était pas éloigné d'admettre la durée indéfinie de l'univers sensible. Il pensait qu'après le jugement dernier le monde

---

1. *Opp.*, I, p. 805, 806. V. M. Hauréau *Histoire de la philosophie scolatique*, Paris, 1872, in-8°, I, p. 438. M. K. Werner a disserté sur l'origine de cette erreur, attribuée également à Abélard dans une lettre de Guillaume de Château-Thierry (*Wilhelms von Auvergne Verhältniss zu den Platonikern des XII. Jahrhunderts*, p. 17-19.)

2. « Ponam in primis opinionem Aristotelis et rationes quæ ipsum in opinionem suam de hoc induxerunt, et alias etiam rationes quæ eumdem ad hoc ipsum movere potuissent. Quidquid igitur dicatur et quicumque conentur excusare Aristotelem, hæc indubitanter fuit ejus sententia, quod mundus est æternus et quod non cœpit esse. » (*Opp.*, I, p. 690.) Il repoussait également la thèse péripatéticienne de l'Intelligence Première servant d'intermédiaire entre Dieu et les créatures. (*Ibid.* p. 620. Cf. Stöckl, *Geschichte der Philosophie*, II, p. 335.

3. Voici l'un des arguments dont il se servait pour prouver la création : « Procedam et alia via, et dicam quia necesse esse per se et possibile esse per se contraria sunt. Eodem modo et necessitas per se et possibilitas per se. Similiter antiquitas et novitas : sicut enim necessitas per se causa est æternitatis sive antiquitatis : erit ex necessitate, ut possibilitas per se sit causa novitatis sive temporalitatis; quare sicut necessitas per se non invenitur nisi in uno solo, quod est Creator benedictus, ita æternitas sive antiquitas non invenitur nisi in eodem. » *Opp.* I, p. 697.

continuerait d'exister, calme, serein et délivré de toute influence corruptrice [1].

Le spectacle de l'univers et des cieux éveillait, dans les esprits du moyen âge, d'autres idées bien plus dangereuses ; l'astrologie triomphait. Les avantages qu'avaient remportés sur elle, au siècle précédent, Hildebert de Tours, Abélard et Jean de Salisbury [2], avaient été oubliés. La Métaphysique d'Aristote, comme l'a fort bien montré M. Jourdain, semblait donner raison aux astrologues : « On voyait aussi circuler, dans les Universités, le *Quadripertit* de Ptolémée et les tables astrologiques de quelques Arabes, comme Al-Kindi, Albumazar, Alcabitius, Abenragel. Jusqu'alors, ceux qui cultivaient l'astrologie, n'avaient eu d'autres guides que Censorinus, Manilius et Julius Firmicus, qui pouvaient bien séduire quelques rêveurs isolés, mais qui n'avaient pas assez de poids pour entraîner les philosophes. Ceux-là, au contraire, apparaissaient comme les maîtres d'une science régulière, ayant ses principes et sa méthode propre [3]. »

Aussi vit-on l'astrologie, au commencement du treizième siècle, pénétrer dans les écoles et dans les cours des princes, l'université de Bologne lui dresser une chaire, Frédéric II, en Allemagne, Alphonse X, en Espagne, s'entourer d'astrologues et obéir à leurs injonctions.

---

1. *Opp.* I, p. 423, 741-743. M. de Caraman attribue à tort à Guillaume une opinion, suivant laquelle le monde devait prendre fin au bout de 7,000 ans. (*Hist. des révol. de la philos. en France pendant le Moyen-Age*, Paris 1848, in-8°, III, p. 49.) Cf. *Opp.*, I, p. 34.

2. *Hildeberti Opp.*, Paris, 1708, p. 1296-1310. Abélard, *Exposit. in Hexameron*, (*Opp.*, édit. Cousin, t. 649.) *Polycraticus*, lib. II, cap. XIX et XXIV.

3. Art. de M. Jourdain sur Nicolas Oresme et les astrologues à la cour de Charles V. (*Rev. des quest. histor.*, 1875, p. 136.)

Une image faite à l'heure propice et sous l'influence de certains astres, puis enfouie sous terre, passait pour inspirer l'amour, la haine, la douleur ou la joie[1]; une statue de bronze, fondue au lever de Saturne, pour obtenir le don de la parole[2]. Les planètes présidaient à la formation du corps des enfants, Mercure aiguisait la langue et Jupiter séparait les dents de la mâchoire supérieure : le tempérament et le caractère étaient le résultat de l'influence des étoiles[3]. De même que les individus, les royaumes avaient chacun leur astre protecteur : Mars régnait en Germanie, Saturne en Italie, Vénus à Cypre[4]. Dans le domaine spirituel, même subordination : la religion juive, soumise à Saturne, fêtait le jour consacré à cette planète, le sabbat; le mahométisme, grâce aux faveurs de Vénus, se complaisait dans la débauche, tandis que le christianisme, établi au centre de l'Italie, terre de Saturne, s'appuyait sur la loi mosaïque, qui était issue de cette planète. Le Pape se servait de bulles de plomb, pour faire acte de soumission à Saturne, et revêtait des ornements rouges, afin de porter la livrée du Soleil. Les sectes et hérésies provenaient tout naturellement de l'opposition des astres[5]. Enfin, telle était la subordination de la terre aux cieux, qu'au bout de 36 000 ans, après l'entière révolution des astres, le

---

1. *Opp.*, I, p. 658, et *Alberti Magni opp.*, Lyon, 1651, in-fol. V, p. 660 et 662.
2. *Opp.*, I, p. 670. Cf. Guillaume de Malmesbury, II, 67.
3. *Opp.*, I, p. 655. Cf. *Alberti opp.*, p. 663 ; Roger Bacon, *Opus majus*, édit. Jebb., p. 158 ; Vincent de Beauvais, *Speculum doctr.*, lib. XVI, cap. XLVII.
4. *Opp.*, I, p. 77 et 78.
5. *Ibid.*, p. 54. Roger Bacon, *Opus majus*, p. 160 et seq.

monde, ramené à son point de départ, devait commencer une vie nouvelle, entièrement semblable à la première, donner naissance à un second Platon, suivi d'un second Aristote, et rouler perpétuellement dans l'orbite tracé par sa première évolution [1].

Il y avait bien dans ces doctrines de quoi faire frémir les philosophes et les théologiens orthodoxes. Les uns et les autres cependant restèrent impassibles, prêtant une oreille attentive aux divagations des astrologues, cherchant tout au plus à défendre quelques vérités menacées et embouchant la trompette, à leur tour, pour célébrer la puissance des astres. Ce docteur qui ne soustrait à l'influence des étoiles les événements dépendant de la volonté humaine, que pour mieux proclamer la domination des astres sur tous les phénomènes physiques, attribuer aux étoiles les générations spontanées et au soleil la formation du corps humain, c'est l'Ange de l'école [2]. Cet autre pour qui les horoscopes sont une opération savante, c'est Vincent de Beauvais [3]. Non seulement l'astrologie ne blesse en rien la conscience humaine ; mais elle est une science admirable et sûre, un moyen de gouverner les États, comme de prouver la vérité de la religion, et d'annoncer la venue de l'Antechrist : ainsi raisonne Roger Bacon, le plus indépendant des Scolastiques [4]. Enfin, veut-on lire le détail de la confection des images

---

1. *Opp.*, I, p. 707 et *Commentaires sur l'Ecclésiaste*. (*Biblioth. de Chartres*, ms. n° 350, f° 64 r°.)

2. *Sum. contra Gent*, lib. III, cap. CIV, q. 7. Cf. *Opp.*, Rome, 1570, in-fol., t. XVII, p. 202. *De judiciis astrorum.*

3. *Specul. doctr.*, lib. XVI, cap. XLVII.

4. *Opus majus*, p. 151, 158, 159, 160, 180, 249 et 250.

astronomiques, veut-on entendre l'apologie de nos faiseurs d'horoscopes, veut-on voir les astrologues comparés à Dieu, à cause de cette merveilleuse prescience qui leur fait deviner les événements contingents, qu'on ouvre le *Speculum Astronomiæ* d'Albert le Grand [1].

Le treizième siècle ne fut cependant pas unanime à louer les pratiques astrologiques. Il y eut au moins dans la foule un homme assez sage et assez courageux pour lutter contre l'entraînement général. On est heureux de trouver dans la *Summa de Vitiis et Virtutibus* cette réflexion dédaigneuse : « Parce qu'il a plu à Ptolémée et à quelques autres astronomes de parler sur le ton d'un oracle, il faut que la foule des simples et des fous accepte leur opinion, sans mot dire, comme si c'était le langage d'un prophète ou de la Sagesse elle-même [2]. »

Guillaume faisait aux astrologues la part aussi petite que possible; il n'admettait l'influence des astres que sur quelques objets matériels, la moelle des os, la sève des plantes, les liquides. A peine encourageait-il les médecins à vérifier l'état des planètes avant de saigner leurs malades, et, quand il soutenait que la mer obéissait à la lune [3], il ne faisait que devancer l'arrêt de la science moderne. Mais lorsqu'il entendait enseigner quelqu'une de ces monstrueuses doctrines dont les astrologues faisaient étalage, c'est alors qu'il déployait toutes les ressources de sa logique. Il avait la patience de répondre

---

1. *Cap.* XI, XII, XIII et XIV. Il paraît impossible de ne pas considérer cet ouvrage comme authentique. (*V. Albert le Grand, sa vie et sa science*, par le Dr Joach. Sighart. Paris, 1862, in-12, p. 454.)
2. *Opp.*, I, p. 274.
3. *Ibid.*, p. 658 et 669.

à chaque proposition par un chapitre : ses adversaires voyaient pleuvoir sur eux les syllogismes et les sarcasmes [1].

Parmi les arguments qu'il employait dans cette polémique, nous distinguerons l'affirmation du libre arbitre et de la Providence [2], les deux dogmes de la philosophie chrétienne qui étaient le plus menacés par l'astrologie. Quel fond peut-on faire en effet sur les prédictions des astrologues, si l'homme est libre d'agir à sa guise, si Dieu règle la marche des événements? La volonté de l'homme et celle de Dieu doivent-elles plier devant l'omnipotence des astres? Dira-t-on qu'une foule agit toujours au gré de ses instincts? Cela est vrai souvent; cependant chaque individu reste libre, et la résolution d'un homme de courage peut entraîner une multitude [3]. Un partisan de l'astrologie judiciaire cherchait un jour à établir que tous les événements inscrits dans les astres devaient arriver sans faute. « Vous me demandiez naguère avec instance, lui répondit un homme de sens, de venir avec vous assister à une discussion; qu'était-il besoin de tant

---

1. *Opp.*, I, p. 274-278, 655, 660-663, 670, 709-714 et 742; et *De Paupertate spirituali*, (Oxford, *Balliol College, ms.* n° 287, f° 46 r°.)

2. *Opp.*, I, p. 755 et 757 : « Cum propter certas utilitates Deus unumquodque eorum quæ sunt creaverit, necesse est, ut ea dirigat et perducat ad illas utilitates, quantum in eo est, et ad finem propter quam ea esse voluit. » Cf. Stöckl : « Der Hauptgrund auf welchen Wilhelm in der Beweisführung für diese Thesis sich stützt ist auch hier wiederum der bereits begründete Satz, dass die Welt und alle Dinge in derselben ihr Dasein dem freien Shöpferwillen Gottes verdanken. » *Geschichte des Philosophie des Mitteialters*.

3. *Opp.*, I, p. 276. Dans son Commentaire inédit sur l'Ecclésiaste, Guillaume réfute les astrologues qui se fondaient sur les versets 4-6 du chap. Ier de l'Ecclésiaste, pour soutenir que le soleil est le guide des actions de l'homme. (*Biblioth. de Chartres, ms.* n° 350, f° 62 v°.)

me supplier, si les astres avaient décidé le contraire ? »

Guillaume considérait l'astrologie comme une hérésie plus encore que comme une erreur ; il trouvait que les propagateurs de cette doctrine avaient surtout besoin d'être châtiés, et que le fer et la flamme étaient les arguments les plus propres à les convaincre de leur folie [1].

Il est juste d'ajouter qu'il attribuait un caractère miraculeux, non seulement à l'apparition de l'étoile des rois mages et à l'éclipse qui annonça la mort du Sauveur, mais à toute apparition de comètes. Les savants n'avaient pas encore reconnu les causes naturelles de ce dernier phénomène, qui passait généralement pour annoncer la mort d'un souverain, ou les révolutions d'un empire [2].

1. *Opp.* I, p. 785.
2. *Ibid* p. 666. Guillaume le Breton rapporte, en 1222, l'apparition d'une comète à l'occident, et ajoute qu'elle annonçait la mort de Philippe-Auguste. (*Rec. des Hist. des Gaules*, XVII, p. 114.)

CHAPITRE XI

SUPERSTITIONS

Plusieurs auteurs dignes de foi, entre autres Guillaume d'Auvergne, nous ont conservé le souvenir des superstitions du treizième siècle. Ces naïves croyances tiennent de trop près à l'histoire des mœurs et de la littérature, pour qu'il soit permis de les passer sous silence.

Un villageois, en regagnant le soir sa chaumière, s'était cru tout à coup transporté dans un séjour enchanteur, où le luxe d'une habitation somptueuse et les douceurs d'une table richement servie se joignaient aux charmes de la beauté pour le rassasier de délices. Soudain, le rêve faisait place à la réalité : il s'apercevait qu'il avait passé la nuit dans la boue, au milieu d'ossements de vache, et que son cheval, lié à un arbre voisin, n'avait point mangé depuis la veille. Guillaume se reprochait sa négligence qui l'avait empêché d'aller voir une des victimes de cette étrange illusion [1].

D'autres avaient aperçu dans les airs des armées de

---

1. *Opp.*, I, p. 1065.

combattants, des chevaliers joutant à l'arme blanche et couvrant de leur multitude montagnes et vallées. Un homme, épouvanté à cette vue, avait trouvé un refuge dans un champ voisin, ce qui faisait croire que les champs jouissaient d'une protection spéciale et donnait quelque couleur de vérité aux contes de divinités champêtres [1]. Un combat de cette espèce fut observé, suivant Mathieu Paris, au mois de mai 1236, dans le pays de Galles [2], un autre en Catalogne, suivant Gervais de Tilbury [3]. Ces chevaliers nocturnes, appelés d'ordinaire *Mesnie Hellequin*, portaient le nom d'*Arsis* quand, au lieu de manier le fer, ils se battaient à coups de torche [4], et celui de *Chasse-Arthur*, quand ils se livraient à la chasse d'un invisible gibier, suivant au clair de la lune, soit à pied, soit à cheval, des meutes affolées. Le bûcheron qui les voyait passer les entendait prononcer mystérieusement le nom d'Arthur.

Quant aux femmes, elles s'envolaient, pendant la nuit, avec les sorcières ou *estries*, montées sur des bêtes, en compagnie de Diane, d'Hérodiade ou des fées que par euphémisme on appelait *Bonnes Choses* [5]. Les unes, comme la dame d'Espervel, faisaient, en partant, crouler les murs de leur château ; les autres, retombant dans le Rhône, en étaient quittes pour un bain [6]. Une Manichéenne, brûlée en Champagne en 1239, prétendait avoir

---

1. *Opp.*, I, *p*. 1067, et *Étienne de Bourbon, Anecd. histor.* (Édit. Lecoy de la Marche, p. 329.)
2. *Hist. Angl.* Édition de sir Fréd. Madden, II, p. 391.
3. *Otia imperialia, decis. III, cap.* 58.
4. *Opp.*, I, p. 1037, et *Anecd. hist.* d'Étienne de Bourbon, p. 321.
5. *Ibid.*, p. 323, et *Roman de la Rose*, v. 18625.
6. Gervais de Tilbury, *Otia imper., decis. III, cap.* 86 *et* 93.

été transportée à Milan, le vendredi saint, pour y servir à table les Bougres [1].

Avec quel tremblement ne parlait-on pas des *estries*, ces sorcières qui arrachaient les enfants de leurs berceaux, pour les faire rôtir ou les metre en pièces, à moins que leur humeur plus folâtre ne les portât à visiter les tonneaux, à vider les coupes et les marmites, à allumer les chandelles! Combien de femmes se gardaient de couvrir ou d'enfermer leurs vases pendant la nuit, de peur de les irriter [2]!

A ces êtres malfaisants joignons les esprits frappeurs qui tous les sept ans envahissaient l'Espagne, les *dracs* qui faisaient surnager sur les flots du Rhône des anneaux et des coupes d'or, afin d'inviter les femmes au bain, de les attirer dans leurs cavernes et de les prendre comme nourrices de leurs enfants [3].

Faunes, satyres, pygmées, loups indiens, loups-garous, tous rivalisaient de malice avec les follets, dont l'amusement le plus innocent consistait à faire pleuvoir sur de pauvres campagnards des pièces de vaisselle ou des bûches. Une femme se plaignit un jour à Guillaume d'être persécutée par un esprit qui lui lançait des cailloux, et le même docteur racontait qu'un démon jongleur d'une taille peu commune, se postant au travers d'une rue, avait obligé tous les passants de se glisser entre ses jambes [4].

---

1. Alberic, Pertz, XXIII, p. 945.
2. *Opp.*, I, p. 37, 1033 et 1066; Gervais de Tilbury, *Otia imp.*, decis., III, cap. 85 et 86
3. Gervais de Tilbury, *Otia imp.*, decis. III, cap. 83 et 85.
4. *Ibid.*, decis. I, cap. 15 et 18, decis. III, cap. 103. — Césaire d'Heisterbach, *dist.* XI, cap. 63, et *Guill. Alv. opp.* I, p. 40 et 1029.

Mais ce n'étaient là que des jeux d'enfants auprès des exploits de certains esprits, d'Ephialtes, le démon nocturne, qui étouffait les dormeurs, et, pour tout dire en un mot, des incubes. Si la naissance de Merlin, l'origine des Huns et des Cypriotes étaient enveloppées de mystère, on n'hésitait pas à reconnaître la postérité du Démon en certains enfants malingres, tristes, affamés, qui suçaient jusqu'au sang les mamelles de leur nourrice et disparaissaient tout d'un coup [1].

Créé par l'imagination populaire, le monde fantastique renfermait aussi de bons génies, de complaisantes fées nocturnes, dont la joie était d'apporter la richesse à tous ceux qu'elles venaient visiter. A leur tête marchait *Dame Abonde* [2]. C'est ainsi que des ribauds purent, à la faveur d'un déguisement féminin, pénétrer dans la demeure d'un riche campagnard du diocèse de Besançon ; tandis qu'ils dévalisaient la maison, le bonhomme disait à sa femme : « Tais-toi et ferme les yeux. Ce sont les *Bonnes Choses*, elles nous rendront au centuple ce qu'elles nous auront enlevé [3]. » Les Neptunes étaient de petits êtres, hauts d'un demi-pouce, à face ridée, à mine sénile, qui venaient, surtout en Angleterre, se chauffer à la cheminée des paysans et croquer les grenouilles qu'ils faisaient cuire sur des charbons. Leur instinct malin ne se

---

1. *Opp.*, I, p. 249, 1069, 1070, 1071 et 1072. Gerv. de Tilb. *Otia imp.*, decis. *I, cap.* 17. — Césaire d'Heisterbach, *Dialogi miracul.*, cap. 31, 32. Au dire de Mathieu Paris (*Hist. Angl.*, édit. cit., III, p. 61.), on voyait, vers 1249, sur les confins du pays de Galles un enfant qui passait pour fils d'incube.

2. *Opp.* I, p. 1066 et 1068, Cf. M. Maury, *Les Fées au moyen âge*, Paris. 1843, in-12, p. 34.

3. *Anecd. hist.* d'Étienne de Bourbon, p. 324.

réveillait que quand ils rencontraient un Anglais chevauchant seul à la brune : ils ne pouvaient alors s'empêcher de saisir les rênes et de conduire son cheval dans un bourbier, puis s'enfuyaient en éclatant de rire[1]. Les naissances étaient présidées par des génies. L'Auvergne possédait plus d'un chevalier *faé*, dont les fées avaient prédit les exploits[2].

Les présages ne manquaient pas, lorsque les prédictions faisaient défaut. Heures fortunées, heures néfastes, mouvements commencés à droite ou à gauche, découverte d'une aiguille ou d'une obole, toute circonstance semblait propre à faire deviner l'avenir. Renverser le vin de son verre, trouver dans un nid des œufs couvés, était un gage de bonheur ou de fécondité[3], et quand la mariée, au retour de l'église, franchissait le seuil de sa maison, on lui jetait au visage une poignée de blé, en criant : « *Plenté!* » cela lui portait bonheur[4]. La foi aux augures était tellement affaiblie, qu'un étudiant espagnol, accoutumé à régler sa conduite d'après le croassement des corbeaux, excitait au plus haut point l'étonnement d'Étienne de Bourbon. On racontait la réponse du roi de Castille à quelques chevaliers qui, ayant aperçu des corneilles, voulaient l'empêcher de livrer bataille : « Ces oiseaux, dit-il, ont quatre ans à peine : moi qui combats les Sarrasins depuis vingt ans, je connais mieux l'art de les vaincre ». Cependant une vieille femme,

---

1. Gervais de Tilbury, *Otia. imp.*, *decis. III*, *cap.* 61 *et* 62. Cf. Thomas de Cantimpré, *lib. II*, *cap.* 57, § 10 *et* 11.
2. *Opp.*, I, p. 791.
3. *Ibid.*, p. 35, 36, 91.
4. M. Lecoy de la Marche, *La Chaire française*, p. 394.

à l'article de la mort, prétendait qu'elle avait encore cinq années à vivre, parce que le 1ᵉʳ mai elle avait entendu cinq fois le chant du coucou [1].

Qu'est-il besoin de rappeler l'idée de bonheur attachée aux cadeaux du 1ᵉʳ janvier, aux sauts que faisaient les femmes pendant la nuit de la Saint-Jean, aux noms inscrits sur les murs? La veille de l'Épiphanie était célébrée par des jeux qui préservaient la contrée des épidémies [2]. Nous n'insisterons pas davantage sur les devins ou diseurs de bonne aventure, dont nous avons déjà décrit l'une des pratiques les plus curieuses [3]. Mais de la divination à la magie il n'y a qu'un pas bien facile à franchir.

Les charmes, incantations, amulettes, étaient employés tantôt comme moyen de guérison, tantôt dans le dessein d'inspirer l'amour, d'éloigner la foudre, d'arrêter l'aile d'un moulin, de tarir une source, ou de suspendre la marche d'un navire. Les envoûtements étaient fréquents, et l'aversion subite de Philippe-Auguste pour Ingeburge avait été généralement attribuée aux maléfices des sorcières [4].

On serait tenté d'excuser les Bretonnes qui, pour faire revivre leurs fils, recouraient aux opérations de la magie [5], et même les Lyonnaises de Villeneuve-en-Dombes qui, lorsqu'un enfant tombait malade, le portaient à saint Gui-

---

1. *Anecd. hist.* d'Étienne de Bourbon, p. 313 et 314.
2. *Opp.* I, p. 82 et 91, et M. Lecoy de la Marche, *La Chaire française*, p. 394.
3. *Cf. Anecd. hist.* d'Étienne de Bourbon, p. 203, 315, 318 et 319.
4. *Opp.*, I, p. 661, 663, 1064. Vinc. de Beauv. *Specul. doctr.*, lib. *IX*, cap. 121. — Rigord, *Rec. des hist. des Gaules*, XVII, 38. — Cf. Statuts synodaux de Cologne de 1280. (Labbe, XI, col. 1119.)
5. M. Lecoy de la Marche, *La Chaire française*, p. 395.

neford. Ce saint n'était autre qu'un lévrier ; il avait péri victime d'une méprise, accusé d'avoir tué un enfant dont il avait sauvé la vie, et sa tombe était devenue aussitôt un but de pèlerinage. De tous côtés on venait y offrir le sel et y planter des aiguilles dans les troncs d'arbres. L'enfant malade était placé tout nu sur un lit de paille entre deux chandelles, puis plongé neuf fois dans la Chalaronne, petit affluent de la Saône ; heureux, quand il ne brûlait point avec la paille qui le portait, ou quand il ne succombait pas à ces immersions répétées [1] !

Mais les pratiques les plus blâmables étaient celles où l'ivresse et la débauche jouaient le principal rôle, ces orgies dont on accusait à tort ou à raison Albigeois, Vaudois et Cathares [2]. Durant l'épiscopat de Guillaume, on amena dans Clermont des habitants de Saint-Pourçain arrêtés sous l'inculpation de magie. Leur crime consistait, disait-on, à se réunir dans un souterrain, à la lueur des torches, autour d'un casque rempli d'eau, du milieu duquel sortait une lance. Grâce aux conjurations auxquelles ils se livraient, un chat noir ne tardait pas à se laisser glisser le long de la lance, puis, se promenant sur le bord du casque, jetait de l'eau, avec sa queue, sur chacun des assistants. On éteignait alors les lumières, et le sabbat dégénérait en orgie [3].

Si rapide que soit cet aperçu des croyances populaires du treizième siècle, il suffit pour montrer que le mal était réel, sans être fort étendu. La Bretagne se distinguait

---

1. *Anecd. histor.* d'Ét. de Bourbon, p. 370.
2. *Opp.*, I, p. 83. M. Lecoy de la Marche. *La Chaire française*, p. 395. Dr Gottlieb Soldan, *Geschichte der Hexenprocesse*, p. 141.
3. *Anecd. hist.* d'Étienne de Bourbon, p. 322.

déjà par son empressement à admettre tous les récits merveilleux [1]. Un grand nombre des légendes que rapporte Guillaume ne trouvaient de crédit qu'auprès des commères de village [2]. Les Gervais de Tilbury devaient être assez rares, même parmi la noblesse illettrée, et les Césaire d'Heisterbach, malgré leur extrême naïveté, n'étaient pas entièrement dépourvus de bon sens et d'esprit critique [3].

Cependant le mal existait, comme il règne encore aujourd'hui dans plus d'une contrée : c'était une crédulité excessive qui faisait prendre des imaginations pour des vérités, une ignorance irréfléchie qui attribuait à des créatures la toute-puissance divine; bref, la superstition se joignait à l'idolâtrie. De plus, une littérature malsaine s'était répandue dans les écoles : livres d'alchimie, de maléfices, traités de magie, *Livre sacré*, *Livres des Images*, sans compter les écrits qui se présentaient sous le nom d'Hermès ou d'Artéphius, circulaient impunément sur les bancs de l'Université, et Guillaume, qui les qualifiait d'exécrables et impies, les avait eus entre les mains dans sa jeunesse [4].

Si Guillaume n'eût point résolument défendu les intérêts de la raison, s'il n'eût point reconnu dans la super-

---

1. *Opp.*, I, p. 1065.
2. *Ibid.*, p. 35, 82, 249, 663, 791, 796, 833, 1065, 1066 et 1072.
3. M. Maury a parfaitement démontré que les superstitions du moyen âge provenaient du paganisme antique. *La Magie et l'Astrologie dans l'antiquité et au moyen âge.*
4. « Hæc ommia in libris judiciorum Astronomiæ et in libris Magorum atque maleficorum, tempore adolescentiæ nostræ, nos meminimus inspexisse » *Opp.*, I, p. 78. Cf. *ibid.*, p 31, 91, 1058 et 1073, t. II, *suppl.*, p. 79, 85 et 120.

stition l'un des ennemis les plus redoutables de la foi, il se fût contenté de hausser les épaules en présence de ces billevesées. Mais convaincu que toute vérité est bonne à dire, il aima mieux apporter dans son enseignement moral et dans l'examen des croyances populaires le même esprit de sage critique, qui ailleurs l'empêchait de prendre au pied de la lettre les fictions des poètes et les mythes des philosophes [1]. Il fit la guerre au merveilleux et à ces êtres moitié anges, moitié démons, auxquels on attribuait tant de prodiges ou de fantaisies bizarres. Les chasser de l'univers, il n'y fallait pas songer ; mais restreindre leur champ d'action, les reléguer dans des contrées lointaines, leur défendre l'accès de l'Europe, c'est ce qu'il essaya de faire, en persuadant à ses disciples que les prodiges de cette nature étaient devenus extrêmement rares en Occident depuis l'avènement du christianisme [2]. Il voulut montrer ensuite la puissance dangereuse d'une faculté vraiment « décevante », dont il voyait ses contemporains trop heureusement doués : que n'attribuait-il pas à l'imagination, et surtout à celle des vieilles femmes, *anili fatuitati*? Récits de fantômes, contes de fées, légendes, où les loups garous le disputaient en espièglerie aux follets, hallucinations, apparitions, enlèvements, catastrophes prédites par les devins, tous ces produits de l'imagination avaient selon lui même origine [3]. Il priait les faiseurs de talismans de lui dire comment les maîtres de cet art magique dont ils vantaient l'efficacité, les Chal-

---

1. *Opp.*, I, p. 282 et 1072.
2. *Ibid.*, p. 1064.
    Ibid., p. 661-663 et 791.

déens, les Égyptiens et les Arabes, n'avaient point réussi à dompter l'Univers [1]. Son avis était que ni les Huns ni les Cypriotes n'étaient issus des démons, que le Troyen Brutus avait exterminé la race des Géants, et qu'on ne voyait jamais apparaître sur terre ni les élus, ni les damnés [2].

Il allait jusqu'à prémunir la crédulité publique contre le piège où pouvait la faire tomber l'adresse des prestidigitateurs [3]. Le tempérament nerveux des femmes les exposait, selon lui, à un grand nombre d'illusions, [4] et, comme un médecin moderne, il ne se prononçait sur la nature merveilleuse d'un phénomène, qu'après avoir tâté le pouls de celui qui s'en portait garant. Voulait-il expliquer la folie, les syncopes, les spasmes et même les extases, c'est la médecine qu'il interrogeait. Cherchait-il à dissiper le fantôme du démon Éphialtes, cet ennemi du dormeur qui suspendait soudain sa respiration, il alléguait un mal d'estomac ou une posture incommode [5]. En un mot, quel que fût son adversaire, qu'il combattît un paysan naïf aveuglé par sa grossière ignorance, ou un rêveur séduit par le charme mystérieux des spéculations magiques, quelque argument qu'il employât pour réduire un fait réputé miraculeux aux proportions d'un événement naturel, il revendiquait fièrement un titre auquel

---

1. *Opp,*, I, p. 661.
2. *Ibid.*, p. 1070, 1071 et 1067. Guillaume admettait seulement l'apparition des âmes du Purgatoire, dans les lieux mêmes où elles subissaient l'expiation.
3. *Ibid.*, p. 1059.
4. *Ibid.*, p. 878, 879, 1065 et 1066.
5. *Ibid.*, p. 1040, 1042, 1069.

il avait droit sans doute, mais que peu d'auteurs attribuent de nos jours aux philosophes de la Scolastique, le titre de savant et de rationaliste. « *Apud scientes autem et rationales, non audent fantasias hujusmodi ingerere vel suggerere, scientes sermonem sapientis, quo dictum est :* « *Frustra jacitur rete ante oculos pennatorum* [1]. »

Guillaume cependant restait orthodoxe et ne cherchait point à se dissimuler la puissance redoutable dont Dieu a investi les anges révoltés. Le seul besoin d'entrainer l'homme à leur suite, devait leur suggérer la pensée non seulement de torturer son cœur, mais d'égarer sa raison, et quel meilleur moyen d'y parvenir, que de lui tendre l'appât de la magie? De là, l'apparente soumission des démons aux ordres de quelques sorciers. Si une fois par hasard ils répondent à l'appel d'un nécromancien, s'ils rendent efficace quelque envoûtement, et s'ils semblent donner à un philtre la vertu que lui prête le vulgaire, c'est dans le seul dessein d'inspirer aux hommes une confiance absolue dans la sorcellerie [2]. Du reste, subordonnés, si non soumis à Dieu, ils ne se meuvent que dans le cercle que leur a tracé sa volonté toute puissante. S'incarner, dévorer les enfants, s'éprendre de passion pour les filles des hommes, engendrer, faire apparaître des animaux autres que le serpent, le crapaud et le chat noir, cela leur est aussi impossible que de tendre des embûches aux prédestinés qu'environne la protection de Dieu [3]. En un mot, aux génies, aux fées, aux pygmées

---

1. *Ibid.*, p. 1039. Daunou fut bien mal inspiré en reprochant à Guillaume son « extrême crédulité. » (*Hist. littéraire*, XVIII, p. 375.)
2. *Ibid.*, p. 663, 1057 et 1059.
3. *Ibid.*, p. 83, 1015, 1027, 1028, 1037, 1039, 1066, 1069 et 1070.

et aux estries, à ces fausses divinités issues du polythéisme païen, Guillaume substitue des êtres créés par Dieu, relevant de lui et doués par lui d'une puissance limitée, les démons [1]. Il détermine d'autant plus sûrement leur pouvoir, que son esprit, nourri de la lecture des Pères, s'est fortifié dans la discussion. Un contemporain nous a conservé le souvenir d'un débat solennel présidé par lui, et auquel prit part Albert le Grand : la question de l'enlèvement des femmes par les démons y fut savamment traitée [2].

Il est presque inutile d'ajouter que Guillaume joint aux syllogismes des menaces et des anathèmes : s'adonner à la magie, fréquenter les démons, n'est pas seulement déraison, c'est péché mortel, et telle est la sévérité de notre docteur en cette matière, que l'habitude invétérée de sauter par-dessus les feux de la Saint-Jean, passe à ses yeux pour idolâtrie [3].

Guillaume devançait assurément par ses lumières le plus grand nombre de ses contemporains. Il faut reconnaître cependant, parmi les classes éclairées du treizième

---

1. Guillaume attachait beaucoup d'importance à cette doctrine des démons, et se flattait de l'avoir formulée le premier : « Notum est tibi, quia de rebu hujusmodi nihil ab eis qui præcesserunt ad hæc tempora devenit. Quapropter grata sint tibi his quæ audivisti, quæ, etsi plene nec tibi, nec aliis forsitan de rebus a consuetudine nostra tam remotis sufficiant, occasionem tamen et nonnulla initia ea quæ desunt inveniendi tibi ac aliis philosophantibus præstant. » (*Opp.*, I, p. 1065.)

2. Thomas de Cantimpré, *de Apibus, lib. II*, cap. 5 §57.

3. *Commentaire sur l'Ecclésiaste. Bibliothèque de Chartres*, ms. n° 350, f° 92 v°. *Opp.* I, p. 82. Dans le *De fide et legibus*, Guillaume distinguait dix sortes d'idolâtrie : 1° le culte des démons et des lumières ; 2° celui des étoiles ; 3° celui des éléments ; 4° celui des idoles ; 5° celui des images ; 6° celui des figures ; 7° celui des noms et des mots ; 8° celui du temps et de ses divisions ; 9° celui des événements fortuits ; 10° celui des objets trouvés par hasard.

siècle, et surtout dans les rangs du clergé, un certain nombre d'esprits d'élite qui ne traitaient pas moins rigoureusement les superstitions du vulgaire. Beaumanoir adopte les vues de notre docteur au sujet de la puissance des démons [1]. Étienne de Bourbon, Roger Bacon et Étienne Tempier font preuve d'un sage discernement [2]. Enfin, l'Église est unanime à condamner les œuvres magiques. Tandis que les prédicateurs élèvent la voix contre les diverses sortes d'idolâtrie [3], les inquisiteurs s'efforcent de trancher le mal à sa racine. Personne ne sait mieux s'acquitter de ce double rôle que le dominicain Étienne de Bourbon : après avoir prêché à Lyon contre les sortilèges, il voit venir à lui nombre de femmes qui se reprochent leurs pèlerinages au fameux saint Guinefort; aussitôt il se rend au tombeau, démontre au peuple assemblé l'absurdité de ces pratiques et brûle les ossements du chien martyr; les seigneurs voisins ne tardent pas à édicter, à sa prière, une amende contre quiconque tenterait de renouveler ce culte idolâtre [4].

Les conciles et les synodes ont souvent l'œil fixé sur

---

1. *Cout. de Beauvoisis*, chap. XI § 26.
2. *Anecd. hist.*, p. 316, 317 et 319. *Theatrum Chemicum*, Strasbourg, 1660, in-8°., t. v, p. 834 et suiv. *Maxima biblioth. vet. Patrum*, Lyon, 1677, in-fol. t. XXV, p. 334. — Les docteurs les plus favorables à l'astrologie sont généralement les moins sévères sur le chapitre des superstitions; Albert le Grand, sans recommander précisément l'usage des talismans, n'y trouve rien à reprendre. (*Specul. astron.*, cap XV.) Il défend la géomancie et la chiromancie, et désire que l'on respecte les écrits des nécromanciens : « Le temps n'est pas loin, dit-il, où pour certaines raisons que je ne veux pas dire, il pourra être utile de les consulter. » (*Ibid.*, cap. XVI.)
3. V. *la Chaire française* de M. Lecoy de la Marche.
4. *Anecd. hist.* d'Étienne de Bourbon, p. 325.

les dangers des superstitions ¹. Ils font du péché de sorcellerie un cas réservé, qui ne peut être absous que par l'évêque ou par son pénitencier ². S'il est commis par un laïque, ils le punissent d'excommunication : ils suspendent *a sacris* le prêtre qui s'en rend coupable ³.

Un concile de Tours condamne les sorciers soit à une amende, dont le montant est distribué aux pauvres, soit au châtiment de l'échelle et du fouet⁴. Un concile de Valence punit la récidive de l'enmurement⁵. Il y a même un cas où l'Église peut demander au pouvoir laïque d'infliger au sorcier la peine capitale, c'est lorsque ses opérations magiques sont de nature à mettre en péril la vie d'un homme⁶.

1. D. Martène, *Thes. anecd.*, IV, *col.* 822 et 833. — Labbe, XI, *col.* 252, 263, 507, 1112, 1135.
2. Statuts synodaux de Rouen, du Mans, de Liège, de Saintes, de Carcassonne et de Cologne. Concile de Ravenne (D. Bessin, II, p. 67. — D. Martène, *Ampl. coll.*, VII, col. 1377 ; *Thes. anecd.*, IV, col. 834. — Mahul, *Cartul. de Carcassonne*, Paris, 1867, in-4°, v, p. 425. — Labbe, XI, col. 1137, 1244 et 1116.)
3. Statuts du Mans, de Constance et de Cologne. Conciles de Trèves, de Béziers et de Nogaro. (D. Martène, *Ampl. Coll.*, VII, col. 1400 ; *Thes. anecd.*, IV, col. 823. — Labbe, XI, col. 1119, 684 et 1354.)
4. 1236. Labbe, XI, *col.* 502.
5. 1248. *Ibid.*, *col.* 699.
6. Beaumanoir, *Cout. du Beauvoisis*, chap. XI, § 25.

CHAPITRE XII

JUGEMENTS PORTÉS SUR GUILLAUME

On a fait observer que, pour exercer sur l'école une influence décisive, il avait surtout manqué à Guillaume « l'énergique appui d'un ordre religieux intéressé à propager ses écrits et sa gloire [1]. » C'était un désavantage, et cependant sa mémoire a subsisté.

En effet, sur la question capitale des Universaux, l'École a suivi les voies qu'avait tracées le prudent docteur. Roger Bacon faisait son éloge, témoignage d'autant plus précieux, que ce moine jugeait ses contemporains avec une impitoyable sévérité. Thomas de Cantimpré louait les vertus de l'évêque, tandis que Saint Louis et Étienne de Bourbon conservaient aussi le souvenir de l'homme aimable, à la verve enjouée, aux promptes réparties.

En même temps, les copies des ouvrages de Guillaume se répandaient à profusion dans tous les pays : Chartres, Troyes, Toulouse, Arras, Venise, Rome, Munich, Vienne,

---

1. M. Ch. Jourdain, *Philosophie de saint Thomas*, I, p. 52.

Londres, Cambridge, Oxford surtout se procuraient des exemplaires de ses écrits. Ses sermons, recueillis par les scribes, devenaient des modèles pour les prédicateurs. Son opinion était invoquée par Guillaume Durand dans le Concile général de Vienne [1], et le célèbre chancelier Pierre d'Ailly reproduisait en entier un chapitre du *De Fide et Legibus* [2].

Dans le *Polychronicon* du moine de Saint-Werburg [3] Ralph Higden, Guillaume est appelé *ryche man*. Les manuscrits de ses ouvrages célèbrent ses mérites : « *Nobi-« lissimus philosophus... Vir elevate intelligencie et pro-« funde speculacionis, cujus memoria in benedictione est, « et per Dei graciam anima in consilio justorum et con-« gregacione. Cujus nomen delebitur non de terra viven-« tium* [4]. » Le traité de la *Collation des bénéfices* passe pour plus précieux que l'or ou que les perles [5]. On tra-

---

1. Raoul de Presles (chap. 23, liv. XV de la *Cité de Dieu*.) rappelle la lutte engagée par Guillaume contre les superstitions. « La il destruit ces erreurs et met toutes les raisons que l'en puet dire pour l'une partie et pour l'autre, et y soult. Mais nous les laissons pour ce qu'il y a plusieurs choses qui ne seroient pas bien plaisans et convenable à dire en françois. »

2. *Liber contra astronomos.* (*J. Gerson. Opp.*, éd. Ellies du Pin, 1706, in-fol., t. I*er*, p. 781.)

3. Cf. l'édition de Churchill Babington et du Rev. Joseph Rawson Lumby, 1865-1871, Introd.. t. I, p. IX et XI.

4. *Ms. de Chartres* n° 389, ff 99 r° et 100 v°, et Oxford, *Bodléienne*, ms. n° 281.

5. *Mss. de Cambridge*, n°s 1742 et 2216 (du Catal. général.) Ms. de Londres, *British Museum, Cotton. Vitellius, C*, XIV, f° 72 v°.

En lisant le *Catalogue général* des manuscrits de l'Angleterre, on peut être amené à penser qu'il existe à Oxford un abrégé des œuvres de Guillaume d'Auvergne fait par un chancelier de Cambridge. Le *ms.* 103 du fonds *Kenelmus Digby*, à la Bodléienne, y porte en effet ce titre : « *Catechismus collectus ex operibus Guilielmi Parisiensis, opera magistri Ricardi de Burgo, cancellarii Cantabrigiæ.* » Nous avons eu ce manuscrit entre les mains, et nous

duit en français le traité de la *Rhétorique divine*[1] et celui de la *Pénitence*[2]. Enfin, lorsque vient l'imprimerie, ses ouvrages s'éditent à Paris, à Nuremberg, à Bâle, à Leipzig, à Gand, à Strasbourg.

Toutefois de singulières destinées étaient réservées à la mémoire de Guillaume. Ce docteur si orthodoxe, cet adversaire déclaré de la magie et des superstitions allait subir une complète métamorphose et devenir un hermétiste. Le prétexte, on l'ignore. Peut-être a-t-on cru que Roger Bacon lui avait adressé ces lettres sur les secrètes opérations de l'Art qui ont été imprimées, en dernier lieu, à Strasbourg, dans le « Theatrum chemicum, » en 1660[3]. Les recettes que l'auteur y donne

---

avons pu constater que l'ouvrage qu'il contenait, n'avait rien de commun avec les traités de Guillaume. C'est une sorte de résumé anonyme de la doctrine chrétienne, entremêlé de méchants vers. Le seul auteur cité (f⁰ 1 v⁰, col. 1.) est un chancelier de Lincoln. Quant au titre imprimé dans le catalogue, il a été emprunté à une note écrite au XVIe siècle (*Catechismus collectus ex operibus Willelmi Parisiensis*), à laquelle une main du XVIIIe siècle a ajouté ces mots : « *et ex summa magistri Ricardi cancellarii Cantabrigiæ.* » (f⁰ 1)

1. *Bibl. Nat.*; ms. français n⁰ 930 (ancien 7277) « Le traictié et enseignement de prier Dieu, composé en latin par feu de bonne mémoire maistre Guillaume, évesque de Paris, et puis translatée en françois par Nicolle Sellier, scribe du chapitre de Paris. » — Commençant par : « Quelle et com grande soit la dignité et noble excellence d'oroison... » et finissant par : « ...ung Dieu en troys personnes régnant par les siècles des siècles infinis. Amen. » (XVe siècle.)

2. *Bibl. Nat.*; ms. français n⁰ 24434 (ancien 93 Saint-Victor), f⁰ 313 r⁰ : « Exposicion du livre de Pénitence composé par maistre Guillaume évesque de Paris, en latin, mis en françoys. » — Commençant par : « La seconde table ou manière après la libérale repparacion... » et finissant par : « ... lequel la nous vueille donner par sa grâce. Amen. Explicit. » (XVIe siècle.)

Au dire de Du Verdier, la Rhétorique divine fut traduite une autre fois par Adrien Gemelli, archidiacre de Laon. (*Bibl. françoise*, t. III, p. 21.)

3. Tome V, p. 834 « *Epistolæ fratris Rogerii Baconis de secretis operibus artis et natura et de nullitate Magiæ ad Gulielmum Parisiensem conscriptæ.* »

doivent plaire en effet aux chercheurs de la pierre philosophale. Mais on a reconnu qu'il les avait adressées à Jean de Paris[1], et nous avons pu constater nous-même que, dans le manuscrit Harléien n° 3528, ces lettres commençaient par les mots : « *Rogerus Bacon Johanni Parisiensi salutem.* »

L'étrange réputation que l'on a faite à Guillaume vient plutôt de ce qu'il a cité souvent les ouvrages d'Hermès et en a parlé plusieurs fois avec complaisance[2]. Quoi qu'il en soit, le roman une fois inventé eut cours dans tout le monde des Hermétistes. Bernard le Trévisan considérait Guillaume comme un initié[3]. Béroalde de Verville parle de « feu Guillaume de Paris, qui aux portaux
« de Notre-Dame a mis les figures chimiques à faire les
« projections à devenir sages[4]. » Esprit Gobineau de Montluisant dit en décrivant le portail de Notre-Dame[5] :
« Je n'ai point lu dans les cartes antiques de Paris, ni
« de cette cathédrale, pour savoir le nom de celui qui a
« été le fondateur de ce portail merveilleux; mais je
« crois néanmoins que celui qui a fourni ces énigmes
« hermétiques, ces symboles et ces hiéroglyphes mys-
« tiques de notre religion a été ce grand, docte et pieux
« personnage, Guillaume, évêque de Paris, la profonde
« science duquel a toujours été admirée avec raison des

---

1. *Journal des Savants*, 1848, p. 305. Cf. Préf. de l'*opus majus* de Jebb (Londres, 1733, in fol., p. XIX.) Cf. M. Em. Charles, *Roger Bacon*, p. 56
2. *Opv.*, I, p. 621.
3. « Meister Wilhelm von Parisz, ein gelehrter Mann in unser Kunst. » *Von der hermetischen Philosophia vom Stein der Weisen Bernhardi Graven von Trevis*, Leipsig, 1605, p. 116.
4. *Moyen de parvenir*, Paris, in-8°, 1841, p. 317.
5. *Annales archéologiques*, XXI, p. 221.

« plus savants philosophes hermétiques de l'antiquité ;
« car il est certain que cet évêque a fait et parfait le magis-
« tère des sages. » Gobineau croit même reconnaître sa statue dans le saint crossé et mitré qui est placé sur un contrefort, à l'angle sud-ouest de la tour méridionale [1]. D'autres, allant plus loin encore, ont prétendu qu'à l'imitation du pape Sylvestre, de Robert de Lincoln, d'Albert le Grand et de Roger Bacon, Guillaume d'Auvergne avait fabriqué des statues parlantes [2]. Ils n'avaient certainement pas lu les chapitres du *De Legibus* et du *De Universo*, dans lesquels Guillaume combat cette absurde superstition.

Naudé a pris la défense de Guillaume, comme celle de Saint Thomas et d'Albert le Grand. Déchargé de l'accusation qui pesait sur lui, notre évêque a comparu devant le tribunal de la critique moderne : il a été diversement jugé. Une note, écrite, au siècle dernier, en marge d'un cartulaire, fait savoir qu'il était aimé à Port-Royal [3]; Ellies du Pin, dom Ceillier l'ont traité honorablement; mais il a trouvé dans Daunou un censeur impitoyable et bien souvent téméraire, qui, sans avoir lu ses ouvrages, les traitait avec un injuste mépris. Guillaume devait presque attendre jusqu'à notre temps, pour être réhabilité aux

---

1. *Ibid.*, p. 211.
Ce n'est pas sans raison, disait-on, que le bout de son bâton pastoral est de fer et entre dans la gueule d'un dragon, qui cache sa queue dans un bain, d'où sort de la fumée et une tête de Roi (Sauval, t. III, p. 55).

2. Gabr. Naudé, *Apologie pour tous les grands personnages qui ont été faussement soupçonnés de magie*. Paris 1625, p. 491, 493.

3. *Bibl. Nat. ms. latin* n° 10997 *Cartulaire de l'Abbaye de Port-Royal*, f° 69. En marge d'une charte de Guillaume d'Auvergne, de mai 1230, on lit :
« *Guillaume évêque de Paris affectionné à Port-royal.* »

yeux du public et reprendre dans l'histoire de l'Église, de la philosophie et de la littérature, la place qu'il méritait d'occuper [1].

Ce qui contribue plus peut-être que ses talents, à le faire distinguer parmi la foule des docteurs du moyen âge, c'est qu'il se montre à nous tout entier : désirs, faiblesses, goûts, vertus, sympathies et rancunes, humeur et tournure d'esprit, langage même, nous distinguons tous ses traits, à travers les siècles qui nous séparent de lui ; la même bonne fortune qui nous a livré, avec ses écrits, le secret de sa pensée la plus intime, nous a fait assister presque jour par jour, aux événements de sa vie : avec l'enthousiasme naïf de l'adolescence, nous l'avons entendu s'écrier qu'il voulait tout savoir, jusqu'aux secrets de l'avenir ; puis, aux approches de la mort, nous l'avons vu disposer de ses ornements, suspendre une cloche aux tours de Notre-Dame, demander à ses chanoines, comme dernière faveur, un souvenir et une prière ; entre ces deux étapes, à l'école, au chapitre, à l'évêché, à la cour, prêchant, enseignant, mêlant sa voix aux controverses, il a dévoilé maintes fois toutes les faces de son caractère. Un homme s'est révélé à nous : spectacle toujours plus intéressant que celui d'un être incomplet, sans activité, sans vie.

Homme d'étude et d'action, Guillaume se montre sous la double robe du docteur et de l'évêque. On ne traite point d'affaire religieuse, civile et politique, à laquelle il

---

1. M. Jourdain, M. Hauréau et M. Lecoy de la Marche, en France, M. Stöckl et M. Werner, en Allemagne, sont les érudits qui ont le plus contribué à faire revivre son nom.

ne puisse mettre la main; il n'est point dans le monde scientifique ou littéraire de terrain, sur lequel son vigoureux esprit ne brûle de mesurer ses forces. Administration de la justice, gouvernement du diocèse, missions diplomatiques, ces tâches si diverses lui semblent compatibles; théologie, rhétorique, philosophie, droit canon, morale, aucune de ces connaissances ne lui fait défaut.

A cette variété de goûts, à cette souplesse de génie se joignent une soif de science qui peut à peine être assouvie au prix de recherches incessantes, et ne le cède qu'au désir de partager avec d'autres le fruit de ses laborieuses découvertes; une éloquence qui touche et convertit, si elle ne désarme point tous les critiques; un esprit vif et redoutable; un cœur aimant qui, sachant compatir aux faiblesses du corps et aux misères morales, libre de toute attache mondaine, rigide, intraitable en matière de foi, ne désire rien tant que le salut des âmes; un dévouement sage et désintéressé.

Sage, ce mot servira, mieux que tout autre, à peindre un homme qui n'a point laissé dans l'histoire de trace aussi brillante que plusieurs de ses contemporains, mais dont la prudence, apparaît à toutes les pages de sa vie. Évêque, il joint l'indulgence à la fermeté; directeur des consciences, il préfère un don charitable à l'accomplissement d'un pèlerinage et met un acte de bonne administration au-dessus d'un exploit belliqueux. La secrète préférence que lui inspire la politique royale, l'inquiétude que lui cause le zèle emporté de certains prélats, ne diminuent en rien le dévouement avec lequel il sert le Saint-Siège. En philosophie, dans ses ouvrages ascétiques et dans ses traités de morale, il sait associer à une érudition remarquable pour son siècle une louable indépendance. Souriant des superstitions du vulgaire, prenant en pitié les préjugés de certains savants, il apporte dans le choix de sa doctrine le même esprit de prudence éclairée, de modération et de sagesse qui fut la règle de sa vie.

Puisse ce personnage mieux connu servir à compléter le tableau brillant qu'offrait notre pays au treizième siècle! La France avait alors un roi dont la sainteté se faisait admirer au dehors, un art vraiment français que l'étranger s'efforçait d'imiter, un foyer incomparable de science, vers lequel accourait tout ce que l'Europe comptait de sujets distingués : que lui manquait-il pour marcher à la tête de la civilisation chrétienne?

PIÈCES JUSTIFICATIVES

I

Février 1223. — *Guillaume d'Auvergne, chanoine de Paris, et Étienne de la Colonne, sous-diacre du Pape, font savoir qu'une maison a été léguée conditionnellement au chapitre de Sainte-Opportune.*

Arch. Nat LL, 93, cartul. de Sainte-Opportune, f° 11.

II

Latran, 22 novembre 1224. — *Honorius III ordonne à l'évêque de Beauvais, à G. Peurel, archidiacre, et à Guillaume d'Auvergne, chanoine de Paris, de faire une enquête sur la vie et les actes de l'abbé de Saint-Symphorien de Beauvais.*

Honorius, episcopus, servus servorum Dei, venerabili fratri, episcopo Belvacensi, et G. Peurel, archidiacono, et magistro W. L'Auvernatz, canonico Parisiensi, salutem et apostolicam benedictionem.

Quam gravis culpa sit auditos subitorum excessus relinquere incorrectos, Hely quidem edocemur exemplo, qui, corruens de sella retrorsum, cervicibus fractis, interiit, eo quod actus dampnabiles filiorum severitate debita non correxit. Sane dilecti filii conventus Sancti Symphoriani Belvacensis suis nobis litteris intimarunt, quod, cum eorum monasterium florere consueverit spiritualium et temporalium ubertate bonorum, nunc per..., Abbatis ipsius loci, malitiam, qui preter alia que committit enormia, dilapidat bona ejus, adeo est in utroque collapsum, et collabitur incessanter, ut, nisi celeriter succurratur eidem, verendum sit ne sine spe relevationis penitus collabatur. Quare humiliter petierunt, ut super hoc paterna providere sollicitudine dignaremur. Cum ergo instantia nostra cotidiana sit omnium ecclesiarum sollicitudo continua, discretioni vestre per apostolica scripta mandamus, quatenus ad locum personaliter accedatis, et inquiratis de statu ejus, ac specialiter de Abbatis vita et actibus, sollicite veritatem, et quod inveneritis nobis per vestras litteras fideliter intimetis, ut per vestram relationem instructi procedamus, prout fuerit procedendum. Provideatis autem prudenter, si videritis expedire, ne ipse abbas interim dilapidare valeat bona monasterii supradicti. Quod si non omnes, etc.

Datum Laterani, decimo Kalendas Decembris, pontificatus nostri anno nono.

Bibl. nat.; collection Moreau, ms. n° 1183, f° 11.

III

Rieti, 10 septembre 1225. — *Honorius III ordonne à l'évêque de Paris, à Jean de Montmirail, archidiacre de la même église, et à Guillaume d'Auvergne de réformer le monastère de Sainte-Colombe de Sens.*

Honorius, episcopus, servus servorum Dei, Venerabili fratri..., episcopo, et magistris Johanni de Monte Mirabili, archidiacono, Villelmo Arvernacensi, canonico Parisiensi, salutem et apostolicam benedictionem.

Ad audientiam nostram, dilecto filio, J., priore monasterii Sancte Columbe Senonensis, intimante, pervenit, quod, cum dictum monasterium inter alia sibi vicina spiritualium consueverit ubertate florere, nunc per abbatis ipsius incuriam est collapsum adeo in utrisque, quod degentes in ipso vix possunt de ipsius facultatibus per anni dimidium commode sustentari, nec est etiam qui excessus corrigat eorumden. Nam dictus abbas, perjurio aliisque irretitus criminibus, pro filiabus propriis maritandis, bona ejusdem monasterii dilapidans enormiter et consumens, se a Rege Francorum asseruit impetrasse, ut poneretur in vinculis, qui ab ipso ad Sedem Apostolicam provocaret, excommunicando nihilominus generaliter appelantes, seu qui contra eum inquisitionem aliquam impetrarent. Idem quoque sigillum conventus violenter accipiens ad nundinas secum pluries, renitentibus monachis, asportavit, sub quo cum proprium habeat, eum iniisse contractus metuunt et presumunt in dispendium monasterii memorati. Adhuc etiam hiis ad sue iniquitatis cumulum non contentus, quamdam neptem suam cuidam monacho fertur matrimonialiter copulasse de facto, quasi legem faciens de peccato, et alia committit enormia, in salutis proprie detrimentum. Et licet super hiis et aliis suis excessibus monitus fuerit a pluribus pluries dictus abbas, ipse tamen in aliquo se corrigere non curavit, quasi elegerit in peccatorum tabernaculis, potius quam in domo Domini, habitare ; et sic qui verbo pariter et exemplo deberet proficere, factus est multis offendiculum per exemplum.

Cum igitur nostrum sit descendere, ac videre utrum clamor qui ad nos ascendit opere compleatur, cum ad nos immediate dicatur ipsum monasterium pertinere, discretioni vestre per apostolica scripta mandamus, quatenus, ad locum ipsum personaliter accedentes et habentes pre occulis solum Deum, eidem vice nostra visitationis officium impendatis et, inquisita super predictis diligentius veritate, corrigatis et reformetis ibidem, tam in capite quam in membris, que correctione atque reformatione secundum Deum videritis indigere. Contradictores, etc... Quod si non omnes etc...

Datum Reate, quarto idus septembris, pontificatus nostri anno decimo.

Bibl. Nat. ; collect. Moreau, ms. n° 1183, f° 260.

IV

Mai 1228. — *Guillaume confirme une vente faite par le curé de Dugny à l'abbé de Saint-Denis, à condition que le prix de la vente soit converti en rente au profit de la cure.*

Bibl. Nat.; ms. latin, n° 5415 ; cartul de Saint-Denis en France, p. 363.

V

Mai 1228. — *Il signifie une vente faite en sa présence par Garin Gondeline, chevalier, à l'abbaye de Sainte-Geneviève.*

Bibl. de Sainte-Geneviève; cartul. ms de Sainte-Geneviève, p. 142.

VI

Mai 1228. — *Il mande à maître Robert, curé de Saint-Denis, d'aller, avec le chambrier et un chanoine de Sainte-Geneviève, recevoir de sa part l'acquiescement des deux filles de Guillaume de Montfermeil à la vente susdite.*

Ibid.

VII

Juin 1228. — *Il confirme une vente de dîme faite en sa présence par Henri Pavier, chevalier, à l'abbaye de Saint-Victor.*

Bibl. Nat.; ms. latin, n° 14370 ; annales de l'égl. de Saint Victor, f° 292.

VIII

Juillet 1228. — *Il confirme à l'abbaye de Saint-Victor la*

possession des dîmes qui lui ont été données par feu Simon, chevalier, chanoine de Saint-Victor.

Ibid. f° 209.

IX

Décembre 1228. — *Il signifie la vente des dîmes de Livry, faite en sa présence par Adam Louppeaux, chevalier, au prieuré de Saint-Martin-des-Champs.*

Arch. Nat., LL, 1354 ; cartul. de Saint-Martin-des-Champs, f° 246.

X

Janvier 1229. — *Il signifie une vente de terre faite, dans son fief de Combs-la-ville, par Simon de Poissy, chevalier, à l'abbaye de Saint-Victor, et fait savoir qu'au lieu de lui payer le quint-denier, Simon de Poissy s'est engagé à ne plus inquiéter Saint-Victor au sujet de la dîme de Combs-la-ville.*

Bibl. Nat. ; ms. latin, n° 14370 ; annales de Saint-Victor, f° 302.

XI

Février 1229. — *Il confirme une donation faite par Guillaume Point l'asne à l'abbaye de Port-Royal.*

Bibl. Nat. ; ms. latin, n° 10997 ; cartul. de l'abbaye de Port-Royal, f° 48.

XII

Avril 1229-30. — *Il fait connaître un accord conclu, grâce à son intervention et avec son assentiment, entre l'abbaye de Saint-Maur-des-Fossés et le curé d'Ozouër-la-Ferrière.*

Arch. Nat. ; LL, 114 ; cartul. de Saint-Maur-des-Fossés, f° 110.

XIII

Juin 1229. — *Il délivre des lettres de non-préjudice au chapitre et au curé de Saint-Germain-l'Auxerrois, qui, ne pouvant s'accorder sur l'élection des prévôts, avaient décidé de s'en rapporter à l'évêque, non comme à un juge, mais comme à un ami.*

Arch. Nat. ; LL, 489 ; cartul. de Saint-Germain-l'Auxerrois, f° 11.

XIV

Pérouse, 17 août 1229. — *Grégoire IX réitère à l'évêque de Paris l'ordre de concéder un oratoire aux frères du Val des Écoliers.*

Gregorius, episcopus, servus servorum Dei, venerabili fratri, Parisiensi episcopo, salutem et apostolicam benedictionem.

Significantibus dilectis filiis, priore ac fratribus Beate Marie de Insula Trecensis, ordinis Sancti Augustini Vallis Scolarium nos noveris accepisse quod, cum dudum tibi nostris dederimus litteris in mandatis, ut eis in domo eorum Parisiensi oratorium concederes, sine juris prejudicio alieni, tu id hactenus efficere non curasti, pro tue arbitrio voluntatis. Quare a nobis humiliter postulabant, ut sibi providere super hoc de benignitate Sedis Apostolice dignaremur. Nos igitur dictorum fratrum devotis precibus inclinati, fraternitati tue per apostolica scripta precipiendo mandamus, quatenus eis postulata concedas, juxta priorem continentiam litterarum, tuo et Parisiensis ecclesie semper in omnibus jure salvo ; alioquin nos dilectis filiis magistris Stephano, cantori Pruvinensi, Eligio Trecensi et Willelmo Rufo, Suessionensibus canonicis, Parisius commorantibus, nostris dedimus litteris in mandatis ut, te preceptum apostolicum efficere negligente, ipsa que promisimus exequantur, contradictores per censuram ecclesiasticam appellatione postposita compescendo.

Datum Perusii, XVI Kalendas Septembris, pontificatus nostri anno tertio.

Arch. Nat. ; S, 1013 B, n° 10.

XV

Septembre 1229. — *Règlement fait par Guillaume d'Auvergne au sujet de la maison des frères du Val des Écoliers.*

Universis presentes litteras inspecturis, Willelmus, permissione divina Parisiensis ecclesie minister indignus, salutem in Domino.

Universitati vestre notum fieri volumus, quod nos, dilectorum in Domino fratrum et filiorum de ordine Vallis Scolarium piis et devotis peticionibus annuentes, eisdem, divine pietatis intuitu, plenam et liberam concessimus potestatem construendi domum et ecclesiam Parisius in parrochia Sancti Pauli, ecclesie Fossatensis et presbiteri Sancti Pauli voluntate concurrente pariter et consensu; nolentes tamen ut per istam concessionem et ordinationem nostram, que in presentibus continetur, fratribus predictis factam, ecclesie Sancti Pauli in jure parrochiali gravamen aliquod sive prejudicium generetur, sed ipsum per integrum, secundum consuetudinem Parisiensis ecclesie, habeat et percipiat, sicut hactenus consuevit, ab omnibus qui in sua morantur parrochia, vel sunt in posterum moraturi; potestate ordinaria statuentes ut fratres jam dicti ibidem Domino famulantes, ad instar et similitudinem ecclesie Sancti Victoris, in celebratione divinorum et receptione causa audiendi divina ad suam ecclesiam venientium, se habeant : in hoc scilicet quod altare exterius non habeant, et, chori clausis januis, divina celebrent, nec aperiantur nisi pro casu aliquo licito et honesto, ita quod statim claudantur, vel si corpus alicujus defuncti extranei ibidem tradendum fuerit sepulture; tunc etenim, si in choro eorum corpus defuncti fuerit, aperte esse poterunt, donec missa de *Requiem* sit pro mortuo decantata. Duas campanas mediocres in ecclesia habere poterunt, et non plures, ita quod eis insimul uti pulsando poterunt in vesperis, matutinis, processionibus, magna missa, et exequiis tantummodo mortuorum. Nulli parrochianorum ecclesie Sancti Pauli sacramentum aliquod ministrabunt, vel ministrare poterunt, excluso necessitatis articulo, sine episcopi vel sacerdotis licentia speciali. Hoc idem ordinamus de sacramentalibus, scilicet pane benedicto, purificatione mulierum, aqua benedicta, quam tamen extra chorum habere poterunt, visitatione sollempni infirmorum et similibus que per sacerdotes curatos consueverunt solummodo exerceri. Sed quoniam sepultura mortuorum in sacramentalium numero continetur, per istam ordinationem nostram statuimus, ut fratres sepedicti, ad opus fratrum suorum et conversorum, habeant cymiterium, et insuper ad opus clericorum et scolarium quorumcumque, et aliorum omnium, qui non sunt vel erunt de parrochia Sancti Pauli, qui apud eos elegerint sepulturam. Truncum vel ymaginem per septennium subsequens et continuum occasione sui operis non habebunt, ut opus ecclesie Sancti Pauli jam inceptum perduci valeat ad effectum. Si fratrum aliquis, vel alius quicumque ibidem verbum Dei voluerit predicare, hoc facere poterit fratribus et clericis, sicut fratres Sancti Jacobi in sua domo faciunt, et eciam laycis, de licentia episcopi spiciali, vel sacerdotis Sancti Pauli. Fratrum famuli et totaliter familia eorumdem, nisi forte essent conversi et in habitu regulari, divina omnia percipient in ecclesia Beati Pauli, et ei, secundum suam possibilitatem, jura solvent parrochialia, tanquam veri filii et devoti. Hoc eciam intelligimus et statuimus de personis secularibus quas morari contigerit apud fratres. Statuimus insuper ut fratres, propter loci vicinitatem, in diebus dominicis et festivis qui a populo communiter observantur, excepto festo Beate Katerine, ecclesie sue januas clausas teneant usque ad pulsationem grosse campane in ecclesia gloriose Virginis, ut parrochiani Sancti Pauli ad suam matrem ecclesiam accedentes audiant quid eis agendum et qualiter conversandum. In omnibus vero diebus sollempnibus et non sollempnibus, quoscumque extraneos, non parrochianos ecclesie Sancti Pauli, graves et bonos per ostia privata infra cancellum recipere poterunt, et eis, si voluerint, private divina celebrare. A mulieribus eciam deforis adventantibus, dummodo non sint de parrochia Sancti Pauli, oblationes extra chori januam fratres recipere poterunt antedicti. Pro qualibet domo que modo inhabitabitur, quam fratres acquisierunt, vel acquirent amodo in parrochia Sancti Pauli, reddent ecclesie Sancti Pauli duos solidos, annis singulis, in crastino apostolorum Petri et Pauli, in recompensationem juris parrochialis, quod in locis taliter acquisitis sacerdos perciperet, vel percipere posset, si res in statu solito permaneret, nisi forte in illis domibus habitatores qui jura solverent parrochialia morarentur, vel nisi fratres, tempore procedente, eas in suas converterent officinas. Quia vero non est in hominis protestate omnia dampna et pericula per integrum previdere, que ex nostra concessione possent ecclesie Sancti Pauli accidere in futuro, fratres de ordine Vallis Scolarium in manu nostra centum quadraginta libras parisiensium posuerunt ad emendum redditus, ad opus presbiterii ecclesie Sancti Pauli, ut per hoc ab omni dampno valeat relevari. Hec autem ordinata sunt a nobis, salva subjectione, obedientia et reverentia nobis et successoribus nostris et ecclesie Parisiensi debita, quam fratres promiserunt se nobis in perpetuum impensuros, salva sui ordinis disciplina, nec unquam facto vel dicto per se vel per alium contraventuros; renunciantes, quantum ad hoc, omni privilegio non solum impetrato, sed eciam impetrando. De hiis insuper fideliter et immutabiliter observandis, major prior tocius ordinis litteras dabit sigillo proprio consignatas. In cujus rei testimonio presentes litteras sigilli nostri munimine fecimus roborari.

Actum anno Domini M CC XXIX, mense Septembri.

Arch. Nat.; S, 1043 B, n° 5.

XVI

Octobre 1229. — *Guillaume d'Auvergne autorise les frères du Val des Écoliers à construire un couvent dans la paroisse de Saint-Paul.*

Universis presentes litteras inspecturis, Willelmus, permissione divina Parisiensis ecclesie minister indignus, salutem in Domino.

Universitati vestre notum fieri volumus quod nos, dilectorum in Domino fratrum et filiorum de ordine Vallis Scolarium piis et devotis peticionibus annuentes, eisdem, divine pietatis intuitu, construendi domum et ecclesiam Parisius in parrochia Sancti Pauli plenam et liberam concessimus potestatem; precipue cum pium sit et salubre pro defunctis exorare, et pro eorumdem salute pias elemosinas erogare, hoc facimus ad petitionem servientium Domini Regis Lodovici arma gerentium, qui saluti anime Philipi, nobilis Regis, et precipue filii ejusdem, Lodovici, defunctorum, providentes, pro eorumdem redemptione, unam fabricaverunt ecclesiam, ad opus fratrum dictorum, ut in eadem Domino famulantes, nobilium Regum jam dictorum animabus orationibus et divinis officiis teneantur subvenire; per hoc verum exhibentes argumentum, quod, sicut in vita sua eosdem fideliter dilexerunt, ita et post mortem ab eorumdem amore non sunt separati. Illud autem facimus salvo jure parrochiali predicte ecclesie Santi Pauli et omni jure alieno, sicut in alia carta continetur, quam pro confirmatione et libertate loci fratrum sepedictorum sigilli nostri munimine fecimus roborari. Et quia generatio preterit et generatio advenit, iccirco, ut existentium presentie et futurorum posteritati istud pateat, in hujus rei testimonio, presentes litteras sigilli notri munimine fecimus roborari.

Actum anno Domini M CC XX IX°, mense Octobri.

Arch. nat.; S, 1013 B, n° 9.

XVII

Novembre 1229. — *Guillaume, confirme un accord conclu entre l'abbaye de Saint-Denis, les curés de Senlis et de Dampierre.*

Arch. Nat. LL, 1157 ; Cartulaire blanc de Saint-Denis. p. 555.

XVIII

Pérouse, 23 novembre 1229. — *Grégoire IX blâme la conduite de Guillaume d'Auvergne à l'égard de l'Université.*

Gregorius, episcopus, servus servorum Dei, venerabili fratri,... episcopo Parisiensi, salutem et apostolicam benedictionem.

Virum secundum cor nostrum invenisse credentes, et exultare et letari posse in te, tanquam a rectis dilecto, super caput tuum sacre unctonis effudimus oleum, ut, nitorem consciencie retinens in teipso, emitteres sincere ad proximos opinionis odorem, et in partem sollicitudinis evocatus, sic traditum tibi ministerium adimpleres, quod a supremo Patre familias : « Euge, serve bone et fidelis, intra in gaudium Domini tui », merereris audire, offerendo eidem talenta tibi credita duplicata, et nos ipsi, qui auditu aurium, potius quam experientia excitati, te votis pretulimus et expertis, commitendo tibi Parisiensem ecclesiam, que quidem abscondi non potest, utpote civitas posita supra montem, gloriari possemus vinee Domini Sabaoth cultorem utilem prefecisse.

Sed ecce, quod dolentes referimus, vulnus ab hoste non expectato ferentes, et spe concepta frustrati, sic de tuis confundimur actibus, quod de te compellimur dicere, vel inviti : « Penitet hunc hominem nos fecisse. » Cum enim, affossis ab Abrahe pueris puteis, ingestam ab Allophilis terram eruere debuisses, pro grege dominico adaquando, et irriganda etiam vinea tue deputata culture, et, ut vir sacris litteris eruditus, quasi stella matutina, in medio nebule radiando, illuminares patriam splendore sanctorum, et pacificares discordes, tu non solum id efficere neglexisti, verum etiam, sicut pro certo a multis fide dignis asseritur, te machinante, fluvius, studium videlicet litterarum, quo irrigatur et fecundatur post Spiritus Sancti gratiam generalis Ecclesie paradisus, a suo alveo, civitate Parisiensi videlicet, in qua viguisse dinoscitur hactenus, est distortus, per quod ad nichilum redigi poterit, per plura loca divisum, quemadmodum flumen arescit extractum ab alveo et in plures rivulos derivatum; et lucernam illuminantem existentem in domo de candelabro deici et recludi sub modio diceris procurasse, ut eam videre non possis, donec extinguatur, quod absit, quia tunc forsan ipsius amisse incommodum lucis cognosceres, si lucerna predicta de Parisiensis civitatis candelabro prorsus removeretur extincta, et ex hoc quam plures contingeret in tenebris ambulare. Quanto autem nos credis posse rubore perfundi ex eo quod nonnulli possunt nobis dicere insultando : « Ecce homo quem Parisiensi ecclesie prefecistis ; murum se pro domo Domini non opponit ascendentibus ex adverso, nec satagit capere vulpes que nituntur Domini Sabaoth vineam demoliri, sed et Danielem destruentem Bel et interficientem draconem in lacum mitti leonum non prohibet, sed procurat, et celum claudi Scripture, ut sic nubes contineant ymbrem suum, et terra universalis Ecclesie remaneat incompluta, ac sol et luna in tenebris convertantur, stelleque caligine involvantur earum! » Intellecto sane quod inter carissimum in Christo filium nostrum..., Regem Francorum, et... Reginam, matrem ejus, illustres, ex parte una, et dilectos filios, magistros et scolares Parisienses, ex altera, dissensione suborta, iidem magistri cum scolaribus, dampnis et injuriis lacessiti, a Parisius discesserunt studium alibi transferendo, in quo tu non solum te medium ponere non curasti, verum etiam, ne pactiones ab utraque parte inite servarentur, consilium et operam, sicut dicitur, tribuisti, nos utilitatibus proventuris ex studii revocatione Parisius aspirantes, et, volentes incommoditatibus que possunt ex discessu emergere, obviare, venerabilibus fratribus nostris..., Cenomanensi, et..., Silvanectensi Episcopis, et dilecto filio, magistro Johanni, archidiacono Cathalaunensi nostris damus litteris in mandatis, ut inter Regem et Reginam ac magistros et scolares prefatos interponentes sollicite partes suas, impendant sollicitudinem diligentem et operam efficacem, ut magistris et scolaribus antedictis de datis dampnis et irrogatis injuriis satisfiat, restituta ipsis solita libertate, a clare memorie Philippo, Rege Francorum, concessa, studium Parisius revocetur.

Ut igitur

> Vulnus Achilleio que quondam fecerat hosti,
> Vulneris auxilium Pelias asta ferat,

fraternitatem tuam rogamus et exhortamur in Domino, per apostolica tibi scripta districte precipiendo mandantes, quatinus sollicite ac efficaciter satagas prudenter insistens, ut de ablatis et illatis injuriis congrue satisfiat magistris et scolaribus antedictis et studium Parisius revocetur, eisdem restituta solita libertate, in qua illos sic studeas confovere, ut videaris prioris offense seu negligentie maculam expiasse, ac in te confundi minime nos contingat, qui nequaquam possemus hec conniventibus oculis pertransire. Alioquin non tam negligentiam quam malitiam in te, dante Domino, curabimus taliter castigare, quod in pena cognosces, quantum in culpa improvide commisisti.

Datum Perusii, nono Kalendas Decembris, Pontificatus nostri anno tertio.

Bibl. Nat. collect. Moreau, ms. n° 1184, f° 321.

XIX

Paris, février 1230. — *Guillaume prend Eudes, son clerc, et Guillaume, trésorier de Saint-Germain-des-Prés, pour arbitres d'un différend qui s'était élevé entre lui et ladite abbaye, au sujet du partage des eaux de la Seine.*

Arch. Nat., LL, 1026. Cartulaire de Saint Germain des Prés, fol. 52.

XX

Mai 1230. — *Il accepte la décision de ces arbitres.*

Ibid.

XXI

Février 1230. — *Il atteste que Garin de Louvres a engagé en sa présence une partie de la dîme de Louvres au prieuré de Saint-Martin-des Champs.*

Arch. Nat., LL, 1354, Cartulaire de Saint Martin des Champs, f° 149.

XXII

Mai 1230. — *Il fait savoir que Robert, chevalier, a consenti en sa présence à une donation faite à l'abbaye de Port-Royal par la fille de Roland d'Orsigny.*

Bibl. Nat.; ms. latin, n° 10997: cartul. de l'abbaye de Port-Royal, f° 69.

XXIII

Paris, novembre 1230. — *Il fait savoir qu'Adam Rigaud de Courquetaine, chevalier, a vendu, en sa présence, à l'abbaye de Saint-Germain-des-Prés tout ce qu'il possédait à Villeneuve-Saint-Georges.*

Arch. Nat., LL, 1026; cartul de Saint-Germain-des-Prés, f° 16.

XXIV

Mars 1231. — *Il signifie un accord conclu, en sa présence, entre*

Simon de Poissy, chevalier, et le prieuré de Saint-Martin des Champs.

Arch. Nat., LL, 1354; cartul. de Saint-Martin-des-Champs, f° 103.

XXV

Avril 1231. — *Il fait savoir que Guy Briart, chevalier, a consenti à une vente faite par Simon de la Glaisière à l'abbaye de Saint-Maur-des-Fossés.*

Arch. Nat., LL, 114; cartul. de Saint-Maur-Fossés, f° 109.

XXII

Latran, 9 avril 1231. — *Grégoire IX mande aux religieux de Saint-Victor de faire observer la règle dans leurs obédiences. Circulaire rédigée à cette occasion dans le chapitre de Saint-Victor.*

Gregorius, episcopus, servus servorum Dei, dilectis filiis, abbati et conventui S. Victoris Parisiensis, salutem et apostolicam benedictionem.

Quia nimis absurdum esset et indecens, si in unius ordinis professoribus in modo vivendi diversitas haberetur, unde ordinis dissolutio sequi posset, cum institutionibus vestri ordinis contineri dicatur, ut fratres in obedientiis commorantes a communi institutione in victu, vestitu et lectualibus non recedant, authoritate presentium districtius inhibemus, ne fratres ipsius ordinis in obedientiis constituti aliis victualibus seu indumentis utantur quam quibus in abbatiis propriis, si presentes existerent, uterentur.....

Datum Laterani, quinto idus aprilis, Pontificatus nostri anno quinto.

Has autem litteras, ab episcopo Parisiensi exoratas, (qui tunc erat Guillelmus) et ab eodem in capitulo nostro inculcatas et promulgatas fuisse lego, ex manuscripto codice vetustissimo, in quo post easdem pari filo descripta habes hæc verba.

Sciatis igitur, quod dominus episcopus Parisiensis, ad quem presentes littere misse fuerunt, tanquam earumdem exequutorem, ipsas nobis in capitulum detulit, et legit coram omnibus fratribus qui consenserunt universi, et veniam coram ipso de offensis petierunt, et ipse absolvit omnes. Precepit etiam, in virtute obedientie, quod istud amodo observaremus, et observari faceremus per omnes obedientias nostras. Hujus igitur authoritate mandati, vobis districte in virtute obedientie, sicut et nobis injunctum est, precipimus quatenus hec omnia, sicut etiam in litteris domini Pape continetur, diligenter observetis, a carnibus abstineatis, nisi infirmi fueritis, vel vobis minueritis, et tunc legem infirmorum, sicut ordo determinat, observetis, et minutorum jejunia consuetudinaria non solvatis. Tamen, si quis non poterit jejunare, mixtum sumat, sicut faciunt in conventu ; panellos vobis in lectis, quam citius poteritis, procuretis. Vos igitur, facientes de necessitate virtutem, hujus mandati spontanei executores, caveatis nobis et vobis, quia dominus episcopus Parisiensis, per quem littere iste impetrate sunt, sicut ipse confessus est coram omnibus in capitulo, qui etiam earundem exequutor est, commendans dixit nobis quod, nisi observare faceretis, ipse faceret observare. Mandamus quatenus litteras istas faciatis scribi cum aliis consuetudinibus nostris, quam citius poteritis.

Bibl. Nat. ; ms. latin. n° 14370; annales de Saint-Victor, f° 340.

XXVII

Mai 1231. — *Guillaume fait savoir que Jean Moutier a consenti, en sa présence, à une vente faite par Simon de la Glaisière à l'abbaye de Saint-Maur-des-Fossés.*

Arch. Nat., LL, 414 ; cartul. de Saint-Maur-des-Fossés, f° 109.

XXVIII

Juin 1231 — *Il signifie une donation faite par Mathieu de Maubuisson à l'abbaye de Saint-Denis.*

Arch. Nat., LL, 1157; cartul. blanc de Saint-Denis, p. 598.

XXIX

1er Novembre 1231. — *Guillaume, évêque de Paris, et Raoul, évêque de Verdun, écrivent au roi pour lui faire connaître les lettres de fondation de l'abbaye d'Ourscamp, datées de 1130.*

Bibl. Nat., ms. latin. n° 17040; recueil de pièces relatives aux évêques de Paris, par Gaignières, p. 117.

XXX

Mai 1232. — *Il signifie une vente faite à l'abbaye de Saint-Denis par la veuve de Thomas de Bonneuil.*

Arch. Nat., LL, 1157; cartul. blanc de Saint-Denis, p. 562.

XXXI

Mai 1232. — *Il fait connaître un accord conclu entre Ernaud d'Ermont et l'abbaye de Saint-Denis, au sujet du pressoir de Villeneuve.*

Ibid. p. 372.

XXXII

Novembre 1232. — *Il confirme une sentence, prononcée par l'évêque Guillaume de Seignelay, au sujet du différend qui s'était élevé entre le curé de Combs-la-ville et l'abbaye de Saint-Victor.*

Bibl. Nat., ms. latin, n° 14370: annales de Saint-Victor, f° 356.

XXXIII

Anagni, 12 janvier 1233. — *Grégoire IX mande à l'évêque de Paris et à l'abbé de Saint-Jean de Sens de réformer ledit monastère de Saint-Jean.*

Gregorius, episcopus, servus servorum Dei, venerabili fratri, episcopo Parisiensi, et dilecto filio, abbati Sancti Johannis, ordinis Sancti Augustini, Senonensis, salutem et apostolicam benedictionem.

Ad nostram audientiam noveritis pervenisse, quod monasterium Sancti Johannis Senonensis, propter malitiam habitantium in eodem, in spiritualibus et temporalibus graviter est collapsum, et, nisi celeriter succurratur eidem, irreparabile detrimentum incurret. Cum igitur mali debeant male perdi, et vinea Domini locari agricolis, qui fructum temporibus suis reddant, mandamus, quatenus ad reformationem ipsius monasterii sollicite intendentes, malis exinde prorsus amotis, auctoritate nostra, statuatis in eo viros probate vite ac conversationis honeste, quot et quando volueritis, prout ejusdem profectibus videritis expedire; non obstantibus contraria dicti monasterii consuetudine, vel statuto, quacumque firmitate vallatis. Contradictores, etc.

Datum Anagnie, secundo idus Januarii, pontificatus nostri anno sexto.

Bibl. Nat.; collect. Moreau, ms. n° 1187, f° 440.

XXXIV

Anagni, 7 mars 1233. — *Grégoire IX confie à Guillaume*

d'Auvergne le soin de réformer les finances de l'abbaye de Lagny.

Gregorius, episcopus, servus servorum Dei, venerabili fratri nostro, episcopo Parisiensi, salutem et apostolicam benedictionem.

Significantibus dilectis filiis..., abbate et conventu monasterii Latiniacensis, nos noveris accepisse quod ipsorum monasterium per predecessorum abbatis ejusdem incuriam et quedam alia tanto premitur onere debitorum, quod, nisi per Sedem Apostolicam celeriter succurratur eidem, vix adiciet (*sic*) ut resurgat. Ejusdem enim bona usurarum voragine adeo enormiter consumuntur, quod tenuissimo sumptu deducto pro sustentatione habitantium in eodem, vix totum residuum ad solutionem sufficit usurarum, sicut ex tuarum et venerabilium fratrum nostrorum..., Archiepiscopi Senonensis et episcopi Meldensis, necnon et nobilis viri..., comitis Campanie perpendit continentia litterarum. Unde a nobis humiliter postulabant, ut dicto monasterio succurrere super hiis misericorditer dignaremur. Nos igitur, de discretione tua plenius fiduciam obtinentes, dictum negocium tibi, qui loci diocesanus existis, duximus committendum, mandantes quatenus, personaliter ad monasterium antedictum accedens, universis debitis in unam summam redactis, abbati et conventui supradictis competenti sustentatione de bonis dicti monasterii reservata, omnes redditus et proventus ipsius tamdiu in solutionem converti facias debitorum, quousque terminis competentibus totum debitum, usuris interim, penis et conditionibus omnibus in fraudem usurarum contractis, in publicis instrumentis contextis, omnino cessantibus, fuerit persolutum ; creditores quoque ad relaxandum juramentum de persolvendis et non repetendis usuris, per censuram ecclesiasticam, et quod fructus etiam computent jam receptos in sortem, et sic extorta 'restituant monasterio memorato, per penam, etc... usque compellas: nihilominus monachos, qui proprium habere dicuntur, ad resignandum llud in manibus abbatis ejusdem, in utilitatem dicti monasteri convertendum, ecclesiastica districtione, appellatione remota, cogendo, non permittens monasterium sepefatum per litteras apostolicas, si que fuerint in posterum, harum tenore tacito, ad judices alios impetrate, a prescriptis creditoribus infestari, quamdiu abbas et conventus ejusdem parati fuerint coram te, nisi rationabile aliquid obstiterit ipsis, super predictis debitis respondere. Contradictores, etc.

Datum Anagnie, nonis Martii, pontificatus nostri anno sexto.

<small>Bibl. Nat. ; collect. Moreau, ms. n° 1187, f° 457.</small>

XXXV

Avril 1233-34. — *Guillaume fait savoir que Guy de Pierrelaye s'est reconnu vassal de l'abbaye de Saint-Denis.*

<small>Arch. Nat.; LL, 1157; cartulaire blanc de Saint-Denis, p. 598.</small>

XXXVI et XXXVII

Latran, 14 et 15 mai 1233. — *Grégoire IX charge l'archevêque de Sens, les évêques de Paris, de Winchester et de Salisbury de négocier la paix entre la France et l'Angleterre. Il écrit dans le même sens aux souverains des deux royaumes.*

Gregorius episcopus, servus servorum Dei, carissimo in Christo filio..., illustri Regi Francie, salutem et apostolicam benedictionem.

Novit ille qui, fingens corda hominum singillatim, cogitationes eorum conspicit universas, quod Regni tui statum, tue sublimitatis honorem, et tranquillitatem populi tibi subjecti sincero et intimo zelantes affectu, dum quasi continuam instantis temporis tempestatem, dum excrescentem malitiam et alias inesplicabiles circumstantias provide cogitamus, saluti, honorificentie, ac quieti tue credimus expedire, ut, ad Deum habens cum omni devotione respectum, qui, cum ei placuerit, aspera in plana, et prava dirigit in directa, vias pacis cogitare incipiat celsitudo regalis, in qua sublimabit Dominus regnum tuum cum spiritualium donorum et bonorum temporalium incremento. Nos igitur qui, in omni oportunitate tua, tibi, quantum cum Deo possumus, parati sumus impertiri favorem, reputando nobis Dominum in tuis commodis prosperari, attendentes sollicite quod ex officii nostri debito procurare tenemur, ut discordantes uniat vinculum caritatis, presertim pro negotio Terre Sancte que de regnorum concordia non modicum Deo auctore speratur auxilium habitura, serenitatem tuam rogamus, monemus, et hortamur in Domino, quatenus, usus consilio salutari, ad eum qui est pax vera conversus, cum carissimo in Christo filio nostro..., illustri Rege Anglie, federa pacis inire procures; ad quam siquidem intendimus efficaciter interponere partes nostras, firmiter sperantes quod, dum attenderis sincerum consulentis affectum, monitis et exhortationibus nostris, quas dilectionis integritas et circumspectionis ratio comitantur, sicut devotionis filius, humiliter acquiesces. Unde venerabilibus fratribus nostris archiepiscopo Senonensi,..., Parisiensi,..., Wintoniensi, et..., Saresberiensi episcopis nostris damus litteris in mandatis, ut te et illum ad id diligentius moveant et inducant, nobis, quod invenerint, fideliter rescripturi; ut autem commodius per archiepiscopum et episcopos supradictos in presenti negotio procedatur, volumus et requirimus ut ita provideatur utrinque, quod ipsi et alii quos ad hoc deputaverint de regno ad regnum, possint transire secure et, prout fuerit oportunum, et tante rei ministros decuerit, in utroque libere commorari.

Datum Laterani, secundo Idus Maii, pontificatus nostri anno septimo.

Scriptum est in eundem modum..., Regi Angliæ.

Gregorius, episcopus, servus servorum Dei, venerabilibus fratribus..., archiepiscopo Senonensi,..., Parisiensi,..., Wintoniensi, et..., Saresberiensi Episcopis salutem et apostolicam benedictionem.

Novit ille etc., (*in eumdem fere modum ut supra usque* :
humiliter acquiescent. Quocirca fraternitati vestre presentium
auctoritate firmiter precipiendo mandamus, quatenus, dantes
ad hoc operam efficacem, utrumque regem ad id moneatis
sollicite, et efficaciter inducatis. Quod si per vos pax inter illos
reformari non poterit, processum vestrum, negotii circumstantias, causas defectus, si quis fuerit, et per quem steterit,
quominus concordia valeat provenire, per litteras vestras nobis
apertius exponatis, ut relatione vestra certiores effecti, provideamus negotio, prout secundum Deum fuerit providendum.

Datum Laterani, idibus Maii, pontificatus nostri anno septimo.

Bibl. Nat.; collect. Moreau, ms. n° 1188, f°s 64 et 66.

XXXVIII.

Latran, 3 juin 1233. — *Grégoire IX félicite les archevêques de
Tours et de Rouen, ainsi que l'évêque de Paris, du zèle
qu'il ont déployé en défendant l'ordre des Frères Mineurs; il
leur ordonne de faire exécuter les conditions de l'accord
intervenu entre ces religieux et les moines de Vézelay.*

Gregorius, episcopus, servus servorum Dei, venerabilibus
fratribus..., Turonensi et..., Rothomagensi archiepiscopis, et....
episcopo Parisiensi, salutem et apostolicam benedictionem.

Gratum gerimus et acceptum, prudentiam vestram dignis in
domino laudibus commendantes, quod, sicut dilecti filii, Fratres
Minores, nostris auribus intimarunt, vos, tanquam catholice
fidei et bonorum operum zelatores, juxta spem et fiduciam nostram, mandatis apostolicis humiliter obsequentes, ordinem
Fratrum Minorum, qui Deo placidus et acceptus hominibus,
flores et fructus proferens honestatis, gratis ubique proficit
incrementis, adversus perversorum impetus et iniquorum in-
sultus, utiliter defensatis, atque quidem eo plus retributionis et
gratie meremini apud Deum, quo facilius temeritatis incursus
eos a proposito revocaret, aut robur sacre religionis infringeret,

nisi refrenaretur in improbis nocendi temeritas, et innocentium simplicitas tuta inter versutias nocentium remaneret. Sane super injuriis quas quidam de monachis Virziliacensis monasterii dictis fratribus, non sine derogatione divini nominis, irrogarunt, inter fratrem Symonem, monachum, et magistrum Thomam, procuratorem ipsorum monachorum, apud Sedem Apostolicam constitutos, ex parte una, et Fratres predictos, ex altera, amicabilis compositio intervenit, quam nostris duximus litteris exprimendam; videlicet quod..., abbas et conventus universa de loco quem Fratres inhabitant in Virziliaco, per monachos, vel, eorum occasione, per alios asportata, ibidem facient sine more dispendio reportari, ac in statum reduci pristinum singula inibi destructa per ipsos, sententias quoque et prohibitiones quas in loci benefactores et adjutores Fratrum per se vel per alios promulgarunt, publice revocantes, ob hoc in nullo benefactores eorum, presertim qui eis locum et domum concesserant, molestabunt, ipsos Fratres in dicto loco celebrare divina et pacifice commorari, prout est eis ab Apostolica Sede concessum, libere permissuri, donec sibi infra villam, vel exterius prope muros, ad arbitrium tuum, frater episcope, vel alterius boni viri, ad hoc de tuo consilio eligendi, de loco eorum habitationi eque congruo duxerint providendum, ac domus equivalens ei que fuit per monachos diruta, fuerit in loco ipsis assignato constructa. Que quidem cum singula debito fuerint effectui mancipata, ipsi, priori loco dimisso, transibunt ad secundnm inhabitandum pacifice, sacrificium laudis ibidem et hostiam in odorem suavitatis Domino oblaturi. In quo loco Fratres predicti oblationes in missa non recipient ad altare, nec decimas nec primitias ibidem percipient, nec habebunt, nisi tantum pro suis fratribus, ecclesiasticam sepulturam. Porro prenominati abbas et conventus Fratres exinde non expellent, sine Sedis Apostolice licentia speciali. Licet autem dicti procuratores ad ineundam compositionem hujusmodi ab abbate et conventu mandatum non receperint speciale, nos qui, licet indigni, locum ejus tenemus in terris qui, juxta propheticum testimonium, liberavit pauperem a potente et inopem, cui non erat adjutor, paterno affectu memoratum ordinem prosequentes, cujus inviolata religio, tanquam vitis habundans, palmites suos latius propagavit, et, velut lucerna non absconsa sub modio, sed in candelabro posita, (per) lucidos radios claritatis ostendit, defectum qui ex eo quod consensus abbatis et conventus ad compositionem hujusmodi non accessit, supplemus de plenitudine potestatis, districte precipiendo mandantes quatenus sepedictos abbatem et conventum ad singula observanda que superius sunt expressa, sublato cujuslibet privilegii seu rescripti contra Fratres obtenti vel alterius defensionis obstaculo, appellatione remota, censura qua convenit compellatis. Ceterum vobis illos in quos ob premissas injurias excommunicationis sententias promulgastis, in forma Ecclesie, absolvendi, et injungendi eis quod de jure fuerit injungendum, ac dispensandi, si necesse fuerit, cum eisdem, auctoritate presentium concedimus facultatem, excepta persona abbatis, cujus absolutionem et dispensationem Arnulfo, Archidiacono Sancte Margarite in ecelesia Trecensi, duximus commitendam. Non obstante constitutione de duabus dietis, etc. Quod si non omnes, etc.

Datum Laterani tertio nonas Junii, pontificatus nostri anno septimo.

Bibl. Nat.; collect. Moreau, ms. n° 1188, f° 83.

XXXIX

Juin 1233. — *Guillaume signifie une donation de fief faite, en sa présence, par Guillaume Rougis, au prieuré de Saint-Martin-des-Champs.*

Arch. Nat., LL, 1354; cartul. de Saint-Martin-des-Champs, f° 174.

XL

Juillet 1233. — *Il notifie un prêt de 30 livres, fait par l'abbaye de Saint-Antoine à Garin, fils de Gile, à Adeline de Ville-*

ron, à Henri et à Raoul Brisard, lesquels engagent, pour cette somme, toutes leurs dîmes de Louvres-en-Parisis.

Arch. Nat., L, 1014; abbaye de Saint-Antoine, n° 32.

XLI

21 juillet 1233. — *Il fait savoir que Jean, comte de Mâcon, et Alice, sa femme, ont cédé, en sa présence, un droit de tensement à l'abbaye de Saint-Germain-des-Prés.*

Arch. Nat., LL,1026; cartul. de Saint-Germain-des-Prés, f° 138.

XLII

Latran, 26 août 1233. — *Grégoire IX mande aux évêques de Paris et de Senlis, ainsi qu'à l'archidiacre de Paris, Jean de Montmirail, d'exhorter le Roi, sans plus de retard, à restituer les biens de l'archevêque de Rouen.*

Gregorius, episcopus, servus servorum Dei, venerabilibus fratribus..., Parisiensi, et..., Silvanectensi episcopis, et dilecto filio J. de Monte Mirabili, Archidiacono Parisiensi, salutem et apostolicam benedictionem.

Sicut ex vestrarum tenore collegimus litterarum, quibusdam dicentibus quod, inconsultis nobis, non esset super commisso vobis ab Apostolica Sede negotio Rothomagensis Ecclesie procedendum, aliis vero proponentibus quod per suggestionem falsi et veritate suppressa essent apostolice littere impetrate, vos, ex hiis et causis aliis que in eisdem vestris litteris habebantur, idem negotium exequi distulistis. Verum, quia nolumus libertatem ejusdem Ecclesie deperire, discretioni vestre, per apostolica scripta, in virtute obedientie, precipiendo mandamus, quatenus carissimo in Christo filio nostro..., Regi Francorum illustri efficaciter suggerentes, quod ad laudem sui nominis Ecclesie predicte spoliatio non accedat, immo quod per illam sui detrimentum honoris et anime procuretur, eo quod ab aliquo, absque salutis discrimine, aliena nequeant detineri, maxime cum non fiat remissio criminum, nisi procedat restitutio sublatorum, ad hoc ipsum piis exhortationibus inducatis, ut progenitorum suorum digna laude vestigia laudabiliter imitando, et studendo piis actibus felicitatis eterne gaudia promereri, venerabili fratri nostro, Rothomagensi Archiepiscopo, in quo personam nostram honorari deposcimus, sublata sibi bona restituat universa, sicque fiat quod, ipso Archiepiscopo regie benignitatis munere quietem et gaudium optinente, nos Regem eundem favore Sedis Apostolice prosequi delectemur. Porro, si dictus Rex aliquid rationabile coram vobis, figura judicii, adversus Archiepiscopum memoratum proponendum duxerit, audiatis infra duos menses post susceptionem presentium, quod justum fuerit decernentes. Alioquin, quantumcumque ipsum pre multis in Christo tenere diligamus, quia in eo pati non possumus, que divine voluntati contraria presentimus, vos ex tunc, omni occasione postposita, in luce nubilum, ant in vero dubium non querentes, in hujusmodi negotio, juxta priorum litterarum continentiam, procedatis. Quod si non omnes, etc.

Datum Anagnie, septimo Kalendas Septembris, pontificatus nostri anno septimo.

Bibl. Nat.; collect. Moreau, ms. n° 1188, f° 181.

XLIII

Octobre 1233. — *Ayant été pris pour arbitre d'un différend, qui s'était élevé entre Jean de Créqui et Guillaume le Fort, Guillaume délègue tous ses pouvoirs à H., archidiacre de Paris.*

Bibl. Sainte-Geneviève; cartul. de Sainte-Geneviève, p. 333.

XLIV

Latran, 4 janvier 1234. — *Grégoire IX accorde à Guillaume d'Auvergne le privilège de ne plus pouvoir être contraint, par lettres apostoliques, de conférer des bénéfices à des clercs étrangers à son diocèse.*

Gregorius, episcopus, servus servorum Dei, venerabili fratri, Willelmo, episcopo Parisiensi, salutem et apostolicam benedictionem.

Licet Apostolica Sedes, supra fundamentum Apostolorum in lapide adjutorii stabilita, possit ecclesias, quas ubique religio christiana fundavit, ad provisionem clericorum pauperum coactare, ea tamen, que vim auctoritatis sue provide moderatur, illos qui ad mandatum suum semel in beneficio aliquibus providerunt, ad providendum illis iterum non compellit; quia, cum non sit nostri moris beneficium in injuriam cujusque tribuere, sic providemus clericis, ut tamen ecclesias non gravemus. Supplicasti siquidem nobis, ut, cum pluribus de mandato nostro duxeris in beneficiis providendum, tibi, ne alicui de cetero per litteras nostras, que de hac indulgentia non fecerint mentionem, providere alicui tenearis, indulgere misericorditer dignaremur. Tuis igitur precibus inclinati, fraternitati tue, auctoritate presentium, concedimus postulata, nisi forte pro clericis tue diocesis nos quandoque tibi contingat dirigere scripta nostra. Nulli ergo, etc., hanc paginam nostre concessionis etc. Si quis autem, etc.

Datum Laterani, secundo nonas Januarii, pontificatus nostri, anno septimo.

Bibl. Nat.; collect. Moreau, ms. n° 1188, f° 272.

XLV

Latran, 17 janvier 1234. — *Grégoire IX autorise Guillaume d'Auvergne à confier à quelque laïque l'administration de la justice séculière de Lagny, exercée auparavant par les moines.*

Gregorius, episcopus, servus servorum Dei, venerabili fratri..., episcopo Parisiensi, salutem et apostolicam benedictionem.

Exposita nobis dilectorum filiorum..., abbatis et conventus Latiniacensis monasterii petitio patefecit, et hoc idem presentate nobis tue littere continebant, quod prepositura, id est justitia secularis ville Latiniacensis, ad monasterium Latiniacense pertinens pleno jure, committi ejusdem cenobii monachis usque ad hec tempora consuevit, et per eosdem etiam exerceri, non sine gravi animarum periculo et irregularitate maxima, cum non modico populi scandalo, necnon et ejusdem monasterii detrimento. Quare a nobis, una cum abbate ac conventu prefatis, devotius postulabas, ut ad evitandum supradicta, eidem abbati prenominatum officium laice committendi persone concedere facultatem, vel aliquibus bonis viris, ut super hiis statuant que viderint statuenda, committere misericorditer dignaremur. Nos igitur, de prudentia tua gerentes fiduciam pleniorem, mandamus, quatenus ad locum memoratum accedens, inquisita super premissis omnibus diligentius veritate, statuas super hiis que honori et utilitati monasterii sepefati, sublato appellationis obstaculo, secundum Deum videris expedire. Contradictores, etc.

Datum Laterani, XVI° Kalendas Februarii, pontificatus nostri anno septimo.

Bibl. nat.; collect. Moreau, ms. n° 1188, f° 283.

XLVI

Latran, 18 janvier 1234. — *Par l'entremise de l'évêque, du doyen et du sous-chantre de Paris, Grégoire IX fait ordonner une enquête au sujet du traité conclu entre le comte de Bretagne et saint Louis.*

Gregorius, episcopus, servus servorum Dei, venerabili fratri..., episcopo, et dilectis filiis..., decano, et..., succentori Parisiensi, salutem et apostolicam benedictionem.

Ex parte carissimi in Christo filii nostri, Ludovici, Regis Francorum illustris, fuit propositum coram nobis, quod, cum olim inter ipsum et nobilem virum..., comitem Brittannie, orta discordia, pro ea sedanda, quedam fuissent conventiones inite inter eos, tandem pro ipsis servandis, adjectis quibusdam conditionibus, videlicet de castro quod Celsum[1] dicitur, quod idem Rex illud habere posset libere, sine guerra, et quibusdam aliis, pro ipsis implendis, filia ejusdem comitis venerabili fratri nostro..., archiepiscopo Remensi, et dilectis filiis, nobilibus viris, Ph. Bononie, et R. Drocensi comitibus, et Ingerando de Cocciaco fuerit servanda commissa, expresso quod predicta filia non redderetur eidem, nisi predictis conditionibus et conventionibus primitus adimpletis; prestito nichilominus super hoc ab eodem comite corporaliter juramento, prefatus comes, quamvis conventiones et conditiones non impleverit supradictas, falso tamen suggesto quod dicti nobiles eidem filiam suam juramento interposito restituere tenebantur, quasdam ad venerabilem fratrem nostrum..., Cenomanensem episcopum, et collegas suos, de premissis mentione non habita, pro ea restituenda sibi, nostras litteras impetravit. Quare fuit ex parte ipsius Regis a nobis humiliter postulatum, ut, cum intentionis nostre non fuerit, quod per easdem litteras fieret prejudicium juri suo, nec sine ipsius prejudicio eidem comiti filia sua reddi posset, eisdem conventionibus et conditionibus non impletis, prefatas revocare litteras in ejus obtentas prejudicium dignaremur. Licet igitur eundem Regem inter ceteros catholicos principes sinceritatis brachiis amplexemur, nolentes tamen occasione hujusmodi prejudicare alicui, qui sumus omnibus in justitia debitores, mandamus, quatenus eisdem judicibus ex parte nostra firmiter injungatis, ut tam super hiis, quam super aliis que in predictis litteris continentur inquisita diligentius veritate, que invenerint studeant per suas litteras fideliter intimare. Quod si non omnes, etc. tu frater Episcope etc.

Datum Laterani, XV° Kalendas Februarii, pontificatus nostri anno septimo.

Bibl. nat.; collect. Moreau, ms. n° 1188, f° 292.

1. Champtoceaux.

XLVII

Latran, 15 février 1234. — *Grégoire IX charge l'archevêque de Sens, les évêques de Paris, de Winchester et d'Exeter de négocier la paix entre l'Angleterre et la France.*

Gregorius, episcopus, servus servorum Dei, venerabilibus fratribus..., archiepiscopo Senonensi, et..., Parisiensi,..., Wintoniensi, et..., Exoniensi episcopis, salutem et apostolicam benedictionem.

Cogitantes, etc. (*Comme dans la bulle du 12 févr. adressée à saint Louis* [1].)

Quod si per vos pax inter ipsos reformari non poterit, vos processum vestrum, negotium, circumstantias, causas defectus, si quis fuerit, et si quod impedimentum appareat quominus pax valeat provenire, nobis per vestras litteras renuntiare curetis, ut, vestra relatione certiores effecti, provideamus negotio, prout secundum Deum viderimus providendum. Quocirca mandamus quatenus, utrumque Regem ad id monitis et exhortationibus vestris cum debita diligentia inducentes, prebeatis ad hoc faciendum opem et operam efficacem, ita quod sollicitudinis vestre studium, juxta spem quam de prudentia vestra concepimus, possimus non immerito commendare.

Datum Laterani, XV° Kalendas Martii, pontificatus nostri anno septimo.

Bibl nat.; collect. Moreau, ms. n° 1188, f° 329.

XLVIII

Février 1234. — *Guillaume fait savoir que Mathieu de Marly, chevalier, a donné en sa présence à l'abbaye de Port-*

---

1. V. Teulet, II, p. 260.

Royal les maisons qu'il avait fait construire, et qu'il habitait sur les terres de ladite abbaye.

Bibl. nat.; ms. latin, n° 10997; Cartulaire de Port-Royal, fol. 76.

XLIX

Latran, 3 avril 1234. — *Grégoire fait savoir à Guillaume qu'en accordant aux maîtres de l'Université de Toulouse le droit d'enseigner en tous lieux, il n'a point entendu déroger aux privilèges de l'Université de Paris.*

Gregorius, episcopus, servus servorum Dei, venerabili fratri..., episcopo Parisiensi, salutem et apostolicam benedictionem.

Licet olim Universitati magistrorum et scolarium Tolose studentium duxerimus indulgendum, ut quicumque magister ibidem probatus et examinatus fuerit in qualibet facultate, ubique sine alia examinatione regendi liberam habeat potestatem, nolumus tamen per hoc consuetudini et statutis Parisius studentium derogare, mandantes ut, sicut hactenus, sic de cetero circa examinationem magistrorum inviolabiliter Parisius observetur, predicta indulgentia non obstante.

Datum Laterani, tertio nonas Aprilis, pontificatus nostri anno octavo.

Bibl. nat.; collect. Moreau, ms. n° 1189, f° 10,

L

Spolète, 15 août 1234. — *Grégoire IX charge Guillaume de réparer les injustices commises par plusieurs Bénédictins exempts des diocèses de Metz et de Verdun à l'égard de l'abbé de Montiérender.*

Gregorius, episcopus, servus servorum Dei, venerabili

fratri..., episcopo Parisiensi, salutem et apostolicam benedictionem.

Exhibita nobis.., abbatis Dervensis monasterii, quod ad nos, sicut dicitur, immediate pertinet, conquestio continebat quod, cum sibi et dilectis filiis, J., dicto Barath, archidiacono Cathalaunensi, et magistro Girardo de Lauduno, canonico Remensi, visitationem et correctionem monasteriorum exemptorum ordinis Sancti Benedicti, Metensis et Virdunensis diocesis, duxerimus committendam,... sancti Arnulfi Metensis, et quidam alii abbates et monachi diocesum earumdem, jurisdictionem ipsorum impedire volentes, ac insanientes in ipsum abbatem qui curare venerat eos, cogitaverunt consilium molestandi eundem, per diversas litteras ad diversos judices eodem tempore malitiose faciendo citari, quorum quidam judicum predictorum in eum, sine causa rationabili, nulla competenti monitione premissa, suspensionis et excommunicationis sententias promulgarunt, contra statuta Concilii generalis, ut sic fatigatus laboribus et expensis ab executione mandati apostolici, et ab ipsorum abbatum et monachorum correctionibus desistere compellatur. Quare nobis humiliter supplicavit, ut super hoc paterne sibi providere sollicitudine dignaremur. Ideoque fraternitati tue per apostolica scripta mandamus, quatenus, si constiterit impetratores hujusmodi litterarum malitiose talia procurasse, ut sic jurisdictionem abbatis impedirent ipsius, ab eodem abbate sufficienti cautione recepta, ut, si dicte sententie rationabiliter sint prolate, hiis pro quibus late fuerunt, satisfactionem congruam exhibebit, prefatas sententias juxta formam ecclesie relaxantes, ipsos ad satisfaciendum predicto abbati de dampnis et expensis que subiit hac de causa, et venire suspensos ad Sedem Apostolicam pro meritis recepturos, monitione premissa, per censuram ecclesiasticam, appellatione remota, cognita veritate, compellas.

Datum Spoleti, XVII° kalendas septembris, pontificatus nostri anno octavo.

. Bibl. nat. ; collect. Moreau, ms. n° 1189, f° 145.

LI et LII.

Spolète, 1ᵉʳ septembre 1234. — *Grégoire IX mande à Guillaume d'Auvergne d'obliger l'ancien abbé de Cluny Roland à rendre ses comptes. Il le charge de mettre fin à l'abus de la pluralité dans l'ordre de Cluny.*

Gregorius, episcopus, servus servorum Dei, venerabili fratri..., episcopo Parisiensi, salutem et apostolicam benedictionem.

Exhibita nobis dilecti filii..., abbatis Cluniacensis, petitio continebat, quod Rolandus, abbas Maricolensis,[1] Cameracensis diocesis, quondam abbas monasterii Cluniacensis, tempore quo ipsi monasterio prefuit, a prioratibus et domibus Cluniacensis ordinis extorsit non modicam pecunie quantitatem, de qua tam post cessionem suam, quam ante, apud quosdam partim deposuit, et partim penes se retinens, partim vero quibusdam personis ipsius ordinis et aliis dicitur mutuasse. Quare fuit, ex parte dicti abbatis Cluniacensis, nobis humiliter supplicatum, ut indempnitati ejusdem monasterii paterna providere sollicitudine dignaremur. Quocirca fraternitati tue per apostolica scripta mandamus, quatenus, si res ita se habet, eundem abbatem ad reddendam ipsi abbati de perceptis congruam rationem, et ad restituendum ea que de prioratibus ipsis et domibus eum percepisse constiterit, exceptis expensis quas necessario probaverit se fecisse, quibusdam litteris bone memorie B., abbatis Cluniacensis, in quibus contineri dicitur, quod totum proprium quod habuerat, restituerat ei, nequaquam obstantibus, et ut depositarios ac debitores ad restituenda hujusmodi debita et deposita supradicto abbati, necnon et eundem abbatem Maricolensem ad relaxandum juramentum, si quod ei predicti debitores et depositarii de reddenda sibi pecunia prestiterunt, et ad resignanda, si qua super hoc obtinent instrumenta, et litteras ac

---

1. Maroilles (Nord, arr. d'Avesnes, cᵒⁿ de Landrecies).

cautiones, si quas propter hoc a debitoribus recepit eisdem, monitione premissa, sine judiciorum strepitu, simpliciter et de plano, per censuram ecclesiasticam, appellatione remota, compellas, invocato ad hoc, si opus fuerit, auxilio brachii secularis. Non obstante constitutione de duabus dietis edita in Concilio generali, dummodo ultra quintam vel sextam per hujusmodi litteras aliqui extra suam diocesim ad judicium non trahantur.

Datum Spoleti, kalendis septembris, pontificatus nostri anno octavo.

Bibl. nat.; collect. Moreau, ms. n° 1189, f° 150.

Gregorius, episcopus, servus servorum Dei, venerabili fratri..., episcopo Parisiensi salutem et apostolicam benedictionem.

Dilectus filius..., abbas Cluniacensis, sua nobis petitione monstravit, quod, cum nuper a Sede Apostolica sit statutum, ne aliquis abbas Cluniacensis vel alterius ordinis obtineat prioratum, Rolandus, abbas Maricolensis, Cameracensis diocesis, quondam abbas Cluniacensis, prioratum Lehenensem [1], ad Cluniacense monasterium pertinentem, de quo est in abbatem Maricolensem assumptus, adhuc cum abbatia retinere presumit, contra statutum hujusmodi temere veniendo, in ipsius monasterii non modicum detrimentum. Ceterum cum contingit eundem abbatem Cluniacensem aliquando ad ordinationem suam quosdam prioratus et domos, quos quidam abbates et priores tam Cluniacenses, quam alterius ordinis, cum suis abbatiis et prioratibus detinent, revocare, tot et tantis eos reperit debitis obligatos, quod ei plus incommodi quam utilitatis important. Quare nobis humiliter supplicavit, ut super hiis monasterio ipsi paterno affectu compati dignaremur. Ideoque fraternitati tue per apostolica scripta mandamus, quatenus, si res ita se habet, domos et prioratus eosdem, non obstantibus aliquibus litteris ab abbatibus Cluniacensibus vel a Sede Apostolica super confirmatione ipsorum domorum et prioratuum

1. Liesses (Nord, arr. d'Avesnes, c^{on} de Solre-le-château).

impetratis, sine judiciorum strepitu, simpliciter et de plano, ad ordinationem dicti abbatis auctoritate nostra, sublato appellationis obstaculo, revocans, denunties abbatem et domos et prioratus predictos seu fidejussores eorum super ipsorum debitis creditoribus aliquatenus non teneri, nisi manifeste constiterit hujusmodi debita conversa in utilitatem domorum et prioratuum extitisse, detentores eorum ad reddendam ipsi de perceptis plenariam rationem, ac ad restituendos fructus et redditus quos ultra expensas, quas necessario se fecisse probaverint, illos constiterit percepisse, monitione premissa per censuram ecclesiasticam, appellatione remota, ratione previa compellendo; nichilominus ea que de bonis domorum et prioratuum eorumdem alienata inveneris illicite vel distracta, ad jus et proprietatem ipsorum legitime revocando. Contradictores, etc. Nonobstante constitutione, etc. dummodo ultra quintam vel sextam, etc.

Datum Spoleti, kalendis septembris, pontificatus nostri anno octavo.

Bibl. nat.; collect. Moreau, ms. n° 1189, f° 152.

LIII

Pérouse, 8 décembre 1234. — *Grégoire IX charge Guillaume d'Auvergne et deux autres ecclésiastiques de veiller à ce que les biens de l'abbaye de Saint-Wandrille ne soient pas gaspillés par le prieur.*

Gregorius, episcopus, servus servorum Dei, venerabili fratri..., episcopo Parisiensi, et dilectis filiis, J., archidiacono Senonensi, et magistro Vernacio, canonico Tervisino [1], Parisius commoranti, salutem et apostolicam benedictionem.

Dilectus filius..., abbas monasterii Sancti Wandregisili, Rothomagensis diocesis, sua nobis petitione monstravit, quod cum..., prior, et quidam alii ejusdem monasterii monachi con-

1. Trévise.

tra venerabilem fratrem nostrum Rothomagensem archiepiscopum, loci diocesanum, qui visitationem in monasterio ipso, prout ad eum pertinet, exercebat, ut canonicam ipsius effugerent disciplinam, tacito ejusdem abbatis nomine, quasdam ad vos super revocando archiepiscopi predicti processu a nobis sub certa forma litteras impetrarint, prefati monachi correctionem subire nolentes, ad prosecutionem hujusmosdi litis sue graves et immoderatas expensas de bonis dicti monasterii per vos sibi exigunt ministrari; quare monasterium ipsum maximum patitur detrimentum. Quocirca mandamus quatenus, si est ita, predictis priori et monachis in expensis modestis et necessariis sic de bonis ejusdem monasterii providere curetis, ut idem per hoc enormiter non ledatur, et vos possitis exinde commendari. Quod si non omnes, etc, tu, frater episcope, etc.

Datum Perusii, sexto idus decembris, pontificatus nostri anno octavo.

Bibl. nat.; collect. Moreau, ms. n° 1189, f° 260.

LIV.

Pérouse, 9 décembre 1134. — *Grégoire IX fait savoir à tous les prélats de France qu'ils doivent lui faire parvenir les revenus des clercs romains, et que Guillaume d'Auvergne est chargé de les y contraindre au besoin.*

Gregorius, episcopus, servus servorum Dei, venerabilibus fratribus archiepiscopis et episcopis, abbatibus, prioribus, prepositis, decanis, archidiaconis et aliis ecclesiarum prelatis et capitulis per regnum Francie constitutis, salutem et apostolicam benedictionem.

Cum, exigente malitia Romanorum, omnes redditus ecclesiasticos clericorum Urbis ad nostre voluntatis beneplacitum mandaverimus retineri, presentium vobis auctoritate mandamus, quatinus redditus universos quos in ecclesiis vestris iidem clerici obtinere noscuntur, exceptis redditibus cappellanorum nostrorum et eorum qui residentiam in eisdem ecclesiis faciunt personalem, dilecto filio, magistro Symoni, scriptori nostro, sine diminutione ac difficultate qualibet, nostro nomine, assignetis. Alioquin venerabili fratri nostro..., Parisiensi episcopo, nostris damus litteris in mandatis, ut vos ad id auctoritate nostra sublato appellationis impedimento compellat.

Datum Perusii, quinto idus decembris, pontificatus nostri anno octavo.

Bibl nat. ; collect. Moreau, ms. n° 1189, f° 261.

LV.

Pérouse, 18 décembre 1234. — *Grégoire IX autorise Guillaume à scinder les paroisses de son diocèse.*

Gregorius, episcopus, servus servorum Dei, venerabili fratri..., episcopo Parisiensi, salutem et apostolicam benedictionem.

Ex parte tua fuit nobis humiliter supplicatum, ut, cum quedam ecclesie tue diocesis adeo amplas parrochias habeant et diffusas, quod sub unius regimine nequeant congrue gubernari, tibi, ut locorum parrochianis utilius in spiritualibus consulatur, et ecclesie dispendium non incurrant, quod de una parrochia duas facere, ubi expedire videris, juxta canonicas sanctiones valeas, licentiam concedere dignaremur. Tuis igitur precibus inclinati, auctoritate tibi presentium concedimus postulata, dummodo in parrochiis sic divisis ministrantes presbiteri sustentationem possint congruam obtinere.

Datum Perusii, XV° kalendas januarii, pontificatus nostri anno octavo.

Bibl. nat.; collect. Moreau, ms. n° 1189, f° 269.

LVI

1234-35. — *Guillaume prononce une sentence arbitrale, pour* régler les différends qui s'étaient élevés entre l'abbaye de Saint-Magloire et le curé de Saint Barthélemi.

...Porro dictos abbatem et conventum monuimus atque rogavimus, ut super parrochianis S. Bartholomei ultra pontem commorantes (*sic*) consilium apponerent. Ipsi vero, nostris precibus inclinati, ne dicti parrochiani amplius divino servicio defraudentur, presbitero S. Bartholomei Parisiensis et parrochianis supradictis concesserunt licenciam construendi capellam quandam, in terra S. Maglorii, VIII taisiarum in latitudine, et de VIII in longitudine, cum duabus campanis tantummodo, quarum quelibet erit ponderis CC librarum, distantem a clausura abbacie S. Maglori VI taisias tantum ; cujus collatio, si processu temporis contingat ipsam ab ecclesia S. Bartholomei separari, ad abbatem et conventum S. Maglorii, tanquam ad patronos pertinebit...

Bibl. nat.; ms. latin, n° 5413; cartul. de Saint-Magloire, f° 41.

LVII

Février 1235. — *Il confirme, comme seigeur du lieu, et moyennant une somme de 50 l. parisis, une vente de dîme, faite par Guy de Garlande à l'abbaye de Saint-Antoine.*

Arch. nat., L, 1014; abb. de Saint-Antoine, n° 25.

LVIII

Février 1235. — *Il confirme un acensement et un amortissement, faits par le prieuré de Saint-Martin-des-Champs en faveur du curé de Bauffemont.*

Arch. nat., LI., 1354; cartul. de Saint-Martin-des-Champs, f° 144.

LIX

Mars 1236. — *Il ordonne la suppression d'une chapelle con-*

struite par le curé de Saint-Laurent sans l'assentiment du prieuré de Saint-Martin-des-Champs.

Ibid., f° 227.

LX

Avril 1236-37. — *Il conclut un accord avec l'abbaye de Saint-Germain-des-Prés, au sujet de la succession d'un curé mort intestat.*

Arch. nat., LL. 1026; cartul. de Saint-Germain-des-Prés, f° 51.

LXI

Avril 1236-37. — *Il signifie une vente faite par Jean de Chauvigny à l'abbaye de Saint-Denis.*

Arch. nat., LL, 1159; cartul. blanc de Saint-Denis, p. 26.

LXII

Mai 1236. — *Il signifie une vente faite, en sa présence, par Étienne de Meudon, chevalier, à l'abbaye de Saint-Germain-des-Prés.*

Arch. nat., LL, 1026; cartul de Saint-Germain-des-Prés, f° 71.

LXIII

Juin 1236. — *Il confirme un échange conclu, en sa présence, entre Michel-le-Bouc et l'église de Saint-Germain-l'Auxerrois.*

Arch. nat., LL, 489; cartul. de Saint-Germain-l'Auxerrois, f° 78.

LXIV

Juillet 1236. — *Il signifie une vente, faite par le curé de Paray à l'abbaye de Port-Royal.*

Bibl. nat. ; ms. latin 10997; cartul. de Port-Royal, f° 32.

LXV

1237-38. — *Il confirme les excommunications que lançaient les prêtres présents à la procession du 31 juillet contre tout violateur des droits de Saint-Germain-l'Auxerrois.*

Arch. nat., LL, 489; cartul. de Saint-Germain-l'Auxerrois, f° 11.

LXVI

Juillet 1237. — *Il signifie une vente, faite, en sa présence, par Robert de Sainte-Croix à l'abbaye de Saint-Denis.*

Bibl. nat.; ms. latin n° 5415; cartul. de Saint-Denis, p. 465.

LXVII

Juillet 1237. — *Il signifie une vente, faite à l'abbaye de Saint-Denis par Jean de Pissecoq, chevalier.*

Arch. nat.; LL, 1157; cartul. blanc de Saint-Denis, p. 373.

LXVIII

Latran, 31 octobre 1237. — *Grégoire IX charge Guillaume de recueillir, à la place de l'évêque du Mans, l'argent des subsides destinés à l'empire latin de Constantinople.*

Gregorius, episcopus, servus servorum Dei, venerabili fratri..., episcopo Parisiensi, salutem et apostolicam benedictionem.

Cum venerabilis frater noster..., Cenomanensis episcopus, pro negotio Imperii Romanie, cui dedimus in regno Francie sub certa forma mandatum, teneatur in mense Martii proximo futuro in succursum Imperii prefati transire, nos te, post ipsius recessum, loco ejus duximus subrogandum ; per apostolica tibi scripta mandamus, quatenus sic vices ejus in hac parte studeas exequi, quod exinde divinam gratiam merearis uberius, nosque devotionem tuam ex hoc debeamus in Domino commendare.

Datum Laterani, secundo kalendas novembris, pontificatus nostri anno undecimo.

Bibl. nat.; collect. Moreau, ms. n° 1191, f° 413.

LXIX

16 février 1238. — *Guillaume délivre des lettres de non-préjudice à l'abbaye de Saint-Maur-des-Fossés, après avoir rempli la cure d'Ozouër-la-Ferrière, vacante depuis plus de 6 mois.*

Arch. nat., LL, 114 ; cartulaire de Saint-Maur-des-Fossés, fol. 109.

LXX

Mars 1238. — *Il signifie une donation, faite par Pierre de Beaugrant, prêtre, à l'Hôtel-Dieu de Gonesse.*

Arch. hospit. de Gonesse, L, 8.

LXXI

Mai 1238. — *Il amortit une rente de 16 sous, achetée par Michel-le-Bouc, bourgeois de Paris.*

Arch. nat.; LL, 489; cartul. de Saint-Germain-l'Auxerrois, fol. 78.

LXXII

Juillet 1238. — *Il fait savoir que le curé de Magny a confirmé, en sa présence, un accord, conclu entre son prédécesseur et Jean-le-Prévôt.*

Bibl. nat.; ms. latin, 10997; cartul. de Port-Royal, fol. 66.

LXXIII

Anagni, 31 juillet 1238. — *Faisant droit à une réclamation de saint Louis, Grégoire IX charge l'archevêque de Sens et l'évêque de Paris d'agir par leurs conseils auprès de l'évêque et du chapitre de Chartres, afin qu'ils renoncent à l'indemnité qu'ils exigeaient du comte de Chartres.*

Gregorius, episcopus, servus servorum Dei, venerabilibus fratribus, archiepiscopo Senonensi et episcopo Parisiensi, salutem et apostolicam benedictionem.

Charissimi in Christo filii nostri..., Regis Francorum illustris, exhibite nobis littere continebant, quod venerabilis frater noster..., episcopus, et..., decanus, et capitulum Carnotense, quemdam novitatis modum hactenus insuetum in partibus Gallicanis, non absque gravi scandalo, magnis periculis et timore dissensionis, inducere satagentes, occasione sententiarum excommunicationis in personas et interdicti in terram dilectorum filiorum, nobilis viri..., comitis Carnotensis, et nobilis mulieris..., comitisse, uxoris sue, auctoritate ordinaria prolatarum ab eis, a quibus eadem auctoritate ipsos postmodum absolverunt, quamdam extorquere nituntur pecunie quantitatem, refundendam, ut asserunt, ecclesiis civitatis et diocesis Carnotensis, in recompensationem dampnorum, pro oblationibus interdicti hujusmodi tempore non perceptis. Quare a nobis cum instantia postulavit, ut super hoc congruum remedium apponere curaremus. Licet igitur eorumdem episcopi, decani et capituli ac ecclesie Carnotensis jura, quantum cum Deo possumus, illesa conservari velimus, quia tamen simile hactenus, ut dicitur, non est factum, nos, volentes futuris periculis obviare, mandamus, quatenus episcopum, decanum et capitulum supradictos, ut exactioni hujusmodi supersedeant, moneatis attentius et inducere studeatis. Si vero aliquid juris in hoc se confidunt habere, ad nos poterunt habere recursum, quia nos libenter super hoc actore Domino salubre consilium apponemus. Quod si non ambo, etc.

Datum Anagnie, secundo kalendas Augusti, pontificatus nostri anno duodecimo.

Bibl. nat.; collect. Moreau, ms. n° 1192, f° 147.

LXXIV

Août 1238. — *Guillaume fait savoir qu'Eudes, archidiacre, s'est engagé, en sa présence, à payer un cens à l'abbaye de Saint-Maur-des-Fossés.*

Arch. nat.; LL, 114; cartul. de Saint-Maur-des-Fossés, f° 81.

LXXV

Novembre 1238. — *Il signifie une vente, faite par Bérenger l'Avare à l'abbaye de Saint-Denis.*

Bibl. nat.; ms. latin, n°5415; cartul. de Saint-Denis, p. 488.

LXXVI

Avril 1239-40. — *Il amortit une rente, donnée par Michel-le-Bouc à l'église de Saint-Germain-l'Auxerrois.*

Arch. nat.; LL, 489; cartul. de Saint-Germain l'Auxerrois, f° 74.

LXXVII

Juin 1239. — *Il signifie une vente de dîmes, faite, en sa présence, par Jean de Ville-Parisis, à l'abbaye de Saint-Victor.*

Bibl. Nat.; ms. latin, n° 14370; annales de Saint-Victor, f° 398.

LXXVIII

Juin 1239. — *Il signifie une vente de dîmes, faite, en sa présence, par Jean Polein, écuyer, à l'abbaye de Saint-Victor*

Ibid., f° 401.

LXXIX

Juillet 1239. — *Il confirme, comme seigneur du lieu, une vente faite par Guy de Chevreuse à l'abbaye de Port-Royal.*

Bibl. nat.; ms. latin, n° 10997; cartul. de Port-Royal, f° 83.

LXXX

Février 1240. — *Il fait un échange de serfs, pour cause de mariage, avec l'abbaye de Saint-Maur-des-Fossés.*

Arch. nat.; LL, 114; cartul. de Saint-Maur-des-Fossés, f° 70.

LXXXI

Avril 1240-41. — *Il confirme une vente de dîmes, faite par Guy de Vilaines, chevalier, à l'abbaye du Val-Notre-Dame.*

Bibl. nat.; ms. latin, n° 5462; cartul. du Val-N.D., p. 123.

LXXXII

Mai 1240. — *Il conclut un accord avec l'abbaye de Saint-Denis, au sujet du cimetière d'Argenteuil.*

Arch. nat.; LL, 1159; cartul. blanc de Saint-Denis, p. 26.

LXXXIII

Janvier 1241. — *Il confirme un règlement des évêques ses prédécesseurs, touchant les demi-prébendes de Notre-Dame.*

Bibl. nat.; ms. latin n° 14370; annales de Saint-Victor, f° 420.

LXXXIV

Février 1241. — *Il confirme un accord, conclu entre l'aumônier de Saint-Denis et le curé de Sainte-Geneviève de la Chapelle.*

Arch. nat.; LL, 1157; cartul. blanc de Saint-Denis, p. 353.

LXXXV

Août 1241. — *Il délivre des lettres de non-préjudice à l'abbé de Saint-Maur-des-Fossés, qui l'avait hébergé dans sa ferme de Neuilly-sur-Marne.*

Arch. nat.; LL, 114; cartul. de Saint-Maur-des-Fossés, f° 213.

LXXXVI

Août 1241. — *Il confirme un accord, conclu entre l'abbaye de Saint-Denis et le curé de Luzarches.*

Arch. nat.; LL, 1157; cartul. blanc, p. 598.

LXXXVII

Août 1241. — *Il confirme un compromis du curé d'Ozouër-la-Ferrière et de l'abbaye de Saint-Maur-des-Fossés.*

Arch. nat.; LL., 114; cartul. de Saint-Maur-des-Fossés, f° 109.

LXXXVIII

Janvier 1243. — *Il signifie un accord, conclu entre Pierre de Sevran, Adam, son frère, et le prieuré de Saint-Martin-des-Champs.*

Arch. nat.; LL, 1354; cartul. de Saint-Martin-des-Champs, f° 22.

LXXXIX

Mars 1243. — *Il signifie un accord, conclu, en sa présence, entre le comte de Bar et l'abbaye de Saint-Maur-des-Fossés.*

Arch. nat.; LL, 114; cartul. de Saint-Maur-des-Fossés, f° 168.

XC

Novembre 1243. — *Il signifie une donation, faite, en sa présence, par le curé de Saint-Laurent au prieuré de Saint-Martin-des-Champs.*

Arch. nat.; LL, 1354; cartul. de Saint-Martin-des-Champs, f° 228.

XCI

Mars 1244. — *Il autorise la construction d'une chapelle à Clamard, dans la maison d'Adam le Queux.*

Ibid, f° 109.

XCII

Mars 1244. — *Il donne la dîme d'Ormoy a l'abbaye de Saint-Antoine-des-Champs.*

<small>Arch. nat.; L, 1014; abbaye de Saint-Antoine, Ormoy, n° 1.</small>

XCIII

Latran, 23 avril 1244. — *Innocent IV accorde à Guillaume d'Auvergne le privilège de ne pouvoir être contraint par lettres apostoliques de conférer des bénéfices, à moins que ces lettres ne fassent mention de la présente indulgence.*

Innocentius, episcopus, servus servorum Dei, venerabili fratri, episcopo Parisiensi, salutem et apostolicam benedictionem.

Sincere devotionis affectus, quam ad nos et Romanam ecclesiam habere dinosceris, nos ammonet et inducit, ut te speciali prerogativa favoris et gratie prosequentes, petitionibus tuis, quantum cum Deo possumus, favorabiliter annuamus. Cum igitur Apostolica Sedes, que se liberalem exhibet universis, frequenter propter importunitates petentium consueverit scribere pro pensionibus seu beneficiis conferendis, ex quo interdum ecclesie et ecclesiarum prelati reputant se gravari, nos paci et tranquillitati tue paterna volentes solicitudine providere, tuis supplicationibus inclinati, ut in aliqua ecclesiarum tuarum invitus compelli ad provisionem alicujus per litteras apostolicas non possis, nisi expressam de hac indulgentia fecerint mentionem tibi auctoritate presentium indulgemus. Nulli ergo, etc., nostre concessionis, etc., siquis autem, etc.

Datum Laterani, nono kalendas maii, pontificatus nostri anno primo.

<small>Bibl. nat.; collect. Moreau, ms. n° 1194, f° 459.</small>

XCIV

Juillet 1244. — *Guillaume signifie une vente, faite, en sa présence, par Eustache, chanoine de Saint-Merry, à l'abbaye de Saint-Victor.*

<small>Bibl. nat.; ms. latin, n° 14370, Annales de Saint-Victor, f° 440.</small>

XCV

Lyon, 13 janvier 1245. — *Innocent IV accorde à Guillaume le privilège de ne pouvoir être excommunié, interdit ou écarté des saints lieux par un délégué du Saint-Siège, à moins d'un ordre exprès du Pape faisant mention de la présente indulgence.*

Innocentius episcopus, servus servorum Dei, venerabili fratri nostro, episcopo Parisiensi, salutem et apostolicam benedictionem.

Apostolice Sedis benignitas provide pensans merita singulorum, illos quos in sua devotione proraptos invenerit et ferventes, favore benivolo prosequi consuevit, et eos quibusdam titulis decentius decorare. Ut igitur ex speciali devotione, quam ad personam nostram et Romanam ecclesiam habere dinosceris, et ex sincere opinionis odore, quem emittis ad proximos, traditum tibi ministerium laudabiliter adimplendo, favorem tibi apostolicum sentias accrevisse, auctoritate tibi presentium indulgemus, ut nullus delegatus a nobis, vel subdelegatus, executor, aut etiam conservator auctoritate Sedis Apostolice vel legatorum ipsius in personam tuam excommunicationis, suspensionis aut etiam interdicti sententias promulgare, aut interdicere tibi ingressum ecclesie valeat, absque mandato Sedis Apostolice, faciente plenam de hac indulgentia mentionem. Nulli ergo, etc.: si quis, etc.

Datum Lugduni, idibus Januarii, pontificatus nostri anno secundo.

Bibl. Nat. ; collect. Moreau, ms. n° 1194, f° 351.

XCVI

30 septembre 1245. — *Guillaume fait savoir que le curé de Suresnes a reconnu tenir en laïque les vignes relevant de l'abbaye de Saint-Denis.*

Bibl. nat.; ms. latin n° 5415, cartul. de Saint-Denis, p. 492.

XCVII

Février 1246. — *Il signifie une vente de dîme faite en sa présence par Baudoin de Ville-Parisis à l'abbaye de Saint-Victor.*

Bibl. nat. ; ms. latin n° 14370; annales de Saint-Victor, f° 447.

XCVIII

Juillet 1246. — *Il ordonne aux religieux de l'abbaye de Saint-Denis et aux frères de la maison-Dieu de Gonesse d'observer l'accord conclu entre ladite abbaye, d'une part, l'abbaye de Saint Florent de Saumur et le prieur de Deuil, de l'autre.*

Bibl nat.; ms. latin n° 5415; cartul de Saint-Denis, p. 174.

XCIX

Mai 1247. — *Il signifie une vente de dîme, faite en sa présence par Adam de Montfermeil, chevalier, à l'abbaye de Sainte-Geneviève.*

Bibl. Sainte-Geneviève; cartul. ms. de Sainte-Geneviève, p. 258.

C

Juillet 1247. — *Il confirme un accord, conclu en sa présence, et grâce à son intervention, entre le curé de Vigneux et l'abbaye de Saint-Maur-des-Fossés.*

<small>Arch. nat., LL, 112; cartul. de Saint-Maur-des-Fossés, f° 36.</small>

CI

Lyon, 5 septembre 1247. — *Innocent IV charge Guillaume d'Auvergne de châtier, dans son diocèse, les personnes qui abusent des lettres apostoliques.*

Innocentius, episcopus, servus servorum Dei, venerabili fratri, episcopo Parisiensi, salutem et apostolicam benedictionem.

Cum, sicut accepimus, nonnulli in Gallicanis partibus litteris apostolicis et indulgentiis abutantur, trahendo partes malitiose in causam, illas contra quas nihil habent penitus questionis, vel eamdem personam etiam ad diversos et remotos judices sibi propitios et hujusmodi consentientes excessibus, aut ultra terminum in constitutione nostra statutum, per generalem clausulam quidam alii faciendo citari, ut extorqueant aliquid a citatis ac alia inhonesta et enormia per litterarum ipsarum committentes abusum, fraternitati tue precipiendo mandamus, quatenus in tua civitate ac diocesi super hiis inquiras ac inquiri facias diligentius veritatem, et illos quos aliquo modorum ipsorum vel alias etiam litterarum ipsarum inveneris abusores, sive sint judices, sive conservatores, aut etiam litigantes, canonica animadversione castiges. Contradictores, etc., non obstante constitutione de duabus dietis, etc. vel aliquo privilegio, seu indulgentia, per que attribute tibi super hoc jurisdictionis explicatio valeat impediri. Si vero aliquid difficultatis emiserit, remittas illud ad Apostolice Sedis examen, ut super hoc exhibeamus remedium quod videbimus opportunum.

Datum Lugduni, nonis septembris, pontificatus nostri anno quinto.

<small>Bibl. nat.; collect. Moreau, ms. n° 1197, f° 7.</small>

CII

Octobre 1247. — *Guillaume d'Auvergne fait savoir que Guillaume l'Anglais et sa femme ont donné, en sa présence, à l'abbaye de Saint-Maur-des-Fossés, la nu-propriété de tous leurs biens.*

<small>Arch. nat.; LL, 114; cartul de Saint-Maur-des-Fossés, fol. 26.</small>

CIII

Juillet 1248. — *Il fait savoir que Pierre Maréchal, chevalier, a engagé, en sa présence, 86 arpents de bois à l'abbaye de Saint-Maur-des-Fossés.*

<small>Ibid., fol. 87.</small>

FIN DES PIÈCES JUSTIFICATIVES.

TABLE DES NOMS PROPRES

A

Abélard, 237, 304 *n.*, 305.
Abenragel, 305.
Adam de Boissy, 18.
— de Chambly, évêque de Senlis, 68, 69.
— de Montfermeil, chevalier, 381.
— de Sevran, 378.
— le Queux, 45, 378.
— Louppeaux, chevalier, 337.
— Rigaud de Courquetaine, chevalier, 346.
Adhélard de Barth. 245 *n.*
Adhémar, abbé de Figeac, 24.
Adrien Gemelli, archidiacre de Laon, 327 *n.*
Agen (diocèse d'), 29.
— (évêque d'), 15, 15 *n.*
Alain de Lille, 204, 214.
Albategni, 205.
Albert le Grand, 196 *n.*, 238, 241, 260, 262, 284 *n.*, 300, 308, 322, 323 *n.*, 329.
Albi (évêque d'), 30.
Albigeois, 14. 317.
Albumazar, 205, 305.
Alcabitius, 305.
Alexandre d'Aphrodise, 201, 283, 283 *n.*
— de Halès, 238, 241, 260.
Al-Farabi, 205, 236, 262.
Alfragan, 206.
Algazel, 206.
Ali, 206.
Alkindi, 236, 305.
Allemagne, 105 *n.*
Alpétrangi, 206, 303.

Alphonse X, roi de Castille, 305.
Amaury de Bène, 237.
Ambroise (saint), 203.
Amiens (doyen et écolâtre d'), 63.
— (évêque d'), 33, 62, 142.
Ancenis, 145.
Ancône, 105 *n.*
Angers (évêque d'), 143.
Angleterre, 105 *n.*, 113.
Anseau de Garlande, seigneur de Tournan, 18, 19.
Anselme (saint), 260.
Apulée, 203.
Aragon, 105 *n.*, 124.
Argenteuil, 377.
Aristote, 6, 196 *n.*, 200, 204, 206, 236, 238, 239, 244, 262, 280, 282, 284 *n.*, 285, 292, 296 *n.*, 300, 304, 304 *n.*, 305.
Arnauld, 277.
Arnoul, archidiacre de Troyes, 356.
— évêque d'Amiens, 33.
Arras (évêque d'), 15.
Artéphius, 206, 318.
Astorg, 5.
Augustin (saint), 203, 240, 259, 277, 279, 284, 300.
Aumale (comté d'), 72.
Aurillac, 4 *n.*, 5.
Auxerre (chapitre d'), 146.
— (évêque d'), 13 *n.*
Aven Nathan, 206.
Averroès, 206, 236, 237, 238, 263, 283, 288.
Avicébron ou Ibn Gebirol, 205, 236, 237, 249, 264, 285.
Avicenne, 205, 236-238, 262, 280, 282.
Avranches (chanoine d'), 86.

B

Bagneux, 81.
Bar (comte de), 18, 109, 378.
Barbeaux (abbaye de), 43.
Barthélemy, évêque de Paris, 8, 16 *n*.
Basile (saint), 201.
Baudoin de Corbeil, 18.
— empereur de Constantinople, 116, 117.
— de Villeparisis, 381.
Bauffemont (curé de), 370.
Bayeux (clerc de), 29.
— (église de), 87.
— (évêque de), 13 *n*., 142, 143.
Beaumanoir, 233.
Beauvais (chapitre de), 75 *n*.
— (évêque de), 13 *n*., 30, 75, 142, 143, 333.
Bède, 204.
Bellay (évêque de), 12 *n*., 14.
Bérenger, archidiacre de Lodève, 30 *n*.
— l'Avare, 375.
Bernard de Chartres, 240, 260, 295.
— le Trévisan, 328.
— (saint), 204.
— Travery, 29.
Béroalde de Verville, 328.
Besançon (archevêque de), 12 *n*., 14, 15, 30 *n*.
— (chapitres de), 14.
— (Frères Prêcheurs de), 14 *n*.
— (province de), 105 *n*.
Béziers (évêque de), 13 *n*.
Blanche de Castille, 49, 52, 60, 65-68, 70, 71, 79 *n*., 82, 83, 101 *n*., 114, 116, 125, 126, 128, 129, 145, 148, 149, 151.
Blanche, fille de saint Louis, 150.
Boèce, 203, 240, 254.
Bohême, 105 *n*.
Bologne (université de), 305.
Bonaventure (saint), 288 *n*.
Boniface VIII, 191.
Bordeaux (archevêque de), 30 *n*.
Bossuet, 277.
Boulogne (comte de), 114, 361.
Bourges (archevêque de), 12 *n*., 15, 30, 82, 139.
— (chapitre de), 86.
— (province de), 141.
Bourgogne (duc de), 108.
Bray-sur-Seine, 42, 114.
Bretagne, 145, 317.
Breuil, 45.
Brioude (doyen et prévôt de), 29.
Brutus, troyen, 320.

C

Cahors (évêque de), 13 *n*.
Cambrai (diocèse de), 105 *n*.
— (évêque de), 13 *n*., 90.
Carcassonne (évêque de), 138.
Cassovie, 105 *n*.
Castille, 105 *n*., 124.
Cathares, 317.
Cens commun, 80, 80 *n*.
Censorinus, 305.
Césaire d'Heisterbach, 318.
Chalcidius, 198 *n*.
Châlons-sur-Marne (chapitre de), 89, 89 *n*.
— (évêque de), 13 *n*., 30, 89 *n*., 143.
Champagne (comte de), 96, 114, 351.
Champtoceaux, 378.
Chartres (comte de), 110, 374.
— (évêque de), 13 *n*., 94 *n*., 110, 142, 143, 374.
Chartreuve (abbé de), 100 *n*.
Chypre, 105 *n*., 314, 320.
Cicéron, 202, 276, 283.
Citeaux (abbé de), 100 *n*., 108.
Clamard, 45, 378.
Clément de Fauquembergue, 161 *n*.
Clément Romain (saint), 204.
Clermont, 317.
— (évêque de), 13 *n*.
Cluny, 151, 366.
Cologne (archevêque de), 86, 86 *n*.
— (église de), 86, 86 *n*., 87 *n*.
Combs-la-ville, 337, 350.
Conrad de Hochstaden, archevêque de Cologne, 86, 86 *n*.
Constantinople (empire de), 105, 105 *n*., 116, 372, 373.
Corbeil, 18.
Cornouaille, 109.
Corse, 105 *n*.
Coutances (église de), 87.
Croatie, 106 *n*.
Crosne, 41.
Cyprien (saint), 203.

D

Dacie, 105 *n.*
Dalmatie, 105 *n.*
Dampierre (curé de), 343.
Denis (faux), 201.
Denis le Chartreux, 38.
Descartes, 280, 282 *n.*
Deuil (prieur de), 381.
Deux-Siciles, 105 *n.*
Dia de Carbonnières, 5.
Donin ou Nicolas, juif de la Rochelle, 120, 121, 124, 126-129, 136.
Dreux (comte de), 108, 114, 361.
Dreux de Trubleville, chanoine de Rouen, 30 *n.*
Dugny (curé de), 336.
Duns Scot, 288 *n.*
Durand de Montal, 5.

E

Ecosse, 105 *n.*
Elicie, abbesse de Montivillier, 66.
Elizabeth (sainte), 154.
Eloi, chanoine de Troyes, 338.
Embrun (archevêque d'), 12 *n.*
Epicure, 296.
Ernaud d'Ermont, 349.
Esclavonie, 105 *n.*
Esprit Gobineau de Montluisant, 328.
Etienne, abbé de Cluny, 98, 99.
— chantre de Provins, 338.
— de Beaumont, 80.
— de Bourbon, 4, 231, 323, 325.
— de la Colonne, sous-diacre du Pape, 333.
— de Meudon, chevalier, 371.
— religieux, 27 *n.*, 303 *n.*
— Tempier, évêque de Paris. 264, 297 *n.*, 323.
Euclide, 201.
Eudes, abbé de Sainte-Colombe de Sens, 93.
— archidiacre de Paris, 82, 375.
— Clément, archev. de Rouen, 132, 133.
— clerc de Guillaume, 345.
— de Châteauroux, légat, 25 *n*, 72 *n.*, 82, 89 *n.*, 130, 133-135.
— de Sully, évêque de Paris, 129 *n.*
— de Villethierry, doyen de Bayeux, 87, 87 *n.*
Eusèbe, 201.
Eustache, chanoine de Saint-Merry, 380.
Evreux (évêque d'), 13 *n.*, 82.
Exeter (évêque d'), 113, 362.

F

Faustus de Riez, 203.
Fénelon, 277.
Ferry de Brunoy, 18.
Ferté (abbé de la), 108.
Ferté-Aleps (la), 18.
Figeac (abbaye et consuls de), 23, 24.
Filles-Dieu, 7, 42.
François Vivant, chancelier de Paris, 39.
Frères Mineurs, 43, 102-104, 104 *n.*, 124, 131, 354.
— Prêcheurs, 24, 45, 53, 55, 56, 131, 148, 149, 289 *n.*, 340.
— — (prieur des), 69, 124.
Fumier (rue du), 81.

G

Galien, 201.
Garin de Louvres, 346.
— Gondeline, chevalier, 336.
Garlande (terre de), 74.
Gautier Cornut, archevêque de Sens, 113, 132. 133.
Geoffroy, abbé de Lagny, 96.
— de Blèves, 37, 130.
— de Bouilly, chevalier, 87.
— de Grandpré, évêque de Châlons. 89 *n.*
— des Fontaines, 191.
Gérard de Crémone, 205.
Géraud, archidiacre, 5.
Gervais de Tilbury, 318
Gévaudan 29,
Gilain de Caen, évêque de Coutances, 26 *n.*
Gilbert de la Porrée, 204.
Gille Cornut, archevêque de Sens, 112.
Girard de Laon, chanoine de Reims, 364.

TABLE DES NOMS PROPRES

Giraud, doyen de Paris, puis évêque d'Agen, 153 15 *n*.
Glandève (évêque de), 13 *n*.
Gonnesse (maison Dieu de), 373, 381.
G. Peurel, archidiacre de Paris, 333.
Grand-Pont, 80.
Grégoire. le Grand (saint), 203, 240.
Grégoire IX, 9-11, 13-16, 30 *n*., 43, 57-62, 67-69, 72, 72, *n*., 75, 77, 78, 79 *n*., 80, 84, 86, 87, 88 *n*, 89, 89 *n*., 90, 91, 94-103, 105, 107, 109, 112-117, 121, 124, 134, 138, 142 *n*., 338, 343, 347, 350-352, 354, 357-369, 372, 374.
Grégy (curé de), 22.
Guerry de Saint-Quentin, 37.
Guiard de Laon, chancelier de Paris, 36, 36 *n*., 37 *n*., 72 *n*.
Guigues, prieur de la Grande-Chartreuse, 204.
Guillaume, abbé de Prémontré, 99 *n*., 100 *n*., 101 *n*.
— Barbète, 16.
— Beaufet, évêque de Paris, 193, 194.
— Burel, évêque d'Avranches, 92, 92 *n*.
— de Conches, 293, 304.
— de la Tour, archevêque de Besançon, 15.
— de Montfermeil, 336.
— de Paris, inquisiteur, 192.
— de St-Amour, 191, 192.
— de Seignelay, évêque de Paris, 15, 349.
— Durand, 38, 326.
— , franciscain, 26.
— Gray, évêque d'Ely, 163. *n*.
— l'Anglais, 383.
— le Fort, 358.
— le Roux, 338.
— pénitencier du Pape, 116 *n*.
— Perrauld, 162, 162 *n*., 183, 191.
— Point l'asne, 337.
— Rougis, 356.
— , trésorier de Saint-Germain-des-Prés, 345.
Guy Briart, chevalier, 347.
— de Chevreuse, 18, 19, 376.
— de Garlande, 370.
— de Pierrelaye, 352.

— de Villaines, 376.
— le Bouteiller, 42.

H

H., archidiacre de Paris, 358.
Henri de Dreux, archevêque de Reims, 14, 67, 90 *n*.
Henri de Gand, 277, 288.
— de *Malapeta*, 88 *n*.
— Pavier, chevalier, 336.
— III, roi d'Angleterre, 52, 113, 124, 352, 353.
— Tuebuef ou de Sorbonne, 142, 154.
Héraclite, 283.
Hermès Trismégiste, 198, 318, 328.
Hildebert de Tours, 305.
— , évêque du Mans, 204.
Hippocrate, 198.
Hongrie, 105 *n*.
Honorius III, 4 *n*., 6, 15, 30 *n*., 34 *n*., 84, 88, 333, 334.
Horace, 202.
Hugues, chanoine du diocèse de Constance, 30 *n*.
— de Saint-Cher, 37.
— de St-Victor, 170, 170 *n*., 204, 218, 220, 236.
— de Toucy, archevêque de Sens, 112.
Huns, 314, 320.

I

Ingeburge, 316.
Ingerand de Coucy, 361.
Innocent II, 98 *n*.
Innocent IV, 14, 15, 29, 30 *n*., 63, 74 *n*., 84, 86, 105, 111, 117, 132-134, 138, 139, 142, 151, 379, 380, 382.
Irlande, 105 *n*.
Isidore de Séville, 204.
Istrie, 105 *n*.
Ivry, 74.

J

Jacques de Basoches, évêque de Soissons, 91, 91 *n*.
Jacques de Dinant, évêque d'Arras, 15.
— de Préneste, légat, 14.

TABLE DES NOMS PROPRES

— de Vitry, 231.
J. archidiacre de Sens, 367.
J. Barath, archidiacre de Châlons, 364.
Jean, archidiacre de Châlons, 88 *n*.
— Aubin, procureur du collège de Justice, 161 *n*.
— Chrysostome (Saint), 201.
— , comte de Mâcon, 357.
— Damascène (saint), 201.
— d'Apremont, 30 *n*, 88.
— de Beaumont, chambrier de France, 147, 148.
— de Brescia, 27.
— de Châtillon, comte de Blois, 111.
— de Chauvigny, 371.
— de Créqui, 358.
— de la Rochelle, 37, 293, 293 *n*.
— de Montmirail, archidiacre de Paris, puis frère prêcheur, 68, 69, 72 *n*., 80, 334, 357.
— de Montmirail, cistercien, 7 *n*., 105, 106, 106 *n*., 107, 107 *n*.
— de Paris, 328.
— de Pissecoq, chevalier, 372.
— de Saint-Cirice, curé, 30 *n*.
— de Saint-Gilles, 54, 55.
— de Salisbury, 236, 305.
— de Soisy, 18.
— de Villeparisis, 376.
— la Masse, 161 *n*.
— le Goulier, sergent du chapitre de NotreDame, 73, 82.
— le Noir, chanoine de Paris, 175 *n*.
— Moutier, 348.
— Polein, 376.
Jéhiel de Paris, 126-129, 136.
Jérôme (saint), 203, 240.
Jérusalem (royaume de), 105 *n*.
Joachim de Fiore, 204.
Joinville, 148, 154.
Josèphe, 201.
Juda fils de David, rabbin, 126, 129, 131.
Juhel, archevêque de Tours, puis de Reims, 90 *n*., 103 *n*.
Julius Firmicus, 305.
Juvénal, 202.

L

Labour (terre de), 105 *n*.

Lagny (abbaye de), 96, 97 *n*., 98, 98 *n*., 351, 359.
Langres (évêque de), 13 *n*., 14.
Languedoc, 14, 111.
Laon (évêque de), 75.
Lausanne (chapitre de), 14.
Léon (royaume de), 105 *n*., 124.
Liège (diocèse de), 105 *n*.
— (évêque de), 13 *n*.
Liesses (prieuré de), 98, 366.
Limoges (évêque de), 13 *n*., 30 *n*.
Lisieux (église de), 87.
Livonie, 105 *n*.
Livry, 337.
Lombardie, 105 *n*.
Longpont (abbaye de), 105, 106 *n*., 107.
Louis VI, 74.
— VIII, 43, 342.
— IX, 18, 66-69, 73, 77, 78, 79 *n*., 82, 83, 101 *n*., 110, 111, 114, 124, 125, 130, 132, 132 *n*., 146, 149-152, 154, 325, 342, 352, 357, 374.
Louis, fils de Louis IX, 150.
Louvres en Parisis, 357.
Lucas de Laon, doyen de Notre-Dame, 74, 76.
Lucie de Beuzemoncel, abbesse de Montivillier, 66.
Luzarches (curé de), 377.
Lyon (archevêque de), 12 *n*., 108, 115, 139.
— (province de) 105 *n*., 143.

M

Mâcon (comtesse de), 145.
Macrobe, 203.
Magdebourg (prévôt de), 23, 23
Magny (curé de), 374.
Maguelonne (évêque de), 12 *n*.
Maïmonide, 120.
Malebranche, 277, 278 *n*.
Manichéens, 25.
Manilius, 305.
Mans (évêque du), 114, 361, 372, 373.
Marche Trevisane, 105 *n*.
Marguerite de Provence, 145, 149.
Marmoutier (abbaye de), 111.
Maroilles (abbaye de), 98, 98 *n*., 365, 366.
Martial, 202.

Mathieu de Marly, 362.
— de Maubuisson, 349.
—. de Montmorency, 19, 22, 146.
Maurice, archevêque Rouen, 15, 66-72, 73, *n.*, 91, 103 *n.*
— de Sully, évêque de Paris, 4, 46.
Meaux (évêque de), 62, 89 *n.*, 96, 146, 351.
Meïr ben Baruch, 132.
Mende (évêque de), 15, 29.
Merlin, 314.
Méthodius, 201, 202.
Metz (diocèse de), 99, 363.
— (écolâtre de), 30 *n.*
Michel le Bouc, 371, 373, 375.
Moïse de Coucy, fils de Jacob, 126.
Montereau, 114.
Montfaucon (prévôt de), 89, 89 *n.*
Montfort (comte de), 138.
— (connétable de), 143.
Montivillier (abbaye de), 66, 72.
Montjay, (seigneur de), 18.
Montlhéry, 18.
Morimond (abbé de), 14 *n.*

N

Nantes (évêque de), 13 *n.*
Navarre, 105 *n.*, 124.
Neuilly-sur-Marne, 377.
Neuve-Notre-Dame (rue), 18.
Nevers (évêque de), 13 *n.*, 142, 143.
Nicolas Arrode, bourgeois de Paris, 82.
— chantre de Notre-Dame, 8, 8 *n.*, 9, 10.
— de Biard, 231.
— de Braye, 146, 147.
— de Gorran, 231.
Nicolle Sellier, scribe du chapitre de Notre-Dame, 327 *n.*,
Normandie, 110.
Norwège, 105 *n.*
Notre-Dame (chantre de), 8, 8 *n.* 9, 10, 18.
— (chapitre de), 18, 73-77, 75 *n.*, 80-83, 377.
— (cloître de), 142.
— (doyen de), 8-10, 18, 360.
— (marguillier de), 80.
— (sous-chantre de), 360.

Noyon (archidiacre de), 33, 33 *n.*, 34 *n.*
— (chapitre de), 74 *n.*
— (évêque de), 12 *n.*, 75, 143.

O

Odilon de Mercœur, évêque de Mende, 15, 29.
Oloron (évêque d'), 12 *n.*
Origène, 201.
Orléans (chapitre d'), 146.
— (évêque d'), 13 *n.*
Ormoy, 379.
Ourscamp (abbaye d'), 349.
Ovide, 202.
Ozouër-la-Ferrière (curé d'), 22, 337, 373, 378.

P

Paray (curé de), 372.
Paris (prévôt de), 80, 81, 83.
— (voyer de), 81.
Pascal, 296.
Philippe, archidiacre de Paris, 34 *n.*
Philippe-Auguste, 12 *n.*, 43, 49, 316, 342.
Philippe Berruyer, archevêque de Bourges, 15.
Philippe de Grève, chancelier de Paris, 8 *n.*, 10, 33-36, 33 *n.*, 34 *n.*, 36 *n.*, 38, 52, 59, 62, 220.
Philippe le Bel, 192 *n.*
Philolaüs, 283, 283 *n.*
Pierre, archidiacre de Bayeux, 86.
— d'Ailly, 326.
— de Beaugrant, 373.
— de Boissy, 18.
— de Braye, 45.
— de Limoges, 134.
— de Sevran, 378.
— Lombard, 187, 277.
— Maréchal, chevalier, 383.
— Mauclerc, 79, 109, 114, 145, 380, 361.
Pise, 105 *n.*
Platon, 198-200, 238, 241, 247, 251, 255, 259, 274 *n.*, 283, 295, 296 *n.*, 300, 304.
Platon de Tivoli, 205.
Pline l'Ancien, 202.
Pologne, 105 *n.*
Poméranie, 105 *n.*

TABLE DES NOMS PROPRES

Pomère, 203.
Pontigny (abbé de), 69.
Porphyre, 201, 238.
Port-Royal (abbaye de), 329, 337, 346, 363, 372, 376.
Portugal, 124.
Prémontré, 23, 23 *n*., 100, 100 *n*.
— (abbé de), 99, 100 *n*.
Prémontrés, 23.
Provence, 14, 105 *n*.
Provins, 112, 112 *n*.
Prusse, 105 *n*.
Ptolémée, 201, 303 *n*., 305, 308.
Pythagore, 283.

Q

Quinte-Curce, 202.

R

Ralph Higden, 326.
Raoul, abbé de Monstier-en-Der, 99, 363, 364.
— , abbé de Saint-Victor, 154.
— de Chevry, chanoine de Paris, 82.
— de Presles, 326 *n*.
— de Senlis, 19.
— de Torote, élu de Verdun, 88, 88 *n*.
— évêque de Verdun, 349.
Raschi, 120.
Raymond, chanoine de Paris, 154.
Raymond (maître), 25.
Regnault de Corbeil, évêque de Paris, 15.
Reims (archevêque de), 12 *n*., 30, 65, 114, 139, 143. V. *Henri de Dreux* et *Juhel*.
Reims (chanoine de), 78 *n*.
— (chantre de), 78 *n*.
— (chapitre de), 14, 90.
— (province de), 141.
Remi, chanoine de Châlons, 30 *n*.
— d'Auxerre, 260.
Richard Grafart, sergent du chapitre de Paris, 73, 82.
Robert d'Artois, 143.
— d'Auvergne, archevêque de Lyon, 108.
— de Courçon, légat, 6, 237.
— de Lincoln, 329.
— de Melun, 260.

— de Sainte-Croix, 372.
— de Sorbon, 161.
— , évêque de Liège, 90.
Roche Derrien (seigneur de la), 109.
Rodez (évêque de), 12 *n*.
Roger Bacon, 289, 290, 307, 323, 325, 327, 329.
Roland, abbé de Cluny, 98, 98 *n*., 365, 366.
Roland de Crémone, 55.
— d'Orsigny, 346.
Romagne, 105 *n*.
Rome, 115, 116, 116 *n*., 368.
Rouen, 70.
— (archevêque de), 12 *n*., 15, 67, 79 *n*., 80, 100 *n*, 139, 141, 143, 354, 357, 361, 368, V. *Maurice*.
— (diocèse de), 71, 72.
— (élu de), 100 *n*.
— (province de), 68.
Russie, 105 *n*.

S

Saint-Ange (cardinal de), 14.
Saint-Antoine-des-Champs (abbaye de), 356, 370, 379.
Saint-Arnou de Metz (abbé de), 99, 364.
Saint-Barthélemy (église de), 23, 41, 370.
Saint-Bénigne de Dijon (abbé de), 14 *n*.
Saint-Denis (abbaye de), 21, 336, 343, 349, 352, 371, 372, 375, 381.
— (curé de), 336.
Sainte-Catherine de la Couture (abbaye de), 44.
Sainte-Colombe de Sens (abbaye de), 93, 334.
Sainte-Geneviève (abbaye de), 17, 21, 116 *n*., 142 *n*., 336.
Sainte-Geneviève de la Chapelle, 377.
Sainte-Opportune (chapitre de), 333.
Sainte-Sabine (cardinal de), 9.
Saintes (chanoine de), 29.
— (évêque de), 13 *n*.
Sainte-Trinité d'Aurillac (hôpital de la), 4 *n*., 5 *n*., 42.
Saint-Florent de Saumur (abbaye de), 381.
Saint-George de Cologne (doyen de), 30 *n*.

Saint-Germain des Prés (abbaye de), 101 n., 143, 345, 346, 357, 371.
Saint-Germain des Prés (abbé de), 43, 102 n.
Saint-Germain l'Auxerrois (église de), 22, 338, 371, 372, 375.
Saint-Gervais (paroisse de), 43.
Saint-Gilles et Saint-Loup (chapelle de), 41.
Saint-Jacques (couvent de la rue), 45, 54-56, 149.
Saint-Jacques de Compostelle, 149.
Saint-Jean de Sens (abbaye de), 96, 350.
Saint-Josse-au-Bois (abbé de), 100 n.
Saint-Laurent (curé de), 371, 378.
Saint-Laurent (paroisse de), 7.
Saint-Magloire (abbaye de), 22, 370.
Saint-Malo (évêque de), 30.
Saint-Marcel (doyen de), 49.
— (église de), 138.
— (faubourg), 48.
St-Martin-des-Champs (prieur de), 7 n., 56, 94 n.
St-Martin-des-Champs (prieuré de), 96, 337, 346, 347, 256, 370, 371, 378.
Saint-Martin-de-Tours (église de), 143.
Saint-Mathurin (église de), 45.
Saint-Maur-des-Fossés (abbaye de), 22, 337, 339, 347, 348, 373, 375, 376, 378, 382, 383.
Saint-Merry (terre de), 74.
Saintt-Nicolas-du-Chardonnet (église de), 41.
Saint-Paul (paroisse de), 44, 45, 339-342.
Saint-Pourçain, 317.
Saint-Quentin (doyen de), 63.
Saint-Symphorien de Beauvais (abbaye de), 93, 333.
Saint-Thomas du Louvre (écoliers de), 48.
Saint-Victor (abbaye de), 22, 41, 94, 94 n., 95, 152, 153, 336, 337, 339, 347, 350, 376, 380, 381.
Saint-Victor (abbé de), 101n., 105.
Saint-Wandrille (abbaye de), 66, 72, 367.
Salisbury (évêque de), 113, 113 n., 352, 353.
Salomon, hôte du chapitre de Paris, 80.

Samuel, fils de Salomon, 126.
Sardaigne, 105 n.
Savigny (abbé de), 69.
Savoie (comte de), 12 n.
Saxe, 23.
Sénèque, 202.
Senlis (curé de), 349.
— (doyen de), 63.
— (évêque de), 14, 63, 68, 69, 82, 90, 130, 357.
Sens (archevêque de), 12 n., 16, 80, 96, 112, 130, 139, 141, 145, 351, 353, 362, 374.
— (chapitre de), 16, 146.
— (marguillers de), 16.
— (province de). 24, 141.
Simon, chevalier, chanoine de Saint-Victor, 337.
— de Cossigny, 79.
— de la Glaisière, 347, 348.
— de Poissy, chevalier, 337, 347.
Sitichenbach (abbé de), 38.
Slavonie, 105 n.
Socrate, 276.
Soissons (chapitre de), 89 n.
Spolète, 105 n.
Suède, 105 n.
Suresnes (curé de), 381.
Sylvestre II, 329.

T

Templiers, 192, 192 n., 193.
Terre-Sainte, 81, 112, 114.
Thémistius, 201.
Thibaut d'Amiens, archevêque de Rouen, 67.
— comte de Champagne, 108, 114.
— de Beaumont, 19.
— de Saxe (frère), 135 n.
— le Maigre, 18.
Thierry de Chartres, 260, 304.
Thomas Becket (saint), 76.
— d'Aquin (saint), 191, 258, 260, 262, 284 n., 292, 300, 307, 329.
— de Bonneuil, 349.
— de Cantimpré, 325.
— prévôt de Reims, 30 n.
Tite-Live, 202.
Toscane, 105 n.
Toulouse (clerc de), 30 n.
— (comte de), 112, 145.

— (couvent des Frères Prêcheurs de), 55.
Toulouse (église de), 143.
— (évêque de), 143.
— (université de), 61, 363.
Tournai (évêque de), 69, 143.
Tours (archevêque de), 12 *n.*, 139, 354. V. *Juhel.*
— (trésorier de), 30 *n.*
Tréguier (diocèse de), 109.
— (évêque de), 109.
Trèves (archevêque de), 139.
Trinitaires, 43, 45.

U

Université de Paris, 6, 25-27, 27 *n.*, 33, 37, 37 *n.*, 47-64, 289, 343-345, 363.

V

Val des Écoliers (frères du), 43, 44, 338, 339-342.

Valère-Maxime, 202.
Val-Notre-Dame (abbaye du), 22, 376.
Vaudois, 317.
Vaux-de-Cernay (abbaye des), 21.
Verdun (chapitre de), 88.
— (diocèse de), 99, 105 *n.*, 363, 364.
— (évêque de), 13 *n.*
Vézelay (abbaye de), 104, 104 *n.*, 354.
— (abbé de), 104, 104 *n.*
Vienne (archevêque de), 138.
Vigneux (curé de), 22, 382.
Villeneuve-en-Dombes, 316.
Villeneuve-Saint-Georges, 41, 346.
Vincent de Beauvais, 307.
Vivo de Meaux, rabbin, 129 *n.*, 130, 131.

W

Winchester (évêque de), 113, 352, 353, 362.

FIN DE LA TABLE DES NOMS PROPRES.

TABLE DES CHAPITRES

PREMIÈRE PARTIE

VIE DE GUILLAUME D'AUVERGNE

CHAPITRE PREMIER

NOMINATION DE GUILLAUME A L'ÉVÊCHÉ DE PARIS

Naissance de Guillaume. — Il devient chanoine de Paris et maître de l'Université. - Elections faites par le chapitre après la mort de l'évêque Barthélemy; sermons du chancelier. — Guillaume en appelle au Pape, et Grégoire IX le nomme évêque de Paris. — Intervention des Souverains Pontifes dans les élections, d'après des documents inédits. — Installation de Guillaume.. 3 à 19.

CHAPITRE II

JURIDICTION

Juridiction gracieuse. — Juridiction contentieuse; sentences arbitrales. — Juridiction spirituelle.................................... 20 à 27.

CHAPITRE III

CONDAMNATION DE LA PLURALITÉ DES BÉNÉFICES

Canons des Conciles. — Dispenses accordées par les Papes. — Guillaume combat la pluralité des bénéfices par son exemple, par ses livres et par ses actes; assemblées de 1235 et 1238..................... 28 à 39.

CHAPITRE IV

FONDATIONS

Fondations d'églises ou de chapelles. — Fondations d'hôpitaux. — Fondations de couvents.. 40 à 46

CHAPITRE V

L'UNIVERSITÉ DE PARIS

Les « pauvres écoliers de Saint-Thomas du Louvre ». — Dispersion de l'Université. — Guillaume concède aux frères Prêcheurs leur première chaire de théologie. — Reproches que lui adresse Grégoire IX. — Retour de l'Université. — Nouveau conflit en 1237................. 47 à 62

CHAPITRE VI

CONFLITS

Caractère des conflits entre l'Église et la Royauté : 1º sous la régence de Blanche de Castille, 2º sous le gouvernement de saint Louis. — Conflit entre Blanche de Castille et Maurice, archevêque de Rouen. — Conflit entre saint Louis et l'église de Paris. — Attitude de Guillaume durant ces deux conflits.. 63 à 83

CHAPITRE VII

MISSIONS

Missions diverses confiées aux délégués du Saint-Siège; à Guillaume d'Auvergne. — Il intervient dans les affaires du clergé séculier (élections, démissions, procès, etc..); réforme les couvents (Saint-Symphorien de Beauvais, Sainte-Colombe et Saint-Jean de Sens, Lagny, Saint-Victor, Cluny, Prémontré), protège les ordres nouveaux contre la jalousie du clergé, fait enquête sur les vertus et les miracles de Jean de Montmirail, etc. — Il intervient dans les querelles de la noblesse et du clergé (affaires de Lyon en 1229, de Tréguier en 1234, de Chartres, en 1238, de Marmoutier en 1246, etc.) — Il est chargé de négocier la paix entre la France et l'Angleterre, entre saint Louis et Thibaud, comte de Champagne, d'envoyer des secours à Grégoire IX et à l'empereur de Constantinople Baudoin................................... 84 à 117

CHAPITRE VII

MISSIONS (suite.)

CONDAMNATION DU TALMUD

Surprise que causent aux chrétiens et aux juifs les premières poursuites contre le Talmud. — Le juif converti Nicolas de la Rochelle. — Guil-

laume chargé d'expédier en France, Angleterre, Aragon, Navarre, Castille, Léon et Portugal l'ordre de saisir les livres juifs. — Solennelles discussions entre les rabbins et les clercs, en présence de toute la cour de France. — Première condamnation du Talmud. — Les Juifs corrompent à prix d'argent l'archevêque de Rouen. — Nouvelle condamnation des livres juifs. — Composition du livre intitulé *Excerpta Talmudica*.
Abus auxquels donne lieu quelquefois l'intervention du Saint-Siège dans les affaires de France. — Faveurs que les papes accordent à Guillaume pour récompenser son dévouement et sa saine doctrine............ 118 à 143

CHAPITRE IX.

GUILLAUME A LA COUR DE SAINT LOUIS.

Le confesseur de Blanche de Castille. — Naissance des enfants de Saint Louis. — Maladie du Roi et projet de croisade. — Le chambrier du Roi, Jean de Beaumont. — Le poète Nicolas de Braye. — Mort de Guillaume, sa sépulture et son testament. — Saint Louis raconte à Joinville un trait de la vie de Guillaume............................. 144 à 156

DEUXIÈME PARTIE

OUVRAGES DE GUILLAUME D'AUVERGNE.

CHAPITRE PREMIER.

AUTHENTICITÉ DES OUVRAGES DE GUILLAUME.

Méthode à suivre pour reconnaître l'authenticité de ces ouvrages.

§ 1. — Ouvrages authentiques imprimés.
2. — Ouvrages authentiques inédits.
3. — Ouvrages d'une authenticité douteuse.
4. — Ouvrages apocryphes.
Conclusion.
Plusieurs des traités de Guillaume forment une sorte de somme... 159 à 197

CHAPITRE II.

AUTEURS CITÉS DANS LES OUVRAGES DE GUILLAUME.

Auteurs grecs. — Auteurs latins. — Auteurs juifs et arabes... 198 à 206

CHAPITRE III

STYLE DE GUILLAUME

Ouvrages philosophiques. — Traités de piété, de morale ou de discipline, (*De Collatione Beneficiorum, De Moribus, De Paupertate spirituali, De Claustro animæ*), commentaires de l'Ecriture. — Style oratoire; sermon de « la douce Vierge Marie. »........................ 207 à 223

CHAPITRE IV

RHÉTORIQUE

Dans son traité inédit, *De Faciebus mundi*, Guillaume enseigne l'art de la comparaison, fournit aux prédicateurs des listes interminables de métaphores et prépare l'avènement de la routine qui régna dans la chaire au quatorzième siècle................................ 224 à 231

CHAPITRE V

PHILOSOPHIE

Rapports de la science et de la foi.
Autorité d'Aristote et de ses commentateurs... .... 232 à 241

CHAPITRE VI

QUESTION DES UNIVERSAUX

Opinion de M. Hauréau. — Guillaume est un Platonicien modéré. — Importance de cette doctrine....................... 242 à 261

CHAPITRE VII

PROBLÈME DE L'INDIVIDUATION

La solution de Guillaume s'éloigne également de celles d'Averroès, d'Ibn Gebirol et de saint Thomas d'Aquin.................... 262 à 265

CHAPITRE VIII

THÉORIE DE LA VISION DIVINE

La vision divine est un phénomène naturel. — Avantages qu'elle procure. — Circonstances les plus propres à favoriser la vue de Dieu. 266 à 278

TABLE DES CHAPITRES

CHAPITRE IX

PSYCHOLOGIE

Spiritualité de l'âme humaine et de l'âme des bêtes. — Animisme. — Facultés de l'âme; théorie de la connaissance. — Union de l'âme et du corps. — Origine et immortalité de l'âme. .... 279 à 301

CHAPITRE X

ASTROLOGIE.

Description des cieux. — Ame du monde. — Puissance des astres. Progrès de l'astrologie au commencement du dix-huitième siècle; opinion de Guillaume... 302 à 310

CHAPITRE XI

SUPERSTITIONS

Aperçu des principales superstitions du treizième siècle. — Rationalisme de Guillaume ; puissance qu'il attribue aux démons. — L'Église combat les superstitions et la magie......... .... 311 à 324

CHAPITRE XII

JUGEMENTS PORTÉS SUR GUILLAUME

Influence de Guillaume sur son siècle. — Traductions de deux de ses traités. Il passe au quinzième siècle pour un chercheur de la pierre philosophale. — La critique moderne. — Conclusion............ 325 à 332
Pièces justificatives..... .... 333 à 383
Table des noms propres................................... 385

FIN DE LA TABLE DES CHAPITRES.

Vu et lu,
à Paris, en Sorbonne, le 10 octobre 1879,
Par le doyen de la Faculté des Lettres de Paris
H. WALLON

Vu
et permis d'imprimer,
Le vice-recteur de l'Académie de Paris
GRÉARD

24 612. — Imp. A. Lahure, rue de Fleurus 9, à Paris.

www.ingramcontent.com/pod-product-compliance
Lightning Source LLC
Chambersburg PA
CBHW071900230426
43671CB00010B/1416